知识产权证券化系列丛书

知识产权证券化的理论与实践

徐士敏　主编

中国金融出版社

责任编辑：肖丽敏
责任校对：张志文
责任印制：张也男

图书在版编目（CIP）数据

知识产权证券化的理论与实践/徐士敏主编．—北京：中国金融出版社，
2019.4
ISBN 978 – 7 – 5220 – 0036 – 7

Ⅰ．①知…　Ⅱ．①徐…　Ⅲ．①知识产权—资产证券化—研究—中国
Ⅳ．①D923.404②F832.51

中国版本图书馆 CIP 数据核字（2019）第 056705 号

知识产权证券化的理论与实践
Zhishi Chanquan Zhengquanhua de Lilun yu Shijian

出版　中国金融出版社
发行
社址　北京市丰台区益泽路 2 号
市场开发部　（010）63266347，63805472，63439533（传真）
网上书店　http://www.chinafph.com
　　　　　　（010）63286832，63365686（传真）
读者服务部　（010）66070833，62568380
邮编　100071
经销　新华书店
印刷　北京市松源印刷有限公司
尺寸　185 毫米 × 260 毫米
印张　19.75
字数　410 千
版次　2019 年 4 月第 1 版
印次　2019 年 4 月第 1 次印刷
定价　80.00 元
ISBN 978 – 7 – 5220 – 0036 – 7
如出现印装错误本社负责调换　联系电话（010）63263947

谨以此书献给在知识产权领域中呕心沥血的创造发明家、精心研究的理论探索者和坚持不懈的忠实践行人。

——主编

编委会

序

自 1978 年以来，中国经济发展取得了举世瞩目的伟大成就，后发优势是引致中国经济持续高速增长的一个主要因素。但随着后发优势的减弱，后发劣势的负面效应正在凸显。要克服后发劣势的不利影响，必须摆脱以引进技术、管理等为重心的路径依赖，加大具有自主知识产权的高新技术开发，由此，保护知识产权就成为其中不可或缺的制度机制。另外，中国经济从高速增长步入了高质量发展的新时代，要切实推进新旧动能的转换，有效激发"大众创业、万众创新"的积极性，也必须着实保护知识产权。从这个意义上说，保护知识产权、激励自主知识产权的开发并由此推进中国高新技术产业化走在世界前列已是事关中国经济发展迈上新台阶、在国际竞争中立于引领地位的关键所在。

随着中国成为全球专利申请的第一大国，如何将巨大的专利储存量转变为可规模化量产的商业性技术从而提高相关实体企业的市场竞争力和高质量发展潜力？如何通过专利的转让、专利的运营向市场释放专利的价值，使自主知识产权的开发者、使用者能够真正得到由市场机制所带来的经营运作收益，不仅能够充分有效地收回前期投入的巨大成本，而且能够获得预期的投资回报和创业利润？如何通过知识产权证券化来获得足以支持知识产权从开发到量产的资金需求？这些论题已经成为知识产权业界聚焦关注的热点。

知识产权证券化离不开知识产权运营体系整体工作的推进。2018 年 9 月 24 日，国务院出台了《关于印发中国（海南）自由贸易试验区总体方案的通知》。其中强调，完善知识产权保护和运用体系。支持建立知识产权交易中心，推动知识产权运营服务体系建设。海南作为全国知识产权交易中心、推动知识产权运营服务体系建设的试点，既是义不容辞，又是责任重大。2018年10月20日，中央财政资金向海口投下2亿元资金，支持海口作为全国知识产权运营服务体系建设试点城市。在此背景下，海南省将在知识产权证券化这一"最前卫"的知识产权交易链条的形成上"拔得头筹"。

事实上，国家知识产权局于2014年末就启动积极构建全国知识产权运营体系的工作，其中，知识产权交易中心位于知识产权运营服务体系的中心地位。只有有效推进知识产权运营体系的建设，知识产权制度的价值红利才可能充分释放出来。

徐士敏先生的《知识产权证券化的理论与实践》一书，第一章阐述了高新技术产业的发展能大大提高科技成果转化率，从而促进科技现代化的发展。知识产权证券化是推动知识经济发展的重大动力，可以解困高科技企业融资的难题。因此，知识产权证券化是高新技术产业化的有效途径。第二章阐述了生产要素市场的培育和发展，是发挥市场在资源配置中的基础性作用的必要条件，是发展社会主义市场经济的必然要求。然而，知识产权作为一个重要的生产要素，在我国基本上还没有一个真正意义上的知识产权交易市场。为此，创建海南知识产权交易中心，是历史赋予的重任，时代给予的机遇。第三章阐述了一个国家在金融发展的同时要有相应的金融秩序与之均衡。无数史实证明：监管不是万能的，缺乏监管的市场万万不能。自律更不是万能的，依靠自律规范的社会，只是一种理想状态。所以，知识产权证券化的法律制度研究及市场监管问题必须提前介入，高度重视。

徐士敏先生是我国金融界的资深人士，从业55年。曾参与上海证券交易所、上海证券中央登记结算公司、联合证券有限责任公司的筹建，至今还活跃在资本市场的第一线。阅读此书后，深感其现实性和前瞻性，同时也欣赏他对市场创新的执着精神，故向广大读者推荐。

中国社会科学院金融研究所原所长

中国人民大学财政金融学院一级教授

王国刚

2019年1月23日

前　　言

知识产权证券化是高新技术产业化的有效途径。知识产权是一种无形资产。证券化的目的是将缺乏流动性，但能够产生可预见现金流量的资产转化为在金融市场上可以出售和流通的证券。高新技术产业化是高新技术创新成果的商品化、市场化的过程，是一个从创新成果到形成一定规模商品生产的转化过程。高新技术产业化是高新技术企业发展的必由之路，产业化需要大量资金，发展资本市场可有效地缓解这一需求矛盾，高新技术企业商品化是介入资本市场的前提，必须积极实现高新技术企业商品化，推进科教兴国的百年大计。

知识产权是知识经济的资源，不仅在发展知识经济中发挥重大作用，而且与当代国际政治、经济贸易发展的关系日益密切，国际化趋势进一步增强，以新兴技术为发展基础的知识产权的保护力度也面临挑战，我们要正确处理发展知识经济与知识产权保护之间的关系，迎接知识经济新时代的到来。知识产权证券化是推动知识经济发展的重大动力，可以解困高科技企业融资。知识产权证券化仅是一种手段，其目的是取得全社会，包括各级政府、科研机构、广大企业以及投资人对知识产权的认可；然后使高新技术企业获得为了谋求长足发展的政策扶持、资金融入和市场推广。这样一来，高新技术产业化就顺理成章了。实现知识产权证券化有三个必然途径：价值发现是知识产权证券化的前提，价值创造是知识产权证券化的核心，价值实现是知识产权证券化的关键。

生产要素市场的培育和发展，是发挥市场在资源配置中的基础性作用的必要条件，是发展社会主义市场经济的必然要求。然而，目前生产要素市场尚发育不够。知识产权作为一个重要的生产要素，在我国基本上还没有一个真正意义上的知识产权交易市场。国务院《关于印发中国（海南）

自由贸易试验区总体方案的通知》中明确提到，完善知识产权保护和运用体系。推进知识产权综合执法，建立跨部门、跨区域的知识产权案件移送、信息通报、配合调查等机制。支持建立知识产权交易中心，推动知识产权运营服务体系建设。从筹建上海证券交易所如何绕过波折的经历得到的启示，在海南创建知识产权交易中心完全必要，非常及时。

交易所（交易中心）是商品经济中最主要的交易场所，是流通市场的核心，也是市场经济发展的高级阶段。知识产权证券化的长足发展，期待着我国首家真正意义上的知识产权交易中心在中国（海南）自由贸易试验区诞生，对此我们翘首以待，期盼早日问世！创建海南知识产权交易中心，是历史赋予的重任，时代给予的机遇。建立知识产权交易中心，推动知识产权运营服务体系建设。知识产权交易中心处于知识产权运营服务体系的核心地位。创建海南知识产权交易中心是振兴海南地方经济的重要抓手，由于海南自贸区的重要地位，所以海南知识产权交易中心成为全国性交易市场势在必行。知识产权市场巨大，知识产权证券化方兴未艾，海南自由贸易试验区建立知识产权交易中心责无旁贷。海南在医疗领域的既存优势，十分有利于知识产权交易中心的创建，并将大力推动知识产权运营服务体系建设。

由国资背景的企业牵头，联手医疗、医药企业，知识产权中介机构以及金融机构等作为发起人，组建一家以国有资产绝对控股的股份制企业——海南知识产权交易中心。这样一来，既有了国资的公信力，又有了民营经济的创造力，这种混合所有制企业具有巨大的发展潜力。知识产权证券化交易不同于一次性出让，而是将其所有权拆分为均等份额供投资者认购。海南作为试验田，必须把证券化模式设计好，有新突破，为全国知识产权证券化提供新时代"样本"，引领全国知识产权证券化发展。为了加强知识产权交易风险管理，保护交易当事人的合法权益，保障交易中心知识产权交易的正常进行，必须制定行之有效的风险控制管理办法，还要加强知识产权交易品种的创新研究。

为了确保知识产权交易中心的长足发展，必须正确处理好发展与规范、规则与比赛、投资与投机、监管与处罚、安全与效率和创新与违规的六大关系。一个国家在金融发展的同时要有相应的金融秩序与之均衡。与此同时，无数史实证明：监管不是万能的，缺乏监管的市场是万万不能的。在监管体系完善的美国，一样难以避免危机。自律更不是万能的，依靠自律规范的社会，只是一种理想状态。尽管古人为我们树立了清心寡欲、安贫乐道的道德榜样，但却收效甚微。人们追名逐利、如蚊嗜血、如蝇逐臭，从古至今酿成了无数悲剧。要控制人类的贪欲，最直接、最有效的手段还是法律，法律如同笼子，欲望如同猛兽。人类社会千百年来所做的事，也就是法律、宗教、道德、文学与人的贪欲的搏斗。但愿共勉之！

徐士敏

2019 年 1 月 19 日于北京

目　　录

第一章　知识产权证券化是高新技术产业化的有效途径 ……………… 1

　第一节　何为知识产权 ……………………………………………… 1

　　一、知识产权是一种无形资产 …………………………………… 2

　　二、知识产权的特征 ……………………………………………… 9

　　三、知识产权的作用 ……………………………………………… 11

　　四、知识产权的类型 ……………………………………………… 14

　　五、知识产权的权益 ……………………………………………… 16

　　六、知识产权出资 ………………………………………………… 17

　　七、企业的"四资" ………………………………………………… 18

　第二节　何为证券化 ………………………………………………… 19

　　一、证券化的特点 ………………………………………………… 19

　　二、证券化的类型 ………………………………………………… 19

　　三、证券化产品 …………………………………………………… 37

　第三节　高新技术产业化 …………………………………………… 40

　　一、高新技术产业 ………………………………………………… 40

　　二、高新技术产业化带来一系列的变革 ………………………… 41

　　三、高新技术产业的政策 ………………………………………… 44

　　四、科技成果转化率 ……………………………………………… 46

　第四节　如何实现知识产权证券化 ………………………………… 50

　　一、知识产权证券化是推动知识经济发展的重大动力 ………… 50

　　二、知识经济与知识产权 ………………………………………… 53

　　三、知识产权证券化解困高科技企业融资 ……………………… 57

　　四、实现知识产权证券化的必然途径 …………………………… 66

　　五、知识产权证券化在生物医药领域中必然大有可为 ………… 80

第二章　创建中国知识产权交易中心，完善我国要素市场 ………… 92

　第一节　我国的要素市场 …………………………………………… 93

1

一、生产要素 ·· 93

二、生产要素市场的内容 ································· 101

三、知识产权市场的必要性与可能性 ············· 120

第二节　在海南创建知识产权交易中心完全必要，非常及时 ······ 134

一、创建海南知识产权交易中心，是历史赋予的重任，时代给予的机遇 ······ 134

二、创建海南知识产权交易中心是振兴海南地方经济的重要抓手 ······ 136

三、海南知识产权交易中心成为全国性交易市场势在必行 ······ 143

第三节　海南知识产权交易中心的架构设计 ············· 147

一、海南知识产权交易中心架构的设计假设 ······ 147

二、海南知识产权交易中心的总体架构设计 ······ 152

三、知识产权交易品种的创新研究 ················· 163

四、如何推动创建海南知识产权交易中心 ········ 168

第四节　正确处理知识产权交易中心的六大关系 ······ 169

一、发展与规范 ··· 169

二、规则与比赛 ··· 170

三、投资与投机 ··· 171

四、监管与处罚 ··· 172

五、安全与效率 ··· 172

六、创新与违规 ··· 174

第三章　知识产权证券化的法律制度研究及市场监管问题 ······ 176

第一节　中国推进知识产权证券化活动的法制环境 ······ 176

一、知识产权证券化交易结构设计的法制环境 ······ 176

二、知识产权证券发行与交易的法制环境评述 ······ 180

三、我国历史上的知识产权保护 ···················· 184

第二节　美国知识产权证券化法律制度的研究及对我国的借鉴 ······ 187

一、从知识产权证券化的操作流程来看，SPV 处于核心地位 ······ 188

二、证券化的对象——"真实销售"给 SPV 的知识产权 ······ 194

三、知识产权支持证券的偿付保证——知识产权担保权益登记 ······ 201

四、对判断中国是否已具备法制环境及促成其形成具有借鉴意义 ······ 205

第三节　知识产权证券化的法律制度研究 ············· 206

一、研究知识产权证券化为我国实行知识产权证券化活动提供借鉴 ······ 206

二、知识产权证券化的国际实践与立法分析 ······ 210

三、知识产权证券化的特殊性与现实性 ············ 215

四、知识产权证券化的具体法律问题 ·············· 222

　五、我国知识产权证券化的制度建设 ················· 229

第四节　中国发展知识产权证券化法制环境及立法建议 ····· 236

　一、在知识产权证券化交易结构设计存在法律障碍及其清除 ····· 236

　二、我国知识产权证券化制度的缺失与完善 ················· 240

　三、加快社会信用体系建设，保护创新者的合法权益和积极性 ····· 245

第五节　知识产权证券化及知识产权交易市场的监管问题 ····· 253

　一、完善知识产权证券化的支撑体系 ················· 253

　二、加强知识产权交易市场的监督管理必须"三管齐下" ····· 257

　三、防范道德风险是当务之急 ················· 261

　四、如何规避知识产权证券化领域的道德风险 ················· 275

附录　知识产权证券化有关法律法规目录 ················· 279

后记 ················· 297

第一章 知识产权证券化是
高新技术产业化的有效途径

赋予海南经济特区改革开放新的使命，是习近平总书记亲自谋划、亲自部署、亲自推动的重大国家战略。建设中国（海南）自由贸易试验区（以下简称自贸试验区）是党中央、国务院着眼于国际国内发展大局，深入研究、统筹考虑、科学谋划作出的重大决策，是彰显我国扩大对外开放、积极推动经济全球化决心的重大举措。为深入贯彻习近平总书记在庆祝海南建省办经济特区 30 周年大会上的重要讲话精神，落实《中共中央　国务院关于支持海南全面深化改革开放的指导意见》要求，高标准高质量建设自贸试验区，2018 年 4 月，《中共中央　国务院关于支持海南全面深化改革开放的指导意见》印发，提出将设立海南国际离岸创新创业示范区，建立符合科研规律的科技创新管理制度和国际科技合作机制，鼓励探索知识产权证券化，完善知识产权信用担保机制。

2018 年 9 月 24 日，国务院发布《关于印发中国（海南）自由贸易试验区总体方案的通知》（国发〔2018〕34 号）。通知中明确提到，完善知识产权保护和运用体系。推进知识产权综合执法，建立跨部门、跨区域的知识产权案件移送、信息通报、配合调查等机制。支持建立知识产权交易中心，推动知识产权运营服务体系建设。建立包含行政执法、仲裁、调解在内的多元化知识产权争端解决与维权援助机制，探索建立重点产业、重点领域知识产权快速维权机制。探索建立自贸试验区专业市场知识产权保护工作机制，完善流通领域知识产权保护体系。探索建立公允的知识产权评估机制，完善知识产权质押登记制度、知识产权质押融资风险分担机制以及方便快捷的质物处置机制，为扩大以知识产权质押为基础的融资提供支持。鼓励探索知识产权证券化，完善知识产权交易体系与交易机制。深化完善有利于激励创新的知识产权归属制度。搭建便利化的知识产权公共服务平台，设立知识产权服务工作站，大力发展知识产权专业服务业。

第一节　何为知识产权

知识产权（Intellectual Property 或 Intellectual Property Rights，IP）其原意为"知识

（财产）所有权"或者"智慧（财产）所有权"，也称智力成果权。在中国台湾和香港，则通常称智慧财产权或智力财产权。根据中国《民法通则》的规定，知识产权属于民事权利，是基于创造性智力成果和工商业标记依法产生的权利的统称。有学者考证，最先由法国人卡普佐夫在 17 世纪时提出，后由比利时法学家皮卡第发展，皮卡第将之定义为"一切来自知识活动的权利"。直到 1967 年《世界知识产权组织公约》签订以后，该词才逐渐为国际社会所普遍使用，并得到法学界的认可。知识产权，也称"知识所属权"，指"权利人对其智力劳动所创作的成果享有的财产权利"，一般只在有限时间内有效。各种智力创造如发明、外观设计、文学和艺术作品，以及在商业中使用的标志、名称、图像，都可被认为是某一个人或组织所拥有的知识产权。据斯坦福大学法学院的 Mark Lemley 教授介绍，广泛使用该术语"知识产权"是在 1967 年世界知识产权组织成立后出现的。

此前，特别在大陆法国家，把知识产权称为无体财产权，列入财产权之中（与物权、债权并列）。从此"知识产权"一词在国际上流行，特别是"世界知识产权组织"成立之后，"知识产权"就完全取代了"无体财产权"一词。至于把知识产权从财产权中划分出来，则是因为知识产权有它的特点，与财产权大大不同。

总之，知识产权是指公民、法人或者其他组织在对创造性的劳动所完成的智力成果依法享有的专有权利，受法律保护，不容侵犯。也就是说，知识产权是指人们就其智力劳动成果所依法享有的专有权利，通常是国家赋予创造者对其智力成果在一定时期内享有的专有权或独占权（Exclusive Right）。知识产权从本质上说是一种无形财产权，他的客体是智力成果或是知识产品，是一种无形财产或者一种没有形体的精神财富，是创造性的智力劳动所创造的劳动成果。它与房屋、汽车等有形财产一样，都受到国家法律的保护，都具有价值和使用价值。有些重大专利、驰名商标或作品的价值也远远高于房屋、汽车等有形财产（近年来部分中文媒体频繁使用 IP 指代知识产权，这种用法是错误的。在一般英文语境中，IP 指的是 Internet Protocol 即互联网协议，鲜见把 IP 和 Intellectual Property 联系起来的用法）。

一、知识产权是一种无形资产

（一）资产的种类

资产（Assets）是指由企业过去的交易或事项形成的、由企业拥有或者控制的、预期会给企业带来经济利益的资源。不能带来经济利益的资源不能作为资产，是企业的权利。资产按照流动性划分流动资产、长期投资、固定资产、无形资产和其他资产。

1. 流动资产是指可以在一年内或者超过一年的一个营业周期内变现或者耗用的资

产，包括现金、银行存款、短期投资、应收及预付款项、待摊费用、存货等。

2. 长期投资是指除短期投资以外的投资，包括持有时间准备超过一年（不含一年）的各种股权性质的投资、不能变现或不准备变现的债券、其他债权投资和其他长期投资。

3. 固定资产是指企业使用期限超过一年的房屋、建筑物、机器、机械、运输工具，以及其他与生产、经营有关的设备、器具、工具等。

4. 无形资产是指企业为生产商品或者提供劳务出租给他人，或为管理目的而持有的没有实物形态的非货币性长期资产。

5. 其他资产是指除流动资产、长期投资、固定资产、无形资产以外的资产，如长期待摊费用。

（二）无形资产

无形资产（Intangible Assets）是指企业拥有或者控制的没有实物形态的可辨认非货币性资产。无形资产具有广义和狭义之分，广义的无形资产包括货币资金、应收账款、金融资产、长期股权投资、专利权、商标权等，因为它们没有物质实体，而是表现为某种法定权利或技术。但是，会计上通常将无形资产作狭义的理解，即将专利权、商标权等称为无形资产。所以，无形资产是指不具实物形态但能带来经济利益的资产。

1. 无形资产的内容

无形资产包括社会无形资产和自然无形资产，其中社会无形资产通常包括专利权、非专利技术、商标权、著作权、特许权、土地使用权等；自然无形资产包括不具实体物质形态的天然气等自然资源等。

（1）专利权

专利权是指国家专利主管机关依法授予发明创造专利申请人对其发明创造在法定期限内所享有的专有权利，包括发明专利权、实用新型专利权和外观设计专利权。

（2）非专利技术

非专利技术也称专有技术，是指不为外界所知，在生产经营活动中应采用了的，不享有法律保护的，可以带来经济效益的各种技术和诀窍。

（3）商标权

商标权是指专门在某类指定的商品或产品上使用特定的名称或图案的权利。

（4）著作权

制作者对其创作的文学、科学和艺术作品依法享有的某些特殊权利。

（5）特许权

特许权又称经营特许权、专营权，指企业在某一地区经营或销售某种特定商品的权利或是一家企业接受另一家企业使用其商标、商号、技术秘密等的权利。

（6）土地使用权

土地使用权指国家准许某企业在一定期间内对国有土地享有开发、利用、经营的权利。

（7）商业秘诀

长寿的企业各有它的优秀之处，例如，可口可乐、IBM、惠普等美国公司以其各自品牌誉满全球；GE创导扁平管理、人情关注、平等交流等定义了现代企业；吉利公司将产品技术进行不断变革和创新，勇于向自己挑战；微软总是将自己的企业生命定位在永远剩下两年的极限上；戴尔电脑的产品直销战略不仅降低成本，而且加强了服务；美国西南航空公司经营定位于短距离支线飞行而吸引客户；沃尔玛以薄利多销的战略取得了全球自选商场的霸主地位；肯德基以家乡鸡的全球连锁经营的特色取得快餐王的桂冠；麦当劳的营销战略以少年儿童为核心客户群体也取得成功；青岛海尔以其质量过硬与服务到位的特色取得了客户青睐；中集集团通过并购同类企业的产业重整成为行业龙头老大；华为以其独特的危机管理理念贯穿企业经营管理的全过程。

由此可见，优秀企业的长寿秘诀各不相同。反之，破产倒闭的企业都能从经营失策、管理失控、用人失误、投资失败四个方面找到原因。记得俄国大文豪托尔斯泰在《安娜·卡列尼娜》的开篇语非常震撼："幸福的家庭都是相似的，不幸的家庭各有各的不幸。"如果把此话用在企业上恰恰相反，那就是"破产倒闭的企业多是相似的，优秀的企业各有各的秘诀。"

2. 无形资产的确认

无形资产同时满足下列条件的，才能予以确认：

（1）与该无形资产有关的经济利益很可能流入企业

作为无形资产确认的项目，必须具备其生产的经济利益很可能流入企业这一条件。因为资产最基本的特征是产生的经济利益预期很可能流入企业，如果某一项目产生的经济利益预期不能流入企业，就不能确认为企业的资产。在会计实务中，要确定无形资产所创造的经济利益是否很可能流入企业，需要对无形资产在预计使用寿命内可能存在的各种经济因素做出合理估计，并且应当有明确的证据支持。

（2）该无形资产的成本能够可靠地计量

企业自创商誉以及内部产生的品牌、报刊名等，因其成本无法可靠计量，不应确认为无形资产。无形资产通常是按实际成本计量，即以取得无形资产并使之达到预定用途而发生的全部支出，作为无形资产的成本。对于不同来源取得的无形资产，其初始成本构成也不尽相同。自行开发的无形资产，其成本包括从满足无形资产确认条件后至达到预定用途前所发生的支出总额，但是对于以前期间已经费用化的支出不再调整。

（3）后续计量

①判断无形资产的使用寿命是否确定

无形资产的使用寿命是有限的，应当估计该使用寿命的年限或者构成使用寿命的产量等类似计量单位数量；无法预见无形资产为企业带来经济利益期限的，应当视为使用寿命不确定的无形资产。

a. 企业持有的无形资产，通常源于合同性权利或是其他法定权利，而且合同或法律规定有明确的使用年限。源于合同性权利或其他法定权利的无形资产，其使用寿命不应超过合同性权利或其他法定权利的期限。合同性权利或其他法定权利能够在到期时因续约等延续，且有证据表明企业续约不需要付出大额成本的，续约期应当计入使用寿命。

b. 合同或法律没有规定使用寿命的，企业应当综合各方面因素判断，以确定无形资产能为企业带来经济利益的期限。经过上述方法仍无法合理确定无形资产为企业带来经济利益的期限的，才能将其作为使用寿命不确定的无形资产。

②确定无形资产使用寿命应考虑的因素

a. 运用该资产生产的产品通常的寿命周期、可获得的类似资产使用寿命的信息；

b. 技术、工艺等方面的现阶段情况及对未来发展趋势的估计；

c. 以该资产生产的产品或提供的服务的市场需求情况；

d. 现在或潜在的竞争者预期将采取的行动；

e. 为维持该资产带来经济利益能力的预期维护支出，以及企业预计支付有关支出的能力；

f. 对该资产控制期限的相关法律规定或类似限制，如特许使用期、租赁期等；

g. 与企业持有的其他资产使用寿命的关联性等。

③无形资产摊销

无形资产的应摊销金额为其成本扣除预计残值后的金额。

a. 已计提减值准备的无形资产，还应扣除已计提的无形资产减值准备累计金额。使用寿命有限的无形资产，其残值应当视为零，但下列两种情况除外：一是有第三方承诺在无形资产使用寿命结束时购买该无形资产；二是可以根据活跃市场得到预计残值信息，并且该市场在无形资产使用寿命结束时很可能存在。

b. 企业摊销无形资产，应当自无形资产可供使用时起，到不再作为无形资产确认时止。

c. 企业选择的无形资产摊销方法，应当反映与该项无形资产有关的经济利益的预期实现方式。无法可靠确定预期实现方式的，应当采用直线法摊销。

d. 无形资产的摊销金额一般应当计入当期损益（管理费用、其他业务成本等）。某项无形资产所包含的经济利益通过所生产的产品或其他资产实现的，其摊销金额应当计入相关资产的成本。

e. 企业至少应当于每年度终了，对使用寿命有限的无形资产的使用寿命及摊销方法进行复核。无形资产的使用寿命及摊销方法与以前估计不同的，应当改变摊销期限和摊销方法。

f. 企业应当在每个会计期间对使用寿命不确定的无形资产的使用寿命进行复核。如果有证据表明无形资产的使用寿命是有限的，应当估计其使用寿命，按使用寿命有限的无形资产的有关规定处理。

g. 企业每年应当对使用寿命不确定的无形资产进行减值测试。发现减值的，应当计提减值准备。

（4）处置报废

①企业租让无形资产使用权形成的租金收入和发生的相关费用，分别确认为其他业务收入和其他业务成本。

②企业出售无形资产，应当将取得的价款与该无形资产账面价值的差额计入当期损益（营业外收入或营业外支出）。

③无形资产预期不能为企业带来经济利益的，应当将该无形资产的账面价值予以转销，其账面价值转作当期损益（营业外支出）。

（5）计量核算

①无形资产的计量

企业会计制度规定，无形资产在满足以下两个条件时，企业才能加以确认：该资产产生的经济利益很可能流入企业；该资产的成本可以可靠计量。会计的核算是以历史成本法为依据。但从投入价值来看，有些无形资产可能根本没有投入价值；有些虽可能有原始投入价值，随着时间推移或维护发展而使实际的未来经济利益流入远远不同于投入价值，不再适用。因此，历史成本法无法适应新经济形态需要，它已不能反映无形资产的实际经济价值和其所能提供的未来经济效益，使企业价值被大大低估。而按历史成本编制的财务报表，也仅仅反映的是无形资产的摊余价值，不能向报表使用者提供现实的和未来的真实信息。

同时，在知识经济环境下，企业无形资产的价值具有不确定性。随着科学技术的迅速发展，技术更新的周期越来越短，无形资产因新技术的出现会发生贬值；若企业为了在竞争中不被淘汰，也会投入大量的人力、物力和财力来改进现有技术，又使无形资产发生增值。无形资产价值的变化，对企业获利能力有着巨大影响。然而，历史成本计量模式所反映的无形资产是一种待摊费用，不能表明其价值变化的情况，从而也不能体现企业收益能力的变动。会计信息使用者根据按历史成本计量的无形资产和企业获利能力等信息，会作出不利于自己的决策。

产出价值是以产品或劳务通过交换而最终脱离企业时可以获得的现金或其等价物为基础的。按产出价值来反映则适应反映无形资产的要求。但是，无形资产不具有物质实体，是一种隐形存在的资产，但这种资产往往依托于一定的实体才能得以体现。

②无形资产核算

在知识经济条件下，无形资产核算应根据不同类型的无形资产采用不同的处理方法。

　　a. 研究和开发费用资本化。

　　企业无形资产的取得主要有：外购、自创、接受其他单位投资三种途径。外购与接受投资的无形资产价值的确认较为容易，对于自创无形资产核算，按照现行规定仅包括取得注册时发生的注册费、聘请律师费支出，而把研究和开发过程中的费用记入当期损益，采用费用化处理。这种处理的结果会导致企业自创无形资产价值不能全部体现出来，甚至导致知识产品的成本计量严重失真，对于投资人利用提供的信息做出投资决策是非常不利的。因此，企业应该对自创无形资产研究和开发支出尽量资本化。由于研究费用与新产品或新工艺的生产或使用及给企业带来效益的确定性较差，应在费用发生的当期确认为费用，直接记入当期损益，并且在以后会计期间也不确认为资产。对于研究活动——初步智力成果，采取费用化处理；对于开发项目由于是直接转化为生产力，应该采取资本化处理方法。例如，对有些随同固定资产硬件系统一起投入的软件系统（如计算机软件系统）可考虑与固定资产硬件系统合并在"固定资产"科目核算。

　　b. 对有确切使用年限的无形资产，如专利权、专有技术等采用加速摊销法中的年数总和法进行摊销。对于没有确切年限的非专利技术，可以不作摊销，为了对这一类无形资产进行价值补偿，可以建立"无形资产信息系统"规范无形资产管理与衡量无形资产价值。对无限寿命的无形资产，如外购商誉，则不应当摊销。外购商誉能在多方面起作用，难以分清其在各方面作用的权重，对于这类无形资产应采用定期评估的方法，定期调整账面价值。

　　③无形资产披露

　　对于一般的无形资产，企业会计准则要求披露的有关无形资产信息有：各类无形资产的摊销年限；各类无形资产当期期初和期末账面余额、变动情况及其原因；当期确认的无形资产减值准备。对土地使用权，除按照上述规定进行披露外，还应披露土地使用权的取得方式和取得成本。而在现行财务报表中，资产负债表上只列有"无形资产"一个项目，反映无形资产的摊余价值，在现金流量表中仅设置了一项"处置固定资产、无形资产和其他长期资产而收到的现金净额"和"购建固定资产、无形资产和其他长期资产所支付的现金"，这不能反映出无形资产的变动情况，也就不能满足报表使用者对无形资产信息的需要。

　　针对这一情况，建议可以在以下方面进行改进：

　　首先，对于无限寿命的无形资产，如商誉的披露。《国际会计准则第 5 号——财务报表应揭示的信息》第 12 条要求对企业存在的商誉单独予以揭示。商誉不能独立存在，在现行制度下它只有企业在兼并拍卖时方能产生，比其他无形资产具有更大的不确定性，在会计处理上仍是难度很大，因此，如果企业存在商誉，理应在报表中单独予以披露。

　　其次，对于人力资源的披露。据西方学者测算，20 世纪初，知识资源对经济增长的贡献仅仅为 5% ~20% ，到 20 世纪末已经达到 60% ~80% ，随着信息高速公路的开通，预计将达到 90%。人力已成为重要的生产要素，其价格取决于人力资源对企业的贡献的质与量以及其在市场中的稀缺程度。在知识经济时代，最稀缺的资源是具备创新意识的高科技人才和具备资源配置能力的企业家。为使投资者作出正确的选择，对公司拥有的人力资源至少要在报表附注中予以揭示和披露。

最后，要及时披露无形资产会计信息。知识经济时代使无形资产的更新速度加快，企业应当及时披露其无形资产受技术更新的影响及新开发的无形资产等方面的信息，减少依靠过时信息带来的决策风险。可以根据无形资产的重要程度考虑缩短报告的时间间隔而采取灵活的报告制度。

（三）无形资产的注意事项

1. 无形资产所有权和使用权处理不当作假的

无形资产的所有权是企业在法律规定范围内对无形资产所享有的占有、使用、收益、处置的权利。无形资产的使用权是按照企业无形资产的用途和性能加以利用，以满足生产经营的需要。将只有使用权的无形资产作为有所有权的无形资产下账，从而增大无形资产摊销，减少利润，进而减少所得税的上缴。

2. 无形资产增加不真实，不合规

企业增加的无形资产有的没有合法的文件证明，有的已超出了法定有效期。

3. 无形资产计价不正确

无形资产计价原则如下：

（1）购入的无形资产，按照实际支付的价款计价。

（2）企业自行开发并申请取得的无形资产，按取得时发生的注册费、聘请律师费等实际净支出计价。

（3）投资者作为资本金或合作条件投入的无形资产，按评估或合同协议及企业申请书的金额计价。

（4）接受捐赠的无形资产的成本，应根据资产的市场价格或根据所提供的有关凭据确认的价值和接受捐赠时发生的各项费用确定。

不正确的无形资产计价行为包括企业明知计价不合法、不合理，故意将无形资产计价过高或过低；未经法定手续进行评估或确认，随便计价，没有企业合并或接受其他单位商誉投资时，就对商誉作价入账。

4. 对无形资产摊销期限不符合规定

无形资产是一项特殊资产，它可使企业长期受益，因而企业从开始使用之日起，按照国家法律法规、协议或企业申请书的规定期限及有效使用期平均摊入管理费用。无形资产的有效期限按下列原则确定：

（1）法律法规、合同或者企业申请书分别规定有法定有效期限和受益年限的，按照法定的有效期限与合同或者企业申请书规定的受益年限孰短的原则确定；

（2）法律法规未规定有效期限，企业合同或企业申请书中规定了受誉年限的，按照合同或企业申请书规定的受誉年限确定；

（3）法律法规、合同或企业申请书均未规定法定有效期和受益年限的，按照不少于 10 年的期限确定。

无形资产的摊销期限一经确定，不得随意改变，否则须经有关部门批准；在实际工作中，企业存在对无形资产摊销的作假方式，如摊销期限随意变动来调节管理费用、多摊或少摊无形资产、人为调节财务成果的高低。

5. 无形资产摊销金额不正确

无形资产的摊销金额是随法定的摊销期限来确定的，无形资产有的价值和特权，虽然会持续一段时间，但最终还是会终结和灭失。工作中，为了随时调节利润，企业通过随时调整无形资产使用年限来调整金额，是否达到合情合理来虚调费用。

6. 无形资产摊销的会计处理方法不正确

无形资产有购入、自创和其他单位投资转入三大途径。取得时通过"银行存款""实收资本"核算，若是接受其他单位或个人捐赠的无形资产可按所附单据或参照同类无形资产市价确定价值，通过"资本公积"核算，企业作假通常是将不同途径取得的无形资产，为了做账方便，故意张冠李戴，如企业不择手段在资金未到位时便开始了正常的"营业"，后发现企业验资报告中所谓的"实收资本"是接受捐赠的"无形资产"。

7. 伪造无形资产增加的虚假证明

如伪造专利权证书、商标注册书、无形资产办理必要的产权转让手续的虚假证明。

8. 企业将转让收入记入"营业外收入"偷逃"营业税"

如企业将转让的无形资产收入 10 万元，本应记入"其他业务收入"，而企业故将"其他业务收入"记入"营业外收入"。"其他业务收入"科目应交营业税为 $100000 \times 5\% = 5000$ 元，故企业逃避营业税 5000 元。

9. 虚增商誉，增大费用

商誉的作价入账只是在企业合并的情况下发生的，而企业在正常的经营期内，擅自将商誉作价入账，多摊费用、降低利润。

10. 出售无形资产，不做账

出售无形资产，无形资产所有权应随着无形资产的出售而消失，账面应转销"无形资产"的成本价值。但企业为了增加本公司的费用，以达到降低利润的目的。隐匿出售证据，对出售的"无形资产"不进行账务处理。

二、知识产权的特征

知识产权是一种无形财产（也称无形资产），具有专有性、地域性、时间性等特点；大部分知识产权的获得需要法定的程序，例如，商标权的获得需要经过登记注册。

（一）专有性

专有性即独占性或垄断性；除权利人同意或法律规定外，权利人以外的任何人不得享有或使用该项权利。这表明权利人独占或垄断的专有权利受严格保护，不受他人侵犯。只有通过"强制许可""征用"等法律程序，才能变更权利人的专有权。知识产权的客体是人的智力成果，既不是人身或人格，也不是外界的有体物或无体物，所以既不属于人格权也不属于财产权。另外，知识产权是一个完整的权利，只是作为权利内容的利益兼具经济性与非经济性，因此也不能把知识产权说成是两类权利的结合。例如，说著作权是著作人身权（或著作人格权，或精神权利）与著作财产权的结合是不对的。知识产权是一种内容较为复杂（多种权能），有经济和非经济两面性质的权利。因此，知识产权应该与人格权、财产权并立而自成一类。

（二）地域性

地域性即只在所确认和保护的地域内有效，除签有国际公约或双边互惠协定外，经一国法律所保护的某项权利只在该国范围内发生法律效力。所以知识产权既具有地域性，在一定条件下又具有国际性。

（三）时间性

时间性即只在规定期限保护。法律对各项权利的保护，都规定有一定的有效期，各国法律对保护期限的长短可能一致，也可能不完全相同，只有参加国际协定或进行国际申请时，才对某项权利有统一的保护期限。

（四）属于绝对权

在某些方面类似于物权中的所有权，例如，是对客体为直接支配的权利，可以使用、收益、处分以及为他种支配（但不发生占有问题）；具有排他性；具有移转性（包括继承）等。

（五）法律限制

知识产权虽然是私权，法律也承认其具有排他的独占性，但因人的智力成果具有高度的公共性，与社会文化和产业的发展有密切关系，不宜为任何人长期独占，所以法律对知识产权规定了很多限制：

1. 从权利的发生说，法律为之规定了各种积极的和消极的条件以及公示的办法。例如，专利权的发生须经申请、审查和批准，对授予专利权的发明、实用新型和外观设计规定有各种条件（《专利法》第二十二条、第二十三条），对某些事项不授予专利权（《专利法》第二十五条）。著作权虽没有申请、审查、注册这些限制，但也有《著作权法》第三条、第五条的限制。

2. 在权利的存续期上，法律都有特别规定。这一点是知识产权与所有权大不同的。

3. 权利人负有一定的使用或实施的义务。法律规定有强制许可或强制实施许可制度。对著作权，法律规定了合理使用制度。

（六）法律特征

从法律上讲，知识产权具有三种最明显的法律特征：

1. 知识产权的地域性，即除签有国际公约或双边、多边协定外，依一国法律取得的权利只能在该国境内有效，受该国法律保护。

2. 知识产权的独占性，即只有权利人才能享有，他人不经权利人许可不得行使其权利。

3. 知识产权的时间性，各国法律对知识产权分别规定了一定期限，期满后则权利自动终止。

三、知识产权的作用

随着科技的发展，为了更好保护产权人的利益，知识产权制度应运而生并不断完善。如今侵犯专利权、著作权、商标权等侵犯知识产权的行为越来越多。17世纪上半期产生了近代专利制度；100年后产生了"专利说明书"制度；又过了100多年，从法院在处理侵权纠纷时的需要开始，才产生了"权利要求书"制度。在21世纪，知识产权与人类的生活息息相关，到处充满了知识产权，在商业竞争上我们可以看出其重要作用。

知识产权问题即《与贸易有关的知识产权协议》在世界贸易组织（WTO）中占有非常重要的位置，它与货物贸易、服务贸易一起构成WTO的三大支柱。从货物贸易的角度看，关税壁垒正在逐渐削弱，绝大部分电子信息产品的关税已降至为零，汽车的关税也从200%降至25%，以后还要降得更低。从服务贸易来看，非歧视原则和国民待遇原则使沃尔玛等大型商业企业，麦当劳、肯德基等餐饮业登陆我国的消费市场。而知识产权壁垒却越来越森严。

知识产权是对智力劳动成果所享有的占有、使用、处分和收益的权利。它所涉及的领域有商标、地理标志、工业品外观设计、专利、集成电路布图设计、未披露过的信息的保护、植物新品种保护、协议许可证对限制竞争行为的控制等。

知识产权的作用有以下四个方面：一是为智力成果完成人的权益提供了法律保障，调动了人们从事科学技术研究和文学艺术作品创作的积极性和创造性；二是为智力成果的推广应用和传播提供了法律机制，为智力成果转化为生产力，运用到生产建设上去，产生了巨大的经济效益和社会效益；三是为国际经济技术贸易和文化艺术的交流提供了法律准则，促进人类文明进步和经济发展；四是知识产权法律制度作为现代民商法的重要组成部分，对完善中国法律体系，建设法治国家具有重大意义。

（一）促进高新技术转化，提高自主创新能力

1. 在传统融资方式下，资金供给者在决定是否投资或提供贷款时，依据的是资金需求者的整体资信能力，信用基础是资金需求者的全部资产，较少关注它是否拥有某些特质资产，难怪乎有人称我国的银行更多时候是"典当行"。只有当资金需求者全部资产的总体质量达到一定的标准，才能获得贷款、发行债券或股票。否则，则不能使用这些融资方式。

2. 我国很多科技型中小企业的实际情况就是自身拥有大量的专利等知识产权，但由于其自身风险性高，整体资信能力较低且缺少实物资产，所以难以通过传统融资方式筹集到发展所需的资金，严重制约了其将高新技术转化为现实生产力的能力。

3. 目前，国内高新技术知识产权转化率不到10%。传统融资方式的局限性是导致这种状况的主要原因之一。而知识产权证券化是一种资产收入导向型的融资方式，其信用基础是知识产权而非企业的全部资产。资金供给者在考虑是否购买 ABS 时，主要依据的是知识产权的预期现金流入的可靠性和稳定性，以及交易结构的严谨性和有效性，资金需求者自身整体资信能力和全部资产的总体质量则被放在了相对次要的地位。

4. 知识产权证券化突破了传统融资方式的限制，破解了科技型中小企业融资难的问题，为科技型中小企业将高新技术转化为现实生产力提供了有力的金融支持手段，提高科技成果转化的成功率，有助于加快我国科技成果商品化、产业化进程，进而提高企业现有知识产权的收益。有了资金的支持和丰厚收益的激励，企业就有动力在原有知识产权的基础上进行进一步的研究和开发，继续新的发明创造，使技术创造活动走向一种良性循环，提高企业的自主创新能力，推动科技进步。

5. 与转让知识产权的所有权来获得资金相比，知识产权证券化只是使企业放弃未来一段时间内知识产权的许可使用收费权，并不会导致其丧失所有权。这样可以更好地保护企业的知识产权，提高企业的核心竞争力。

（二）充分发挥知识产权的杠杆融资作用

同样是基于知识产权融资，但与传统的知识产权担保贷款相比，知识产权证券化能充分发挥知识产权的杠杆融资作用。一方面，知识产权证券化的融资额高于知识产权担保贷款额。从国际银行业的实践来看，在传统的知识产权担保贷款中，知识产权的贷款与价值比一般低于65%，而知识产权证券化的融资额能达到其价值的75%。另一方面，通过知识产权证券化所发行的 ABS 的票面利率通常能比向银行等金融机构支付的知识产权担保贷款利率低22%～30%，大大降低了融资成本，提高了实际可用资

金的数额。所以，知识产权证券化能充分发挥知识产权的杠杆融资作用，最大限度地挖掘知识产权的经济价值，使知识产权所有者获得更多的资金。

（三）降低综合融资成本

知识产权证券化为科技型中小企业开辟了一条廉价的直接融资途径。

1. 知识产权证券化完善的交易结构、信用增级技术和以知识产权这种优质资产作为 ABS 本息的偿还基础，使 ABS 能获得高于发起人的信用等级，达到较高的信用等级，投资风险相应降低。SPV 就不必采用折价销售或提高利率等方式招徕投资者。一般情况下，ABS 的利率比发起人发行类似证券的利率低得多。

2. 发行 ABS 虽然需要支付多项费用，但当基础资产达到一定规模时，各项费用占交易总额的比例很低。国外资料表明，资产证券化交易的中介体系收取的总费用率比其他融资方式的费用率至少低 0.5 个百分点，提高了实际可用资金的数额。最后，发起人还可以利用该资金偿还原有的债务，降低资产负债率，提高自身的信用等级，为今后的低成本负债融资奠定良好的资信基础。

（四）分散知识产权所有者的风险

1. 在知识经济时代，一项知识产权在未来给所有者创造的收益可能是巨大的，但同时这种收益所隐藏的风险也是巨大的。科学技术的突飞猛进，市场竞争的日益激烈，知识产权消费者消费偏好的改变，以及侵权行为等外部因素，都可能使现在预期经济效益很好的某项知识产权的价值在一夜之间暴跌，甚至变得一文不值。知识产权的所有者面临着丧失未来许可使用费收入的风险。

2. 知识产权证券化则能将这种由知识产权的所有者独自承受的风险分散给众多购买 ABS 的投资者，并且使知识产权未来许可使用费提前变现，让知识产权的所有者迅速地获得一笔固定的收益，获得资金时间价值，而不用长时间地等待许可使用费慢慢地实现。

3. 知识产权证券化作为一种债权融资方式，在为企业筹集到资金的同时，企业的所有者仍然可以保持对企业的控制权，从而保护企业创办人的利益。

中华人民共和国国家知识产权局申长雨局长于 2016 年 7 月，在"一带一路"知识产权高级别会议上指出："发明创造点亮人类文明之光。人类进步的历史，就是一部创新的历史。人类的一切文明成果，都是创新思维的果实，都是创新智慧的结晶。在几千年的创新实践中，人类在获得一个又一个创新成果、促进文明进步的同时，也在苦苦探寻一种能够持续保障和激励创新的制度安排，知识产权就是一个历史选择、一个制度创新。几百年来它直接推动了人类创新史上的重大飞跃，使人类发展进入了创新的快车道。因为知识产权制度本身蕴含着三个重要机制，即新型的产权安排机制、创新激励机制和有效的市场机制。首先，知识产权是一种新型的产权安排机制，它通过赋予创新成果财产权，明确了创新主体对创新成果拥有合法的支配权和使用权。其次，知识产权是一种创新激励机制，它通过依法保护创新者的合法权益，激发人们的创新热情，实现了创新投入与创新回报的良性循环。最后，知识产权是一种有效的市场机制，它是人们针对知识产权无形性特点制定的许可转让规则，使知识产权在市场环境下可以顺利实现转移转化，产生效益、推动发展。知识产权制度一经确立，便在全世界范围内得到了广泛的认同，成为了世界各个国家普遍遵循的一种法律制度。同时，也成为国家间经贸和科技文化交流的基本规则。各个国家不仅依靠知识产权制度促进本国的创新，也在知识产权制度的支撑下，分享着全人类的创新成果。在经济全球化不断深入的今天，知识产权制度激励创新、促进开放的重要作用更加凸显，地位更加突出。"

四、知识产权的类型

知识产权是智力劳动产生的成果所有权，它是依照各国法律赋予符合条件的著作者以及发明者或成果拥有者在一定期限内享有的独占权利。它有两类：一类是著作权（也称为版权、文学产权），另一类是工业产权（也称为产业产权）。具体包括商标权、商誉、商（字）号、专利权、专有技术、销售网络、著作权（版权）、软件、网站域名、企业家价值、土地使用权、（特许）经营权、资源性资产等。

（一）著作权

著作权又称版权，是指自然人、法人或者其他组织对文学、艺术和科学作品依法享有的财产权利和精神权利的总称。主要包括著作权及与著作权有关的邻接权；通常我们说的知识产权主要是指计算机软件著作权和作品登记。自然科学、社会科学以及文学、音乐、戏剧、绘画、雕塑、摄影和电影摄影等方面的作品组成版权。版权是法律上规定的某一单位或个人对某项著作享有印刷出版和销售的权利，任何人要复制、翻译、改编或演出等均需要得到版权所有人的许可，否则就是对他人权利的侵权行为。知识产权的实质是把人类的智力成果作为财产来看待。著作权是文学、艺术、科学技术作品的原创作者，依法对其作品所享有的一种民事权利。

在中国，著作权用在广义时，包括（狭义的）著作权、著作邻接权、计算机软件著作权等，属于著作权法规定的范围。这是著作权人对著作物（作品）独占利用的排他的权利。狭义的著作权又分为发表权、署名权、修改权、保护作品完整、使用权和获得报酬权（《著作权法》第十条）。著作权分为著作人身权和著作财产权。著作权与专利权、商标权有时有交叉情形，这是知识产权的一个特点。其主要内容如下：

1. 著作权自作品创作完成之日起产生。
2. 著作权又叫版权。分为著作人格权与著作财产权。其中著作人格权的内涵包括了公开发表权、姓名表示权及禁止他人以扭曲、变更方式利用著作损害著作人名誉的权利。

3. 著作权有以下权利：

（1）发表权，即决定作品是否公之于众的权利。

（2）署名权，即表明作者身份，在作品上署名的权利。

（3）修改权，即修改或者授权他人修改作品的权利。

（4）保护作品完整权，即保护作品不受歪曲、篡改的权利。

（5）复制权，即以印刷、复印、拓印、录音、录像、翻录、翻拍等方式将作品制作一份或者多份的权利。

（6）发行权，即以出售或者赠予方式向公众提供作品的原件或者复制件的权利。

（7）出租权，即有偿许可他人临时使用电影作品和以类似摄制电影的方法创作的作品、计算机软件的权利，计算机软件不是出租的主要标的的除外。

（8）展览权，即公开陈列美术作品、摄影作品的原件或者复制件的权利。

（9）表演权，即公开表演作品，以及用各种手段公开播送作品的表演的权利。

（10）放映权，即通过放映机、幻灯机等技术设备公开再现美术、摄影、电影和以类似摄制电影的方法创作的作品等的权利。

（11）广播权，即以无线方式公开广播或者传播作品，以有线传播或者转播的方式向公众传播广播的作品，以及通过扩音器或者其他传送符号、声音、图像的类似工具向公众传播广播的作品的权利。

（12）信息网络传播权，即以有线或者无线方式向公众提供作品，使公众可以在其个人选定的时间和地点获得作品的权利。

（13）摄制权，即以摄制电影或者以类似摄制电影的方法将作品固定在载体上的权利。

（14）改编权，即改变作品，创作出具有独创性的新作品的权利。

（15）翻译权，即将作品从一种语言文字转换成另一种语言文字的权利。

（16）汇编权，即将作品或者作品的片段通过选择或者编排，汇集成新作品的权利。

（17）应当由著作权人享有的其他权利。

4. 需要说明的是著作权要保障的是思想的表达形式，而不是保护思想本身，因为在保障著作财产权此类专属私人之财产权利益的同时，尚须兼顾人类文明之累积与知识及资讯之传播，从而算法、数学方法、技术或机器的设计均不属著作权所要保障的对象。

（二）工业产权

发明专利、商标以及工业品外观设计等方面组成工业产权。工业产权包括专利、商标、服务标志、厂商名称、原产地名称，以及植物新品种权和集成电路布图设计专有权等。2017 年 4 月 24 日，最高人民法院首次发布《中国知识产权司法保护纲要》。为此，工业产权则是指工业、商业、农业、林业和其他产业中具有实用经济意义的一种无形财产权，由此看来，"产业产权"的名称更为贴切。主要包括专利权与商标权。

1. 商标权

商标权是指商标主管机关依法授予商标所有人对其申请商标受国家法律保护的专有权。商标是用以区别商品和服务不同来源的商业性标志，由文字、图形、字母、数字、三维标志、颜色组合和声音等，以及上述要素的组合构成。中国商标权的获得必须履行商标注册程序，而且实行申请在先原则。商标是产业活动中的一种识别标志，所以商标权的作用主要在于维护产业活动中的秩序，与专利权的不同作用主要在于促进产业的发展不同。

2. 专利保护

专利保护是指一项发明创造向国家专利局提出专利申请，经依法审查合格后，向专利申请人授予的在规定时间内对该项发明创造享有的专有权。根据中国专利法，发明创造有三种类型，发明、实用新型和外观设计。发明和实用新型专利被授予专利权后，专利权人对该项发明创造拥有独占权，任何单位和个人未经专利权人许可，都不得实施其专利，即不得为生产经营目的制造、使用、许诺销售、销售和进口其专利产品。外观设计专利权被授予后，任何单位和个人未经专利权人许可，都不得实施其专利，即不得为生产经营目的制造、销售和进口其专利产品。未经专利权人许可，实施其专利即侵犯其专利权，引起纠纷的，由当事人协商解决；不愿协商或者协商不成的，专利权人或利害关系人可以向人民法院起诉，也可以请求管理专利工作的部门处理。当然，也存在不侵权的例外，如先使用权和科研目的的使用等。专利保护采取司法和行政执法"两条途径、平行运作、司法保障"的保护模式。该地区行政保护采取巡回执法和联合执法的专利执法形式，集中力量，重点对群体侵权、反复侵权等严重扰乱专利法治环境的现象加大打击力度。

3. 商号权

商号权即厂商名称权，是对自己已登记的商号（厂商名称、企业名称）不受他人妨害的一种使用权。企业的商号权不能等同于个人的姓名权（人格权的一种）。

此外，如原产地名称、专有技术、反不正当竞争等也规定在《巴黎公约》中，但原产地名称不是智力成果，专有技术和不正当竞争只能由反不当竞争法保护，一般不列入知识产权的范围。

五、知识产权的权益

按照内容组成，知识产权由人身权利和财产权利两部分构成，也称精神权利和经济权利。

（一）人身权利

人身权利是指权利同取得智力成果的人的人身不可分离，是人身关系在法律上的反映。例如，作者在其作品上署名的权利，或对其作品的发表权、修改权等，即为精神权利。

（二）财产权利

财产权是指智力成果被法律承认以后，权利人可利用这些智力成果取得报酬或者得到奖励的权利，这种权利也称经济权利。它是指智力创造性劳动取得的成果，并且是由智力劳动者对其成果依法享有的一种权利。

六、知识产权出资

根据《中华人民共和国公司法》第二十七条，股东可以用货币出资，也可以用实物、知识产权、土地使用权等可以用货币估价并可以依法转让的非货币财产作价出资；但是，法律、行政法规规定不得作为出资的财产除外。对作为出资的非货币财产应当评估作价，核实财产，不得高估或者低估作价。法律、行政法规对评估作价有规定的，从其规定。知识产权出资需要经过评估，评估需要提供如下材料：

1. 提供专利证书、专利登记簿、商标注册证、与无形资产出资有关的转让合同、交接证明等。

2. 填写无形资产出资验证清单。要求填写的名称、有效状况、作价等内容符合合同、协议、章程，由企业签名或验收签章，获得各投资者认同，并在清单上签名。

3. 无形资产应办理过户手续（知识产权办理产权转让登记手续；非专利技术签订技术转让合同；土地使用权办理变更土地登记手续）但在验资时尚未办妥的，填写出资财产移交表，由拟设立企业及其出资者签署，并承诺在规定期限内办妥有关财产权转移手续；交付方式与交付地点合同、协议、章程中有规定的，应与合同、协议、章程相符："接收方签章"栏，由全体股东签字盖章。

4. 资产评估机构出具的评估目的、评估范围与对象、评估基准日、评估假设等有关限定条件满足验资要求的评估报告和出资各方对评估资产价值的确认文件。

5. 新《公司法》第二十七条删去了旧款关于知识产权出资比例的要求，意味着企业可以100%用知识产权出资。

6. 以专利权出资的，如专利权人为全民所有制单位，提供上级主管部门批文；以商标权出资，提供商标主管部门批文；以高新技术成果出资的，提供国家或省级科技管理部门审查认定文件。

七、企业的"四资"

资产、资金、资本、资源,这是广大企业家、经营层、财务主管每时每刻都要关注的要素。四"资"仅是一字之差,内涵却相去甚远。

1. 优质资产能为企业带来可观的收益,但不良资产却为企业背上沉重的包袱,且难以自拔。

2. 资金能把"神舟五号"送上太空,资金可以买入资产、购买资本、换取资源,而"资金链断裂"将给企业带来灭顶之灾,但资金沉淀却是浪费。

3. 资本能使财富发生裂变效应,然而,资本运作,成在资金,败也在资金;有时候资本运作与金融诈骗仅是一步之遥。因此,可以这样说:"资本"如水,载舟覆舟。

4. 资源是企业生产经营不可或缺的要素,它可以促进企业的资产经营、资本增值、融资活动。

因此,资产是企业经营的基础,资金是企业生存的要素,资本是企业壮大的关键,资源是企业发展的动力,"四资"缺一不可(见图1-1)。

图1-1　企业"四资"

第二节 何为证券化

证券化有两个方面的含义：从狭义上来讲，它是指传统的银行和储蓄机构的资产（主要是贷款或者抵押物）被转变成可转让证券的过程。这类证券可能由存款式金融机构也可能由非银行的投资者购买。从广义上讲，证券化就是指近年来各种各样新型可转让票据市场的新发展，如出现在国际金融市场上的票据发行便利的浮动票据等，它们替代着传统银行贷款的作用，是一种借款机制筹资的新工具。这个过程的发展意味着投资者和借款者绕过了银行直接进行商业交易，事实上削弱了银行体系的中介作用。

一、证券化的特点

1. 利用金融资产证券化可提高金融机构资本充足率。
2. 增加资产流动性，改善银行资产与负债结构失衡。
3. 利用金融资产证券化来降低银行固定利率资产的利率风险。
4. 银行可利用金融资产证券化来降低筹资成本。
5. 银行利用金融资产证券化可使贷款人资金成本下降。
6. 金融资产证券化的产品收益良好且稳定。

证券化发展在国际金融市场上表现为两个较为明显的特征：

第一，从 20 世纪 80 年代上半期，新的国际信贷构成已经从主要是辛迪加银行贷款转向主要是证券化资产。传统的通过商业银行筹措资金的方式开始逐渐让位于通过金融市场发行长、短期债券的方式。

第二，银行资产负债的流动性（或称变现性）增加。银行作为代理人和投资者直接参与证券市场，并且将自己传统的长期贷款项目进行证券化处理。

二、证券化的类型

在我国，目前证券化的类型主要有资产证券化、融资证券化、应收账款证券化等；当前，随着国家有关知识产权一系列政策的出台，知识产权证券化方兴未艾，成为备受关注的焦点。

（一）资产证券化

资产证券化，是指以基础资产未来所产生的现金流为偿付支持，通过结构化设计进行信用增级，在此基础上发行资产支持证券（Asset - Backed Securities，ABS）的过程。也就是将缺乏流动性，但能够产生可预见现金流量的资产转化为在金融市场上可以出售和流通的证券。资产证券化就是指将存在的具有稳定未来现金流的非证券化资产集中起来，进行重新组合，据此发行证券的过程和技术。它是以特定资产组合或特定现金流为支持，发行可交易证券的一种融资形式。也就是说，资产证券化是以项目所属的资产为支撑的证券化融资方式，这种债券的利率一般比较低。加之，在国际市场上发行债券是由众多的投资者购买，所以投资风险也比较分散，从信用角度来看，资产支持型证券是最安全的投资工具之一。资产证券化仅指狭义的资产证券化。自1970年美国的政府国民抵押协会，首次发行以抵押贷款组合为基础资产的抵押支持证券·房贷转付证券，完成首笔资产证券化交易以来，资产证券化逐渐成为一种被广泛采用的金融创新工具而得到了迅猛发展，在此基础上，现在又衍生出如风险证券化产品。

1. 资产证券化的定义

广义的资产证券化是指某一资产或资产组合采取证券资产这一价值形态的资产运营方式，它包括以下四类：

①实体资产证券化：即实体资产向证券资产的转换，是以实物资产和无形资产为基础发行证券并上市的过程。

②信贷资产证券化：就是将一组流动性较差的信贷资产，如银行的贷款、企业的应收账款，经过重组形成资产池，使这组资产所产生的现金流收益比较稳定并且预计今后仍将稳定，再配以相应的信用担保，在此基础上把这组资产所产生的未来现金流的收益权转变为可以在金融市场上流动、信用等级较高的债券型证券进行发行的过程。

③证券资产证券化：即证券资产的再证券化过程，就是将证券或证券组合作为基础资产，再以其产生的现金流或与现金流相关的变量为基础发行证券。

④现金资产证券化：是指现金的持有者通过投资将现金转化成证券的过程。

狭义的资产证券化是指信贷资产证券化。按照被证券化资产种类的不同，信贷资产证券化可分为住房抵押贷款支持的证券化（Mortgage – Backed Securitization，MBS）和资产支持的证券化（Asset – Backed Securities，ABS）。根据产生现金流的证券化资产的类型不同，两者区别在于：前者的基础资产是住房抵押贷款，而后者的基础资产则是除住房抵押贷款以外的其他资产。

2. 资产证券化的实质

资产证券化在本质上是一种结构融资。由于资产证券化是以企业的部分资产为基础进行融资，需要解决的首要问题就是使这部分资产与企业的其他资产隔离开来，使投资者的收益完全来自这部分具有稳定现金流的资产，而不受到企业整体信用状况和风险的影响。这就需要通过设计一定的交易结构来实现，因此资产证券化在本质上是一种结构融资。实施资产证券化的首要问题是设计和建立一个能够使基础资产与融资方的其他资产相隔离的交易结构，这个交易结构可以通过两种方式实现。

第一种方式是SPC（特殊目的公司）形式。简单地说，也就是原始权益人将基础资产出售给 SPC，SPC 以基础资产的未来现金收益为支持发行证券（一般称为"资产支持证券"），以证券发行收入支付购买资产的价款，以资产产生的现金流向证券投资者支付本息。在这种交易结构下，为了保证基础资产与原始权益人的其他资产相隔离，要求基础资产"真实销售"给 SPC，原始权益人不能保留追索权，原始权益人的债权人也不能对这部分已出售的资产主张权利。同时，SPC 必须是为本次交易专门设立的机构，其不能从事其他任何具有经营风险的业务，以保证基础资产所产生的现金流能完全通过自己传递给资产支持证券的持有人。也就是说，SPC 实际是一个只持有基础资产的"空壳"公司。

第二种方式是信托方式。简单地说，就是指原始权益人将基础资产信托与营业性信托机构，成立信托关系，然后原始权益人将其所享有的基础资产的受益权以信托受益凭证（也是一种可交易的"证券"）的方式发售给投资者。在这样一个信托关系中，原始权益人为委托人，信托机构为受托人，基础资产为信托财产，投资者则为受益人，其按份享有受益权。使用信托交易结构也能够实现风险隔离，这是由信托的特殊法律属性所决定的。在所有权上，信托财产随着信托的设立而属于受托人，但这种所有权是受限的或者说是一种名义上的（在英美法系，其受到受益人"衡平法上所有权"的限制；在大陆法系，受到受益人"受益权"的限制）。而在法律地位上，信托财产又具有独立性，即信托财产与委托人、受托人和受益人三方的自有财产分离，成为独立运作的财产。也就是说，在信托交易结构中，原始权益人将基础资产信托与 SPV 后，基础资产的名义所有权属于受托人，受益权属于信托受益凭证的持有人，原始权益人及原始权益人的债权人就不能再对这些资产主张权利，从而实现风险隔离。

3. 资产证券化的目的

资产证券化的目的在于将缺乏流动性的资产提前变现，解决流动性风险。由于银行有短存长贷的矛盾，资产管理公司有回收不良资产的压力，因此在我国，资产证券化得到了银行和资产管理公司的青睐，中国建设银行、中国工商银行、国家开发银行、信达资产管理公司、华融资产管理公司等都在进行资产证券化的筹划工作。然而，无论是通过 SPC 方式还是信托方式，都是一种表外融资方式，这对于商业银行尤其重要。因为对于商业银行来说，其实施资产证券化的驱动力并不是为了融资，而是解决其长期资产与短期负债的结构性矛盾。通过资产证券化这种表外融资方式可以解决这一矛盾，并且提高资本充足率。

4. SPC 与 SPV

为了便于了解资产证券化，首先需要明白两个概念：SPC 与 SPV：

（1）特殊目的公司（Special Purpose Company，SPC）

SPC 是指发起人将证券化基础资产转让给一家专门从事证券化运作的特殊目的公司，由其发行资产支持证券。发起人设立特殊目的公司（SPC），以真实销售的方式，将基础资产的所有权完全、真实地转让给 SPC，然后 SPC 向投资者发行资产支持证券，募集的资金作为购买发起人的基础资产的对价。通常认为，真实销售是指在资产转让过程中由发起人以出售的形式将与基础资产有关的收益和风险全部转移给 SPV，资产转让后 SPV 对基础资产拥有完全所有权，发起人及其债权人不得再对资产行使控制或收益权。在这个过程中要明确基础资产的所有权已从发起人转移至 SPC，通常由律师出具法律意见书，并有相应的基础资产出售协议等法律文件的支持。

与信托相比，采用 SPC 这种形式有两个优点：

①公司拥有证券化基础资产的实质性权益，因而有权对该资产产生的现金收益进行任意的分割组合，可以运用分档、剥离等技术，向投资者发行不同档次或不同支付来源的转付型证券，而无法律上的权利限制；

②作为一个常设机构，可以连续不断地进行证券化交易运作，可向不同的发起人购买不同的证券化基础资产，不管这些资产是否相关，据以分别发行一组不同的资产支持证券，在更大规模、更深层次上推行证券化，从而提高了证券化效率，降低了运作成本。资产证券化试点以来，尚未真正以 SPC 作为载体发行过资产支持证券。

（2）特殊目的实体（Special Purpose Vehicle，SPV）

通常指仅为特定、专向目的而设立的法律实体（常见的是公司，有时也有合伙等。以下除非特别说明，都指公司）。对比普通公司，往往 SPV 除设立的特定目的外，没有独立的经营、业务等职能，有时也被称为 SPE（Special Purpose Entity）等。空壳公司（Shell Company）的概念范围通常和 SPV 类似，但有时会有所区别。例如，在美国证券法背景下，根据 SEC 规定，shell company 是指符合以下条件的公司：没有或仅有名义上的运营；资产形式（根据 US GAAP 认定）：无资产，或者实质上的资产组成只有现金及现金等价物。但是上述定义不适用于资产支持证券的发行人（ABS issuer）。通常涉及资产支持证券时，基本都会用 SPV 的称呼。

①SPV 与离岸公司

由上述定义可见，SPV 是为实现特定目的（如持有资产、便利未来资产交易等），根据（有时或可读作：利用）现行法律法规的规定（有时或可读作：漏洞），采取适合该特定目的的形式而设立的企业。由此引申，选择注册 SPV 的地区/法域，除需满足上述特定目的外，最好能有尽可能低的税负成本、宽松的公司治理体制、尽可能简单的政府管理程序，以及被主要的金融服务商（银行、券商等）认可，方便资金流动等。而由于各离岸地法律通常在上述各方面都有优势，因此常常成为 SPV 注册地的首选（注：各离岸地之间法律规定和管理体制还是有差异的，因此在具体交易中往往根据对上述各因素的不同偏重而有所取舍）。

②SPV 的直接目的

从最广泛的角度来说，SPV 的直接目的是，以尽可能低的成本（运作成本、管理费用、税负成本、时间成本等）持有一定资产。由此衍生出很多进一步用处，如证券化、资产剥离、达到/规避特定法律要求等。

③SPV 的意义

SPV 公司是践行公司"十三五"规划,转变商业模式,产融结合,拓展投建一体业务,促进公司主营业务收入增长的重要载体之一;SPV 公司是推动 PPP 项目建设,推动与政府工作,有效管理投融资工作,维护公司合法利益,以模式的转变而带动投资和工程建设的收益。通过对 PPP 项目和 SPV 公司的运作,不断完善自身的管理内容,提升公司的管理能力。

(3)案例

例一:资产证券化。A 公司手里有一个游乐园项目,需要资金覆盖建设、宣传等前期费用,未来用游乐园经营收入偿还。于是,A 公司将游乐园(或游乐园未来运营收入的收益权)的法律权益转给 SPV(根据所依据法律,有不同的转让方式);通过金融中介机构的服务(如评级、承销等),SPV 的股权可通过证券市场由投资者认购,募集到资金。例如,国内操作见欢乐谷(华侨城 A),国外例子见阿森纳。

例二:红筹上市。在国内说 SPV,一部分指的是这种操作。一般来说,境内企业的实际控制人在海外设立 SPV;SPV 回头收购境内公司股权[或针对限制/禁止外商投资领域,通过 VIE(可变利益实体)形式取得实际控制],并且与境内企业合并报表;SPV 向境外证券市场申请上市。这一操作的实质是,通过 SPV 将境内公司的性质变更为外资公司,打开境外上市的门路(注:按现行法规,中国企业也可以直接申请境外上市,但程序复杂、要求很高,通常除了少数大型国企很少选择)。中国法律要求创始人就 SPV 设立、SPV 收购境内公司(术语:返程收购),以及未来的上市融资等事项向外汇局进行登记。过去许多外汇局不予登记,目前有些地方外汇局已经放开。

5. 资产证券化的种类和范围

(1)根据基础资产分类。根据证券化的基础资产不同,可以将资产证券划分为不动产证券化、应收账款证券化、信贷资产证券化、未来收益证券化(如高速公路收费)、债券组合证券化等类别。

(2)根据资产证券化的地域分类。根据资产证券化发起人、发行人和投资者所属地域不同,可将资产证券划分为境内资产证券化和离岸资产证券化。国内融资方通过在国外的 SPV 或结构化投资机构(Structured Investment Vehicles,SIVs)在国际市场上以资产证券化的方式向国外投资者融资称为离岸资产证券化;融资方通过境内 SPV 在境内市场融资则称为境内资产证券化。

(3)根据证券化产品的属性分类。根据证券化产品的金融属性不同,可以分为股权型证券化、债券型证券化和混合型证券化。

值得注意的是,尽管资产证券化的历史不长,但相关证券化产品的种类层出不穷,名称也千变万化。最早的证券化产品以商业银行房地产按揭贷款为支持,故称为按揭支持证券(MBS);随着可供证券化操作的基础产品越来越多,出现了资产支持证券

（ABS）的称谓；再后来，由于混合型证券（具有股权和债权性质）越来越多，干脆用CDOs（Collateralized Debt Obligations）概念代指证券化产品，并细分为CLOs、CMOs、CBOs等产品。最近几年，还采用金融工程方法，利用信用衍生产品构造出合成CDOs。

6. 交易流程

概括地讲，一次完整的证券化融资的基本流程是：发起人将证券化资产出售给一家特殊目的机构SPV，或者由SPV主动购买可证券化的资产，然后SPV将这些资产汇集成资产池（Assets Pool），再以该资产池所产生的现金流为支撑在金融市场上发行有价证券融资，最后用资产池产生的现金流来清偿所发行的有价证券。

一般来说，一个完整的资产证券化融资过程的主要参与者有：发起人、投资者、特设信托机构、承销商、投资银行、信用增级机构或担保机构、资信评级机构、托管人及律师等。通常来讲，资产证券化的基本运作程序主要有以下几个步骤：

（1）重组现金流，构造证券化资产

发起人（一般是发放贷款的金融机构，也可以称为原始权益人）根据自身的资产证券化融资要求，确定资产证券化目标，对自己拥有的能够产生未来现金收入流的信贷资产进行清理、估算和考核，根据历史经验数据对整个组合的现金流的平均水平有一个基本判断，决定借款人信用、抵押担保贷款的抵押价值等并将应收和可预见现金流资产进行组合，对现金流的重组可按贷款的期限结构、本金和利息的重新安排或风险的重新分配等进行，根据证券化目标确定资产数，最后将这些资产汇集形成一个资产池。

（2）组建特设信托机构，实现真实出售，达到破产隔离

特设信托机构是一个以资产证券化为唯一目的的、独立的信托实体，有时也可以由发起人设立，注册后的特设信托机构的活动受法律的严格限制，其资本化程度很低，资金全部源于发行证券的收入。特设信托机构是实现资产转化成证券的"介质"，是实现破产隔离的重要手段。

（3）完善交易结构，进行信用增级

为完善资产证券化的交易结构，特设机构要完成与发起人指定的资产池服务公司签订贷款服务合同、与发起人一起确定托管银行并签订托管合同、与银行达成必要时提供流动性支持的周转协议、与券商达成承销协议等一系列的程序。同时，特设信托机构对证券化资产进行一定风险分析后，就必须对一定的资产集合进行风险结构的重组，并通过额外的现金流来源对可预见的损失进行弥补，以降低可预见的信用风险，提高资产支持证券的信用等级。

（4）资产证券化的信用评级

资产支持证券的评级为投资者提供证券选择的依据，因而构成资产证券化的又一重要环节。评级由国际资本市场上广大投资者承认的独立私营评级机构进行，评级考虑因素不包括由利率变动等因素导致的市场风险，而主要考虑资产的信用风险。

（5）安排证券销售，向发起人支付

在信用提高和评级结果向投资者公布之后，由承销商负责向投资者销售资产支持证券，销售的方式可采用包销或代销。特设信托机构从承销商处获取证券发行收入后，按约定的购买价格，把发行收入的大部分支付给发起人。至此，发起人的筹资目的已经达到。

（6）挂牌上市交易及到期支付

资产支持证券发行完毕到证券交易所申请挂牌上市后，即实现了金融机构的信贷资产流动性的目的。但资产证券化的工作并没有全部完成。发起人要指定一个资产池管理公司或亲自对资产池进行管理，负责收取、记录由资产池产生的现金收入，并将这些收款全部存入托管行的收款专户。

资产证券化过程，最重要的有三个方面的问题：一是必须由一定的资产支撑来发行证券，且其未来的收入流可预期。二是资产的所有者必须将资产出售给SPV，通过建立一种风险隔离机制，在该资产与发行人之间筑起一道防火墙，即使其破产，也不影响支持债券的资产，即实现破产隔离。三是必须建立一种风险隔离机制，将该资产与SPV的资产隔离开来，以避免该资产受到SPV破产的威胁。后两个方面的问题正是资产证券化的关键之所在。其目的在于减少资产的风险，提高该资产支撑证券的信用等级，减低融资成本，同时有力地保护投资者的利益。

当事人

资产证券化交易比较复杂，涉及的当事人较多，一般而言，下列当事人在证券化过程中具有重要作用：

①发起人

发起人也称原始权益人，是证券化基础资产的原始所有者，通常是金融机构或大型工商企业。

②特定目的机构或特定目的受托人（SPV）

这是指接受发起人转让的资产，或受发起人委托持有资产，并以该资产为基础发行证券化产品的机构。选择特定目的机构或受托人时，通常要求满足所谓破产隔离条件，即发起人破产对其不产生影响。

③资金和资产存管机构

为保证资金和基础资产的安全，特定目的机构通常聘请信誉良好的金融机构进行资金和资产的托管。

④信用增级机构

此类机构负责提升证券化产品的信用等级，为此要向特定目的机构收取相应费用，并在证券违约时承担赔偿责任。有些证券化交易中，并不需要外部增级机构，而是采用超额抵押等方法进行内部增级。

⑤信用评级机构

如果发行的证券化产品属于债券，发行前必须经过评级机构信用评级。

⑥承销人

承销人是指负责证券设计和发行承销的投资银行。如果证券化交易涉及金额较大，可能会组成承销团。

⑦证券化产品投资者

证券化产品投资者即证券化产品发行后的持有人。

⑧除上述当事人外，证券化交易还可能需要金融机构充当服务人，服务人负责对资产池中的现金流进行日常管理，通常可由发起人兼任。

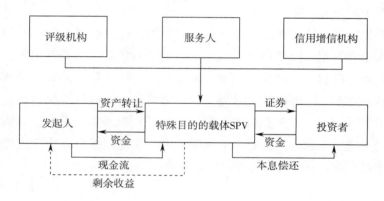

图 1-2　资产证券化的流程

举例简单通俗地了解一下资产证券化。A：在未来能够产生现金流的资产；B：上述资产的原始所有者（发起人）；C：受托机构 SPV；D：投资者。B 把 A 转移给 C，C 以证券的方式销售给 D。B 低成本地（不用付息）拿到了现金；D 在购买以后可能会获得投资回报；C 获得了能产生可见现金流的优质资产。投资者 D 之所以可能获得收益，是因为 A 是或许被认定为在将来的日子里能够稳妥地变成钱的好东西。SPV 是个中枢，主要是负责持有 A 并实现 A 与破产等麻烦隔离开来，并为投资者的利益说话做事。SPV 进行资产组合，不同的 A 在信用评级或增级的基础上进行改良、组合、调整。目的是吸引投资者，为发行证券。

7. 资产证券化的意义

（1）对于发起人而言

①增强资产的流动性

从发起人（一般是金融机构）的角度来看，资产证券化提供了将相对缺乏流动性、个别的资产转变成流动性高、可在资本市场上交易的金融商品的手段。通过资产证券化，发起者能够补充资金，用来进行另外的投资。例如，商业银行利用资产证券化提高其资产流动性。一方面，对于流动性较差的资产，通过证券化处理，将其转化为可以在市场上交易的证券，在不增负债的前提下，商业银行可以多获得一些资金来源，加快银行资金周转，提高资产流动性。另一方面，资产证券化可以使银行在流动性短缺时获得除中央银行再贷款、再贴现之外的救助手段，为整个金融体系增加一种新的流动性机制，提高了流动性水平。

②获得低成本融资

资产证券化还为发起者提供了更加有效的、低成本的筹资渠道。通过资产证券化市场筹资比通过银行或其他资本市场筹资的成本要低许多，这主要是因为：发起者通过资产证券化发行的证券具有比其他长期信用工具更高的信用等级，等级越高，发起者付给投资者的利息就越低，从而降低筹资成本。投资者购买由资产担保类证券构成的资产组合的整体信用质量，而不是资产担保类证券发起者的信用质量。同时，资产证券化为发起者增加了筹资渠道，使他们不再仅仅局限于股权和债券两种筹资方式。

③减少风险资产

资产证券化有利于发起者将风险资产从资产负债表中剔除出去，有助于发起者改善各种财务比率，提高资本的运用效率，满足风险资本指标的要求。例如，根据《巴塞尔协议》和我国《商业银行法》的要求，一个稳健经营的商业银行，资本净额占表内外风险加权资产总额的比例不得低于8%，其中核心资本不得低于4%。为了满足这一要求，许多银行必须增加资本或出售资产。由于增加资本是昂贵的，通过资产证券化交易出售资产就成为商业银行满足《巴塞尔协议》要求的有效途径。资产证券化可以将一部分资产从资产负债表上分离出去，减少分母资产数额，提高资本充足率以更好地满足监管要求。

④便于进行资产负债管理

资产证券化还为发起者提供了更为灵活的财务管理模式。这使发起者可以更好地进行资产负债管理，取得精确、有效的资产与负债的匹配。借短贷长的特点使商业银行不可避免地承担资产负债期限不匹配风险，通过资产证券化市场，商业银行既可以出售部分期限较长、流动性较差的资产，将所得投资于高流动性的金融资产，也可以将长期贷款的短期资金来源置换为通过发行债券获得的长期资金来源，从而实现了风险合理配置，改善了银行的资产负债管理。同时，由于资产证券化允许将发起、资金服务等功能分开，分别由各个机构承担，这有利于体现各金融机构的竞争优势，便于确立金融机构各自的竞争策略。

总之，资产证券化为发起者带来了传统筹资方法所没有的益处，并且随着资产证券化市场的不断深入发展，将愈加明显。

（2）对于投资者而言

①高收益

资产担保类证券提供了比政府担保债券更高的收益。这部分高收益源于许多因素，但最主要的是资产担保类证券的信用质量。因此，投资者可以获得较高的投资回报。

②低风险

资产证券化品种一般是以超过一个基准利率的利差来交易的。例如，在浮动利率资产证券化品种中，一般基准利率使用伦敦银行同业拆借利率，该种投资工具称为"基于利差的投资工具"。资产证券品种的出现满足了投资者对"基于利差的投资工具"的需求，从而达到投资多样化及分散、降低风险的目的。

③扩大投资规模

资产证券化可以帮助投资者扩大投资规模。一般而言，证券化产品的风险权重比基础资产的风险权重低得多。例如，美国住房贷款的风险权重为50%，而由联邦国民住房贷款协会发行的以住房抵押贷款为支撑的过手证券却只占20%的风险权重，金融机构持有的这类投资工具可以大大节省为满足资本充足率要求所需要的资本金，从而可以扩大投资规模，提高资本收益率。资本金所创造的压力已经成为对银行等金融机构对支撑证券进行投资的主要驱动力。

④提供了多样化的投资品种

投资者的风险偏好各不相同，资产证券化为投资者提供了多样化的投资品种，例如，有的投资者对风险比较厌恶，就会选择国债等风险较低的投资品种，相应会得到较低的收益，而有的投资者风险偏好较高，就会投资股票或衍生金融工具，当然要求的收益也较高。而资产担保类证券丰富了投资品种的风险/收益结构，为投资者提供了更多的投资品种选择。所以，能够提高自身的资产质量。

⑤多样性与结构的灵活性

现代证券化交易中，证券一般不是单一品种，而是通过对现金流的分割和组合，可以设计出具有不同档级的证券。不同档级证券具有不同的偿付次序，以"熨平"现金流波动。甚至将不同种类的证券组合在一起，形成组合证券，从而可以更好地满足不同投资者对期限、风险和利率同偏好。资产证券化技术可以提供无限证券品种和灵活的信用、到期日、偿付结构等，这样就可以创造出投资者需要的特定证券品种。这种的多样性与结构的灵活性是资产证券化的优良特性，也是投资期最关注的性质。从而获得较大的流动性，同时能够突破投资限制。

（3）对原始权益者的好处

①资产证券化为原始权益人提供了一种高档次的新型融资工具。

②原始权益人能够保持和增强自身的借款能力。

③原始权益人能够提高自身的资本充足率。

④原始权益人能够降低融资成本。

⑤原始权益人不会失去对本企业的经营决策权。

⑥原始权益人能够得到较高收益。

总之，资产证券化提高了资本市场的运作效率。

（二）融资证券化

融资证券化是指融资由银行贷款转向具有流动性的债务工具，筹资者除向银行贷款外，更多的是通过发行各种有价证券、股票及其他商业票据等方式在证券市场上直接向国际社会筹集资金；资金供应者在购进债券、票据后也可以随时把拥有的债权售出，转换为资金或其他资产。也就是指资金需求方用发行证券方式筹措资金，即"非中介化"或"脱媒"方式。主要方式有股份制企业定向募集或上市公司公开发行股票及债券，这里不再赘述，重点介绍其他形式的融资证券化和应收账款证券化。

融资证券化筹措资金，一是指银行将其流动性差的债权资产出售给第三者以发行债券，我们通常称为资产证券化；二是金融体系的证券化，即通过银行等金融机构借款的比重下降，而通过发行对第三方转让的金融工具的比重相对提高，即所谓资金的"非中介化"或"脱媒"现象，这种意义上的融资证券化实质是一种融资渠道的改变，也就是由传统的以银行信贷为主（间接融资）向多元化发展。二者虽然表现形式不同，但都具有直接化的特征，也就是由间接金融趋向于直接金融。

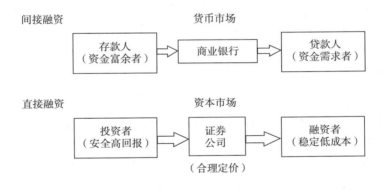

图 1 - 3 间接融资与直接融资

1. 发展现状及趋势

不要说融资证券化发展最为显著的美国，即使与许多发展中国家相比，我国融资证券化的发展也相对滞后。从银行资产结构看，目前我国商业银行资产结构是信贷资产占绝对比重。从银行资产结构及股票融资和非银行持有的债券占银行资产的比重中可以看出，社会融资的主渠道仍然是银行信贷。另据中国证监会的统计数据，在融资结构有调整和优化要求的情况下，其步伐并没有想象的快。然而仅仅凭借对金融体系传统意义的把握就认为融资证券化可以防范系统风险的发生太过草率，因为在过去 10 年中，国际金融体系早已旧貌换新颜，出现了新的发展趋势：

①主要证券公司日益国际化。伴随着跨国公司的发展，各大证券公司也不甘示弱，纷纷在世界各地建立分支机构，这样它们不仅可以在全球各地各大证券市场一天 24 小时不停地直接参与证券市场运行，还可以通过其设在不同国家的分支机构同时运作。

跨国证券公司的复杂结构使一国证券公司出现的问题有可能迅速蔓延到其他国家，在处理问题时必须进行国际间的交流与协作，而不同国家制度体制文化等各方面的差异无疑会增加处理问题的难度，也就是说，国际化将使可能发生的危机愈发严重。

②证券公司与商业银行和保险公司联系日益紧密。金融业由"分业经营、分业管理"的专业化模式向"综合经营、综合管理"的全能化模式的发展已成为当今国际金融业发展的主流。银行、证券、保险业之间的界限被逐步取消，金融机构可以同时经营多种业务，形成了"金融百货公司"或"金融超级市场"，给全球经济带来一场深刻的"金融革命"。但如此一来，与传统银行业相联系的系统风险就不可避免地影响到证券业务，这也是为什么近年来日益把系统风险与全局性的金融风险等同起来的原因。

③证券公司与银行合并愈演愈烈。1986年，英国展开了一场金融业大改革，放宽对金融业的限制，准许银行收购证券公司，这成为银行与证券公司相结合的开始。金融联合体的规模越来越大，既是由于银行与证券公司之间的合并与兼并，也是由于金融业同一部门内部的合并速度也非常快。近年来，金融业的并购活动从发达国家到发展中国家都发展得非常迅猛。尽管金融机构越大，其经营失败的可能性越小，但是一旦发生风险，其外溢效应越大，反而更容易发生系统风险。

④全球性交易日益集中于大型金融机构之间。根据美国、英国、法国、日本、意大利等国的国家权威机构所提供的数据，近十年来各大金融交易中心的OTC交易量中，最大的三家金融机构的成交量所占份额上升至27.2%，排名前十位的金融机构的成交量所占份额上升至54.7%。这种变化导致的直接后果就是证券交易和支付清算体系的风险越来越集中。我们都知道"把鸡蛋放在一个篮子里"的后果：一荣俱荣，一损俱损。如果一家大型金融机构出现问题，其结果可想而知。

2. 融资证券化的实施

证券化在本质上是一种改善流动性的资产负债管理工具，而非与一般直接融资方式（股票、公司债券）相一致的增量融资工具。资产证券化的功用与效应，普遍存在有认识上的偏差。事实上，证券化这种金融创新工具在本质上是一种改善流动性的资产负债管理工具，而非许多地产企业希望的如同股票和公司债券那样的增量融资工具。确实，资产证券化是一种融资工具，而且是革命性的融资工具，因为其使企业能够以其部分资产为基础而非整体信用实现融资，这是证券化区别于股票、企业债券的重要特性。但同样以部分信用融资，证券化也区别于担保融资，因为那部分作为信用基础的资产将完全脱离企业（那部分资产可理解为对价，而非担保物）。

对于原始权益人来说，证券化只是将存量资产（如应收账款、收益权、信贷类资产）出售给特殊目的机构（SPV），换回流动性更高、风险权重更低的现金或有价证券的过程，其结果是公司资产负债表中资产类别和相应财务指标的变化，在初始阶段并不影响公司负债和净资产的变化。只有当原始权益人将换回的现金用于新业务的扩张或者偿还债务时，其负债和净资产才会发生变化。从这一点可以看出，对于原始权益人来说，证券化顶多是一种"盘活存量"的融资工具。因此，将资产证券化视为一种增量融资工具是不正确的。

融资证券化除股份制企业定向募集或上市公司公开发行股票及债券之外，还有基础设施（高速公路）项目融资证券化、房地产项目融资证券化以及融资租赁（资产）证券化等形式，以下重点介绍应收账款证券化。

3. 系统风险

融资证券化主要表现在两个方面：一是金融工具的证券化，即不断通过创新融资证券化必然会对金融业产生一系列影响，目前市场及学术界普遍认为，积极推进融资证券化对于解决我国银行不良资产，拓宽融资渠道，推动投融资本制改革，促进经济结构调整，优化资源配置，改善商业银行的运营状态，提高在国际资本市场上的竞争力都具有重要意义。二是人们支持融资证券化还基于一点基本认识，即融资证券化可以防范金融系统风险、防止金融危机的产生及蔓延。

所谓系统风险是相对于个别金融风险而言的，从世界上一些国家的教训来看，金融危机不管是什么原因引起，最终都表现为支付危机，即或是无法清偿到期的国外债务，或是银行系统已不能满足国内存款者的普遍提存要求继而进一步导致挤兑甚至是银行破产。与"挤兑"一旦发生便极具传染性的银行相比，人们普遍认为证券公司天然具有防范系统风险的能力，一家证券公司的崩溃不大可能引起金融系统风险的发生，原因在于证券公司与银行之间存在的基本结构上的差异：

第一，按规定证券经营机构的客户资金与其自有资金是相互隔离的，如果违背这个原则，如挪用客户资金用于投资属于违法行为。这样有关证券公司自有资产经营的负面消息就不会影响到公司客户资金的安全。在这个条件下。如果一家证券公司经营失败，客户资金不会受到影响，转移资金相对容易，客户所能享受的服务也不会因此而大打折扣。

第二，证券公司的偿款责任并非像银行存款那样建立在"先到先得"的基础上，而是有一定期限的；另外，由于投资收益具有偶然性，与市场及企业的经管状况有关，而不是像银行那样有既定的利息。由此一来便可以使证券公司在很大程度上避免发生"挤兑"的风险。

第三，证券经营机构普遍持有流动性强，可转让的金融资产，这样当一家证券公司信誉受损，经营出现困难时，可以轻易地出售其资产而不致受到巨额损失。

（三）应收账款证券化

应收账款证券化是一种既能充分发挥应收账款的促销作用，又能控制和降低应收账款成本的管理办法。证券化的实质是融资者将被证券化的金融资产的未来现金流量收益权转让给投资者，而金融资产的所有权可以转让也可以不转让。在国际上证券化的应收账款已经覆盖了汽车应收款、信用卡应收款、租赁应收款、航空应收款、高速公路收费等极为广泛的领域。

1. 主要优势

应收账款证券化较常规的应收账款管理方式有着许多优势，主要体现在以下几个方面：

（1）优良的筹资方式

应收账款证券化就是将应收账款直接出售给专门从事资产证券化的特设信托机构（SPV），汇入 SPV 的资产池。经过重组整合与包装后，SPV 以应收账款为基础向国内外资本市场发行有价证券，根据应收账款的信用等级、质量和现金流量大小确定所发行证券的价格。将应收账款出售给精通证券化的 SPV，能够提高公司资产的质量，加强流动性，改善公司融资能力，还可以省去公司管理应收账款的麻烦，转移因应收账款而带来的损失风险。同时，这种融资方式通常融资费用较低，并可享受更为专业化的融资服务。

（2）可以降低管理成本

资产证券化的一项重要内容就是要实现证券化资产的破产隔离，也就是将应收账款从公司（发起人）的资产负债表中剥离出去，缩小破产资产的范围，降低破产成本。这样可提高公司资产质量，减少公司管理成本。同时，由于保险公司、共同基金和养老金基金等大型机构投资者都倾向于选择较高质量的证券，一般公司债券难以获得这些机构的投资，而证券化过程所采用的资产信用增级技术使证券质量得以提高，使公司融资变得较为容易。

（3）减少交易成本

应收账款证券化由专门的机构进行，这些机构精通应收账款的管理，作为应收账款的拥有者，只要将应收账款出售给这样的机构就可以免去对应收账款的跟踪、追缴之苦，减少坏账损失，从而大大降低交易成本。

（4）应收账款证券化有利于优化财务结构，充分利用资产和优化公司投资组合

2. 运作流程

交易主体在资产证券化交易过程中相当于整个交易的关键参与人，它们分别为发起人、特殊目的载体（SPV）和投资者，结合起来进行证券化交易就可以构建一个完整有效的交易结构，资产证券化就会顺利进行。在这一过程中，发起人就是应收账款的所有者，其剥离出未来能带来稳定现金流量的应收账款进行组合，资产池将根据注入的基础资产整合后形成一定规模，然后打包出售给专门为资产证券化服务的特殊目的载体，SPV 将其注入基础资产池；证券发起人将资产真实出售给特殊目的机构，特设机构获得资产的所有权后，将资产进行剥离重组、信用评级并增级，最后委托投资银行在资本市场上发行资产支持证券，此证券是以未来现金流作为担保。投资者在证券市场上购买资产支持证券，SPV 用销售证券的资金来购买发起人的应收账款，最后，用基础资产池产生的现金流来支付投资者的本金与利息，其运作流程如下：

（1）发起人确定证券化资产并建立基础资产池

首先发起人会根据企业对融资的需求对应收账款做定性和定量分析，确定将要证券化的应收账款。应收账款证券化是以该应收款能够在未来所能带来的现金流为基础的，但这并不意味着任何应收账款都能用来进行证券化，还需要对将要进行证券化的应收账款进行评定和组合。选择质量较好的基础资产的原因是为了剥离出资产的现金流较为稳定，避免基础资产不良带来的风险，所以这需要由专门的资产评估机构进风险的评定。

（2）SPV 是专门为进行资产证券化而设立的独立机构

SPV 设立的主要目的是使基础资产与该资产原始权益人形成风险隔离。因此设立特殊目的载体是进行证券化的关键环节，特殊目的载体也被称为不会破产的实体，的确，特殊目的载体购买了证券化资产后，此基础资产从原始权益人那里脱离出来，实现了破产隔离。为此组建特殊目的载体时要保持分立的性质、满足清偿的债务限制，并设立独立的董事制度。前文已提到过，所谓的真实出售是将拟证券化资产从资产原始权益人的资产负债表中移出，这样进行证券化的应收账款就与发起人的信用状况不再有任何关系，达到了破产隔离的目的，维护了证券投资者的利益。特殊目的载体设立的形式一般是信托投资公司、担保公司等。具体需要参考所在国家或地区的法律法规。为了逃避税款等因素，许多特殊目的载体选择去开曼群岛或百慕大群岛进行注册。

（3）资产真实出售

被证券化的应收账款从原始权益人向特殊目的载体的转移是证券化运作中非常关键的一环，会涉及许多的法律税收和会计问题，这种转移实现了原始权益人与基础资产的破产隔离，实现了真实出售。即使原始权益人出现破产，债权人对已证券化的资产也会不再具有追索权。

（4）信用评级与增级

应收账款证券化的资产支持证券发行时需要评估产品的信用等级，因此就需要专业的信用评级机构对其进行信用评级，这里面包括对原始权益人的应收账款和经过特殊目的载体重组后的应收账款以及信托机构的信用进行评级。按照程序，这需要初评和发行评级两次评级。初评是为了确认证券化产品是否达到了所需要的信用等级，来确认信用增级要采取的措施。初评后评级机构还需要对基础资产进行监督，对基础资产的信用等级进行调整，然后正式发行评级，告知投资者评级结果。信用等级越高代表证券的风险越低，发行成本也就越低。因此为了吸引投资者，扩大资本市场，增加融资，被证券化的基础资产需要进行信用增级，使证券在信用质量、基础资产质量偿付确定等方面满足投资者的需求，同时这有利于进行会计监督，满足企业的融资需求。

（5）发行证券

信用评级结果公布后，特殊目的载体要将证券移交给投资银行来承销。承销有公募发行和私募发行两种方式。资产支持证券的风险较低，收益很高，因此机构投资者更倾向于购买此类证券。特殊目的载体将发行证券所得的收入交给原始权益人来购买基础资产，于证券偿付日向投资者支付本息。这样，发起人实现了其融资目标。

（6）管理资产池

特殊目的载体需要聘请专门机构来管理资产池作为"售后服务"。其职责主要是收取债务人偿还的本息后将资金存入特殊目的载体设立的特定账户，并监督债务人履行债权情况，一旦债务人违约，就需要及时采取补救措施。根据实践来看，一般发起人自己会充当此类角色，没有人会比发起人更熟悉基础资产的情况。

3. 定价原则

在进行应收账款证券化时，对应收账款收益凭证的定价是非常关键的一步，其合不合理直接影响资产支持证券是否会发行成功。由于应收账款证券化既要求信用增级还带有产品分层等特征，因此定价也非常复杂。一般情况下，应收账款收益凭证的定价是由专业的评级机构来进行的，其对每个层次的证券进行评级，并确定这些不同层次证券的加权平均年限，再结合其信用等级、债券的利率与期限来计算产品的价值，确定证券的价格。经历过金融危机后，在对应收账款证券化的支持证券进行定价时，应该着重考虑定性因素与定量因素相结合，谨慎地调整定价模型与数据，以期能对我国应收账款证券化的支持证券做出最合理的判断。只有合理科学的定价才能正确规划参与人的收益与风险，也能确保我国应收账款证券化交易结构的安全，推动我国应收账款证券化的持续健康发展。

4. 主要优势

应收账款证券化较常规应收账款管理方式有着许多优势，主要体现在以下几方面：

（1）优良的筹资方式

应收账款证券化就是将应收账款直接出售给专门从事资产证券化的特设信托机构（SPV），汇入SPV的资产池。经过重组整合与包装后，SPV以应收账款为基础向国内外资本市场发行有价证券，根据应收账款的信用等级、质量和现金流量大小确定所发行证券的价格。将应收账款出售给精通证券化的SPV，能够提高公司资产的质量，加强流动性，改善公司融资能力，还可以省去公司管理应收账款的麻烦，转移因应收账款而带来的损失风险。同时，这种融资方式通常融资费用较低，并可享受更为专业化的融资服务。

（2）可以降低管理成本

资产证券化的一项重要内容就是要实现证券化资产的破产隔离，也就是将应收账款从公司（发起人）的资产负债表中剥离出去，缩小破产资产的范围，降低破产成本。这样可提高公司资产质量，减少公司管理成本。同时，由于保险公司、共同基金和养老金基金等大型机构投资者都倾向于选择较高质量的证券，一般的公司债券难以获得这些机构的投资，而证券化过程所采用的资产信用增级技术使证券质量得以提高，使公司融资变得较为容易。

（3）减少交易成本

应收账款证券化由专门的机构进行，这些机构精通应收账款的管理，作为应收账款的拥有者来说，只要将应收账款出售给这样的机构就可以免去对应收账款的跟踪、追缴之苦，减少坏账损失，从而大大降低交易成本。

（4）优化财务结构

应收账款证券化有利于优化财务结构，充分利用资产和优化公司投资组合。

由此可见，应收账款证券化就是一种资产证券化的形式，其特点有以下几点：

其一，应收账款证券化对企业的好处在于应收账款可以马上兑现，金融中介机构把企业的应收账款买过去，然后做成证券化产品卖给投资者。应收账款证券化产品的购买者把钱支付给了金融中介机构，金融中介机构把钱支付给企业。企业实现了马上收款，证券化产品购买者购买了应收账款（购买价格低于应收账款面值），也相应享受了一定的收益。

其二，对企业来说，应收账款证券化之后，其应收账款已经转移，没有风险。然而，风险只能转移和分散，不能消灭！这是金融市场颠扑不破的真理。应收账款证券化的意义就在于企业将应收账款的风险分散和转移给了证券化产品的购买者。

其三，对应收账款证券化产品的购买者来说：它的风险就在于应收账款是否能够真的按期足额的获得支付，如果不能，则承担风险；如果能，则享受收益。

5. 运作模式

应收账款证券化的主要参与者为发起人（应收账款出售方）、服务人、发行人（SPV）、投资银行、信托机构、信用评级机构、信用增级机构、资产评估机构和投资者等。以上机构在资产证券化市场中各自有着不同的作用。信用评级机构和信用增级机构对应收账款支持证券的发行是非常重要的，关系到证券发行是否成功和发行成本的大小；信托机构则通过特设托收账户对证券化的应收账款进行催收和管理，并根据证券化的委托协议负责向投资者清偿本金和利息（见图1-4）。

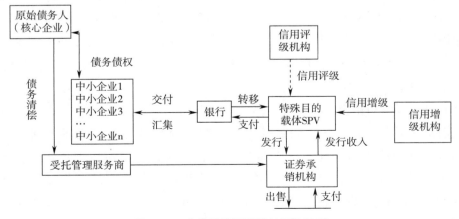

图1-4 应收账款证券化的运作流程

应收账款证券化的具体运作程序可分为以下五个阶段：

（1）选择证券化的应收账款

在应收账款证券化过程中，一个重要的问题是选择应收账款，并非任何应收账款都适宜证券化。可用于证券化的应收账款应具备以下特征：①有一定可预见的现金流入量；②从应收账款获得的利息收入应足以支付抵押证券的利息支出；③具有抵押价值和清偿价值；④还款条件明确。

（2）组建证券化载体 SPV，实现真实销售

SPV 有时可以由原始权益人设立，但它是一个以应收账款证券化为唯一目的的信托实体，只从事单一的业务：购买证券化应收账款，整合应收权益，并以此为担保发行证券。它在法律上完全独立于原始资产持有人，不受发起人破产与否的影响，其全部收入来自应收账款支持证券的发行。为降低应收账款证券化的成本，SPV 一般设在免税国家和地区。

（3）完善交易结构，进行内部评级

为完善应收账款证券化的交易结构，SPV 需要同原始权益人一起与托管银行签订托管合同，必要时要与银行达成提供流动性支撑的周转协议。之后，信用评级机构通过审查各种合同和文件的合法性及有效性，对交易结构和应收账款支持证券进行考核评价，给出内部评级结果。一般而言，此时的评级结果并不是很理想，很难吸引投资者。

（4）信用提高

在证券的发行中，应收账款支持证券的偿付依赖于被证券化的应收账款所产生的未来的现金流入顺利实现，这对投资者而言存在一定的风险，为此可以采取以下措施：一是破产隔离。通过剔除原始权益人的信用风险对投资收益的影响，提高应收账款支持证券的信用等级。二是划分优先证券和次级证券。对优先证券支付本息优于次级证券，付清优先证券本息之前仅对次级证券付息，付清优先证券本息之后再对次级证券还本。这样降低了优先证券的信用风险，提高了它的信用等级。三是金融担保。由另一家信用良好的金融机构提供信用担保，并由应收账款出让方给予证券回购承诺，即一旦证券到期而本息得不到及时支付，应由担保方或应收账款出售方代为支付，以保护投资者的利益。

（5）证券评级与销售

信用提高后，发行人还需聘请信用评级机构对应收账款支持证券进行正式的发行评级，并将评级结果向投资者公告，然后由证券承销商负责承销。发行完毕后，可在交易所或场外挂牌上市，在二级市场流通。最后，以证券发行收入支付购买证券化应收账款的价款，以证券化应收账款产生的现金流入向投资者支付本金和利息。

三、证券化产品

证券化产品多种多样、层出不穷，除了常见的资产证券化产品、不良资产证券化产品，目前大致有以下几种：

（一）信贷资产证券化产品

2018 年 11 月 8 日，国家开发银行（以下简称国开行）在银行间市场首次发行绿色信贷资产证券化产品，规模 31.4 亿元，募集的资金将再次投入绿色领域。这是国开行借助证券化手段，践行绿色发展理念的又一次有益探索。近年来，国开行通过完善绿色体系建设、加大信贷投放力度、发行绿色债券等多种方式，持续推进绿色金融业务蓬勃发展。截至 2018 年 10 月末，国开行绿色贷款余额已超过 1.8 万亿元，约占全部贷款余额的 17%，重点支持了长江等流域水污染防治、大气污染防治、工业绿色发展和绿色出行等领域发展。这些绿色项目每年可节约标准煤 6220 万吨，减排二氧化碳 14289 万吨。

2014 年 8 月 24 日，农业银行第二期信贷资产证券化产品——"2014 年第二期农银信贷资产支持证券"在银行间市场成功发行，规模为 80.028 亿元。据悉，农业银行自此轮资产证券化扩大试点以来已累计发行 101.228 亿元，居大型商业银行首位。得益于过硬的资产池质量、合理的产品结构设计和广泛的市场沟通，农业银行本次发行获得了各类投资者的充分认可，包括银行、保险、证券、财务公司等多样化机构在内的共 30 多家金融机构参与了投标，各档均获得超额认购，平均认购倍数为 1.58 倍，创市场新高。最终，A－1 档发行利率为 4.95%；A－2 档发行利率为 5.3%；B 档发行利率为 5.9%，属于同期市场可比产品较低水平。本次成功发行，将有利于农业银行进一步释放信贷规模，压降风险资产，主动调整资产结构和增加中间业务收入。

（二）房地产证券化产品

2015 年 12 月 8 日，"汇添富资本·世茂购房尾款资产支持专项计划"挂牌仪式在上海证券交易成功举行。作为国内首单购房尾款资产证券化产品，该项目由汇添富资本管理有限公司携手世茂集团联合推出，具有非常重要的示范意义。公开资料显示，世茂购房尾款 ABS 存续期为 3 年，根据风险收益特征，分为优先级和劣后级资产支持证券。根据中诚信评估，该项目的主体评级及优先级债项评级均为 AAA 级。在风险控制方面，该项目通过内部分层、高比例资产包抽查、强制压力测试等措施保障了产品的风险控制。该产品进一步拓宽了中国金融产品的组合区间，对有长期资产配置需求的机构进行需求细分，丰富了国内金融市场层次。

（三）房地产资产证券化产品

2015 年，以应收账款作为基础资产发行的 ABS 的房企超过 5 家，涉及资金在百亿元以上。以商品房购房尾款应收账款作为基础资产发行 ABS 融资开始步入快速发展渠道。率先尝到这种融资模式甜头的是华夏幸福、世茂房地产、碧桂园和融信中国等上市房企，且发行规模都在数亿元以上。以商品房购房尾款应收账款为基础资产发行 ABS 融资，资金成本相对较低，可以提前将资产变现，降低回款压力，加快资金回笼速度，提高资金利用率。

（四）公积金资产证券化（ABS）产品

武汉市住房公积金管理中心于 2014 年底，与上海陆家嘴金融交易所合作，利用信托平台，将该市公积金个人住房贷款资产中的特定部分打包，按市场能够接受的价格（发行综合成本不超过 6.5%）出售资产包的半年收益权，以市场化方式公开向社会发行，成功募得 3.55 亿元资金，全国首只住房公积金资产证券化产品由此诞生，实现了公积金个人住房贷款资产证券化的首次实践。从本质上看，武汉住房公积金管理中心委托陆家嘴金融交易所进行证券产品设计和发行，将具有可预见现金流的资产打包，以证券形式在金融市场上发售以获取流动资金的证券，也称为资产支持证券。与一般债券不同，它不是对某一经营实体的利益要求权，而是对特定资产池所产生的现金流或剩余利益的要求权。

2015 年 12 月 24 日，国内最大规模的公积金个人住房贷款资产支持证券（ABS）产品正式发行，该产品由上海市公积金管理中心作为发起机构，发行总额为 69.6 亿元人民币，已获得专业评级机构 AAA 的评级。第一期公积金 ABS 发行规模为 19.4 亿元，其中优先级资产支持证券 18.3 亿元，次级资产支持证券 1.1 亿元。优先级证券的票面利率均为基准利率＋基本利差。这标志着目前国内规模最大的公积金个人住房贷款资产支持证券产品正式出台。上海发行首例公积金 ABS 产品，打通住房公积金与资本市场的通道，释放积极信号，预计住房抵押贷款支持的证券化（MBS）、REITS 等证券化产品将加速推广或试点，有利于房地产市场的恢复。

（五）消费金融资产证券化

2015 年 12 月 3 日，京东金融旗下的京东白条的资产证券化（ABS）再度融资，这意味着国内消费金融类资产的 ABS 有望加速。京东金融 3 日宣布，其"京东白条二期应收账款债权资产支持专项计划"已经发行完毕，发行额为 12 亿元，并且深圳证券交易所（以下简称深交所）已经对该计划出具无异议函，这表明京东白条 ABS 二期也将登陆深交所。此前，11 月底，京东金融刚刚在深交所发行了"京东白条应收账款债权资产支持专项计划"，这也是资本市场第一个基于互联网消费金融的 ABS 产品。据介绍，此次京东白条 ABS 二期共计发行 12 亿元，其中优先 1 级和优先 2 级总计占比为 88%，由合格投资者购买，劣后级占比为 12%，由京东购买。公开数据显示，本次发行的京东白条 ABS 二期优先 1 级和优先 2 级年化收益率分别为 4.7% 和 6.9%，较京东白条 ABS 一期发行利率均下降 0.4% 个百分点。同期，中国人民银行基准利率下降 0.25 个百分点。

（六）投资类证券化产品

中国人寿正通过资产证券化这一企业"盘活存量"的重要工具，来加大对首都核心功能区建设的支持。2017 年 5 月，金融街（一期）CMBS 专项计划正式成立，发行总规模达 63.17 亿元，中国人寿认购 55.17 亿元，实现优质资产大比例配置，作为该项目的基石投资人，助力金融街控股成功发行首期 CMBS（商业房地产抵押贷款支持证券）项目。CMBS 是指商业地产公司的债权银行以原有的商业抵押贷款为资本发行证券。本期项目基础资产为北京市金融街的标志性写字楼——金融街中心，总建筑面积达 13.96 万平方米，为国际 LEED 金级认证的绿色建筑。目前，入驻金融街中心的有中国银行间市场交易商协会及亚投行、招商证券等众多境内外知名金融机构，持有人为金融街控股，实际控制人为北京市西城区国资委，是金融街商圈的主要开发商。中国人寿加大对首都核心功能区建设的支持，为双方未来全方面合作奠定良好基础。中国人寿积极响应国家政策，大力参与资产证券化投资，向企业注入流动性，全面服务于实体经济。保险资金运用具有期限长、规模大、安全性要求高，以及相匹配收益率的特点，适合长期、大额、优质资产的投资。资产支持证券除主体信用外，更有资产自身现金流支持，符合险资投资偏好。

（七）应收账款资产证券化产品

2016 年 11 月，三一重工应收账款 ABS 产品发行，意味着工程机械行业资产证券化破冰。本产品由三一集团金融板块牵头组织实施，采用结构化技术、超额现金流覆盖以及差额支付承诺提高证券信用评级，并广泛开展询价及路演，积极拓展各类型合格投资人，实现近期市场同类产品发行成本新低。分析人士认为，本期证券发行不仅有利于三一重工盘活存量资产、加速经营资金周转、提高资金使用效率，还有利于拓宽融资渠道、降低融资成本、优化资产结构，对我国工程机械行业乃至制造业资产证券化具有里程碑意义。本期证券包括优先 A 档、优先 B 档、次级档，共"两层三档"，其中，优先 A 档和优先 B 档面向合格投资人发售，次级档由三一集团认购。本期证券获得市场青睐，各类型合格投资人认购踊跃，虽然发行利率创近期同类型产品新低，但是认购倍数创同类型产品新高。

（八）知识产权证券化标准化产品

2018 年 12 月 14 日，我国首只知识产权证券化标准化产品"第一创业·文科租赁一期资产支持专项计划"在深圳证券交易所成功获批，实现了我国知识产权证券化零的突破。该笔 ABS 以北京市文化科技融资租赁股份有限公司为原始权益人，底层资产租赁标的物全部为专利权、著作权等知识产权，总规模达 7.33 亿元，实现知识产权未来收益作为基础资产零突破，"第一创业·文科租赁一期资产支持专项计划"是以共计51 项发明专利、实用新型专利、著作权等知识产权为底层资产，以这些知识产权未来经营现金流为偿债基础形成的应收债权为基础资产的"知识产权融资租赁"业务，涉及艺术表演、影视制作发行、信息技术、数字出版等文化创意领域的多个细分行业，总规模达 7.33 亿元。

2018 年 12 月 21 日，我国首单知识产权证券化产品——"奇艺世纪知识产权金融资产支持专项计划"在上海证券交易所成功获批发行。这意味着我国具有里程碑意义的首单知识产权证券化（IPS）产品获批发行。该产品由中国信达海南分公司牵头，基础资产债权的交易标的物全部为知识产权，总规模 4.7 亿元。其中，优先级资产支持证券 A1 期限约为 1 年，优先级资产支持证券 A2 的期限约为 2 年。原始权益人为天津聚量商业保理有限公司，核心债务人为北京奇艺世纪科技有限公司，计划管理人和销售机构均为信达证券股份有限公司，评级机构为联合信用评级有限公司，法律顾问为北京市竞天公诚律师事务所上海分所。联合信用评级有限公司对全部"奇艺世纪知识产权金融资产支持专项计划"优先级证券的评级为 AAA 级。

第三节　高新技术产业化

高新技术产业化是高新技术创新成果的商品化、市场化的过程，是一个从创新成果到形成一定规模商品生产的转化过程。经由这一过程，高新技术成果才有可能在国民经济的各个领域得到日益广泛的应用，并形成一定经济规模的产品。所谓高新技术产业化就是高新技术通过研究、开发、应用、扩散而不断形成产业的过程。它以高技术研究成果为起点，以市场为终点，经过技术开发、产品开发、生产能力开发和市场开发四个不同特征阶段，使知识形态的科研成果转化为物质财富，其最终目的是高新技术产品打入国内外市场，获得高经济效益。高新技术产业化的各阶段相互联系，相互依存，构成了依次递进的线路，使高技术不断由产业点向产业链进而向产业群延伸和扩展。

一、高新技术产业

高新技术产业通常是指那些以高新技术为基础，从事一种或多种高新技术及其产品的研究、开发、生产和技术服务的企业集合，这种产业所拥有的关键技术往往开发难度很大，但一旦开发成功，却具有高于一般的经济效益和社会效益。

对高新技术产业范围的界定，是研究高新技术产业各种问题包括政策问题的基础。然而，由于高新技术产业依托于高新技术，而人们对高新技术的认识往往还不能达成一致，这使目前业界对于高新技术产业的界定也存在不同的看法。

美国商务部提出的判定高新技术产业的主要指标有两个：一是研发与开发强度，即研究与开发费用在销售收入中所占比重；二是研发人员（包括科学家、工程师、技术工人）占总员工数的比重。此外，产品的主导技术必须属于所确定的高新技术领域，而且必须包括高新技术领域中处于技术前沿的工艺或技术突破。根据这一标准，高新技术产业主要包括信息技术、生物技术、新材料技术三大领域。

经济合作与发展组织（OECD）出于国际比较的需要，也用研究与开发的强度定义及划分高新技术产业，并于 1994 年选用 R&D 总费用（直接 R&D 费用加上间接 R&D 费用）占总产值比重、直接 R&D 经费占产值比重和直接 R&D 占增加值比重 3 个指标重新提出了高新技术产业的 4 分类法，即将航空航天制造业、计算机与办公设备制造业、电子与通信设备制造业、医药品制造业等确定为高新技术产业。这一分法为世界大多数国家所接受。

加拿大认为高新技术产业的认定取决于由研发经费和劳动力技术素质反映的技术水平的高低。而法国则认为只有当一种新产品使用标准生产线生产，具有高素质的劳动队伍，拥有一定的市场且已形成新分支产业时，才能称其为高新技术产业。澳大利亚则将新工艺的应用和新产品的制造作为判定的显著标志。

中国目前还没有关于高新技术产业的明确定义和界定标准，通常是按照产业的技术密集度和复杂程度来作为衡量标准的。根据 2002 年 7 月国家统计局印发的《高新技术产业统计分类目录的通知》，中国高新技术产业的统计范围包括航天航空器制造业、电子及通信设备制造业、电子计算机及办公设备制造业、医药制造业和医疗设备及仪器仪表制造业等行业。高新技术企业是知识密集、技术密集的经济实体。高新技术范围的确定将根据国内外高新技术的不断发展而进行补充和修订，由科技部颁布。

二、高新技术产业化带来一系列的变革

由于高新技术的产业化，必将带来科研、工业、经济、社会教育等一系列的变革。

（一）高新技术产业化将改变劳动的性质和内容

人是生产力的第一要素，人参加物质生产过程执行着几种职能：

1. 以自己的肌力作为动力，运用劳动对象和劳动工具；
2. 支配、操纵不同的工具和机器，并借助它们作用于劳动对象；
3. 安排和调整劳动工具；

4. 设计和组织整个物质生产过程，即确定生产什么，利用什么材料和工具，劳动过程是怎样的，以及它在生产空间和时间上的整个流程。

在高新技术的广泛应用产业化条件下，虽然人在生产中仍然执行着上述几种职能，但各种职能的作用发生了很大变化。第一种职能的作用在减少，即体力劳动的比重减少，脑力劳动的比重在增加；从直接支配工具和工作机器转为主要负责控制工作机器，把完成生产中的一些逻辑思维职能交给技术手段——电子计算机、机器人，使人从直接生产过程中解放出来。同时，设计和组织整个生产过程的职能日益趋于高智力化，即管理生产的职能越来越显得重要。高新技术产业化把"人类活动的最重要形式——科学、技术、生产、管理结合成一个认识和改造自然和社会的统一机制"。生产劳动大量地增加了创造性成分，并且逐步变为科学性劳动。社会劳动的智力化，产生了新型的劳动者，即不但用手而且用脑劳动的人。

（二）高新技术产业化带来的变化

高新技术产业化将使整个社会的产业结构、产品结构、消费结构和社会劳动分工发生新的变化。农业社会里的主要劳动力是农民、少数手工业工人；工业社会里的主要劳动力是采矿业、制造业、交通运输业的工人，农民人口流入城市，转入工人阶级队伍；在高新技术产业化的条件下，即所谓的知识经济、信息化的社会里，制造业的百分比不断下降，第三产业的工人和企业管理人员不断增加。据资料介绍，美国1960年第一产业的劳动力占劳动力总数的8.2%，第二产业占34.5%，第三产业占57.3%；到1980年第一产业的劳动力只占劳动力总数的2%，第二产业占21%，而第三产业的劳动力占到77%。

据美国管理专家德拉克估计，在今后25年内，美国制造业将失去1500万个工作岗位，而美国电子协会则声称，它下属的各个公司到1985年为工程师、制图员、计算机分析人员和程序员提供了几十万个工作机会。美国休利特·帕克德工厂每年生产价值一亿美元的电子机械，雇用1700多名工人，其中40%是工程师、程序设计师、技术员、办公室管理人员。高新技术产业化所带来的社会劳动的重新分工，证明了马克思在100多年前讲的："大工业的本性决定了劳动的变换、职业的更动和工人的全面流动性。"

（三）高新技术产业化的载体是知识劳动者

高新技术产业化的载体是受过良好高等职业技术教育的知识劳动者。各种支柱性产业都有与之相适应的经济形态和产业载体劳动者。

1. 以种植业、畜牧业、渔业和手工纺织业等为支柱产业的农业经济，所需的生产资料——种子、有机肥料、畜力等都是农业内部提供的，技术结构变化十分缓慢，此时的产业载体劳动者无须经过长期的教育和知识的学习，它是"师徒"型的，只要跟着师傅干、老人干，在干中就能掌握有关知识，胜任所能负担的工作。

2. 在以制造各种机器为主体的制造业、为工业提供各种资源和能源的采掘业，以及由公路、铁路、航海和航空组成的交通运输业为支柱产业的工业经济时代，由于知识含量的增加，产业载体的劳动者一分为三：管理者、技术员和体力劳动者。最初的管理者是在实际工作中成长起来的，主要依靠经验来管理企业；到了后期才出现了受过高等职业教育的专业管理人才。早期的技术人员也是些实干家，依靠个人的勤奋和刻苦钻研，从事技术的发明和技术革新，在工业革命中期以后，这类自学成才的技术人员渐渐减少，取而代之的是受过高等职业技术教育的专业人员，他们在企业中的数量不多，但作用不小，是企业新技术、新产品的开发者。

3. 在当今，以信息产业、新材料、新能源、生命和医药产业，空间产业、海洋产业、环境保护产业为支柱产业的知识经济时代，高新技术产业的工作领域发生了革命性的变化，既涉及微观领域又有宏观领域，劳动对象极其微小（纳米技术）也可能异常宏大（生物圈），劳动者不仅具有直接操作技能还必须具有凭借仪器间接地从事操作技能，而且要掌握相关的跨学科的专业知识。这种劳动方式势必要求劳动者必须接受高等职业教育，掌握高等的劳动技能。

（四）高新技术产业化是科学技术和生产的日益一体化的总体现

科学技术和生产的日益一体化，缩短了科学技术在生产过程中物化的时间，使科学成为直接的生产力。第一次工业革命以前，不但科学技术和生产是脱节的，而且科学和技术也是分开的。

1. 一种新的科学思想要转化为技术需要经过漫长的岁月，同样把技术应用到生产上又要经过很长时间。例如，蒸汽机从发明到应用经过了80年；电动机从原理发现到应用经过了65年；真空管从原理发现到应用经过了33年，等等，这个漫长过程说明了，一方面，科学的发展还没有达到能够直接地和急剧地影响和改造生产过程；另一方面，生产还没有摆脱对经验知识的依赖，还没有达到迫切需要直接利用科学和技术的水平。

2. 但是到了20世纪中叶，情况开始有了急剧变化，物质生产力的发展、大机器生产的进步，迫切需要科学研究的成果根本性的变革、生产中的一切因素、科学技术的进步成了改造生产的前提。因此科学技术应用到生产上的周期越来越短。20世纪50年代以来，如晶体管从发明到应用只经过3年，雷达从原理发现到应用只经过了5年，激光的发明到制造激光器用了不到1年的时间。特别是电子计算机发展的速度更是惊人，这个速度远远超过了摩尔定律。

3. 现在一项新的技术发明问世，立即就会被用到生产上产生高的经济效果，而生产上的技术理论问题，又反馈给科学研究提出新课题。

（五）高新技术产业化是学科之间相互作用、高度渗透的结晶

众所周知，学科之间的相互渗透和相互作用，可使复杂问题的综合研究加强。例如，电子技术的革命使整个生产过程的组织科学化和合理化，降低了产品的材料、能源、资金和劳动消耗。相应地电子技术革命又必须依赖于新材料的出现。

1. 航空航天技术和海洋开发也需要新能源和新材料，同时它又可以在开发中提供新的能源和材料。因此，科学技术研究已经混为一体。科学研究一方面越分越细，出现了许多分支学科；另一方面又越来越综合。

2. 高新技术产业化是以高新技术研究成果为起点，以市场为终点。高新技术产业由产业点向产业链进而向产业群扩展的整个过程中，许多高新技术问题需要跨学科研究，学科壁垒越来越弱化。

3. 过去，物理学在自然科学的革命化过程中起着重要作用，而现在生物学在高新技术革命中也越来越显示出举足轻重的作用。

（六）高新技术产业化是自然科学和社会科学综合的产物

新的科技成果在生产上和社会生活上的应用，必将使社会生活发生重大变革。马克思曾经说过："蒸汽机、电力和自动纺机甚至是比巴尔贝斯、提斯拜尔和布朗基诸位公民更危险万分的革命家。"恩格斯也讲道："英国工人阶级的历史是从 18 世纪后半期，从蒸汽机和棉花加工机的发明开始的。大家知道，这些发明推动了产业革命，产业革命同时又引起了市民社会中的全面变革，而它的世界历史意义只是在现代才开始被认识清楚。"

高新科技成果出现所带来的社会问题光靠自然科学是不能解释的，必须运用社会学、政治学、经济学、教育学等社会科学的知识来解释。因此，在现时代，不仅学习社会科学的人要懂得自然科学；学习自然科学的人也应懂得社会科学，预测自然科学的发展所带来的社会问题，用正确的观点解释这些问题，以促进社会的进步。

三、高新技术产业的政策

通过制定和实施国家高新技术产业的一系列政策，建设创新创业环境，聚集科技资源，促进技术创新与转化，加强科技和经济结合，调整产业结构，增强区域创新能力，推动高新技术的商品化、产业化和国际化。达到社会承认的规模程度，完成从量的集合到质的激变，使高新技术企业真正成为国民经济中的重要组成部分。高新技术企业一共可以享受到以下的优惠政策：

（一）税收减免

经认定的高新技术企业可按 15% 的税率征收企业所得税。企业所得税由原来的 25% 降为 15%，相当于在原来基础上降低了 40%。连续三年，三年期满之后可以重新

申请高新技术企业认定（2016 年之前是三年期满后做高新复审，2016 年管理办法取消了高新复审，改为继续重新申请高新），认定通过继续享受三年税收优惠，即可享受 6 年。例如，企业年纳税 100 万元，申报通过当年，即可享受减免 40 万元的优惠，三年就可减免 120 万元税收，六年则减免 240 万元。

（二）加计扣除优惠政策

开发新技术、新产品、新工艺的企业研究开发投入可以进行研发费用确认享受所得税按 150% 的比例加计扣除优惠，即研究开发费用的投入在据实扣除的基础上再加计扣除 50%。

（三）融资扶持政策

中关村改制上市资金扶持，对于改制、代办系统挂牌和境内外上市的中关村高新技术企业分别一次性给予 20 万元、50 万元和 200 万元的资金补贴。

（四）直接资金奖励政策

有的地方对获得认定后给予企业一定的资金奖励，如北京市昌平区对通过认定的企业奖励 3 万元；朝阳区高新技术企业认定补助资金，给予最高不超过 3 万元的补助；顺义区对上一年度取得高新技术企业证书的企业，给予 10 万元奖励；房山区对年度内获批国家高新技术企业给予一次性 5 万元的资金支持。

（五）费用补贴政策

针对企业在申请高新认定时公司所做专项审计报告的费用，给予一定比例的补贴，如北京市昌平区、朝阳区、大兴区、经济技术开发区。

（六）项目优先扶持政策

目前各个层级政府扶持资金在内部评审时都对获得认定后的企业优先给予立项，有的计划把通过国家高新认定作为申报其他科技计划项目的必备条件。如国家火炬计划重点高新技术企业认定、北京市朝阳区企业研发投入补贴资金等扶持资金、申报最高补贴金额 300 万元的海淀区企业研发投入补贴专项，都把获得高新认定作为前提条件；丰台区获得国家高新技术企业认定的可直接入选丰台区"专精特新"企业认定，可以优先推荐获得国家、北京市中小企业发展专项资金补助、优先获得丰台区中小企业发展专项资金补助、以优惠价格获得与区经信委协议银行、担保机构的融资服务。

（七）国家级资质

高新企业证书是由科技部、财政部、国家税务总局统一认定共同盖章而颁发的证书（北京对应由北京科学技术委员会、北京市财政局、北京市国家税务局、北京市地方税务局共同盖章而颁发的证书），是含金量较高的国家级资质，可提升企业品牌形象，提高企业市场价值，增强企业核心竞争力，优先列入政府采购名单，享受优先贷款政策等，侧面证明了企业在本领域中具有较强的技术创新能力、高端技术开发能力，有利于企业开拓国内外市场、招投标和上市等。

（八）北京高新技术企业人才政策

1. 本市行政区域内的高等学校、科研机构的应届毕业生受聘于中关村科技园区内的高新技术企业，可以直接办理本市常住户口。

2. 凡经市经委根据《来京投资企业及其高级管理人员认定办法》认定的来京投资企业高级管理人员，企业可以为其申请一次性购房专项奖励。购房专项奖励标准为来京投资企业高级管理人员本人购房时间上一年度缴纳个人所得税数额地方留成部分的80%。

3. 来京投资企业的高级管理人员的子女在京参加高考可与北京籍考生同等对待；来京投资企业职工及子女可参加北京市普通高中毕业会考；来京投资企业申请其在京职工子女入本市中小学借读，由区县教育行政主管部门按照有关规定就近安排。

4. 市财政预算中安排专项资金，用于软件企业高级管理人员和技术人员兴办高新技术企业或增加本企业资本金投入以及个人第一次购买住房、轿车的资金补助，补助标准不超过个人上年已缴纳个人所得税的80%。市科委牵头制定有关专项资金的使用管理办法，并具体组织实施。根据企业自愿的原则，软件企业从业人员住房公积金的缴存比例可提高到20%。

5. 研发机构中的高级管理人员在本市首次购买商品住房，符合《北京市关于扩大对内开放促进首都经济发展的若干规定》（京政发〔2002〕12号）等有关规定的，可向市经委申请按其本人上年已缴纳个人所得税数额的一定比例给予奖励。

6. 优秀人才培养资助工作：由北京市委组织部负责组织评选，每年度一次，对个人和集体科研项目予以无偿资金支持。

7. 首都劳动模范：由北京市总工会负责组织评选，每年度一次，对获奖者予以表彰和奖励。

8. 经济技术创新标兵：由北京市总工会负责组织评选，每年度一次，对获奖者予以表彰和奖励。

9. 北京优秀青年工程师标兵：由北京市科协负责组织评选，每年度一次，对优秀青年人才予以表彰和奖励。

四、科技成果转化率

科技成果转化率（the Rate of Technology Transfer），是指为提高生产力水平而对科学研究与技术开发所产生的具有实用价值的科技成果所进行的后续试验、开发、应用、推广直至形成新产品、新工艺、新材料，发展新产业等活动占科技成果总量的比值。有专家认为科技成果转化率是计划经济时代的概念。也就是说，科技成果转化率，衡量科技创新成果转化为商业开发产品的指数，中国的科技成果转化率仅为10%左右，远低于发达国家40%的水平。

（一）科技成果转化率的计算难度

关于中国"科技成果转化率"是多少、如何计算等问题，不少专家都表示："没有统一的计算口径。"对于科技成果转化率究竟应该由谁来统计的问题，北京科技大学教授刘澄表示，最权威的统计部门应该是知识产权局，由知识产权局统计专利交易数据，并估算转化率，科技部、国家发展改革委都应该以知识产权局发布的数据为准。从知识产权局来看，成果转化率就是知识产权交易率。知识产权局在统计科技成果转化率时，一般采用抽样调查的方法。

（二）科技成果转化率的国内外对比

1. 我国的科技成果转化率

与美国和德国等发达国家相比，中国对科技成果转化率的强调带有一定的"中国特色"。之所以国内仍在强调"科技成果转化率"，是由两个因素促成的：一是很多项目在立项时没有考虑项目的商业化前景，或者一开始觉得有商业化价值，但在项目实施之后发现没有商业化价值；二是一些项目尽管有商业化前景，但大学、研究所没有动力去推行，致使转化率低。中国对转化率的强调，恰恰说明中国的科研不是面向市场的。中国的科研依靠国拨经费，所以会特别强调要转化。

2. 美国、德国等发达国家并不存在成果转化方面的问题。因为它们的科技成果本身就是面向市场的，科研成果研发出来就直接面向生产线，否则对于作为科研投资主体的企业来说，资金就"打水漂"了。

3. 中国科技研发投入快速增加，2011年超过1万亿元，占GDP的1.98%，但科技资源配置不合理，利用效率低，大量的科研成果不能转化为应用技术的问题十分突出。2018年10月9日，国家统计局、科学技术部、财政部联合发布的《2017年全国科技经费投入统计公报》显示：2017年，我国科技经费投入力度加大，研究与试验发展（R&D）经费投入增速加快，国家财政科技支出平稳增长，经费投入强度稳步提高。全国共投入R&D经费17606.1亿元，比上年增加1929.4亿元，增长12.3%，增速较上年提高1.7个百分点；R&D经费投入强度（与国内生产总值之比）为2.13%，比上年提高0.02个百分点。然而，中国的科技成果转化率仅为10%左右，远低于发达国家40%的水平。

（三）科技成果转化

科技成果转化，是指为提高生产力水平而对科学研究与技术开发所产生的具有实用价值的科技成果所进行的后续试验、开发、应用、推广直至形成新产品、新工艺、新材料，发展新产业等活动。

1. 科技成果转化的概念

科技成果转化的概念可分为广义和狭义两种。

（1）广义的科技成果转化应当包括各类成果的应用、劳动者素质的提高、技能的加强、效率的增加等。因为科学技术是第一生产力，而生产力包括人、生产工具和劳动对象。因此科学技术这种潜在的生产力要转化为直接的生产力，最终是通过提高人的素质、改善生产工具和劳动对象来实现的。从这种意义上讲，广义的科技成果转化是指将科技成果从创造地转移到使用地，使使用地劳动者的素质、技能或知识得到增加，劳动工具得到改善，劳动效率得到提高，经济得到发展。

（2）狭义的科技成果转化实际上仅指技术成果的转化，即将具有创新性的技术成果从科研单位转移到生产部门，使新产品增加，工艺改进，效益提高，最终经济得到进步。我们通常所说的科技成果转化大多指这种类型的转化，所言科技成果转化率就是指技术成果的应用数与技术成果总数的比。

2. 转化途径

科技是经济增长的发动机，是提高综合国力的主要驱动力。促进科技成果转化、加速科技成果产业化，已经成为世界各国科技政策的新趋势。科技成果转化的途径，主要有直接和间接两种转化方式，并且这两种方式也并非泾渭分明，经常是相互包含的。

（1）直接转化：科技人员自己创办企业，高校、科研机构与企业开展合作或合同研究，高校、研究机构与企业开展人才交流，高校、科研院所与企业沟通交流的网络平台。

（2）间接转化：科技成果的间接转化主要是通过各类中介机构来开展的。机构类型和活动方式多种多样。在体制上，有官办的、民办的，也有官民合办的；在功能上，有大型多功能的机构（如既充当科技中介机构，又从事具体项目的开发等），也有小型单一功能的组织。具体可以通过专门机构实施科技成果转化；通过高校设立的科技成果转化机构实施转化；通过科技咨询公司开展科技成果转化活动。

3. 主体作用

（1）政府

科技成果转化是个复杂的系统工程，同时也是一项风险性事业。没有政府作后盾，没有政府资助，单个个人或企业很难做到。在科技成果转化过程中，政府作用是必不可少的。所以，科技成果转化，首先是政府要引导，要制定相应的政策。政府应当在科技成果转化和推广过程中起到良好的引导作用。我国科技体制的一个很大的弊端，就是大量的科研机构独立于企业之外，长期形成了科技与经济相分离的局面，所以，有大量的科技成果转化的问题。对于我国这种由计划经济向市场经济转换过程中的特殊阶段出现的特殊问题，各级政府应积极引导，大力支持企业建立自己的科研机构，尽快承担科技成果转化主体的重任，搞好科技成果的转化。政府有关部门应尽快制定有效的产业政策和相应的产业技术政策及产业结构政策，促使企业组织集团化，从而集中资金、人力和物力，发挥整体优势，提高技术开发，形成规模能力。

（2）企业

企业是科技成果转化和推广过程中的重要主体。企业可以自行发布信息或者委托技术交易中介机构征集其单位所需的科技成果，或者征寻科技成果的合作者，也可以独立或者与境内外企业、事业单位或者其他合作者实施科技成果转化、承担政府组织实施的科技研究开发和科技成果转化项目，还可以与研究开发机构、高等院校等事业单位相结合，联合实施科技成果转化。长期以来，我国绝大部分企业仍然通过资金、人力投入来实现量的扩张，通过上规模来增加企业的效益。而以科技进步为主的内涵式扩大再生产还没有成为企业发展战略的主流。在市场经济的条件下，企业的生存和发展，本质上取决于企业的技术创新、吸纳科技成果能力和经营能力，而不是仅靠资金、人力的投入上规模来实现量的扩张及效益的提高。要不断提高企业是科技成果转化主体的认识，勇挑重担，使企业科技成果于产品开发和发展生产之中，真正成为促进科技成果转化的重要途径。

（3）高校及科研机构

高等院校、科研院所等科研单位是科技成果的供给主体。在"科教兴国"战略指导下，随着"211 工程""教育振兴行动计划"的实施，我国高等教育取得了历史性的发展，高校科技创新工作取得了极大的进展。高校正逐渐发展成为基础研究的主力军，应用研究的重要方面军，以及高新技术产业化的生力军，高校科技工作已经成为国家科技创新体系的重要组成部分。在国家有关部门的大力支持下，高校及科研机构承担建设了一大批科技创新基地或平台，积极承担了国家科技攻关计划、"863"计划、"973"计划、国家自然科学基金以及国防军工等一系列科研任务，使高校总体科技实力、自主创新能力以及综合竞争力大大增强，知识贡献与社会服务能力大大增强，正在成为我国科技自主创新的强大力量。

（4）第三方技术服务机构

第三方技术服务机构囊括了科研技术服务、产业技术服务，以及后期工商管理、法律顾问等技术上的服务。在高端科学领域，科研成果的转化往往从立题已经开始了，在高精尖技术领域，一个团队要能够做到尽善尽美是困难的，由此而诞生的第三方技术服务平台能够为广大科研工作者提供一个良好的技术支持服务平台，确保特别是研发阶段的顺利进行。

（5）中介机构

自技术市场开放后，科技中介服务机构大量涌现。它们存在于技术市场化的全过程的各阶段，沟通了技术供给方与需求方的联系，是技术与经济结合的切入点，是技术进入市场的重要渠道，对于技术市场化的进程有很大的推动作用。科技中介主要有科技部和各地科委成果推广机构、技术成果交易会、技术商城、技术开发公司、大学科技园、创业园、孵化器、生产力促进中心等形式。

4. 相关政策

随着科技体制改革的持续发力，尤其是资源配置、计划管理、科技成果转化等方面重大改革措施的出台，以及"大众创业、万众创新"局面的兴起，科技成果转化为现实生产力的速度在加快。2015 年，国家技术转移示范机构增至 453 家，技术（产权）交易机构 30 家。技术交易总额达到 9835 亿元，同比增加约 14.7%。

2015 年 8 月 29 日，全国人民代表大会常务委员会关于修改《中华人民共和国促进科技成果转化法》的决定（主席令 第三十二号）已由中华人民共和国第十二届全国人民代表大会常务委员会第十六次会议于 2015 年 8 月 29 日通过，现予公布，自 2015 年 10 月 1 日起施行。

国务院 2016 年 2 月印发的《实施〈中华人民共和国促进科技成果转化法〉若干规定》提出了更为明确的操作措施，强调要打通科技与经济结合的通道，促进"大众创业、万众创新"，鼓励研究开发机构、高等院校、企业等创新主体及科技人员转移转化科技成果，推进经济提质增效升级。该规定鼓励研究开发机构、高等院校通过转让、许可或者作价投资等方式，向企业或者其他组织转移科技成果。国家设立的研究开发机构、高等院校应当建立健全技术转移工作体系和机制，其持有的科技成果，可以自主决定转让、许可或者作价投资，除涉及国家秘密、国家安全外，不需审批或者备案。

国务院办公厅 2016 年 4 月印发的《促进科技成果转移转化行动方案》提出，对实施促进科技成果转移转化行动作出部署。"十三五"期间，推动一批短中期见效、有力带动产业结构优化升级的重大科技成果转化应用，企业、高校和科研院所科技成果转移转化能力显著提高，市场化的技术交易服务体系进一步健全，科技型创新创业蓬勃发展，专业化技术转移人才队伍发展壮大，多元化的科技成果转移转化投入渠道日益完善，科技成果转移转化的制度环境更加优化，功能完善、运行高效、市场化的科技成果转移转化体系全面建成。"十三五"期间主要指标：建设 100 个示范性国家技术转移机构，支持有条件的地方建设 10 个科技成果转移转化示范区，在重点行业领域布局建设一批支撑实体经济发展的众创空间，建成若干技术转移人才培养基地，培养 1 万名专业化技术转移人才，全国技术合同交易额力争达到 2 万亿元。

第四节　如何实现知识产权证券化

一、知识产权证券化是推动知识经济发展的重大动力

（一）何为知识经济

知识经济是以知识为基础、以脑力劳动为主体的经济，与农业经济、工业经济相

对应的一个概念，工业化、信息化和知识化是现代化发展的三个阶段。教育和研究开发是知识经济的主要部门，高素质的人力资源是重要的资源。知识经济曾经不是一个严格的经济学概念，知识经济定义为建立在知识的生产、分配和使用（消费）之上的经济。其中所述的知识，包括人类迄今为止所创造的一切知识，最重要的部分是科学技术、管理及行为科学知识。

（二）知识经济的重要意义

知识经济的兴起将对投资模式、产业结构和教育的职能与形式产生深刻的影响。在投资模式方面，信息、教育、通信等知识密集型产业展现出的骤然增长的就业前景，将导致对无形资产的大规模投资。在产业结构方面，一方面，电子贸易、网络经济、在线经济等新型产业将大规模兴起；另一方面，农业等传统产业将越来越知识化；再者，产业结构的变化和调整将以知识的学习积累和创新为前提，在变化的速度和跨度上将显现出跳跃式发展的特征，还使经济活动都伴随着学习，教育融入经济活动的所有环节；同时，知识更新的加快使终身学习成为必要。

（三）知识经济的标志特征

1. 资源利用智力化

从资源配置来划分，人类社会经济的发展可以分为劳力资源经济、自然资源经济、智力资源经济。知识经济是以知识人力等智力资源为资源配置要素的经济，节约并更合理地利用已开发的现有自然资源，通过智力资源去开发富有的、尚待利用的自然资源。

2. 资产投入无形化

知识经济是以知识、信息等智力成果为基础构成的无形资产投入为主的经济，无形资产成为发展经济的主要资本，企业资产中无形资产所占的比例超过50%。无形资产的核心是知识产权。

3. 知识利用产业化

知识密集型的软产品，即利用知识、信息、智力开发的知识产品所载有的知识财富，将大大超过传统的技术创造的物质财富，成为创造社会物质财富的主要形式。

4. 经济发展可持续化

知识经济重视经济发展的环境效益和生态效益，因此采取的是可持续化的、从长远观点有利于人类的发展战略。

5. 世界经济全球化

高新技术的发展，缩小了空间、时间的距离，为世界经济全球化创造物质条件。全球经济的概念不仅指有形商品、资本的流通，更重要的是知识、信息的流通。以知识产权转让、许可为主要形式的无形商品贸易大大发展。

6. 企业发展虚拟化

知识经济时代，企业发展主要是靠关键技术、品牌，通过许可、转让方式，把生产委托给关联企业或合作企业，充分利用已有的厂房、设备、职工来实现的。

7. 人均收入差距扩大

这是指对发达国家与发展中国家，发达地区与落后地区之间而言，是知识经济带来的负面效应之一。

8. 时代意义

人们在强调知识经济这一概念时，主要是区别于物质、资本在生产中起主导作用的物质经济和资本经济而言的。与依靠物质和资本等这样一些生产要素投入的经济增长相区别，现代经济的增长则部分依赖于其中的知识含量的增长。但不能由此就认为知识经济仅仅是区别于所谓的物质经济或资本经济。其一，人类经济时代的划分有自然经济、工业经济，但没有物质经济或资本经济的提法。其二，一个经济时代的划分重要的不是生产什么而是用什么生产，这里包含一个重大的区别，即一定社会的主导生产工具及由此形成的产业，这显然不是物质经济或资本经济所能反映的。而知识经济不但从知识在生产中的核心作用表明自身的存在，更重要的是以信息产业为代表的主导经济增长的知识性产业已经形成。对此美国经济学家罗默提出，要求在计算经济增长时，必须把知识列入生产要素函数中。因此，OECD 定义知识经济即以知识为基础的经济，正是揭示了知识对现代经济增长的基础性作用，并准确地反映了知识经济的现实。

所以，我们从经济时代的角度来认识知识经济，我们称为知识经济的，就必须使这种称谓有相应的经济学理论基础。这需要一个切入点，这个切入点显然不是报刊上所反映出的一些旨在印证知识经济的提法，而应是论证知识经济何以可能的理论基础，这才是问题的核心。

（四）结论

知识经济正在给中国的经济发展与社会发展注入更大的活力和带来更好的际遇。大力发展知识经济有利于优化经济结构、合理利用资源、保护生态环境、促进协调发展、提高人口素质、消除贫困等，有利于在新的世纪里建设国家创新体系，通过营造良好的环境，推进知识创新、技术创新和体制创新，提高全社会创新意识和国家创新能力，从而实现中国跨世纪发展之路。在知识基础上形成的科技实力成了重要的竞争力。国家的富强、民族的兴旺、企业的发达和个人的发展，无不依赖于对知识的掌握和创造性的开拓与应用，而知识的生产、学习、创新，则成为人类最重要的活动，知识已成了时代发展的主流，以高科技信息为主体的知识经济体系的迅速扩展举世瞩目。所以，知识产权证券化是推动知识经济发展的重大动力。

二、知识经济与知识产权

知识产权是知识经济的资源，不仅在发展知识经济中发挥重大作用，而且与当代国际政治、经济贸易发展关系日益密切，国际化趋势进一步增强，以新兴技术为发展基础的知识产权的保护力度也面临挑战，我们要正确处理发展知识经济与知识产权保护之间的关系，迎接知识经济新时代的到来。世界科技突飞猛进，一个以知识和信息为基础、竞争与合作并存的全球化市场经济正在形成，知识将成为经济增长的原动力，它除具有文化功能外，更多地具有经济功能，知识经济将成为各国经济发展的新方式。以往知识在人们的心中如同空气和水一样既宝贵又无价，人们虽然须臾不可离，但总觉得可以无偿使用和挥霍。而知识经济时代高度发达的信息高新技术提供了知识成为有价商品的环境，使知识成为现代财富的主要组成部分，人们对知识的所有权实际上是对财富的所有权，知识经济和知识产权变得密不可分。

（一）知识经济时代知识产权的新特征

知识产权是商品经济和科学技术发展的产物，随着知识经济时代的来临，知识的生产、扩散、转移、老化速度加快，使知识产权发展表现出了新的特点和趋势，面临着新的挑战。

1. 知识产权与当代国际政治、经济贸易发展关系日益密切

当代一些发达国家已将知识产权保护作为实施外交政策的一种手段。美国是把知识产权直接与发展对外政治、经济关系联系起来的最典型的国家。这些国家的新兴产业在国民经济中的地位越来越重要，而新兴产业主们往往要在政府中安插自己的代表来对国家的政策施加影响，敦促政府对其他国家施加影响，甚至压力。特别是 1986 年以来，知识产权问题被纳入 GATT 体制，国际贸易方面的知识产权问题被提到议事日程上来。GATT 乌拉圭回合达成的"与贸易有关的知识产权协议"就是知识产权渗入国际经贸关系的一个象征。

2. 新兴技术成为知识产权进一步发展的基础

知识产权保护促进了科学技术的发展，科学技术的发展又给知识产权保护提出了新的课题。随着全球电子计算机和通信等技术的飞速发展，以电子信息为核心的世界科技革命已经到来，遍布全球的信息网使国家之间、地区之间的时空距离完全消失，人类有史以来第一次有了瞬间即可分享的信息。传统的知识产权客体所不能及的高科技智力成果，如集成电路、计算机软件、多媒体节目产品、卫星传播和电缆传播、生物工程等的不断出现，给传统的知识产权保护提出了挑战，知识产权将在新技术革命下进一步发展。

3. 知识产权国际化趋势进一步增强

知识产权国际化有利于促进国际间高新技术的合作交流。高新技术开发的特点之

一是其技术尖端性和高竞争性。各国为了本国利益，一般要对科技成果的专利申请、转让和制品出口做出限制和技术保密。而专利制度的特点是其公开性，即通过公告等形式由法律授予成果所有人一定的专利权，这大大促进了国际技术交流。一些西方国家曾长期对一些国家进行高新技术限制，或把知识产权纳入贸易关系谈判的框架，除政治原因外，主要是基于对本国高技术的知识产权保护，但只有建立了完善的知识产权保护体系才有可能较好地消除国际科技交流的障碍。最近几年就连续召开了有关专利问题的协调会议。同时，各国知识产权法律的差别正在缩小，"跨国知识产权法"正在接二连三地出现，可以预料，知识产权的国际化趋势随着世界技术革命和经济贸易的发展将进一步增强。

4. 知识产权法的保护范围、保护期限、保护力度面临新的挑战

知识产权的国际趋势是"保护范围不断扩大，保护力度相对提高"。首先，随着知识和信息生产量的增加，扩散速度的加快，高新技术不断涌现，已经超出了原有知识产权保护所涵盖的范围，新增知识产权类别相继出现，如信息技术发展带来的版权保护问题，含有计算机程序发明的专利保护问题、生物技术问题、基因工程问题等，给现有知识产权提出了新的挑战，尤其是有些技术如生物技术中的动物复制技术，本身在伦理道德上尚有争议，其知识产权的保护就更复杂。其次，表现在知识产权的保护期限上。这是由知识经济条件下知识快速更新的特点造成的。知识经济带来知识总量的迅速扩大、知识传播明显加快，进而带来知识的更新愈益加速。这样，现行的知识产权法规定的有关专利权、版权等的保护期限就有重新考虑的必要，至少考虑不同行业的不同情况。最后，知识产权的保护力度也面临着挑战。总之，知识经济的发展给知识产权法带来了新问题，提出了新要求，促使我们进行更深层次的思考。

（二）知识产权在发展知识经济中发挥重大作用

知识产权是科技、经济和法律相结合的产物。在知识经济时代人们对知识的拥有权和知识自身的特征是通过知识产权来实现的，知识产权的出现是人类对知识价值认识的深化。在全球一体化的国际背景下，知识产权是衡量一个国家财富的重要标志，也是衡量一个国家竞争能力的重要标志。知识经济越是知识化，知识产权保护就显得越重要，比尔·盖茨的微软公司不会诞生在一个知识产权得不到保护的国家。知识产权制度的激励作用，促进了技术创新，知识产权制度的保障作用，保证了知识产业财富的实现，知识产权制度的规范作用，调节了知识经济时代的竞争秩序，知识产权在发展知识经济中发挥着重大作用。2018 年 5 月 9 日至 10 日，国家知识产权局局长申长雨在宁夏回族自治区调研时要求"更好地发挥知识产权对经济创新发展的支撑作用"。

1. 鼓励发明创造的作用

在知识产权出现之前，任何人任何时候都可以无偿地使用别人的发明创造，这就使发明创造的完成人或所有人从自己的发明创造中获利甚微。知识产权的出现改变了

这种情况，它以法律的形式保障发明创造完成人或持有人在一定时间内拥有排他性的专利权，抑制了他人的擅自实施。任何要生产、销售某种专利产品或实施由知识所创造的其他如著作权、工业产权、无法定专有权的秘密技术等，都必须得到有关知识产权所有人的同意并支付实施费。这就使发明创造的完成人或拥有人的劳动消耗能够得以收回或获利，并使专门从事发明创造活动成为一种有利可图的谋生职业，从而极大地提高了人们从事发明创造的积极性，这正如已故美国总统林肯所说："专利制度给发明人和创造实用物品的天才火焰添加了利益的柴薪。"

2. 促进科技成果及时而广泛应用的作用

在知识产权出现之前，由于竞争的需要，人们总是倾向于对自己的发明创造特别是关于某种产品的制造技术严加保密，从而导致科学技术信息传播的迟滞，极不利于发明创造的及时推广应用和经济与社会的发展。在知识产权确立之后，发明创造的完成人或所有人要取得对发明创造的专利权，就必须将其发明创造的内容向社会公开。这就使科技信息得以迅速传播，任何需要采用该项发明创造成果的人，都可以及时以合适的代价取得实施许可，而且一般来说，发明创造的许可使用越快越多，对于发明创造的完成人或持有人越有利。这两方面积极性的结合，极大地促进了科技成果的商品化，有利于及时扩大科技成果在实际生产领域中的应用，迅速转化为现实生产力，促进经济和社会进步。

3. 促进科研开发队伍形成的作用

在知识产权出现之前，没有实现有偿使用专利申请权与专利权的机制，发明创造的完成人除非自己实施，否则就根本不能取得利益。因此，发明创造只能依附于实际生产才能成为谋生手段，而一旦发明创造的完成人自己投入直接生产过程，也就不可能有充裕的时间或充沛的精力从事再发明创造，这就制约了发明创造队伍的形成，影响科学技术的发展。知识产权制度产生以后，发明创造成果的有偿许可实施，专利申请权和专利权的有偿转让机制的形成，使科技成果本身成了一种能获利的商品，促使了科研开发专业队伍的形成，从而极大地推动了科学技术的发展。

4. 节省科研开发资源，缩短科技进步周期的作用

知识产权出现之前，发明创造成果的完成人或持有人的保密倾向，导致科技信息传播迟滞和许多家传秘方、家传绝技失传的消极后果，致使许多科技成果需要人们重新研究开发。专利制度产生以后人们为了取得专利权，必须公开发明创造的内容，这就一方面避免他人在同样的发明创造方面的重复劳动，节省了人力、物力、财力和时间；另一方面又使得他人可以及早地在已公开的发明创造基础上进行新的发明创造，从而极大地加速了科技进步的周期。

（三）正确处理发展知识经济与知识产权保护之间的关系

在知识经济时代下，知识产权有了新趋势、新特点，那么我们应该怎样正确处理

发展知识经济与知识产权保护之间的关系，使知识产权真正起到促进知识的生产和传播作用呢？

1. 创造知识和传播知识间的关系

为了创造知识，就要进行研究和开发，不但需要投入资金和人力，还要承担风险。所以必须进行激励才会有人去做，授予发明人拥有或出售所获知识的垄断权，就是激励。为了多创造知识，必须强化知识产权的保护。但是，知识产生以后，传播得越快，应用得越广，对整个社会越有利。为了实现这一目标，就需要尽量削减知识拥有者的垄断权。这正好同强化对知识产权的保护相矛盾，所以知识产权保护体系必须根据社会经济的发展水平，在鼓励多创造知识和快速而广泛地传播知识这两个相互矛盾的目标之间进行平衡。

2. 保护合法垄断权与防止滥用垄断权的关系

知识产权本质上是一种合法的垄断权，保护知识产权也应保护这种权利。而事实上，如同其他任何权利都可能被滥用一样，这种合法获得的垄断权也可能被滥用。因此，应当建立相应的法律机制，防止知识产权被滥用来限制竞争。

3. 创造公用知识的激励与限制的关系

基础原理是公用知识，而在它的基础上开发的产品制造技术则属于应受到保护的发明人所有的知识。然而它们之间的界限又很难划分清楚。公用知识是可以无偿使用的，所以对开发公用知识的人不能授予知识的垄断权。但是，没有激励机制，就不会有人去开发公用知识。为解决这一问题，需要建立一种二者兼顾的机制。例如，可以先授予开发者垄断权，然后由国家征购其垄断权。

4. 发展中国家与发达国家间的关系

知识产权的国际保护，必须兼顾发展中国家和发达国家的利益，充分考虑各个国家的情况和要求，才能获得绝大多数国家政府的赞同和支持，而《与贸易有关的知识产权协定》并没有很好地正视技术发展中的"南北差距"，更没有通过具体的规范与机制安排来缩小这种差距。从一定程度上来说，这个协议过分偏重对知识产权的保护，而对知识产权拥有者的社会责任没有很好地加以考虑，也没有对发展中国家落后的技术水平加以很好的关注，其结果很可能在保护知识产权的同时也保护了现有的"南北差距"，并可能使这种差距进一步扩大。

5. 不同行业之间专利保护期限的关系

不同的知识类型和不同的发明人行业不同，对于知识产权保护的要求也不同。例如，电子工业的产品寿命短，所以它需要很快得到保护，但保护期限不必很长；而制药工业由于其产品必须经过复杂而费时的批准手续和临床试验过程，才能正式上市，所以保护期限就要长。

总之，知识经济的概念正在被人们广为传播和接受，知识资本扮演着越来越重要的角色。在经济社会发展的过程中，知识已经开始向产业化发展、转化，或者说，知识可以形成产业化经济。因此，知识经济的悄然兴起，加深了人们对知识产权保护的重要性的认识，对知识产权保护认识的提高又带来了知识产权保护内容上的改进和行动上的加快，我们只有紧紧地抓住机遇，迎接挑战，才能更好地参与竞争，迎接知识经济新时代的到来。

三、知识产权证券化解困高科技企业融资

在高新技术企业成长过程中，往往还遇到仅缺"临门一脚"的困境，即科研试验成功了，生产设备安装调试好了，技术人员及一线工人也到位了，创业者已掏空了所有的积蓄，能抵押贷款的资产全都押给银行了；但所急需的原材料采购款、日常运行费用几乎没有着落……此时，就缺"临门一脚"：自有资金捉襟见肘、身无分文，要贷款已无可以抵押的资产了，更没脸向亲友张口借钱。这种现象在一些高新技术企业创业者身上不胜枚举。而商业银行的贷款门槛又相对较高，此时此刻，创造一种有利环境，让具有专利技术等知识产权的高新技术企业，利用知识产权证券来化解困高科技企业融资难的问题，必须放到各级政府部门、各类金融机构和各种金融中介的议事日程上来，共同促进知识产权证券化，推动高新技术产业化。

（一）高新技术企业商品化是进入资本市场的有效途径

1. 资本市场与高新技术产业化的互动性

（1）资本市场的发展可有效缓解高新技术产业化的资金"瓶颈"

①间接融资不足以解决高新技术各成长阶段的资金需求

从中国筹资的三个阶段来看，最初依赖财政拨款，后来依靠银行贷款，目前依附证券市场筹资。融资就是融入资金，也就是取得一个时期的资金使用权。从某种意义上讲，现代企业就是有钱人与有能力的人的合作，即富人与能人的结合。资本市场的发展可有效缓解高新技术产业化的资金"瓶颈"。单一的间接融资体制，企业融资来自银行贷款。银行商业化需求，往往进入一个怪圈。由于贷款风险的控制：需要资金的企业得不到贷款，银行怕收不回成坏账，尤其是风险投资。相反，不需要资金的企业，银行主动要求企业贷款。

从高新技术企业的成长过程中的五个阶段来看：

——种子阶段：对资金的需求量相对较小，通常企业创建者个人资产即可满足；

——创建阶段：由于高风险原因，此时筹资难度大，阻碍研发的"瓶颈"，同时又是风险投资发挥作用的关键时刻；

——成长阶段：靠自有资金的滚动发展较难，同时资金需求量很大，传统融资渠道仍观望，此时主要资金源也是风险资本；

——扩张阶段：原风险资本的增资和新的介入，传统资本市场筹资机会增加，银

行也会稳健介入；

——成熟阶段：生产经营稳定，利润大量产生，企业已有足够业绩证明自身信用，可吸引银行贷款，还可发行债券与股票。

由此可见，只有在中后期银行对企业的融资力度才会加大，因此，若高新技术产业化的资金来源仅依赖于银行的间接融资，不少高新技术企业将"胎死腹中"。

②高新技术产业化只能有限度地依赖政府资金

政府对高新技术产业化和高新技术企业的支持：

一是政策导向。通过制定一系列鼓励或限制政策，调动各方发展各高新技术产业的积极性，引导资源向高新技术产业领域流动，在税收、土地用工方面予以倾斜。

二是营造高质量的投资大环境。提供高标准的基础设施（供水、供电、通信、港口、机场、铁路、公路、市容等）；维护公平竞争的市场秩序（重点是对知识产权的保护）；培育市场中介服务体系；建立技术生产促进中心、科技成果交易中心、无形资产评估机构、专利代理服务机构、知识产权事务机构以及技术合同仲裁委员会等。

三是引导劳动力市场、人才市场等中介服务组织共同为高新技术产业化服务。

四是支持基础研究。由于直接的商业应用价值相对偏低，或需要进一步进行应用开发，因此需要政府承担对重点技术和行业的基础研究。

提供高新技术产业化的资金支持，但力度有限，不足以解决问题。具体在国家信贷计划中，增加科技贷款比例，扩大商业科技贷款规模；国家政策性银行设立支持重大科技成果转化的专项贷款；高新技术产业化的税收优惠；国家发展改革委对高新技术项目提供国债资金支持；科技部、财政部共同成立的科技型中小企业技术创新基金等。

③发展风险投资是高新技术企业发展的重要依靠

风险投资又称创业投资，其发展推动了世界高新技术的迅猛发展。可以这样认为，没有风险资本家的支持，也就没有今天的英特尔、微软等企业巨人。高新技术产业化和高新技术企业融资选择风险投资势在必行。从规模与数量来看，我国的风险投资机构比较分散，难以发挥规模效益。为此，风险投资需要拓宽资金来源渠道，增加自我积累能力并按市场化机制运作。

④创业板市场是推动高新技术产业化的重要力量

以增长性公司或成长型企业为目标的创业板市场，主要为有市场前景的成长型的中小企业，其中，相当多的将是高新技术企业。创业板的出台：

——可为中小企业提供一个适宜的、公平的融资环境，迅速进入资本市场；

——也为风险投资营造了一个退出机制，将大大地促进风险投资业的发展，使更多的资金注入高新技术企业；

——还为中小企业和创特创新提供了一个市场化的评价机制与选择机制，通过市场竞争的压力和优胜劣汰的机制，实现强者恒强和弱者变强的发展过程；

——有助于中小企业的现代企业制度与规范的法人治理结构的建立，从而消除中小企业快速发展的体制缺陷。

综上所述，资本市场介入高新技术产业化，可以形成"政府投入引导，银行贷款辅助，风险投资为主，创业板市场为补充"的高新技术企业融资体系，解决高新技术产业化的资金"瓶颈"；有力地推动高新技术产业的过程，从而促进与高新技术企业的腾飞，实现科教兴国的重大举措。

（2）高新技术产业化是调整资本市场结构的重要支持

资本市场能推动高新技术产业化，同时高新技术产业化有利于改善经济结构，从而使资本市场的资源结构发生变化，使资本市场中出现更多具有发展潜力与前景广阔的企业。

从战后日本经济的发展来看，得益于以技术引进和革新为重点的发展战略，高新技术的发展迅速提升了日本的国际竞争力，证券市场也较为活跃。美国20世纪80年代中期开始抓住了以电子信息产业为重心的高新技术产业化，加之以金融创新为动力的资本市场的配合，实现了经济持续快速增长和高新技术产业化的国际领先地位。其关键在于高新技术产业化和资本市场创新发展的互动效应。

中国证券市场的持续发展，同样也需要高新技术产业化的支持。一方面，从科技股走势上看，获得广泛的市场认可，再次融资容易，也得到银行青睐。另一方面，高新技术在传统产业的提升，也支持着中国证券市场的持续发展。高新技术产业发展的渗透性能对传统产业产生脱胎换骨的改造，引发带起上市公司主业转换。

2. 高新技术企业商品化是介入资本市场的前提

高新技术企业商品化包括如下两层含义：一是商品化意识，高新技术企业不仅产品、技术、设备可以卖，企业也可以卖；二是企业变成商品的转化过程，是通过"股份化分割"或"资产证券化"来实现的。

（1）企业的商品化意识

作为高新技术企业充分认识到企业商品化的作用，解决资金困难及增强发展后劲的途径，而且有助于资产管理水平和经营能力的提高。

（2）高新技术企业商品化的内涵

要求进行"股份化分割"或"资产证券化"，建立起"股份制"这个组织形式，通常也称为企业改制。将高新技术企业的产权视为商品，具有商品的一般属性——价值和可转让性。

（3）资本证券化

资本证券化水平，股票市值占GDP比重，是标志股份制发展的基础。资本证券化，是指各种有价证券在资本总量中不断扩大和增强的过程。一般来说，资本证券化的程度可用一国的证券余额即市值与货币总量或贷款规模的比率，或者用一国的证券市值与国民生产总值的比率来衡量。从趋势来看，一定时期内国家金融结构中有价证券比

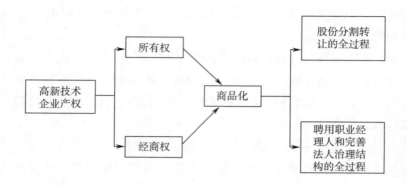

图 1-5　高新技术企业产权商品化

重越高，该国经济能够容纳的金融工具或金融活动总量就越多，从而金融市场所处的层次和阶段就越高。这里所指的有价证券，除了债券和股票，还包括各种融资券、基金券、票据以及其他的证券化融资工具。中国证券市场发展迅速，规模扩张迅速，资金潜力很大，使高新技术企业融资环境越来越好。为此，绝不能让企业商品化滞后而丧失时机。资本证券化既然是现代化大生产和现代市场经济发展要求的必然产物，因此，就有巨大的作用和意义。

①增强资本流动性，提高资本效率

资本证券化增强了资本的流动性，增强资本效率，使资本的作用更能得到发挥。资本是过去财富的利用，而要使财富得到充分利用，就必然增加其流动性，提高其周转速度和利用效率。由于资本证券化，使资本的所有权和使用权分离，并使资本细分化，从而可以使资本具有高流动性和对社会的高强度渗透力，从而使资本大量减少了沉淀、闲置和浪费的状况，并在流动中增强了活力。商品经济向高层次发展需要相应的金融机制。如果金融机制中缺乏有效的证券行业，其金融效率就不可能提高，经济就难以摆脱资金短缺与通货膨胀并存的困境。证券业发达的国家并非没有资金不足与通货膨胀并存的可能性，但应看到证券业在缓解这些矛盾方面已经发挥了作用。

②资本证券化适应了大规模生产的需要

在现代市场经济条件下，经济活动必须走规模经济之路。于是，经济机制需要创造出一种能满足大量资本需求且能长期稳定供给资本的工具。无疑，单靠银行间接融资是很难满足这一需求的，而且银行也难长期稳定地向社会大规模提供资本。换言之，在社会化大生产发展到一定阶段时，金融机制中仅有货币形式的金融工具已力不从心，社会需要创造出既能够大量满足资金使用者的需要又能够使货币供给量相对稳定的金融工具，这种金融工具就是债券和股票等。它们一旦产出并介入经济体系中，必然使经济运行机制各方面及各环节发生相应的变化，从而推动商品经济跃入新的层次或阶段。此外，由于证券流动和交易兼具投资和投机的双重特性，因此，对所有的闲置货币都具有一种潜在的诱惑和动员力，这一点是银行体制所不可能具备的，正是由于这种诱惑作用，把更多的非资本货币转化成了资本，扩大了资本运行总量。

③弥补了银行作用的不足

银行主要通过货币的存、贷业务来满足社会资金需求，由于存款创造货币倍数原理的作用，银行不能将全部存款转为贷款投放到经济领域中去，否则流通中货币总量会迅速扩张，引发通货膨胀。在这类金融机制的作用下，国民经济常常陷入两难选择，要么多发货币通货膨胀，要么资金不足，甚至发生资金不足和通货膨胀同时并存的矛盾现象。我们可以从前几年我国经济运行的实际状况得到某种启示，这种矛盾现象提醒我们，在实物经济快速增长的条件下，仅仅依靠货币银行业来解决资金需求问题，不仅会拖延经济正常的发展速度，而且会付出通货膨胀的代价。因为货币银行业对实物经济提供有限服务的前提条件是货币数量的加速扩张，这种加速由银行信用自身的机理所决定。可见，现代商品经济必须寻找新型的、更具效率的金融机制，而证券化金融机制正好可以弥补银行作用的不足，因为它在增加融资工具的同时，货币供应量却相对稳定；社会资金总量在不同经济主体之间的流动能趋于合理，从而得到最大限度地利用，提高社会资金的利用效率。

④降低企业的筹资成本

作为筹集长期资本的企业，为了降低筹资成本进行证券集资。因为企业以长期借款方式筹集资金，因其期限长、风险大，并非长期贷款都可以取得实际担保，自然要提高利息，长期贷款利息过高，企业利润相应减少，造成经营上的困难。采用证券募资，因证券的流动性会使利息降低，同时，政府出于对金融市场管理的需要，往往要制定金融机构分散风险的规定，限制对某一企业及某类行业放款的额度，以保证银行的流动性。这样，一个企业向银行取得大量的足够的长期资金，不仅要承担很重的利息负担，而且也常常难以筹集到足够的资金。还有，在国外资金的引进中，传统的方式是信贷，或是外国银行信贷，或是外国政府信贷，或是世界金融机构信贷，或是外国企业和财团信贷，这几年由于发展中国家相继出现了债务危机，外国贷款人均裹足不前，倒是另一种形式的资本移动取得了替代地位，这就是国际信贷向国际证券化发展，发展中国家通过在国际金融市场上发行证券，吸引外国投资者。这种替代趋势是由信贷的流动性不及证券的流动性引起的。

世界各国经济发展的实践证明，经济越发达的国家，票据、证券及其市场也越发达。在这些国家中，政府为筹集长、短期资金，均发行中长期公债券和短期国库券；企业为筹集长期资金多发行股票和企业债券，为解决短期周转资金，多运用票据和短期债券。信用活动票据化和资本筹集证券化是当代金融市场的总趋势。

3. 如何推进高新技术企业商品化

首先需要明确一个"企业商品化"的概念：既是企业也是商品，只有通过产权流通实现转让。不仅产品技术可以卖，企业也可以卖，这就是股份化分割或资产证券化。企业商品化内涵包括两个层面：一是企业的产权是商品，具有商品的一般属性；二是企业的产权包括所有权和经营权。具体通过以下整体转让、部分转让或托管经营三种途径（见图1-6）。

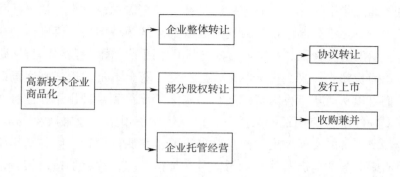

图1-6　高新技术企业商品转化途径

（1）高新技术企业整体转让

值得注意的是，转让不仅要有准确选择投资领域的敏锐感，而且要有合适的时机、及时变现的洞察力。

（2）协议转让或增发新股

在定向增发再次融资的同时，还可调整高新技术企业股权结构，目前已成为证券市场上最主要的融资方式之一。

（3）发行上市

这是高新技术企业梦寐以求的美事，但要取得发行与上市资格，企业要进行股份制改革、资产重组等商品化处理；同时还要争取符合与满足众多的发行上市条件，而且不同时期的上市标准将会随着政策的变化而做相应的调整。

（4）收购兼并

作为一个现代企业家，面临两大战场：产品经营和资本经营。产品经营：以物化资本为基础，通过不断强化物化资本，提高运行效率，获取最大利润的商品生产与经营活动，其目的是更有效地管理企业；资本经营：以证券化的资本或可供证券化操作的物化资本为基础，通过优化配置提高其生产率，进而提高资本市场价值的经营活动，其目的是更有效地发展企业。收购兼并（以下简称并购）是证券市场中最常见的资本运作行为，也是企业实施低成本扩张的重要措施，相当多的企业还是依赖这一手段，迅速提升其核心竞争力，而成为行业的领头羊。

（5）托管经营

高新技术企业往往由少数几个技术发明人创建，初创期带有家庭或个体企业的部分特性。创建者对企业融入了过多的个人情感，在企业治理结构重构、管理权限分割方面存在分歧，造成部分投资者撤资，对投资方的负面影响不小。为此在高新技术企业建立职业经理人队伍，将企业交其管理，这也就是前述的"经营权商品化"。因此，托管经营有两方面含义：一个是有管理能力的高新技术企业托管于其他企业，另一个是高新技术企业将自身托管于其他机构。托管经营在一定程度上还是收购兼并的前提，这是因为托管不涉及产权主体的转移，受托方的经济成本相当低；受托方通过托管对象注入资金，优化配置生产要素；并从托管对象的利润分成中获取将来用于并购费用；若托管后企业的经营状况不佳，受托方即可放弃收购。

总而言之，高新技术产业化是高新技术企业发展的必由之路，产业化需要大量资金，发展资本市场可有效地缓解这一需求矛盾，高新技术企业商品化是介入资本市场的前提，必须积极实现高新技术企业商品化，推进科教兴国的百年大计。

（二）知识产权证券化：化解"融资难"的新思路

目前，我国大量的中小企业中，尤其是高新技术企业，一方面可能拥有颇具市场价值的知识产权，另一方面面临资金短缺问题，而知识产权却不能当然地由无形资产转化为有形的物质财产和现金收益。与此同时，在我国大力加强知识产权应用、强化资产证券化的当今，知识产权证券化无疑是一种非常现实的选择和出路。将自己手中的知识产权以证券化的方式进行融资，对于企业尤其是高科技创新型中小企业缓解实体经济资金不足的困境尤为重要。

所谓的知识产权证券化，即企业以未来知识产权收益产生的资金流为支撑，经过可靠的特设载体（SPV）包装以后发行证券，从资本市场获取企业发展急需的资金的融资方式。而要实现这一过程，完成企业的融资目的，要考虑三个方面：一是资金流的保障。知识产权的价值实现应做一定的特殊考虑。二是中间机构的保障。中间机构的保障主要体现为知识产权证券化需要可靠中介机构的参与。三是公众的认购热情。知识产权证券化的成功最终离不开市场中投资者的关注和热情。要实现知识产权证券化这一新型融资方式的健康、快速发展，企业和政府必须通力合作，重点从以下几个方面解决、完善并针对这一模式存在的新问题建立良性互动。

1. 组建知识产权池或专利池

将企业所拥有的知识产权产生的资金流进行捆绑，并作为一个整体来发行证券。这样做有三个方面的好处：首先，解决了单个知识产权因资金流有限而无法募集到足够数目资金的困境；其次，实现了风险对冲，知识产权收益将不会再因为某一项知识产权收益的断绝或者降低而产生剧烈波动，保证了总资金流的稳定；最后，节省了企业知识产权证券化的成本，企业通过将其所有的全部知识产权一次性证券化的方式降低了交易成本。

2. 设立专业的知识产权评估机构

知识产权价值具有不确定性和可变性。不过，从理论上讲，在某一时点上，知识产权应当存在一个合理的公允价值，这就需要通过一定的形式对其进行合理评估。换言之，由于知识产权本身的价值难以确定，设立专业的知识产权评估机构，以便集中人才对知识产权本身的价值作出客观、正确的评估必不可少。从我国的实际情况看，目前知识产权专业性评估事务方兴未艾，前景很大。但也存在评估不够规范、评估人才奇缺等问题，这需要从制度完善、意识提高、经验积累等方面加以解决。

3. 知识产权证券化保险公司

知识产权本身的价值波动较大，除企业在证券化过程中采取组建知识产权池的方式对冲风险外，还需要保险公司对知识产权证券化过程中存在的风险进行承保。而普通的保险公司很可能根本不愿意对这类风险进行承保。因此，通过政府引导设立专业的保险机构或者开辟新险种来管理这种投资风险，并尽可能降低知识产权这一证券化的基础财产本身出现侵权、被宣告无效等情形给证券带来的冲击就成了比较可行的思路。

4. 政府严控特设载体（SPV）

可靠的特设载体（SPV）作为知识产权证券化的关键一环，直接关系到企业能否从资本市场募集到急需的资金，以及普通投资者能否顺利实现预期收益。最好的方法在于设立与自律组织相类似的特设载体，由其负责证券发行，而政府并不干预其日常经营活动，只是负责对这些自律组织执行法律、政策和内部章程的情况进行监督。

5. 优化国内融资环节

由于整体上我国对知识产权资本运营重视不够，知识产权证券化制度严重缺乏。在新形势下，我国知识产权证券化环境的优化，应从完善相关法律规范和政策，联合高校、企业进行知识产权证券化从业人员的培养，提升知识产权中介服务机构的服务层次，以及加大相关宣传和普及等方面着手。

（三）运用知识产权证券化解决高科技企业融资难具有重要意义

我国中小高科技企业在融资中普遍存在银行信贷无门、直接融资渠道有限、无形资产比重大、债权融资观念强等问题。导致这些问题的原因有很多，在现有的国情下，必须开辟新的融资渠道，解决中小高科技企业融资难问题。《国务院关于推进资本市场改革开放和稳定发展的若干意见》中指出"建立以市场为主导的品种创新机制，研究开发与股票和债券相关的新品种及其衍生产品。加大风险较低的固定受益类证券产品的开发力度，为投资者提供储蓄替代型证券投资品种。积极探索并开发资产证券化品种。"该意见为探讨知识产权证券化，进而解决中小企业融资难的问题提供了政策支持和依据。

1. 可以实现投融资机制和体制的创新

时任北京市市长王岐山到中关村科技园区进行调研时指出，中关村科技园区要深入贯彻党的十六届三中全会精神，与时俱进，大胆创新，不断探索，担负起探索组织、制度创新的重任，尤其要在知识产权保护、投融资体制改革、信用体系建设和丰富产权交易内容等软环境上创新。尝试知识产权证券化是在知识产权保护和投融资之上的双重创新，具有重要的实践意义。

2. 知识产权证券化是高科技企业发展的趋势和需要

企业融资决策的重点是低成本、低风险筹措各种形式的资本。知识经济的发展要求企业实现融资方式的创新，把融资重点由实物资产转向知识资产。这是因为知识资产逐渐取代传统的实物资产而成为企业核心竞争力所在；金融工程技术的运用，加快了知识资产证券化的步伐，为企业融通知识资本提供了具体可操作的工具；企业边界的扩大，拓宽了融通知识资本的空间。

3. 通过知识产权证券化，可以更好地保护知识产权，提高企业的核心竞争力。一方面，由于企业无形资产大，很多企业在进行股权融资时，往往对企业知识产权的泄密有所顾虑；另一方面，由于投资人和知识产权拥有人也经常会对无形资产的价值评估产生分歧，因此，造成双方的投资合作谈判不易成功。通过知识产权证券化，企业将知识产权剥离给一个专门化的机构，不用去和很多投资人打交道，因此，可以更好地保护企业的知识产权。

4. 通过知识产权证券化，可以解决无形资产大的企业的融资难题。一方面，由于高科技企业普遍存在无形资产大的现象，较难获得银行贷款，通过知识产权证券化可以帮助企业解决融资问题；另一方面，企业通过知识产权证券化，剥离知识产权获得融资，可以设计为债权融资的方式，企业仍然可以保持对企业的控制权，保护企业创办人的利益，为引导社会资本投资高新技术产业提供了一条新的渠道。

（四）知识产权证券化较传统资产证券化更复杂

从知识产权证券化本质特征的角度，可以将知识产权证券化概括为证券化载体之上的以知识产权权利信用作为担保的结构型融资方式。

1. 可预期现金收入流量难以界定和厘清

（1）知识产权证券化中可预期现金收入流量的知识产权的权利主体和权利本身的范围比较难以界定和厘清，故而知识产权证券化的基础资产权利状态较之传统的金融资产证券化而言必然会复杂许多。

（2）知识产权固有的不稳定性

知识产权固有的不稳定性不可避免地给知识产权证券化带来比其他资产证券化更多的风险。然而，现今这种风险又因缺乏公认和明确的评估标准而难以做到足够科学的评估，尤其是商誉、商业秘密等类型的知识产权更加难以评估，将此类资产纳入证券化的操作过程实属难上加难。

（3）很难评估知识产权资产现金流的价值

知识产权固有的无形性以及地域性限制、时间性限制使得知识产权这一特殊资产难以预计和测算其未来的收益，进而导致很难评估知识产权资产现金流的价值。

2. 法律制度的差异也会带来不少风险

现在对于国际化趋势日趋明显的证券化工具而言，各国知识产权法律制度的差异也会带来不少风险。此外，知识产权资产被侵权的风险可能性也随着科学技术的不断发展而与日俱增，例如，网络技术的日趋先进化引发了一系列关于影视作品、音乐作品的复制权、传播权等版权侵权案件。显然，伴随着新技术的层出不穷，专利权、商标权等工业产权所可能遭受的各种侵权案件会更多。上述错综复杂的原因使知识产权证券化这一基于知识产权权利本身的证券化交易过程较之传统的一般资产证券化而言更加复杂。知识产权证券化的这种特殊复杂性昭示着：知识产权证券化的顺利开展和进行必然离不开区别于一般资产证券化的较高标准的专门法律制度设计。

3. 知识产权证券化具有一定的投资风险

知识产权证券化是知识产权资本化的新形式，也是知识经济阶段资产证券化的新发展。知识产权证券化反映了随着经济社会发展，技术创新和知识产权资本功能的提升，知识产权结构性融资的新特点。知识产权证券化本身并不是单纯的资产运作行为，它需要与有形资产或其他无形资产结合，通过一定的商业运营活动才能实现。这自然与知识产权作为无形财产权的特点有关，在很多情况下实现知识产权的价值需要将其与企业的有形资产相结合。另外，基于知识产权本身价值的不稳定性和复杂性，知识产权证券化也表现为一定的不确定性。因此，知识产权证券化具有一定的投资风险，在其运转过程中应充分考虑。

四、实现知识产权证券化的必然途径

首先，必须明确，知识产权证券化仅是一种手段，其目的是取得全社会，包括各级政府、科研机构、广大企业以及投资人对知识产权的认可；其次，致使高新技术企业获得为了谋求长足发展的政策扶植、资金融入和市场推广。这样一来，高新技术产业化就顺理成章了。知识产权证券化从业务分类来看，还是投资银行的业务范围。价值是整个业务的核心和关键所在。发现价值、创造价值、实现价值是投资银行业务的精髓所在，这也是证券经营机构拓展投资银行业务的目标定位。同理，价值发现、价值创造、价值实现也是实现知识产权证券化的必然途径。

（一）价值发现是知识产权证券化的前提

投资银行业是一个智力高度密集型产业，所拥有的主要资产和所出售的产品主要是人的智力。其核心业务是为企业并购、发行上市等提供咨询服务。

1. 并购的操作是科学性与艺术性的体现

科学性体现：这个过程建立在金融工程理论和技术的基础上，其中包括战略形式与实现方式、市场搜寻与机会分析、公司研究和企业评价、并购结构设计、财务评估方法、评估与定价技术等。艺术性体现在投资银行家的经验洞察力中，这是既艰苦又富有创造性的工程。价格是整个交易中最本质的部分：投资银行家必须发现准确的价值所在；买主所能支付的最高价与卖主所能接受的最低价之间微妙的差距。企业价值评估的基础是公司盈利能力和市场前景。对企业进行评估的常用基本方法：一是成本法：对公司有形资产的估算，企业出售的最低价格。二是市场比较法：根据证券市场真实反映公司价值评定。三是净现值法：通过评估公司未来的净现金流量来计算目前的净现值。

2. 企业价值评估的方法

企业价值评估的主要方法有市场法、收益法、清盘评估法、成本法和营业收入资本化五种。而公司价值和股票价格的关系：公司价值决定股票的长期价格，短期价格波动由供求关系决定。以下重点阐述其中三种基本方法。

（1）市场法

市场法是利用市场上同样或类似资产的近期交易价格，经过直接比较或类比分析以估测资产价值的各种评估技术方法的总称。

①市场法是根据替代原则采用比较和类比的思路及其方法

市场法是根据替代原则，采用比较和类比的思路及其方法判断资产价值的评估技术规程。因为任何一个正常的投资者在购置某项资产时，他所愿意支付的价格不会高于市场上具有相同用途的替代品的现行市价。运用市场法要求充分利用类似资产成交价格信息，并以此为基础判断和估测被评估资产的价值。运用已被市场检验了的结论来评估被估对象，显然是容易被资产业务各当事人接受的。因此，市场途径是资产评估中最为直接，最具说服力的评估途径之一。

②市场法进行资产评估需要满足两个最基本的前提条件

市场法是资产评估中若干评估思路中的一种，通过市场法进行资产评估需要满足两个最基本的前提条件：一是要有一个充分发育活跃的资产市场；二是参照物及其与被评估资产可比较的指标、技术参数等资料是可收集到的。一般来说，在市场上如能找到与被评估资产完全相同的参照物，就可以把参照物价格直接作为被评估资产的评估价值。更多的情况下获得的是相类似的参照物价格，需要进行价格调整。参照物差异调整因素主要包括三个方面：一是时间因素，即参照物交易时间与被评估资产评估基准日相差时间所影响的被评估资产价格的差异；二是地域因素，即资产所在地区或地段条件对资产价格的影响差异；三是功能因素，即资产实体功能过剩和不足对价格的影响。

③市场法明确评估对象、公开市场调查、收集基本资料

运用市场法评估资产价值，要遵循下面的程序：明确评估对象；进行公开市场调查，收集相同或类似资产的市场基本信息资料，寻找参照物；分析整理资料并验证其准确性，判断选择参照物；把被评估资产与参照物比较；分析调整差异，作出

结论。

④市场法是资产评估中最简单、最有效的方法

它能够客观反映资产目前的市场情况，其评估的参数、指标直接从市场获得，评估值更能反映市场现实价格，评估结果易于被各方面理解和接受。但是市场法需要有公开活跃的市场作为基础，有时因缺少可对比数据而难以应用。这种方法不适用于专用机器设备、大部分的无形资产，以及受到地区、环境等严格限制的一些资产的评估。

（2）收益法

收益法是通过估测被评估资产未来预期收益的现值来判断资产价值的各种评估方法的总称。

①采用收益法评估，基于效用价值论

采用收益法评估，基于效用价值论：收益决定资产的价值，收益越高，资产的价值越大。一个理智的投资者在购置或投资于某一资产时，他所愿意支付或投资的货币数额不会高于他所购置或投资的资产在未来能给他带来的回报。资产的收益通常表现为一定时期内的收益流，而收益有时间价值，因此为了估算资产的现时价值，需要把未来一定时期内的收益折算为现值，这就是资产的评估值。

②收益法涉及三个基本要素和三个前提条件

收益法服从资产评估中将利求本的思路，即采用资本化和折现的途径及其方法来判断和估算资产价值。它涉及三个基本要素：一是被评估资产的预期收益；二是折现率或资本化率；三是被评估资产取得预期收益的持续时间。因此，能否清晰地把握上述三要素就成为能否运用收益法的基本前提。从这个意义上讲，应用收益法必须具备的前提条件是：第一，被评估资产的未来预期收益可以预测并可以用货币衡量；第二，资产拥有者获得预期收益所承担的风险也可以预测并可以用货币衡量；第三，被评估资产预期获利年限可以预测。

③收益法的利和弊

收益法能真实和较准确地反映企业本金化的价值，与投资决策相结合，易为买卖双方所接受。但是预期收益额预测难度较大，受较强的主观判断和未来不可预测因素的影响。这种方法在评估中适用范围较小，一般适用企业整体资产和可预测未来收益的单项资产评估。

（3）成本法

成本法是指首先估测被评估资产的重置成本，然后估测被评估资产业已存在的各种贬损因素，并将其从重置成本中予以扣除而得到被评估资产价值的各种评估方法的总称。

①成本途径始终贯穿着一个重建或重置被评估资产的思路

在条件允许的情况下，任何一个潜在的投资者在决定投资某项资产时，他所愿意支付的价格不会超过购建该项资产的现行购建成本。如果投资对象并非全新，投资者

所愿支付的价格会在投资对象全新的购建成本的基础上扣除资产的实体有形损耗；如果被评估资产存在功能和技术落后，投资者所愿支付的价格会在投资对象全新的购建成本的基础上扣除资产的功能性贬值；如果被评估资产及其产品面临市场困难和外力影响，投资者所愿支付的价格会在投资对象全新的购建成本的基础上扣除资产的经济性贬损因素。

②成本法通过资产的重置成本反映资产的交换价值

成本途径作为一条独立的评估思路，它是从再取得资产的角度来反映资产的交换价值的，即通过资产的重置成本反映资产的交换价值。只有当被评估资产处于继续使用状态下，再取得被评估资产的全部费用才能构成其交换价值的内容。只有当资产能够继续使用并且在持续使用中为潜在所有者和控制者带来经济利益，资产的重置成本才能为潜在投资者和市场所承认和接受。从这个意义上讲，成本途径主要适用于继续使用前提下的资产评估。同时，采用成本法评估，还应当具备可利用的历史资料，形成资产价值的耗费也是必需的。

③成本途径的运用涉及四个基本要素，即资产的重置成本、资产的有形损耗、资产的功能性陈旧贬值和资产的经济性陈旧贬值。资产的价值取决于资产的成本。资产的原始成本越高，资产的原始价值越大，反之则越小，二者在质和量的内涵上是一致的。采用成本法对资产进行评估，必须首先确定资产的重置成本。重置成本是按现行市场条件下重新购建一项全新资产所支付的全部货币总额。重置成本与原始成本的内容构成是相同的，而二者反映的物价水平是不相同的，前者反映的是资产评估日期的市场物价水平，后者反映的是当初购建资产时的物价水平。在其他条件既定时，资产的重置成本越高，其重置价值越大。

④资产价值是一个变量，随着本身和其他因素的变化而相应变化

资产的价值也是一个变量，随着资产本身的运动和其他因素的变化而相应变化：资产投入使用后，由于使用磨损和自然力的作用，其物理性能会不断下降、价值会逐渐减少，发生实体性贬值；新技术的推广和运用，使用企业原有资产与社会上普遍推广和运用的资产相比较，在技术上明显落后、性能降低，其价值也就相应减少，发生功能性贬值；由于资产以外的外部环境因素变化，引致资产价值降低。这些因素包括政治因素、宏观政策因素等，发生经济性贬值。

⑤运用成本法评估资产，首先要确定被评估资产，并估算重置成本；其次要确定被评估资产的使用年限；再次要估算被评估资产的损耗或贬值；最后要计算确定被评估资产的价值。成本法比较充分地考虑了资产的损耗，评估结果更趋于公平合理，有利于单项资产和特定用途资产的评估，有利于企业资产保值，在不易计算资产未来收益或难以取得市场参照物的条件下可广泛地应用。但是采用成本法评估，工作量较大，同时这种方法是以历史资料为依据确定目前价值，必须充分分析这种假设的可行性。另外经济贬值也不易全面准确地计算。

3. 知识产权的价值发现

知识产权的保护水平、保护强度也决定了知识产权的价值，保护强度、水平越高，价值就越大，不受知识产权保护的知识产权价值一定是零。知识产权的价值，对于企业利用好专利可以为企业节约研发时间，节约研发经费。其实品牌更能说明知识产权的价值，全球2010年品牌排行榜可口可乐的价值为700多亿元，中国的品牌价值远远不如国外的品牌价值，知识产权是企业和经济主体的生命线，知识产权不是我们可以轻易突破的，对一个有作为的企业，应该构筑自己的知识产权界，否则很难赢得市场竞争优势，知识产权很值钱，到底哪类知识产权更值钱？国家知识产权局马维野司长表示这个要看行业，对于技术依赖、创新依赖的企业都有。所以知识产权当中专利与创新企业对于工信部下属的企业会更有价值。

（1）商标好比是一个企业的名片，很多中小企业手里有良好的知识产权，但没有发展资金，这个时候如果能够把知识产权向楼房一样拿到银行进行抵押贷款，这样我们的企业才能活过来，就能有更大的发展前景，否则我们的企业很可能会走向死胡同，国家知识产权局马维野司长表示。实际上这是一种把知识产权货币化的方式。

（2）超过五年的发明专利国内的专利存功率是46.1%，国外是81.2%，超过10年的发明专利，国内的存功率仅是4.5%，国外的存功率是23.6%。从数据可以看出国内权利人的稳定性远远不如国外权利人。

（3）知识产权的保护水平、保护强度也决定了知识产权的价值，保护强度、水平越高，价值就越大，不受知识产权保护的知识产权价值一定是零，中国多年来实施司法保护和行政保护两条途径并行运作的知识产权保护模式，希望这种保护模式来实现对各种知识产权全方位的、有效的、合理的制度的保护，知识产权的保护要与经济发展水平相适应，越是发达的地区越要加强知识产权保护力度。司法保护和行政保护两种手段比较起来，行政保护的优点有主动出击、方便快捷、成本低、效率高。而司法保护不会主动去找你，并且浪费时间和金钱。

4. 在知识产权领域中，价值发现的重要性

价值发现是知识产权证券化的前提，只有及时发现知识产权的价值，才能有效地开展研发。因此，企业应鼓励员工搞发明创造，鼓励申请专利，这样可以促进产品的更新换代，也可以提高产品的技术含量，以及提高产品的质量、降低成本，使企业的产品在市场竞争中立于不败之地。所以，不论是企业或者个人，一有发明创造时，应尽快申请专利，争取国家法律保护。专利能够让企业在激烈的市场竞争中占据有利的位置，尤其是对中小型企业而言，好的专利足以令其在市场中立于不败之地。具体来说，专利能够带给我们以下好处：

（1）独占市场

一种产品只要授予专利权，就等于在市场上具有了独占权。未经专利权人的许可，任何人都不得生产、销售、许诺销售、使用、进口该专利产品。因此，专利有很重要

的占领和保护市场的作用。这种作用在关贸总协定中制定了与贸易相关的知识产权保护协定后更加突出了。它把对专利的保护与国际间的贸易相挂钩，强化了对专利的保护力度。例如，某复印公司，因其 XEPOX914 型复印机有专利保护，10 年内其复印机销售额提高了 20 倍，利润提高了 17 倍。

（2）防止他人模仿本企业开发的新技术、新产品

一项技术一旦申请专利，无论这项技术是通过发表论文，还是参加学术会议或展示会，或以其他方式的公开，均是在法律保护下的公开，任何人即使通过上述途径学会或掌握了这项技术，在这项技术被授予专利权后，也不能随便使用。例如，某研究所研制的 SINCEII 仿真器，很快就有 20 家企业仿制，由于没申请专利，没有办法限制他人仿制，后来该所重新研究成功 SINCEII 仿真器，在投放市场之前，申请了专利，获得了法律保护，有效地防止他人的模仿行为。技术含量高的产品需要专利保护，技术含量低的产品更需要专利保护，因为技术含量低的产品更容易被模仿，企业应予重视。

（3）专利技术可以作为商品出售（转让）

纯技术一旦被授予专利权就变成了工业产权，形成了无形资产，具有了价值。一项纯技术不能成为工业产权（技术秘密除外）。因此，技术发明只有申请专利，并经专利局审查后，授予专利权，才能变成国际公认的无形资产。例如，扬子电冰箱厂与德国西门子、博世公司合资成立"安徽博西扬制冷有限公司"。其中扬子电冰箱厂以其 25 项冰箱、冰柜的专利权入股，经评估机构评估作价近 482 万美元，折合人民币 4014 万元，得到德国西门子、博世公司的认可。

（4）避免被他人抢先申请专利

虽然专利法规定在专利申请日前应当在国内没有公开制造、销售、使用过，但由于事后要取得相应的有效证据相当困难，因此，存在他人将你们已经公开的产品（或技术）拿去申请并获得有效专利的可能，甚至倒过来追究你们的侵权责任，到时只有哑巴吃黄连的份了。

（5）专利宣传效果好

在宣传广告或产品打上专利标志，消费者认为这种商品更具可靠性、信用性，提高企业的知名度。例如，科龙公司和美的公司申请了几百件专利，在其部分专利产品打上"CN ZL＊＊＊＊＊＊＊号"标志，市场声誉很好。

（6）避免会展上撤下展品的尴尬

在展览会上，专利权好比是新产品的"出生证"，谁拥有该"出生证"，谁就拥有了该产品作为专利产品展示的权利。否则，随时有被责令撤下展示物品的危机，甚至会被取消参展资格（大型会展一般都有知识产权保护的相关规定，如广交会上就施行《涉嫌侵犯知识产权的投诉及处理办法》）。因此，参展企业对自己研发的新产品应当及时申请专利，对由供货商完成研发的新产品则建议其申请专利后再组织参展。

（7）专利作为企业的一项重要指标

专利一般还作为企业上市和企业其他评审中的一项重要指标、科研成果市场化的桥梁作用等。总之，专利既可用作盾，保护自己的技术和产品；也可用作矛，打击对手的侵权行为。专利要运用得好的话，对企业的作用不可限量。

（二）价值创造是知识产权证券化的核心

价值发现后的重要工作就是价值提升。对公司的盈利进行分析，估算公司的价值；分析重组、收购、兼并、分立的可能性，提高公司盈利能力；前期的改制、重组、包装是公司最大化的市场价值。知识产权评估是一种主要的价值创造工具，属于企业资产评估的范畴。它是用来确定知识产权现在的价值和通过未来的效应所得到的价值。知识产权价值强调未来利益，随着知识产权价值越来越被企业所认识，知识产权收益能力现已成为企业利用所有资源寻求收益最大化的途径。因此，对知识产权进行评估时，懂得与知识产权相联系的各种权利及其利用的方式是十分重要的。对企业知识产权的评估应是基于其最具潜力的使用，而不是评估时它被企业实际使用的方式。

1. 评估概念

知识产权评估是指知识产权评估机构的注册资产评估师依据相关法律、法规和资产评估准则，对知识产权评估对象在评估基准日特定目的下的知识产权价值进行分析、估算并发表专业意见的行为和过程。知识产权评估中所涉及的知识产权内容比较多，一般主要对商标权、专利权、著作权等常见的知识产权进行知识产权评估。值得提请注意的是，知识产权评估需要考察的要素主要有权利人的适合性，应当收集和评估知识产权的正面和负面权利证据。

2. 评估的作用

（1）利用无形资产质押贷款（商标权、专利、版权等质押贷款）、工商注册、增资扩股、参资入股、许可使用、转让、租赁承包、清算拍卖等；

（2）提高品牌知名度，外展企业实力，增强凝聚力；

（3）企业利用无形资产的运作与国际标准接轨，进而打入国际市场；

（4）保护知识产权的需要，为企业打假、侵权、诉讼提供索赔依据；

（5）通过无形资产的评估，可以摸清家底，为经营者提供管理信息合理配置资源；

（6）项目融资、合资合作、企业兼并、收购、吸引投资；

（7）无形资产可以增加注册资本金，而且可以占注册资本的70%；

（8）无形资产还可以按照规定年限税前摊销。

3. 评估对象

依据《财政部、国家知识产权局关于加强知识产权资产评估管理工作若干问题的通知》《中华人民共和国专利法》《中华人民共和国商标法》《中华人民共和国著作权法》《中华人民共和国担保法》《国有资产评估管理办法》等有关规定，知识产权占有单位符合下列情形之一的，应当进行知识产权的资产评估。

（1）根据《公司法》第二十七条规定，以知识产权资产作价出资成立有限责任公司或股份有限公司的；

（2）以知识产权质押，市场没有参照价格，质权人要求评估的；

（3）行政单位拍卖、转让、置换知识产权的；

（4）国有事业单位改制、合并、分立、清算、投资、转让、置换、拍卖涉及知识产权的；

（5）国有企业改制、上市、合并、分立、清算、投资、转让、置换、拍卖、偿还债务涉及知识产权的；

（6）国有企业收购或通过置换取得非国有单位的知识产权，或接受非国有单位以知识产权出资的；

（7）国有企业以知识产权许可外国公司、企业、其他经济组织或个人使用，市场没有参照价格的；

（8）确定涉及知识产权诉讼价值，人民法院、仲裁机关或当事人要求评估的；

（9）法律、行政法规规定的其他需要进行资产评估的事项。

非国有单位发生合并、分立、清算、投资、转让、置换、偿还债务等经济行为涉及知识产权的，可以参照国有企业进行资产评估。

4. 评估依据

知识产权评估主要包括商标权评估、专利权评估、著作权评估、软件著作权评估等评估项目，知识产权评估作为一种重要的无形资产评估项目，知识产权评估的依据是决定评估价值科学合理的重要保障。

（1）知识产权评估的行为依据

知识产权评估的行为依据，它决定着知识产权评估行为的启动。委托方与受托方签订的资产评估业务委托协议书，就是知识产权评估业务开始的行为依据。

（2）知识产权评估的法规依据

为了规范无形资产评估特别是知识产权评估，国家相关部门陆续出台了很多的评估准则、指导意见等政策法规。正因为这些政策法规的出台，为我国知识产权评估业务的开展提供了法律依据。

①《国有资产评估管理办法》（国务院　1991年91号令）；

②原国家国有资产管理局《国有资产管理办法施行细则》（〔1992〕36号文）；

③原国家国有资产管理局《资产评估操作规范意见（试行）》（国资办发〔1996〕23号文）；

④财政部关于印发《资产评估报告基本内容与格式的暂行规定》的通知（财评字〔1999〕91号）；

⑤2008年发布的《资产评估准则——无形资产》；

⑥中国资产评估协会自 2011 年 7 月 1 日起施行的《著作权资产评估指导意见》；
⑦中国资产评估协会自 2012 年 7 月 1 日起施行的《商标资产评估指导意见》；
⑧中国资产评估协会自 2009 年 7 月 1 日起施行的《专利资产评估指导意见》；
⑨中国资产评估协会 2007 年发布的《资产评估准则——基本准则》；
⑩国家有关部门颁布的其他相关法律、法规及规章等。

（3）知识产权评估的产权依据

知识产权评估的评估对象要求产权清晰，关系到知识产权评估报告的合法权威。知识产权评估的产权依据一般是资产占有方享有产权的商标权证书、专利权证书、软件著作权证书、著作权证书。

（4）取价依据及参考依据

知识产权评估过程中的取价依据及参考依据一般是委托方关于委估项目的可行性报告；委托方提供的其他相关资料；评估人员收集的市场资料及其他资料。

5. 评估原则

知识产权评估作为资产评估的范畴，它同样属于一种社会公正性服务业。国家对资产评估机构、执业主体、评估的要求都有规定。如根据国务院第 91 号令，资产评估应遵循真实性、科学性、可行性的原则，资产评估必须按照申请立项、资产清查、评定估算、验证确认的法定程序进行。资产评估应当根据资产原值、净值、新旧程序、重置成本、获利能力等因素，采用收益现值法、重置成本法、现行市价法、清算价格法以及国务院国有资产行政主管部门规定的其他评估方法评定。企业知识产权评估当然也应按照国家资产评估的有关规定进行。但是，与其他资产评估相比，企业知识产权评估在存在一些共性时又存在一些特殊之处。这里仅对企业知识产权评估的原则展开讨论。

资产评估是以合法的评估标准与被评无形资产价值进行比较的活动。资产评估涉及评估的标准、被评估的量与评估的方法三个要素。企业知识产权评估作为无形资产评估的重要组成部分，也应遵循评估的这三要素要求，符合公平与合法性、科学与可行性、客观与真实性的原则，这也是知识产权评估的技术性原则。知识产权评估基本原则还包括知识产权评估的目的性原则、评估内容作用机制原则。目的性原则是判断公平、合理的前提，评估内容作用机制原则是确保评估科学性、真实性、可行性的前提。企业知识产权评估基本原则就是这三个原则的统一组合。此外，根据企业知识产权的特殊性质，如企业知识产权作为资源在企业经营活动中投入的状况，企业知识产权评估原则还可以进一步包括以下内容：

（1）替代性原则

一般来说，购买者购买企业一种知识产权的出价不愿高于他在市场上获得它同样能达到目的、满足要求的相类似的知识产权成本。如果有可供选择的能相互替代的资产，如专利产品替代品，该项知识产权价值就会受到影响。

（2）预期收益原则

一般来说，一项知识产权的价值与它的研制成本没有正比例关系，而与该项知识产权预期或未来收益有很大关系。因此，对知识产权未来收益的预测，就成为评估一项知识产权的重要依据。另外，企业知识产权预期收益的最佳值是该项知识产权处于最佳使用时产生的。所以，评估企业知识产权价值时，还应研究该项知识产权在最佳使用时能产生的效益，而不能局限于现时利用状况。

（3）变化性原则

知识产权的价值在企业营运中受多种因素的影响，这些因素的变化趋势如何，对知识产权价值变动的影响系数有多大特别是对知识产权对于企业的获利能力有多大，是评估企业知识产权价值时必须考虑的问题。

（4）一致性原则

对企业知识产权的评估存在许多要考虑的关联因素、变量，这些关联因素与变量之间要存在合理的一致性，否则就会影响评估结果的科学性、真实性。

6. 业务流程

（1）知识产权评估项目签约：评估前客户需要与本公司签订知识产权评估委托协议，就知识产权评估范围、知识产权评估目的、知识产权评估基准日、知识产权评估收费、交付知识产权评估报告的时间等内容达成一致意见，正式签署知识产权评估协议，预付50%的知识产权评估费用，共同监督执行。

（2）组建知识产权评估项目组：视评估项目大小、难易程度、组成由行业专家、评估专家，经济、法律、技术、社会、会计等方面专业人员参加的项目评估组，实施项目评估，项目组实行专家负责制。

（3）委托单位按要求提供评估资料及项目负责人实地考察核实情况：委托方提供委托评估的知识产权相关资料，单位项目经理对提供的资料进行初步审核。项目组深入企业进行实地考察，考察了解企业的发展变化、经济效益、市场前景、技术生命周期、设备工艺、经济状况，查验各种法律文书会计报表，听取中层以上领导干部汇报。

（4）市场调查：采用现代手段在不同地区、不同经济收入的消费群体中进行调查。有的评估工作还要进行国际市场调查，取得评估的第一手资料。

（5）设计数学模型：采用国际上通行的理论和方法，根据被评估企业实际情况设计数学模型，科学确定各种参数的取值，并进行计算机多次测算。

（6）专家委员会讨论：专家咨询委员会论证评估结果，专家咨询委员会必须有2/3以上人员出席，必须有行业专家出席，半数以上专家无记名投票通过，评估结果才能获准通过。

（7）通报客户知识产权评估结果：将评估结果通报客户，客户付清评估费用。

（8）印制知识产权评估报告，将评估报告送达客户。

（9）后服务工作：评估结果的延伸服务、咨询、宣传策划。

7. 生物制药价值评估方法

同样地，知识产权也围绕价值创造开展相关工作。知识产权涉及各行各业、方方面面、林林总总，我们这里就举一个生物医药领域加以说明生物制药企业价值评估方法的选择分析。与一般企业相比，生物制药企业具有高投入、高风险、高收益的特点，未来不确定性大。生物制药作为一种知识密集、技术含量高、多学科高度综合的新兴产业大都具有众多高层次的知识人才、采用尖端的高新技术手段。技术和投资额的限制使许多势力较弱的公司无法进入生物制药行业，只能"望药兴叹"。因此，生物制药这块大蛋糕，只能由科研和资金实力雄厚的公司来分享。

（1）成本法

成本法在生物制药企业价值评估中的适用性。成本法又叫成本加和法，这是一种根据企业的财务报表数据，通过对企业的账面价值进行相关调整来确定企业价值的静态估值方法。目前成本法主要用于国有企业整体价值的评估。与传统企业不同，生物制药企业中技术等无形资产在总资产中占有绝对优势，这一价值并没有在账面上予以反映，采用成本法必然会低估生物制药企业的价值。

（2）市场法

市场法在生物制药企业价值评估中的适用性。市场法又称相对价值法或市场比较法，它是一种通过在市场上寻找与被评估企业相类似的参照企业，以参照企业的相关财务数据为基础来估算目标企业价值的评估方法。这种方法的评估结果建立在可比公司价值评估基础之上，因而会受到现行市场的影响。

（3）收益法

收益法在生物制药企业价值估中的适用性。收益法也叫收益现值法，是把企业在未来特定时间内的预期收益通过一定的比率折现为当前资本额的方法。由于收入既可以用利润来衡量，又可以用现金流量来表示，因而收益法可以分成以下两类：以利润为基础的收益法和以现金流量为基础的现金流量折现法。与利润指标相比，现金流量可以反映出企业在生产经营过程中不断追加投资和回收投资的动态过程，因而现金流量折现法成为收益法中应用最普遍的价值评估方法。从生物制药企业的特点可以看出，生物制药企业核心技术所带来的未来的盈利能力是其价值的主要源，这就决定了以未来获利能力为基础的收益法，在生物制药企业价值评估中具有一定的适用性。由于收益法没能考虑生物制药企业巨大的未来成长机会价值，因而需要结合其他方法进行综合评价。

（4）实物期权法

实物期权法在生物制药企业价值评估中的适用性。期权又称选择权，它是期权持有者在期权到期日或期权到期日之前，按照合同规定的价格买进或卖出一定数量的标的资产的权利，而不是义务。实物期权法认为企业价值应该是企业当前资产项目的贴现值与未来资产增长机会的贴现值之和与一般企业相比，生物制药企业强大的生命力在于它们所面临的不确定性以及把握这些不确定的机会和风险的能力，实物期权法充分考虑了这类企业潜在的获利机会价值，因而比较适合生物制药企业价值的评价。

综上所述，期权定价法可以作为评估生物制药企业未来成长机会价值的主要方法，同时还要结合现金流量折现法等方法评估现有的获利能力价值。

（5）创新药价值评估的数字化模型

价值评估理论、评估模型构建。如今的生物医药界热门而紧缺，对医药项目的评估大多都是"仁者见仁，智者见智"，而面对不断增长的创新药数量，"如何客观地看项目、找数据、评估值？"这是经常被谈论的话题。在数据化快速发展的今天，如何利用大数据优势将项目优势数字化、项目评估系统化，更加专业客观地对医药项目进行评价与评估，成为不断思索的问题。因此，药渡结合自身结构化大数据深度分析优势，创新出三大独有的分析方法及专业理论，力求从新药研发技术、新药创新力度、新药价值空间等多角度数字化评估医药项目。药渡研究员穆爱撰文《创新药价值评估的数字化模型》介绍，深感颇有新意，再次分享一下其成果。

①"药物靶点机会指数"——药物靶点研究价值及相关药物成药性评估

"药物靶点机会指数"意在评估药物靶点研究价值及相关药物成药性。通过药渡数据库的信息检索功能，对全球药物靶点及治疗领域进行整理分析，构建药物价值评估理论样本数据库。在此基础上，大量分析文献获取各疾病领域从各临床阶段到获批的成功率（LOA），将LOA与对应的靶点药物相连接，获取靶点的预测成药数值。再以药物各个临床研究阶段作为评价单位，计算不同临床研发阶段的靶点药物数值，得出医药项目的创新性及热度的量化值，即"药物靶点机会指数"。药渡已将各类治疗领域的相关靶点进行全面分析，构建出完整的各领域全靶点机会指数模型，并将其靶点按照模型研究价值分数进行排序。模型中预测成药数数值越高，药物成药性越高；靶点机会指数数值越大，表明该靶点药物数量繁多，品种拥挤，靶点研究价值不高。

②"新药指数"评估理论——量化指标评估不同区域的新药研发能力、创新能力

"新药指数"评估理论，意在以全球新药研发为视野，对全球创新药物的研发力、创新力进行时间、空间上的对比。通过药渡数据库的国际药物信息检索功能，对近年来上市的全球创新药物进行数据采集及信息整理分析，形成创新药物创新性及研发力评估样本数据库。按照全球创新药物上市时间、上市地区、各地区批准数量、批准类别等，进行时间、空间、数量与质量的四重维度统计分析，再以单位时间作为范围，FDA、EMA、PMDA、CFDA四大药品审评机构作为地域区间轴线，批准的创新药物数量与质量作为评估标准，将不同类别的创新药物分别配比不同的权重系数，形成数据可视化全球新药研发能力评估理论。指数值越大代表该地区新药批准的数量及质量越高，药渡每年都会更新并发布最新的国际新药指数。

③"药物研发双阶段模型"——创新药物未来价值评估

通过药渡数据库的信息检索功能,获取目标药物同靶点同适应症药物的数据信息,形成药物价值评估理论样本数据库。利用样本数据库信息,以时间作为药物价值评估区间轴线,同靶点同适应症首个药物上市时间为起点,分析同靶点同适应全部药物的上市时间、进口时间及专利到期时间(仿制药上市时间),并以此作为价值区间分割点建立模型,即"药物研发双阶段模型"。药渡建立了双阶段评价模型库,分析了我国Ⅰ类创新药物的价值所在,越来越多的创新项目也逐步纳入库中。高价值的创新药物技术创新度高,市场价值空间广阔,实现了该领域药物零的突破;中等价值的创新药物,有较好的市场价值空间,是对该领域药品价格的冲击;低价值药物则未来市场空间不甚理想。

上述三大模型分别从新药研发技术、新药创新力度、新药价值空间角度客观全面地剖析了创新医药价值。对于日后的新药价值评估有着一定的参考价值,值得分享。

(三)价值实现是知识产权证券化的关键

1. 企业发行上市的操作目标是实现公司的价值

(1)以公司盈利预测为核心的基本面分析法:

①宏观经济、行业、公司三个层面的研究;

②宏观经济和行业研究落实到公司未来盈利;

③技术分析法同公司盈利无关,仅作辅助的分析工具。

(2)在研究分析的基础上作出投资推荐,研究报告的质量和数量决定交易市场业务的发展。

(3)基于基本面的证券交易使股价趋于价值。

2. 在组织方式和机构设置上充分发挥价值实现的功能

研发部是价值发现、价值创造、价值实现的重要部门:

(1)支持投资银行部的发行工作,协助其设计方案;

(2)支持销售交易部二级市场的运作;

(3)对行业的深入调研,以争取在市场上获得最大价值。

因此,研究水平相当程度上决定公司业务的整体水准。

3. 知识产权的价值实现

所谓知识产权证券化就是由拥有知识产权资产的所有人作为发起人(Originator),以知识产权未来可产生的现金流量(包括预期的知识产权许可费和已签署许可合同中保证支付的使用费)作为基础资产,通过一定的结构安排对其中风险与收益要素进行分离与重组,转移给一个特设载体机构(Special Purpose Vehicle, SPV),由后者据此发行可流通权利凭证进行融资的过程。

对于发起人来说，这是一种新的、可供选择的融资形式，可以在不改变股本结构、保留对其知识产权所有权的情况下将知识产权资产的未来收益提前实现，解决资金流动性难题。知识产权证券化过程中应当解决好几个核心问题，只有解决好这些问题，知识产权证券化才有可能获得成功。这些问题主要包括 SPV 的设立、对证券基础资产知识产权的风险隔离、基础资产池的组建、知识产权现金流预测、知识产权保险、知识产权抵押登记效力、证券的结构设计、定价与发行等。

（1）知识产权货币化的本质是经济价值的实现

知识产权还有其他的价值如技术价值、制度价值、文化价值，这些价值都应该在经济社会当中得到实现。今天论坛的价值主要涉及经济价值，知识产权经济价值的实现就是质押融资的本职意义，做好知识产权质押融资有时需要很多因素才能决定它的价值，其中主要因素是知识产权自身的质量，知识产权保护的途径，全社会质押融资的形成以及整个社会对知识产权保护的氛围，都决定知识产权价值到底能不能得到充分实现。首先可以做质押融资的知识产权是高质量的知识产权，什么是知识产权质量呢？国家知识产权局马维野司长表示就专利来说，它有两个含义，一项专利权的稳定性，这是专利质量最主要的含义，可以用有效专利来进行单一表达，用一个企业目前仍然有效的专利占全部授权专利的百分比来衡量一家企业专利的稳定性。专利质量的次要含义是专利的技术含量的高低，我们可以用发明专利来进行表达。

例如，北京某高科技公司获得 1000 万元知识产权质押贷款。据《中国证券报》2007 年 7 月 13 日报道，位于北京市石景山区的阿尔西公司是专业的制冷空调设备生产商和服务提供商。借助北京市、石景山区两级政府共同为企业搭建的知识产权融资平台，阿尔西公司和交通银行北京分行达成了知识产权质押贷款协议，贷款额为 1000 万元，贷款期限最长 3 年。高科技企业在成长过程中普遍存在融资难题，而银行并不了解企业知识产权的无形商业价值。为此，北京市知识产权局 2007 年启动了"首都知识产权百千对接工程"，搭建知识产权服务平台。在这一背景下，石景山区知识产权局与交通银行签署了合作框架协议，积极支持拥有知识产权等无形资产的优质科技型中小企业获得贷款。实际上这是一种把知识产权货币化的方式。

（2）知识产权价值实现的关键

知识产权价值实现的关键还是要培育好知识产权加工的这个市场，包括中小企业、金融机构，对于中小企业要想实现知识产权价值，前提是必须提供高质量的知识产权。如果保险公司能够介入知识产权质押融资中来，可以更加有力地推动工作的开展，知识产权质押融资需要一个良好的环境氛围，从某种意义上讲是诚信文化氛围。

（3）知识产权证券化是一种特殊的资产证券化

知识产权证券化是资产证券化的一种，是一种特殊的资产证券化——以知识产权为基础资产的证券化过程。因此，资产证券化的一般原理对于知识产权证券化仍然适用。资产证券化的一般原理就是对基础资产进行重组以构建资产池，实现资产池和发起人其他资产的风险隔离，同时还必须对资产池进行信用增级，这就是资产证券化的三大基本原理："资产重组原理""风险隔离原理"和"信用增级原理"。但是由于知识产权证券化的基础资产——知识产权所具有的特殊性，也使知识产权证券化与其他传统证券化相比表现出许多独特性。

（4）知识产权证券化与"专利池"

知识产权证券化系指具有某些共同特质的企业剥离相关的知识产权，注入一个"专利池"，建成一个共有的"专利库"，然后由专门的证券化机构将这个"专利库"转化成可以在资本市场上流通和转让的证券。在此有一个框架性的设想。基本思路是：首先成立一个专业化的证券化机构，企业将其所拥有的知识产权剥离出来，形成一个"专利库"，然后通过这个专利库产生的收入作为支持，由信托投资公司发行集合资金信托产品，帮助拥有知识产权的企业获得融资。由于中关村科技园区是高科技成果资源最密集的地区，建议可以在园区的高新技术企业中进行试点。

（5）专利池公司的直接上市

美国有一家叫做 NPEGLLA 的公司，相当于一家专利联盟或者专利池。把这个领域里面所有的专利及技术成果通过收购或许可托管，形成这个技术的总代理。目前，NPEGLLA 已在美国纳斯达克上市，管理着很多专利，然后他把这些专利产品变成了一个用英文叫 PET 铺，或者叫专利池或者专利联盟。

五、知识产权证券化在生物医药领域中必然大有可为

作为知识产权运营"皇冠上的明珠"，知识产权证券化成为创新主体将无形资产变为看得见的市场收益的绝佳手段之一。生物医药知识产权，是指一切与生物医药行业有关的发明创造和智力劳动成果的财产权。这种财产权通常被称为无形资产，与动产、不动产并称为人类财产的三大形态。生物医药知识产权不限于某一新产品、新技术，也不限于某一专利或商标的保护，它是一个完整的体系，是相互联系、相互作用、相互影响的有机体。鉴于生物医药知识产权的特点，知识产权证券化在生物医药领域中必然大有可为。

（一）生物医药行业知识产权的特点

2018 年 3 月，由《中国知识产权》杂志主办的"第八届中国知识产权新年论坛暨2018 中国知识产权经理人年会"在京盛大举办。在中国知识产权管理实务论坛上，东莞著名药企——东阳光集团知识产权总监林淘曦发表了题为"生物医药行业知识产权的特点及管理实践"的演讲，主要从以下两个方面对生物医药行业的知识产权问题进行了总结，颇有见解。

1. 生物医药行业知识产权显著的特点

（1）药物研发周期长、投入高、成功率低

生物医药行业有一个非常突出的特点，药物研发周期长、投入高、成功率低。从原始早期的资本投入，到后期的持续投入，再到研发成功，中间的过程十分漫长。在美国有"十年一药"的说法，即医药创新领域著名的"双十"定律，一款创新药的研发需要耗时 10 年时间，花费 10 亿美元。研发时间如此之长，投入如此之高，成功率如此之低，如何确保在漫长的研发过程中对项目的持续性投入？让制药企业能够从投入中随时变现，是非常重要的。因此，在生物医药的整个研发过程中，阶段性形成的研发成果，包括高价值的项目、专利以及团队，如果能够拥有较为容易变现的途径，则知识产权的价值就能得到充分的体现。

（2）知识产权在早、中、晚期的不同阶段表现出不同的价值且十分明显

在制药业的长周期内（如专利有 20 年周期），知识产权在早期、中期、晚期的不同阶段，表现出不同的价值且十分明显。举一个很典型的例子，Assembly 和百济神州这两家公司都是美国纳斯达克的上市公司，Assembly 是做乙肝药物的公司，市值将近 10 亿美元，而百济神州是国内的公司，主要方向是抗癌药物研发，市值 50 亿美元，这两个公司都没有任何产品在市场上销售，进度最快的项目均是在临床二期。这样的公司可以在美国上市，并且得到市场的认可，正是知识产权价值得到体现的结果。

（3）生物医药行业另一个特点是专利数量少、价值高

生物医药企业的专利可以分为有基础限制的专利，如化合物专利或者生物类专利，以及有外围的衍生专利，如制剂专利。与此同时，专利的价值比较高，具体的价值和产品周期有关系，医药是长周期行业，随着市场销售的逐步上升，专利越到后期价值越高。这就是为什么在美国有药品专利延长制度，目前国内讨论的药品专利链接制度也提到了专利延长制度。正是因为价值高，对医药企业来说专利的质量必须优于数量。如"美国默克 VS 吉利德案"，曾是 2016 年关注度非常高的案件，到最后一个专利的赔偿金额就达到 25 亿美元。而在美国专利被诉排行榜中，前 11 家就有 7 ~ 8 家是生物制药企业，虽然生物制药专利的数量不多，但成为被告的概率却非常高。

2. 生物医药企业不同于其他行业的特点，也体现在行业监管方面

例如，在医药市场准入环节，因为生物医药行业是由政府监管的行业，在药品上市之前必须要经过政府相关部门的严格审查审批。正因为政府监管的存在，使生物医药的准入十分严格，同时也使生物医药的知识产权价值得到进一步提升。

3. 生物医药行业还有专利药和非专利药的区分

生物医药行业还有一个重要的特点，即专利药和非专利药的区分。在医药行业，虽然药品的专利期过了，但是药品的价值还在，因此诞生了另外一种企业——非专利药企业。围绕专利到期的前后，将发生一系列的专利诉讼、非专利药品上市、药品大幅降价等事件，这就是所谓的医药"专利悬崖"（Patent Cliff，是指企业的收入在一项

利润丰厚的专利失效后大幅下降），也体现了专利法平衡专利权与公共利益的立法宗旨。"专利悬崖"的存在，也促使医药企业不断创新，推出新药。

总之，医药行业知识产权的特点，药品专利研发周期长、投入高、成功率低，数量少、价值高，行业监管严格，须持续创新才能使生物医药企业继续发展。

（二）生物医药企业的知识产权管理实践

生物医药企业基本分两类，一类以研发为主，另一类以生产为主。

什么是好的构架？"扁平化管理"是非常好的构架。好的构架能够给予知识产权经理人充分的"权"和"利"，这主要针对同级和兄弟部门而言，因为在工作中可能会遇到很多单一部门解决不了的问题。

1. 在专利管理方面，生物医药企业有诸多特色

例如，在东阳光我们实行一票否决制，如果某个项目在专利上行不通，就有可能放弃这个项目。另外，东阳光对专利的布局也非常广，我们非常重视专利质量，虽然2017年专利申请量只有200多件，但是平均1件专利申请的篇幅是70~80页，平均1件专利有37个实施例。一件专利可能在今后3~5年才发挥作用，未来20年的发展情况很难预测，但每做一个专利都要做到最好，做好长期规划。同时，由于不希望在研发早期就让竞争对手知道研发意图是什么，因此生物医药企业更注重延后授权，会尽量延长授权，基本上是18个月公开，36个月实质审查，尽量在新药临床上有结果或者上市之后再授权。这时候再把保护范围缩小到具体的保护范围上，能在最大程度上保护创新。

2. 项目的信息支撑

生物医药企业在知识产权管理方面另一个可借鉴的地方是项目的信息支撑。为把IP嵌入到整个项目流中去，知识产权管理者会做信息支撑的工作，从项目研发的早期立项开始，到研发端、生产端，在每一个审批的节点都设立IP的环节。通过IP嵌入的项目管理，做到在流程中的任何一个阶段大家都相互了解，把整个IP管理和公司流程嵌在一起，以减少突发情况或者知识产权管理者作为"救火队员"去开展工作，对生物医药企业来说是很好的实践。

3. 在商标布局方面，生物医药企业的产品名称均有自己的特点

例如，百优解是治疗忧郁症的药品，把忧郁的"忧"改成优秀的"优"。再如辉瑞的"伟哥"，辉瑞早期没有布局"伟哥"商标，在媒体和社会的宣传炒作下，"伟哥"成为了这类药品的通用名称，显著性下降，无法申请商标，失去了一个很好的机会。辉瑞该款药物的中文商标取名"万艾可"，其在中国台湾的商标为"威而刚"。

4. 如何说服老板选择高预算的投资

生物医药行业的知识产权是一个可预见的长期性的行业，同时药物研发本身时间长、风险高、政策环境多变，所以决策者的决心对于企业来说至关重要。2018年东阳

光的研发预算是 12 亿元人民币，其中知识产权的预算是 4200 万元，这么高的预算老板为什么敢投资？他的决心很重要。

如何说服老板？知识产权经理人要让老板看到知识产权的价值，要让老板知道如何能获得知识产权价值。如果 IP 只跟法务结合，就和律师的工作重复了。而律师往往强调合规、强调规避风险，但决策者所要做的事都是有风险的，所以决策者可能不太认可律师的工作。因此，我们所要解决的就是风险问题，让决策者认识到高风险下的回报，同时将 IP 价值能够对接到无形资产上去，把 IP 价值的范围扩大到无形资产。

在公司内部积极推广"IP 是无形资产"这一概念，让决策者认识到二者之间应画等号，认识到知识产权不只在法务上有价值，在财务、商务层面也是有价值的。今后还要努力在财务报表上将 IP 价值体现出来，这是我作为一名企业的知识产权工作者一直在做也持续在做的工作。

（三）生物医药知识产权证券化的创新

1. 生物医药知识产权的范围

（1）一切与生物医药行业有关的发明创造和智力劳动成果的财产权；

（2）与生物医药行业相关的发明创造；

（3）生物医药行业的智力劳动成果的财产权；

（4）生物医药信息及相关前沿保密技术；

（5）生物医药行业的计算机软件技术。

2. 生物医药知识产权本身就有巨大的潜在价值

生物医药知识产权本身就有巨大的潜在价值，这里需要提请注意的有两个前提：一是知识产权其本质是一项无形资产，只有通过评估价值才能进行专利（及其他权益）的交易（所有权或所有权的转让），这就是所谓"交易产生价值"的逻辑，从而获得可观的经济效益和社会效益。二是为何用"潜在"两字，这是因为其一，无形资产变成有形资产，除交易这一最终环节外，还需要估值和证券化这两个不可或缺的重要前提；其二，"专利悬崖"的隐患不得不防。此外，知识产权的保护也是必不可少的。

（1）创新药的产业价值会持续提升

生物医药知识产权尤其是创新药的产业价值会持续提升，知识产权保护是重要一环。以恒瑞医药为代表的国内创新药企在过去两年市场价值获得了明显提升，主要反映药品审评政策变革。国家推动优先审评政策，优化新药审评流程，新药上市公司时间有望大大延长；新药上市许可人制度降低了新药投资的固定资产投资门槛，降低了风险。未来专利延长和数据保护制度等在海外通行的规则也有望出台，知识产权保护加强，创新药的产业价值会持续提升。中国海外市场开拓最领先的药企的竞争策略已经从初期的低成本简单竞争向高难度仿制药、首仿、专利调整等升级，未来这些在国内仿制药市场将占得先机。

（2）中国医药行业自 2003 年以来的平均增速是 GDP 的 2~3 倍

根据经济合作组织（OECD）的统计，中国医药行业自 2003 年以来的平均增速是
GDP 的 2~3 倍；2018 年中国人均医药支出有望从 2013 年的 60 美元提高到 150 美元，
而 2013 年美国人均医药支出为 1400 美元，欧洲发达国家为 600~800 美元。2020 年，
中国老龄（65 岁及以上）人口将达到 2.48 亿人。中国目前在全球医药行业中处于第三
梯队，2015 年全球单抗药物规模达 980 亿元，而中国单抗药物规模仅为 70 亿元人民
币，全球占比仅 1%；与全球畅销药物以生物大分子、创新小分子药物为主相比，中国
畅销药物仍以基础大输液、化学仿制药、中药注射剂为主。随着中国药监局 CFDA 药
品上市持有人许可证制度的推出，CRO 企业如雨后春笋，创新前沿药研发人员终于有
了知识产权的保障，可以通过 CRO 提供的服务让发明快速进入临床测试和申报阶段，
与资本市场对接的大门也随着生物医药企业赴港上市新规而敞开。

（3）投资研发型药企面临高风险的同时存在巨大的投资回报潜力

研发型生物医药企业从初期研发，到通过临床药理、病理、安全等测试，再到正
式申报获批上市的周期一般在 10~12 年，当然随着 CRO、CMO 等服务平台的加入，以
及 FDA、CFDA 申报流程的提速，至少也得 8~10 年，通过三期临床且拿到批文的概率
不到 30%。然而，如果参考以上 2015 年全球前 10 大单个生物药品销售额 56 亿~140
亿美元，投资研发型生物医药企业面临高风险的同时存在巨大的投资回报潜力。

3. 生物医药知识产权证券化阶段化实施的探索

（1）新药从研发到上市需经过哪些流程

10 年时间，花费 10 亿美元，研发一款新药，无论是利益的驱动，还是拯救万千患
者的成就感，药企的这一行为都值得我们尊敬。一款新药从研发到上市都需要经过哪
些流程？见表 1-1。

表 1-1　　　　　　　　　　　　　　新药从研发到上市流程

阶段	分阶段	目的与作用
一、临床前研究		
1. 研究开发（一般 2~3 年）	（1）药物靶点的发现及确认	实验室研究，寻找治疗特定疾病的具有潜力的新化合物
		这是起点，只有确定了靶点，后续所有的工作才会展开的依据
	（2）化合物的筛选与合成	根据靶点的空间结构，从虚拟化合物库中筛选一系列可匹配的分子结构，合成这些化合物，它们被称为先导化合物
	（3）活性化合物验证与优化	初步筛选出活性高毒性低的化合物，并根据构效关系进行结构优化，这些化合物称为药物候选物
2. 临床前实验（一般 2~4 年）		一是评估药物的药理和毒理作用，药物的吸收、分布、代谢和排泄情况（ADME）。实验需要在动物层面展开，细胞实验的结果和活体动物实验的结果有时候会有很大的差异，目的是确定药物的有效性与安全性。二是进行生产工艺、质量控制、稳定性等研究（CMC），要在符合 GMP 要求的车间完成

续表

阶段	分阶段	目的与作用	
2. 临床前实验（一般 2~4 年）	（1）药理学研究：药效学、药动学		
	（2）毒理学研究：急毒、长毒、生殖毒性，致癌、致畸、致突变情况		
	（3）制剂的开发：如有的药口服吸收很差，就需要开发为注射剂。有的药在胃酸里面会失去活性，就需要开发为肠溶制剂。有的化合物溶解性不好，这也可以通过制剂来部分解决这个问题。还有的需要局部给药，就需要通过制剂开发成雾化剂、膏剂等		
二、临床试验审批（Investigational New Drug，IND）		一般需要 30 个工作日	
三、临床试验（一般 3~7 年人体试验）			
1. 0 期	肿瘤药物的研发的需要	目的是在满足一定的统计学要求的前提下，在有限的样本量（通常不超过 20）、有限的时间内（每个患者的治疗期常不超过数周），初步判断一个研究药物是否有效、某个剂量是否有效，是否应继续开发下去，附带看一下某些疗效判断方法是否可行	
2. Ⅰ期	20~100 例正常人	主要进行安全性评价。通常是摸索剂量（dose finding，dose - ranging），药代（PK）和药动（PD），样本量也不大（一般不超过 20，或者 20 左右）	
3. Ⅱ期	100~300 例病人	主要进行有效性评价。初步判断疗效的和安全性的（其实安全性贯穿研发始终），所以一般称为 safety & activity 研究（SA 研究）	
4. Ⅲ期	300~5000 例病人	扩大样本量，进一步评价。严格的验证药物效果的验证性临床研究。很多会议上介绍临床研究，往往以此类研究为模板进行介绍，在假设检验的框架下进行介绍	
四、新药上市审批（New Drug Application，NDA）			
1. NDA 申报资料：CTD（Common Technical Document）	CTD 五大模块（180 个工作日）	①行政和法规信息	
		②概述：药物质量、非临床、临床试验的高度概括	
		③药品质量详述	
		④非临床研究报告	
		⑤临床研究报告	
审评结果	①批准信：符合要求，可以上市		
	②可批准信：基本满足要求，少数不足可以修改。申请人应在收到 10 日内作出回应修正，否则视为自动撤回		
	③拒绝信：存在严重问题或需要补充大量信息资料。申请人可在 10 日内提出修正或在 30 日内要求听证		
2. NDA 特殊审评程序	①优先审评（Priority Reviews）适用于能够在治疗、诊断或预防疾病上比已上市药品有显著改进的药品，优先安排 NDA 审评		

阶段	分阶段	目的与作用
2. NDA 特殊审评程序	②加速审批（Accelerated Approval）用于治疗严重或危及生命疾病的药品，且存在合理并能够测量的"替代终点"（Surrogate Endpoint），即药物预期治疗效果的指标变通审评标准，利用替代终点审评	
	③快速通道（Fast‐Track）用于治疗严重或危及生命疾病的药品，且有潜力满足临床尚未满足的医学需求，早期介入，密切交流，分阶段提交申报资料	
五、上市后研究	临床监测期：Ⅳ期临床。受试者要大于 2000 例，同时要进行社会性考察。以"万络"为例：2000 年进行了"VIGOR"胃肠道试验——显示较少的胃肠道副作用，但是使用 18 个月后会引发 2 倍的心脏病/中风风险。2001 年，"APPROVe"腺瘤息肉预防试验——服药超过 18 个月出现较高的心血管疾病风险	
六、上市后再审批（一般上市后 4～10 年）	目的：重新审核 NDA 中的有效性和安全性。"万络"：2002 年 4 月默克公司增加了万络可能出现心血管副作用的警告。2004 年 9 月 28 日，默克公司与 FDA 商讨有关"万络"实验结果的事宜。2004 年 9 月 30 日，再审评"万络"，由默克公司主动召回	

表 1‐2　　　　　　　　　　　我国与美国在相关流程上的比较

	美国	中国
临床研究标准	"宽进严出"	"严进宽出"
NDA 审评体制	直接审报、一级审评	多次审报、二级审评
双边交流	形式多样、沟通密切	形式单一、沟通不充分
特殊审批机制	针对性强、便于操作	范围宽泛、实用性欠缺
审批时限	目标式、灵活	灵活性有待提高

综上所述，新药从研发到上市需经过十多年的六大阶段、二十多个步骤的过程，任何一个步骤的失误均会影响整个新药的成功上市。新药研发具有"研发周期长、投入高、成功率低"的特征。显然这一系列漫长的过程中，很可能给投资人带来许多不确定因素和风险隐患。

（2）从股权投资的方式变化中得到启示

曾记得最初的股权投资均采取"一竿子"到底的做法：就是投资人经过筛选、立项、尽调、评估、分析等一系列程序，最终确定作为战略投资人参与目标公司的私募，最后在该企业上市后退出，获取高额收益。想当初，无论是天使投资人、创业投资人、私募股权投资人等，几乎全部蜂拥而入投资于 Pre‐IPO 的大潮中，由于投资冲动、饥不择食，盲目跟风盛起，最后造成一地鸡毛，不可收拾。

其中最为典型的案例就是著名的"某品牌啤酒黑天鹅事件"。2009 年第一季度，平安、国信、浙商、国泰君安、上海证券等券商的分析师先后发布研报看好某品牌啤酒的疫苗项目。从 2009 年 8 月，兴业证券医药行业研究员王晞关于某品牌啤酒至少发布了 26 份研报。无论某品牌啤酒股价在什么价位，均给予"强烈推荐"评级。在公司公告和卖方研报的共同刺激下，从 2009 年第一季度开始，某品牌啤酒股价从 13 元开始攀升，结果股价涨幅超过了 50%。然而，2011 年 12 月 7 日，某品牌啤酒发布一则公告，宣布公司投巨资参与研制 13 年的乙肝疫苗经临床实验评估为无显著疗效，疗效仅比"安慰剂"高 1%～2%。公告一经发出，股价应声而落，连续 9 个"一"字跌停，股价从 80 元跌至 20 元，200 多亿元市值瞬间蒸发。

前车之鉴，后来不少投资人改变了投资操作策略，天使、创投、私募、大机构等，像"铁路警察——各管一段"：从被投项目所处的阶段看，天使投资是种子期，风险投资是早期或成长期，私募股权投资则是成熟期。最后由大机构或大资金做 Pre-IPO；击鼓传花，各分各的一杯羹。

（3）生物医药知识产权证券化阶段化实施的探索

新药从研发到上市需经过十多年的六大阶段、20 多个步骤的过程，具有研发周期长、投入高、成功率低的特征。为此，我们可否将整个新药从研发到上市的全过程分割成若干阶段，然后将知识产权证券化，提供给广大投资者人根据其投资偏好、资金实力、期限长短等情况，分阶段开展募资。这样一来，可能会给各方参与人带来意想不到的结果。

①研发资金使用具有阶段性的需求，对生物医药知识产权持有人可以阶段性源源不断地融入所需资金，投入其研发项目，并降低研发成本；

②投资人可以比较清晰地掌握本阶段的研发动向，便于投资决策，并减少风险隐患，以免出现前功尽弃的后果；

③对知识产权证券化的产品承销人而言，可以比较轻松地完成其使命；

④对于 SPV、资金和资产存管机构、信用评级机构、信用增级机构来说，显然这种做法会给生物医药知识产权证券化的推进和实施，带来实质性的效应。

当然，这仅是一种设想，距离实际操作还有相当多的工作要做。相信努力才有机会，在知识经济的当下，没有做不到，只怕想不到！

（四）收购药品专利许可费收益权，成功运作知识产权证券化的案例

中国知识产权研究会高级会员王瑜律师曾在 2007 年 2 月 13 日撰文《知识产权资产证券化》，其中介绍了"美国药业特许公司收购药品专利许可费收益权，成功运作知识产权证券化的案例"，对于我们了解知识产权证券化的概念大有裨益。知识产权证券化与传统的资产证券化基本类似，就是先设定一个"专利池"，即一组能够产生未来现金流的资产组合，再以这些现金流为支持发行证券。资产所有者获得折现现金流并转移资产，投资者获得了这些资产在未来的一系列现金流。证券化也意味着资产拥有者必须将特定资产转移到为特殊目的而设立的投资实体 SPV 中。下面介绍这一例知识产权证券化的操作案例，以飨读者。

1. 案例概况

2003 年上半年，美国药业特许公司收购了 13 种药品专利的专利许可费收益权，并以该 13 种药品专利的专利许可使用权为基础资产进行了资产证券化处理，由新成立的特拉华商业信托作为特殊目的载体发行了 7 年期和 9 年期两种总值达 2.25 亿美元的可转期投资债券，瑞士信贷第一波士顿参与了债券的设计和承销，由 MBLA 保险公司提供担保。

2. 操作要点

（1）收购药品专利许可费收益权，组成以 13 个专利许可费收益权为基础的资产池

美国药业特许公司于 2000 年曾经收购过耶鲁大学 Zerit 药品（一种抗艾滋病新药）专利许可费收益权并进行了资产证券化，但该资产证券化最终没有成功，其中主要的原因就在于资产池中只有一个 Zerit 药品的专利费收益权，风险太大。为此，美国药业特许公司将购得的 13 种药品专利许可费收益权组成资产池，以优化资产池的结构，分散风险。

（2）选择的药品专利具有同质性，药品专利许可费收益权要能产生稳定的现金流

为了保证药品专利许可费收益权能产生稳定的现金流，美国药业特许公司在选择药品专利时，考虑了以下要素：

①选择有实力的药品公司；

②选择生物药品专利，因为它们在治疗某些疾病方面十分有效，且不容易被模仿和生产，这就为竞争对手进入该领域设置了一道屏障；

③具有良好的市场前景，如资产池中一个名为 Rituxan 治疗淋巴瘤的治癌药品，据美国癌症协会估计，该药品在美国有较好的市场前景；

④具有较大的市场份额，美国药业特许公司所选择药品占有的市场份额不是第一就是第二，在市场上处于垄断的地位。

（3）为证券化建立通道，新设 SPV

为了实施本次资产证券化，美国药业特许公司新设立了一个特殊目的载体——特拉华商业信托，作为发行此次证券化的通道。

（4）以信托专利许可费收益权，实现真实销售

设立 SPV 之后，美国药业特许公司与 SPV 签订信托合同，将信托专利许可费收益权信托给 SPV〔但需要指出的是，在此次资产证券化中，并不是所有的基础资产都实现了真实销售，在 13 件专利中，目前只有 9 项专利能够产生专利许可费，而另外 4 项药品专利尚需获得美国食品及药物管理局（FDA）的批准后才能实施，因此，如果此 4 项药品专利的实施不能获得美国食品及药物管理局（FDA）的批准，SPV

应有权向美国药业特许公司进行追索，因而此 4 项专利许可费收益权并没有实现真实销售]。

（5）引进专业机构对发行的债券进行设计

SPV 管理人聘请瑞士信贷第一波士顿（投资银行）设计债券的结构，瑞士信贷第一波士顿为 SPV 设计了可转期投资债券，分为 7 年期和 9 年期两种，也就是说 7 年期的债券到期之后，投资者可以选择将 7 年期的债券转化为 9 年期的债券。

（6）增强资产信用，保险公司提供担保

为了使债券的发行能够最大限度地吸引投资者，本次资产证券化采用了 MBLA 保险公司外部信用增级的方式。MBLA 在其金融担保方案中保证：如果 SPV 到不能按照其与投资者的约定及时给付利息和本金，MALA 保险公司将按照约定及时向投资者支付债券利息和本金。

（7）进行信用评级，安排证券的发行与销售

2003 年 7 月，美国著名的评级机构标准普尔对此次证券化发行评为 AAA 级。此次评级主要依靠了 MBLA 保险公司的金融担保方案，并考虑了以下因素：

①此种药品专利具有良好的市场前景，易于许可；

②由 13 项药品专利构成的资产池在商业上应用具有多样性；

③交易框架的设计；

④法律框架的完备性。SPV 完成信用评级后，还需要与证券承销商签订证券承销协议。瑞士信贷第一波士顿担任了本次证券发行的承销商。

（8）风险与风险控制

标准普尔在对本次资产证券化进行评级时，重点提出了本次资产证券化的下列风险：

①新产品或可替代产品出现所引发的竞争风险；

②产品销售下降风险；

③产品过时风险；

④美国药品和食品管理局撤销许可的风险；

⑤保健政策变化的风险。

为了防范上述风险，本次资产证券化除采取上述的慎重选择基础资产，采取基础资产的组合策略、进行信用增级和信用评级等风险防范措施外，还采取措施避免专利可能会面临的侵权、诉讼或无效等法律风险，美国药业特许公司还要求专利权人对专利权的有效性提供担保。

3. 业务流程

收购药品专利许可费收益权，成功运作知识产权证券化的案例，可用图 1 - 7 描述。

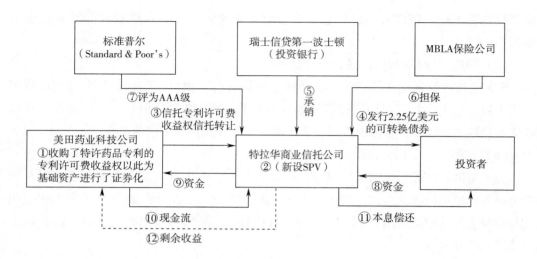

图 1 - 7　药品专利许可费收益权证券化运作流程

本章小结

　　知识产权证券化是高新技术产业化的有效途径。首先必须明确知识产权是什么？知识产权是一种无形资产，知识产权的特征、作用和类型。

　　什么是证券化？证券化的特点、类型和产品。证券化的目的是将缺乏流动性，但能够产生可预见现金流量的资产转化为在金融市场上可以出售和流通的证券。资产证券化就是指将存在的具有稳定未来现金流的非证券化资产集中起来，进行重新组合，据此发行证券的过程和技术。

　　高新技术产业化是高新技术创新成果的商品化、市场化的过程，是一个从创新成果到形成一定规模商品生产的转化过程。高新技术产业化是高新技术企业发展的必由之路，产业化需要大量资金，发展资本市场可有效地缓解这一需求矛盾，高新技术企业商品化是介入资本市场的前提，必须积极实现高新技术企业商品化，推进科教兴国的百年大计。新技术产业的发展能大大提高科技成果转化率，从而促进科技现代化的发展。

　　知识产权是知识经济的资源，不仅在发展知识经济中发挥重大作用，而且与当代国际政治、经济贸易发展关系日益密切，国际化趋势进一步增强，以新兴技术为发展基础的知识产权的保护力度也面临挑战，我们要正确处理发展知识经济与知识产权保护之间的关系，迎接知识经济新时代的到来。知识产权证券化是推动知识经济发展的重大动力，可以解困高科技企业融资。知识产权证券化仅是一种手段，其目的是取得全社会，包括各级政府、科研机构、广大企业以及投资人对知识产权的认可，致使高新技术企业获得为了谋求长足发展的政策扶持、资金融入和市场推广。这样一来，高新技术产业化就顺理成章了。实现知识产权证券化的有三个必然途径：价值发现是知识产权证券化的前提，价值创造是知识产权证券化的核心，价值实现是知识产权证券化的关键。

　　交易所（交易中心）是商品经济中最主要的交易场所，是流通市场的核心，也是市场经济发展的高级阶段。知识产权证券化的长足发展，期待着我国首家真正意义上的知识产权交易中心，在中国（海南）自由贸易试验区诞生，对此我们翘首以待，期盼早日问世！

第二章　创建中国知识产权交易中心，
完善我国要素市场

2018 年 4 月，《中共中央　国务院关于支持海南全面深化改革开放的指导意见》（以下简称《海南意见》）印发，提出将设立海南国际离岸创新创业示范区，建立符合科研规律的科技创新管理制度和国际科技合作机制，鼓励探索知识产权证券化，完善知识产权信用担保机制。以知识产权资源作为融资对象，通过公募渠道，以发行证券方式进行资金募集的行为。国务院《关于印发中国（海南）自由贸易试验区总体方案的通知》中明确指示："完善知识产权保护和运用体系。推进知识产权综合执法，建立跨部门、跨区域的知识产权案件移送、信息通报、配合调查等机制。支持建立知识产权交易中心，推动知识产权运营服务体系建设。建立包含行政执法、仲裁、调解在内的多元化知识产权争端解决与维权援助机制，探索建立重点产业、重点领域知识产权快速维权机制。探索建立自贸试验区专业市场知识产权保护工作机制，完善流通领域知识产权保护体系。探索建立公允的知识产权评估机制，完善知识产权质押登记制度、知识产权质押融资风险分担机制以及方便快捷的质物处置机制，为扩大以知识产权质押为基础的融资提供支持。鼓励探索知识产权证券化，完善知识产权交易体系与交易机制。深化完善有利于激励创新的知识产权归属制度。搭建便利化的知识产权公共服务平台，设立知识产权服务工作站，大力发展知识产权专业服务业。"

当今，知识产权证券化正在成为一个炙手可热的话题。当 2 亿元的中央财政资金投向海口，作为全国知识产权运营服务体系建设试点城市专项资金时，海南这一曾经处于知识产权洼地的地方，在知识产权证券化这一"最前卫"的知识产权交易模式上"拔得头筹"。2018 年 8 月 8 日，海南省科学技术厅联合海南股权交易中心，在"科创板"启动现场举办了知识产权证券化融资推介及研讨会。省科技厅副厅长、时任海南省知识产权局局长朱东海表示，我们处在海南自贸区（港）建设的关键时期，知识产权证券化融资作为一项新生事物不仅创新还很有意义，在中国证监会、国家知识产权局、国家财政部和上交所的关心指导帮助下，希望海南能率先发力推动首单知识产权融资项目落地，为本土甚至全国中小微企业后续的知识产权证券化项目推进起到良好的示范作用。中国（海南）自由贸易试验区支持建立知识产权交易中心，这一创举不仅是完全必要的，而且也是非常及时的；深信将会大大推进我国高新技术产业化的进程，同时又进一步完善我国的要素市场。

第一节　我国的要素市场

要素市场，即生产要素市场。生产要素市场有生产资料市场、金融市场（资金市场）、劳动力市场、房地产市场、技术市场、信息市场、产权市场等。生产要素市场的培育和发展，是发挥市场在资源配置中的基础性作用的必要条件，是发展社会主义市场经济的必然要求。然而，目前生产要素市场尚发育不够。我国国内统一大市场尚未形成，地方割据依然存在，一些部门及行业的行政性垄断仍较突出，生产要素正常流通的障碍大量存在，因而尚不能实现生产要素在各市场主体间合理、自由的流动。其中特别需要指出的是，知识产权作为一个重要的生产要素，在我国基本上还没有一个真正意义上的知识产权交易市场。

一、生产要素

生产要素是指进行物质生产所必需的一切要素及其环境条件。也就是说，生产要素是指进行社会生产经营活动时所需要的各种社会资源，它包括劳动力、土地、资本、技术、信息等内容，而且这些内容随着时代的发展也在不断发展变化。按生产要素分配，就是指社会根据生产某种产品时所投入的各种生产要素的比例和贡献对投入主体进行的报酬返还。

（一）生产要素的内涵

一般而言，生产要素至少包括人的要素、物的要素及其结合因素，劳动者和生产资料之所以是物质资料生产的最基本要素，是因为不论生产的社会形式如何，它们始终是生产不可缺少的要素，前者是生产的人身条件，后者是生产的物质条件。

1. 生产要素的类型

在西方经济学中，生产要素一般被划分为劳动、土地、资本和企业家四类。劳动是指人类在生产过程中体力和智力的总和。土地不仅指一般意义上的土地，还包括地上和地下的一切自然资源，如江河、湖泊、森林、海洋、矿藏等。资本可以表示为实物形态和货币形态，实物形态又被称为投资品或资本品，如厂房、机器、动力燃料、原材料等；资本的货币形态通常称为货币资本。企业家才能通常指企业家组建和经营管理企业的才能。

（1）劳动者和生产资料必须结合起来，才能成为现实的生产要素

当劳动者和生产资料处于分离的情况，它们只在可能性上是生产要素。它们要成为现实的生产要素就必须结合起来。劳动者与生产资料的结合，是人类进行社会劳动生产所必须具备的条件，没有它们的结合，就没有社会生产劳动。在生产过程中，劳动者运用劳动资料进行劳动，使劳动对象发生预期的变化。生产过程结束时，劳动和劳动对象结合在一起，劳动物化了，对象被加工了，形成了适合人们需要的产品。如果整个过程从结果的角度加以考察，劳动资料和劳动对象表现为生产资料，劳动本身则表现为生产劳动。由于生产条件及其结合方式的差异，使社会区分成不同的经济结构和发展阶段。在社会经济发展的历史过程中，生产要素的内涵日益丰富，不断地有新的生产要素如现代科学、技术、管理、信息、资源等进入生产过程，在现代化大生产中发挥各自的重大作用。生产要素的结构方式也将发生变化，而生产力越发达，这些因素的作用越大。

（2）生产要素包括劳动、资本、土地和企业家四大类

长期以来，我们只强调劳动在价值创造和财富生产中的作用，而其他生产要素的作用及其对国民收入的分割则要么被忽视了，要么重视不够，因而一直只强调劳动参与收入分配的问题。而按生产要素分配，就是要在继续凸显劳动作用的同时，给资本、技术和管理等生产要素以足够的重视，使它们也合理合法地得到回报。其中特别要强调三种要素的作用和回报：

①人力资本

资本包括物质资本和人力资本两种形式。各国的经济发展实践表明，人力资本的作用越来越大，教育对于国民收入增长率的贡献正在大幅攀升，人的素质和知识、才能等对经济发展越来越具有决定性意义。因此，如何使人力资本得到足够的回报，对于经济的持续发展以及国民收入的分配变得非常重要。

②土地以及资源性财产

它们对于财富生产的作用早已为人们所认识，但对于它们参与收入分配的必要性却一直存在模糊认识，这表现在我国的土地和自然资源在很多情况下是被免费或低价使用的。在我国，土地和自然资源属于国有或集体所有，它们的免费或低价使用意味着它们的收益被少数人侵占了。这也是我国收入差距急剧扩大的一个重要原因。因此，土地和资源性要素如何参与分配，是在完善收入分配制度时应认真加以考虑的问题。

③企业家

企业家（Entrepreneur）一词是从法语来的，其原意是指"冒险事业的经营者或组织者"。在现代企业中企业家大体分为两类，一类是企业所有者企业家，作为所有者他们仍从事企业的经营管理工作；另一类是受雇于所有者的职业企业家。在更多的情况下，企业家只指第一种类型，而把第二种类型称作职业经理人。

最重要的生产要素决定社会权利转移和社会制度演进，在封建时代最重要的生产力要素是土地，在资本主义时代最重要的生产力要素是资本。科斯的《企业的性质》使我们可以从产权决定角度研究企业和企业家，我国国企改革目标就是建立现代企业制度，希望从产权关系下解决企业经营者的激励、约束、监督等问题；根据产权理论经营权与所有权分离，产生委托—代理关系，企业家的角色就是资产的代理人，拥有企业法人财产所有权；企业家这个词16世纪出现在法语中，即指挥军事远征的人。18世纪法国人用这个词定义其他种类冒险活动的人。1755年，法国经济学家理查德·坎博龙将企业家精神定义为"承担不确定性"；1815年，萨伊《政治经济学概论》第一次将企业家列入经济发展的要素之一，尽管萨伊忽略了资本形成的创造性和责任心——企业家精神重要的两翼。

（3）长期以来我们只强调劳动在价值创造和财富生产中的作用

生产要素包括劳动、资本、土地和企业家四大类，但长期以来我们只强调劳动在价值创造和财富生产中的作用，而其他生产要素的作用及其对国民收入的分割则被忽视了，因而只强调劳动参与收入分配的问题。我们今天讨论按生产要素分配，就是要在继续凸显劳动作用的同时，给资本、技术和管理等生产要素以足够的重视，使它们也合理合法地得到回报。

2. 生产要素需求的特点

企业对生产要素的需求是从消费者对消费品的需求引致或派生的。生产要素的需求具有以下特点：

（1）对生产要素的需求是"引致需求"。

（2）生产要素的需求，不是对生产要素本身的需求，而是对生产要素的使用的需求。

（3）生产要素的需求来自生产者·企业。

（4）企业对生产要素需求的目的，是用于生产产品，希望从中间接地得到收益。

3. 决定生产要素需求的因素

生产者对于一种生产要素需求的大小，取决于以下几个因素：

（1）生产要素的边际生产力。边际生产力是表示某种单位数量的生产要素所能生产的产品数量的大小。

（2）所生产产品价格的高低。

（3）生产要素本身价格的高低。

（4）对生产要素的需求还受到技术因素的影响。

（5）短期和长期的生产要素需求是不同的，时间因素也会对要素需求产生影响，因为短期与长期的要素需求弹性不同。

4. 单个企业对生产要素的需求：完全竞争

单要素投入企业对生产要素的需求

①生产要素的边际生产力

有两种表示方式。一种是用实物形式表示，表现为生产要素投入的边际产量。另一种是用价值形式表示，表现为边际产量价值。

生产要素边际产量价值等于生产要素所生产的产品价格乘以生产要素的边际产量，即

$$MP = p \cdot MP \tag{2.1}$$

②在完全竞争的条件下，边际产量价值决定企业对要素投入的需求。要素边际产量的价值等于要素的价格，即

$$VMP = w \tag{2.2}$$

实际上，人们也可以通过对企业的利润函数求导的方法求出生产要素的最佳投入量。企业的利润函数为

$$\pi = p0q - wL - FC \tag{2.3}$$

其中，FC 为企业的固定成本。就上面的利润函数对要素投入 L 求一阶导数并令其等于 0，得到

$$p0MPL = w \tag{2.4}$$

5. 生产要素需求和需求量的变化

（1）生产要素需求的变化是指，要素需求量不是随要素本身价格的改变而改变，而是随着要素本身价格以外的因素变动而变动。它使整条要素需求曲线的位置上下移动。

（2）生产要素需求量的变化是指，其他情况不变，要素本身价格的改变所引起的要素需求量的改变，即在同一条要素需求曲线上点的移动。

（二）市场主要构成要素

生产要素市场是生产要素在交换或流通过程中形成的市场。生产要素是社会再生产过程运转的基本条件，生产要素商品化、社会化形成生产要素市场，是生产力发展和社会进步的重要标志。生产要素市场主要包括资金市场（金融市场）、劳动力市场（劳务市场）、技术市场、信息市场、房地产市场。作为商品市场组成部分的生产资料市场，同时也是必不可少的生产要素市场。

1. 市场构成要素

市场构成要素是由可供交换的商品、提供商品的卖方、人格化——买方组成的。市场是由各种基本要素组成的有机结构体，正是这些要素之间的相互联系和相互作用决定了市场的形成，推动着市场的现实运动。从宏观或总体角度考察，商品、供给、需求作为宏观市场构成的一般或基本要素，通过其代表者——买方和卖方的相互联系，现实地推动着市场的总体运动。

（1）可供交换的商品

这里的商品既包括有形的物质产品，也包括无形的服务，以及各种商品化的资源要素，如资金、技术、信息、土地、劳动力等。市场的基本活动是商品交换，所发生的经济联系也是以商品的购买或售卖为内容的。因此，具备一定量的可供交换的商品，是市场存在的物质基础，也是市场的基本构成要素。倘若没有可供交换的商品，市场也就不存在了。

（2）提供商品的卖方

商品不能自己到市场中去与其他商品交换，而必须由它的所有者——出卖商品的当事人，即卖方带到市场上去进行交换。在市场中，商品所有者把他们的意志——自身的经济利益和经济需要，通过具体的商品交换反映出来。因此卖方或商品所有者就成为向市场提供一定量商品的代表者，并作为市场供求中的供应方面成为基本的市场构成要素。

（3）人格化——买方

卖方向市场提供一定量的商品后，还须寻找到既有需求又具备支付能力的购买者，否则，商品交换仍无法完成，市场也就不复存在。因此，以买方为代表的市场需求是决定商品交换能否实现的基本要素。

2. 微观构成要素

从微观即企业角度考察，企业作为某种或某类商品的生产者或经营者，总是具体地面对该商品有购买需求的买方市场。深入了解企业所面临的现实的市场状况，从中选择目标市场并确定进入目标市场的市场营销策略，以及进一步寻求潜在市场，是企业开展市场营销活动的前提。因此，就企业而言，更具有直接意义的是微观市场的研究。宏观市场只是企业组织市场营销活动的市场环境。微观市场的构成包括人口、购买力、购买欲望三方面要素：

（1）人口

需求是人的本能，对物质生活资料及精神产品的需求是人类维持生命的基本条件。因此，哪里有人，哪里就有需求，就会形成市场。人口的多少决定着市场容量的大小；人口的状况，影响着市场需求的内容和结构。构成市场的人口因素包括总人口、性别和年龄结构、家庭户数和家庭人口数、民族与宗教信仰、职业和文化程度、地理分布等多种具体因素。

（2）购买力

购买力是人们支付货币购买商品或劳务的能力。人们的消费需求是通过利用手中的货币购买商品实现的。因此，在人口状况既定的条件下，购买力就成为决定市场容量的重要因素之一。市场的大小直接取决于购买力的高低。一般情况下，购买力受到人均国民收入、个人收入、社会集团购买力、平均消费水平、消费结构等因素的影响。

（3）购买欲望

购买欲望指消费者购买商品的愿望、要求和动机。它是把消费者的潜在购买力变为现实购买力的重要条件。倘若仅具备了一定的人口和购买力，而消费者缺乏强烈的购买欲望或动机，商品买卖仍然不能发生，市场也无从现实地存在。因此，购买欲望也是市场不可缺少的构成因素。

（三）分配关系

研究生产要素分配对收入分配的影响，应遵循经济学家的这一原理："消费资料的任何一种分配，都不过是生产条件本身分配的结果。"

（1）中国的城乡收入分配

城乡收入的差距与生产要素分配有着直接关系。中国的城乡结构从区域来讲，城市人口比农村人口少，却控制着全民所有制资源；农村人口比城市多，只控制部分土地所有制（因土地出售，绝大部分收入被城市拿走）的少量资源。这种生产要素的分配格局，必然导致城乡收入差距的扩大。

①城市控制的生产要素多，质量好，居民与生产要素结合的机遇多，占有和使用生产要素的数量就大、质量就高，从而其收入自然就高；

②城市居民享受着城市化所带来的好处，享受着国家提供的公共产品，而农民在付出巨大代价后，却得不到回报，是二等公民，享受不到城市居民同等待遇，这必然使城市和农村的生活水平差距扩大；

③城乡最大的差距是知识水平上的差别，农民文化知识相对贫乏，这是农民的致命伤，它剥夺了农民就业和获取高收入的机遇。农村占有生产要素的匮乏，就使农民失去了发展权，就不能发家致富，增加收入，这是城乡收入差距扩大的根本原因；

④这一问题的形成，既不能怪罪效率优先，更不能用公平分配去解决，只能从生产要素分配入手，在使用生产要素上农民应与城市居民获得同等待遇，才有利于社会公平。

（2）生产力水平决定生产要素的占有和分配

生产要素的占有和分配不是随心所欲的，最终是由生产力水平决定的。生产要素的公平占有不是重新分配，而是破除人为的划分，使社会成员在社会生产要素的使用面前人人平等，在市场经济中，大家站在同一起跑线上，都有使用社会生产要素的平等权利。但这种公平机遇只是一个前提条件，还需要运行规则上的公平，即大家所使用的是同一规则。这一规则主要指政府的政策制定和执行。在政策制定上如果是区别对待，不能一视同仁，必然会影响一些人的收入。

如在确定工农业产品价格上的"剪刀差"，在征用农民的土地上，一级市场和二级市场存在巨大差价，在支付农民工的工资和福利上低于城市同等工人，在享受公共产品，如教育、卫生、补贴、救济、社保等方面，农村与城市存在重大差别，以及农民在城市就业受到刁难和不公正待遇，政府在财政转移支付上偏重于城市，等等，所有这一切都会影响农民的收入。在政策执行上如监管不严，甚至有亲疏之分，如偷税漏税，也会使一些人暴富。对于这一类问题的处理，即便把"效率优先，兼顾公平"改为"公平优先，兼顾效率"也无法解决，必须在政策上实行同一规则。

（3）生产要素的分配决定了收入分配

在市场经济条件下，分配的原则是按生产要素进行的，因而生产要素的分配就决定了收入分配。正如经济学家指出的那样："既然生产的要素是这样分配的，那么自然而然地就要产生消费资料的现在这样的分配。"所以，要解决收入分配差距的问题不能用公平分配，只能改变生产要素的分配，在政策上一视同仁，使大家站在同一起跑线上，通用同一规则，大家机遇均等，公平竞争。

（四）要素贡献

人们对事物的认识总是在变化的，总体趋势是向前发展、向更高层次发展。过去的观点认为，社会主义应该按劳分配，共产主义应该按需分配。按劳分配，就是按照劳动贡献分配，按需分配就是按照需要分配。按劳分配，有劳动就有分配；按需分配，有需要就有分配。后来的实践证明，单纯地实行按劳分配是行不通的。于是就有了一种说法，在按劳分配的基础上，再加以按各种生产要素贡献进行分配，这是按劳分配的一种补充。要素贡献由此而来。因此，要探讨要素贡献，需要厘清两个问题，一是哪些要素算生产要素，二是这些生产要素如何计算贡献。

常见的生产要素有劳动、资本、土地。劳动还可细分为工作时间、知识智慧，如知识产权、管理知识算是知识智慧。资本还可细分为资金资本、设备资本、人脉资本。

（1）劳动贡献

劳动的贡献通常按照工资衡量并加以体现，知识产权、管理知识等往往当作资本的延伸，按股权比例、分红比例、投票比例来加以体现，在这个时候，知识产权、管理知识的作用可以和资金资本、设备资本、人脉资本、建主厂房、土地等相提并论。有些要素本身可以创造价值，有些要素本身就是价值。各种生产要素按照贡献参与分配基于两个考虑，一是要素所有权关系在经济上的体现，谁持有要素，谁是要素所有权人，谁就可以参与分配；二是市场经济配置资源的内资要求，市场经济要求资源优化配置，给予要素贡献分配有利于引导资源往优的领域配置。

对劳动要素进行分配，可以引导劳动者在优势的领域多劳多得。当种番薯、种黄瓜比种水稻、种小麦更赚钱，工资更高时，优秀的劳动者、想要更高工资的劳动者自然流入番薯、黄瓜种植领域。当西北和中原地区工资更高、生活消费水平更低时，东南沿海地区的优秀劳动者也会迁徙到西北和中原地区。当炒房的收益比炒股的收益更高时，炒股的资金就会流向房地产市场，从而推高房价。当股市、房市无法逐利时，炒股、炒房的资金自然就会流到实体经济，流到商品市场，推高物价、推高工业品价格、推高期货价格。

（2）资源配置

生产要素按贡献参与分配，就是在社会必要劳动创造的价值的基础上，按各种生产要素在价值形成中所做的贡献进行分配。

有代表性的观点主要是两种：一种观点认为，生产要素按贡献参与分配，就是在社会必要劳动创造的价值的基础上，按各种生产要素在价值形成中所做的贡献进行分配。由于劳动、资本、土地等生产要素在价值形成中都发挥着各自的作用，所以，社会主义的工资、利息和地租，不过是根据劳动、资本、土地等生产要素所做的贡献而给予这些要素所有者的报酬。另一种观点则认为，生产要素按贡献参与分配，是指按生产要素在生产财富即使用价值中的贡献分配，而不是指它们在创造价值中的贡献。两种观点分歧的焦点在于，生产要素究竟是在财富形成中还是在价值形成中作出了贡献，因而生产要素是按在财富形成中的贡献还是按在价值形成中的贡献进行分配。

要把握劳动、资本、技术和管理等生产要素按贡献参与分配的含义。生产要素包括主体和客体两个方面。人的劳动是生产要素的主体，而生产所需的加工对象，如农耕需要土地，纺织需要棉花和棉纱，以及加工需要的工具和手段等，属于客体方面。就劳动也是生产要素这一点来说，实际上按劳分配也应包括在按要素分配的范畴之内。但在马克思设想的社会主义社会里，生产资料实行社会公有制，生产和再生产所需要的客观要素，由社会事先做了扣除，只有剩下的个人消费品才由社会按每个人的劳动贡献进行分配。在传统的社会主义计划经济体制下，生产资料实行公有制，社会生产资源由国家统一分配，在劳动者中对消费资料则实行按劳分配。联系现实：党的十六大报告明确提出"确立劳动、资本、技术和管理等生产要素按贡献参与分配的原则"。

（3）分配依据

首先要分清两个问题：一是不能将价值创造和价值分配相混淆；二是按生产要素分配的依据不是要素价值论。按生产要素分配似乎在西方经济学的"三位一体公式"中可以找到依据。但按生产要素的贡献大小来决定分配，其中生产要素贡献大小的量无法确定。克拉克依据生产率递减规律，用边际产品收益来测算生产要素的报酬，存在一系列无法解决的难题，是科学的。按生产要素分配的依据只能是生产要素所有者的所有权在经济上的实现形式。而最终分配导致的效率、公平问题，需要靠人民、靠政治领袖去解决。是公平一点好，还是高效一点好，还是定期或不定期地使之变化，保持动态平衡，当中充满了智慧。

（4）市场概念

市场经济要求生产要素商品化，以商品形式在市场上通过市场交易实现流动和配置，从而形成各种生产要素市场。生产要素进入市场配置资源，自然会形成资本要素价格、土地要素价格和劳动要素价格。土地、劳动、资本等生产要素的价格形成与变动具有两重性质。一方面，生产要素既然已经商品化，其价格形成和变动就具有一般商品的性质和规定性，其价格形成和变动过程就与普通商品的价格形成和变动过程具有共同之处；另一方面，生产要素虽然是商品，但毕竟是特殊的商品，其价格形成与变动必然具有自身的特点。

二、生产要素市场的内容

生产要素市场有金融市场（资金市场）、生产资料市场、劳动力市场、技术（产权）市场、信息市场、土地市场和房地产市场等。

（一）金融市场

金融市场又称为资金市场，包括货币市场和资本市场，是资金融通市场。金融市场是整个市场体系的枢纽，它指的是货币资金的自由流通，包括货币资金借贷和各种有价证券买卖。所谓资金融通，是指在经济运行过程中，资金供求双方运用各种金融工具调节资金盈余的活动，是所有金融交易活动的总称。在金融市场上交易的是各种金融工具，如股票、债券、储蓄存单等。

1. 金融市场的内涵

金融即货币资金的融通，是指在现代银行制度下的货币流通和信用活动的总称。金融市场，就是货币资金的供给者和需求者进行货币资金的融通和交易的场所、机构和供求交易关系。通过买卖各种信用工具而进行货币资金的收集、发放、转换等活动，金融市场可以实现社会闲散资金向生产经营性资金的转化，提高资金和社会经济资源的配置和利用效率。

2. 金融市场的特征

（1）金融市场的形成

在金融市场形成以前，信用工具便已产生。它是商业信用发展的产物。但是由于商业信用的局限性，这些信用工具只能存在于商品买卖双方，并不具有广泛的流动性。随着商品经济的进一步发展，在商业信用的基础上，又产生了银行信用和金融市场。银行信用和金融市场的产生和发展反过来又促进了商业信用的发展，使信用工具成为金融市场上的交易工具，激发了信用工具潜在的重要性。在现代金融市场上，信用工具虽然仍是主要的交易工具，但具有广泛流动性的还有反映股权或所有权关系的股票以及其他金融衍生商品，它们都是市场金融交易的工具，因而统称为金融工具。

（2）金融市场的体系

金融市场体系是指金融市场的构成形式。金融市场体系中几个主要的子市场都有其共性的东西：

①风险性（不确定性）：如股票市场的风险、外汇市场的风险。

②价格以价值为基础，供求关系的影响：股票价格的波动、债券价格的波动，最终都反映其价值，受供求关系的影响。

③影响债券流通价格、影响股票价格、汇率波动等的基本面分析既要考虑宏观经济影响，也要考虑微观经济的影响等。

（3）金融市场的组织方式

金融市场的组织方式是指金融交易所采取的方式，主要有三种。一是在固定场所、有组织、有制度、集中进行交易的方式，如交易所交易方式；二是在金融机构柜台上买卖双方进行面议式的、分散交易的方式，如柜台交易方式；三是场外交易方式，是一种既没有固定场所，也不直接接触，而是主要借助电信手段完成交易的方式。

（4）金融市场的形态

金融市场的形态有两种：一种是有形市场，即交易者集中在有固定地点和交易设施的场所内进行交易的市场，证券交易所就是典型的有形市场；另一种是无形市场，即交易者分散在不同地点（机构）或采用电信手段进行交易的市场，如场外交易市场和全球外汇市场就属于无形市场。

（5）金融市场价格

在资本融通过程中，资本的转让是有代价的，在市场运行中这种代价表现为资本要素价格。资本要素价格分两种情形。

一种是借贷资本价格，表现为利息。利息不是资本价值额的表现，而是体现资本化收入的不合理的价格形式。利息是借贷资本所有者贷出资本使用权分享生产剩余或利润的表现形式，本质上是一种资本化收入，其价值源泉是劳动者劳动创造的一部分剩余价值。

另一种是虚拟资本价格，如股票、债券等有价证券价格。股票本身没有价值，"只是代表取得收益的权利"，本质上是股息资本化收入的货币表现，是比借贷资本价格更为虚幻的不合理的价格形式。

（6）金融市场体系中的相关、相近或相异的内容

①金融市场的功能、同业拆借市场的功能、债券市场的功能、股票市场的功能、外汇市场的功能、期货市场的功能等。

②外汇市场参与者、期货市场的参与者、同业拆借市场的参与者。

③贴现、转贴现、再贴现。

④汇票、本票与支票的异同等。

3. 金融市场的构成

金融市场主要由参与者、金融工具和组织方式三个基本要素构成。

（1）金融市场的参与者

金融市场的参与者主要有政府、中央银行、商业银行和非银行性金融机构、企业和居民个人五类。

①政府在金融市场中主要是充当资金的需求者和金融市场的管理者。

②中央银行是银行的银行，是商业银行的最后贷款者和金融市场的资金供给者，通过在金融市场上吞吐有价证券直接调节货币供给量，影响和指导金融市场的运行，是货币政策的制定和执行者。

③商业银行和非银行性金融机构作为金融中介机构，是金融市场最重要的参与者，资金供求双方是通过这些中介机构实现资金融通的，因此，它们实际上是金融商品交易的中心。

④企业在金融市场上既是资金的供应者，又是资金的需求者。企业在经营中形成的闲置资金是金融市场的重要资金来源，而企业对资金的需求又构成资金需求的主要部分。

⑤居民在金融市场上主要是资金供给者，也提供一部分资金需求。

（2）金融工具

金融工具也称为信用工具，是在金融市场上借以进行金融交易的工具，是证明资金交易双方债权债务关系的书面凭证，是一种具有法律效力的金融契约。金融工具种类繁多，一般分为两大类。一是债权债务凭证，如票据、债券等；二是所有权凭证（权益类凭证），如股票等。

（3）金融市场的组织方式

这是指金融交易所采取的方式，主要有三种。一是在固定场所、有组织、有制度、集中进行交易的方式，如交易所交易方式；二是在金融机构柜台上买卖双方进行面议式的、分散交易的方式，如柜台交易方式；三是场外交易方式，是一种既没有固定场所，也不直接接触，而是主要借助电信手段完成交易的方式。

4. 金融市场的分类

金融市场的构成十分复杂，它是由许多不同的市场组成的一个庞大体系。但是，一般根据金融市场上交易工具的期限，把金融市场分为货币市场和资本市场两大类。货币市场是融通短期资金的市场，资本市场是融通长期资金的市场。货币市场和资本市场又可以进一步分为若干不同的子市场。货币市场包括金融同业拆借市场、回购协议市场、商业票据市场、银行承兑汇票市场、短期政府债券市场、大面额可转让存单市场等。资本市场包括中长期信贷市场和证券市场。中长期信贷市场是金融机构与工商企业之间的贷款市场；证券市场是通过证券的发行与交易进行融资的市场，包括债券市场、股票市场、基金市场、保险市场、融资租赁市场等（见表2-1）。

表 2 - 1　　　　　　　　　　　中国金融市场的分类

分类标准	市场种类	具体含义及举例
企业或个人取得资金的方法	债务市场	契约协定，借款者承诺向此项债务工具的持有者支付固定金额
		短期（1 年及 1 年以下）、中期（1～10 年）、长期（10 年以上）债务工具
	股权市场	如股票，是分享企业的净收入和资产收益的凭证
交易层次	一级市场（发行市场）	借款公司或政府向最初购买者出售新发行的债券或股票等证券的市场
		一级市场上最重要的机构是投资银行（证券公司）
	二级市场（流通市场）	再出售过去发行的证券（二手货）的金融市场
		上海证券交易所和深圳证券交易所
		外汇市场、期货及期权市场
市场组织形态	交易所市场	证券的买主和卖主（或其代理人或经纪人）在交易所的一个中心地点见面进行交易
		上海证券交易所及上海期货交易所等
	场外市场	位于不同地区的拥有证券存货的交易商随时向与他们联系并愿意接受他们所提出价格的任何人在柜台上买卖证券
		政府债券市场：大额可转让定期存单、同业拆借市场、银行承兑汇票及外汇交易市场等
资金期限	货币市场	期限在 1 年及 1 年以下的债务工具交易的市场
	资本市场	期限在 1 年以上的债务工具交易的市场，又称为中长期资金市场
		直接融资的主要场所
		广义：中长期贷款市场和有价证券市场
		狭义：证券市场（股票、债券及基金等市场）

资料来源：《走几步财政金融笔记》。

（1）根据融资方式的不同划分，金融市场可以区分为直接融资市场和间接融资市场两大类。直接融资是资金供求双方直接进行资金融通的活动，也就是资金需求者直接通过金融市场向社会上有资金盈余的机构和个人筹资。与此对应，间接融资则是指通过银行所进行的资金融通活动，也就是资金需求者采取向银行等金融中介机构申请贷款的方式筹资。在金融市场上，直接融资主要是筹集中长期资本，间接融资主要筹集中短期周转资金。

（2）根据融资期限的长短划分，金融市场可以分为货币市场和资本市场两类。金融市场体系包括货币市场、资本市场、外汇市场和黄金市场，而一般根据金融市场上交易工具的期限，把金融市场分为货币市场和资本市场两大类。

①货币市场

货币市场是融通短期资金的市场，包括同业拆借市场、回购协议市场、商业票据市场、银行承兑汇票市场、短期政府债券市场、大面额可转让存单市场。

②资本市场

资本市场是融通长期资金的市场，包括中长期银行信贷市场和证券市场。中长期银行信贷市场是金融机构与工商企业之间的贷款市场，证券市场是通过证券的发行与交易进行融资的市场，包括债券市场、股票市场、保险市场、融资租赁市场等。

金融市场对经济活动的各个方面都有着直接的深刻影响，如个人财富、企业的经营、经济运行的效率，都直接取决于金融市场的活动（见图2-1）。

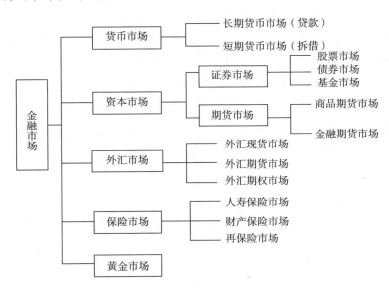

图2-1 现行中国金融市场结构

（二）生产资料市场

生产资料市场是进行生产资料交换的场所。它与消费品市场的根本区别在于：这个市场的购买者主要是生产性企业，而不是个人消费者；购买商品是为了制造其他商品，而不是为了个人或家庭消费。因此，生产资料市场与消费品市场相比较，具有不同的特点。生产资料市场是指为了生产或再生产的需求而购买或准备购买生产资料的消费者群体。生产资料与消费资料共同构成社会物质资料即社会总产品。生产资料就其本来含义而言，是指人们在生产过程中所使用的劳动资料和劳动对象的总和。包括未经人类劳动加工的自然资源，如土地、森林、河流、矿藏等；也包括经过人类劳动加工的劳动对象和劳动设施，如原材料、能源、机器、厂房等。然而，从生产资料市场角度而言，生产资料是指进入流通领域进行交换的、用于生产建设的物质资料的总称，通常表现为由工业部门生产加工的、提供于社会再生产使用的原料、材料、燃料、机器、设备、仪器、仪表、工具、量具、刀具等。生产资料是构成生产力的物的要素，生产资料市场是实现社会再生产的前提条件，因此，开拓生产资料市场对促进整个国民经济的发展具有重要意义。显然它也是生产要素市场重要的组成部分。

1. 生产资料市场的特点

（1）需求引申性

列宁曾指出："生产消费（生产资料的消费）归概到底总是同个人消费联系着，总是以个人消费为转移的。"因为个人或家庭需要洗衣机，才促使洗衣机制造商对钢材、电机、设备等生产资料产生需求。可见，生产资料市场的需求，最终取决于生活资料市场的需求，生产资料市场的需求以生活资料市场的需求为基础。生活资料市场需求的增减变化，往往会导致生产资料市场需求的相应变化，甚至剧烈的变化。因此，一名优秀的市场营销人员，在经营生产资料市场时绝不会忽视生活资料市场的变化，而是时刻关注和预测生活资料市场的变化动向，准确判断生产资料市场的相应变化趋势，超前开展有效的营销活动。构成生产资料市场的消费者群主要是生产企业等法人团体，不像生活资料市场是以个人或家庭购买的形式出现。其购买的目的不同于生活资料市场用于个人或家庭消费，而是用购买的商品或劳务生产出其他商品或劳务，以实现购买团体的营销目标。如自行车制造商购买钢材、设备等生产资料就是出于生产自行车的需要。

（2）相对稳定性

生产资料市场的稳定性特征表现为短时间内市场波动不大，对经济、技术等因素的影响反应较为迟钝，需求价格弹性小。这是因为：

①生产资料的生产和消费相对稳定。

②价格机制对生产资料市场的调节效应低。

（3）购买量大、次数少

受生产企业的周期性及规模化特点的影响，生产资料市场的购买频率低，次数少，批量大，购买者相对集中。

（4）交易方式

为了避免双方利益受损，维护购销活动的正常进行，生产资料的购者与销者之间经常以合同的形式缔结购销合同，确保各自的营销在一定时期内相对稳定。

（5）理智购买

生产资料市场具有购买数量大、技术复杂、金额大的特征，决定了生产资料购买者不能像消费品市场购买者那么冲动或盲目，而是在充分进行市场调查和市场比较，熟悉待购商品的技术与性能的基础上，由专家和行家拍板决策，理智购买。因为决策失误，不仅造成大量投入资金的浪费，而且影响企业生产的有效进行及最终产品的质量、成本与定价，影响企业最终经济效益，严重的失误会使企业因此而破产。因此，生产资料市场的购买需要相当慎重与理智。

（6）需求性质

这是农业生产的季节性特征决定的。即要求以农作物生长的自然规律为转移，保证不违农时，满足供应。同时，不同地区受不同气候、土壤、地势等地理条件的限制，农业生产资料的需求与供应的方式和时间都会有所不同。

2. 生产资料市场的分类

（1）工业生产

工业生产主要指进行各类工业生产所需的物质要素交换的市场。这个市场又可分为直接工业品市场和间接工业品市场。

直接工业品市场，是指经过生产加工能够转化为产品的物质要素的市场。包括：

①原料

原料指虽未加工但可以经过制造程序变成产品实体的一部分工业品，如原油、原煤、矿石、农产品原料等。

②半成品

半成品指已经部分加工程序，变成产品实体一部分工业品，如棉纱、钢、铁。

③零部件

零部件指经过加工用于整机装配的工业品，如电机、轴承、轮胎等。

间接工业品市场，是指用于加工和生产产品的物质要素的交换市场。包括：

①主要设备。即生产所需的主要工业机械装置，包括厂房建筑、交通运输工具、电子计算机、重型或大中型机械设备等。其特点是价值大，使用时间长，属于购买者的固定资产投资支出。

②次要设备。即处于辅助地位起辅助作用的设备，如工具、模具、小型电机、打字机、复印机、手推车等。此类产品多属于标准化、通用化产品，价值低，使用时间短。

（2）农业生产

农业生产资料市场是指进行农业生产所需的物质要素交换的市场。包括：农业机械设备、中小农具、半机械化农具、种子、化肥、农药、耕畜等。

3. 我国主要的生产资料市场

（1）期货市场

30 年来，我国期货市场品种体系不断丰富，投资者结构日益优化。回望 2018 年资本市场，中国期货市场以原油期货和铁矿石期货为突破口，开启了"国际化元年"。原油、铁矿石以及 PTA 先后引入境外交易者，不仅提升中国大宗商品在全球的定价影响力，也为我国的特色期货品种的国际化探索了一条路径。中国期货市场正面临着重大机遇，期货市场的巨大溢出效应对国际投资者具有重大吸引力。同时，"一带一路"建设给大宗商品期货市场带来广阔的空间。"一带一路"沿线国家和地区的棕榈油、橡胶、原油都是我国重要的进口区。未来，随着更多开放举措的落地，期货市场加快国际化发展。目前我国主要的期货交易所如下：

①郑州商品交易所（ZCE）

郑州商品交易所成立于 1990 年 10 月 12 日，是我国第一家期货交易所，也是中国中西部地区唯一一家期货交易所，交易的品种有强筋小麦、普通小麦、PTA、一号棉花、白糖、菜籽油、早籼稻、玻璃、菜籽、菜粕、甲醇等 16 个期货品种，上市合约数量在全国 4 个期货交易所中居首。它所制定的一套制度规则为整个期货市场提供了一种自我管理机制，使期货交易的"公开、公平、公正"原则得以实现。

②上海期货交易所（SHFE）

上海期货交易所成立于 1990 年 11 月 26 日，目前上市交易的有黄金、白银、铜、铝、锌、铅、螺纹钢、线材、燃料油、天然橡胶沥青等 11 个期货品种。

③大连商品交易所（DCE）

大连商品交易所成立于 1993 年 2 月 28 日，是中国东北地区唯一一家期货交易所。上市交易的有玉米、黄大豆 1 号、黄大豆 2 号、豆粕、豆油、棕榈油、聚丙烯、聚氯乙烯、塑料、焦炭、焦煤、铁矿石、胶合板、纤维板、鸡蛋 15 个期货品种。

④中国金融期货交易所（CFFEX）

中国金融期货交易所于 2006 年 9 月 8 日在上海成立，是中国第四家期货交易所。交易品种有股指期货、国债期货。

（2）大宗商品交易市场

商品交易市场主要包括消费品综合市场、农产品市场、工业消费品市场、生产资料综合市场、工业生产资料市场、农业生产资料市场等类型。以 2004 年国务院颁布的《大宗商品交易市场管理办法》为标志，现货市场在国内的运作已日臻完善。而基于实物商品为交易标的物的电子仓单交易以其便捷高效的特点，正日益成为广大投资者的热土。大宗商品交易市场特指专业从事电子买卖交易套保的大宗类商品批发市场，又被称为现货市场，是由市级以上政府职能部门批准设立，并由商务部发改委等相关职能部门进行监督和管理。具备生产资料大宗货物的战略储备、调节物价、组织生产和套期保值四大基本功能。

最为典型的就是渤海商品交易所。渤海商品交易所充分研究现货贸易商和商品投资者在商品交易需求的基础上，推出了全球首创的"现货连续交易方式"。以连续交易制度、延期交收补偿制度和中间仓补充交收制度为核心，实现了现货贸易、商品投资和价格形成三大功能。创造性地解决了 100 多年来世界商品交易中困扰现货贸易商和商品投资者之间的矛盾对立，能同时满足市场参与者的多种交易需求；同时，渤海商品交易所和渤海商品交易所华东服务中心提供方便快捷的电子交易平台以及 24 小时覆盖全球主要大宗商品市场的电子交易服务，虽然实现与国际价格接轨，使交易所的成交和结算价格的产生更加真实、公平、科学、合理，从而保证了渤海商品交易所产生的商品价格更具权威性和影响力。

截至 2017 年 5 月，我国大宗商品交易中心排名靠前的大宗商品交易中心：

①上海黄金交易所；

②天津贵金属交易所；

③北京大宗商品交易所；

④广东省贵金属交易中心；

⑤福建省海西商品交易所；

⑥湖南省南方稀贵金属交易；

⑦浙江省汇丰贵金属交易市场；

⑧江苏大圆银泰贵金属现货电子交易市场；

⑨内蒙古乾丰贵金属交易中心；

⑩山东鲁银贵金属交易所。

（3）全国中药材交易专业市场

随着广大药商朝各地药材集散地的聚集，这些地区便逐渐发展成为药材交易市场，目前全国范围内比较有影响力并通过国家审批的中药材专业市场共 17 家，下面将一一介绍。

安徽省亳州中药材交易中心

亳州中药材交易中心是目前国内规模最大的中药材专业市场，"四大药都"之一，坐落在国家级历史名城——安徽省亳州市。京九铁路、105 国道、311 国道从旁边交叉而过，交通十分便利。1995 年，国家主席江泽民亲笔为亳州题词："华佗故里，药材之乡"。目前，亳州市农村约有 60 万亩土地种植中药材，约 100 万人从事中药材的种植、加工、经营及相关的第三产业。亳州已经成为全国乃至全世界最大的中药材集散地。

河南省禹州中药材专业市场

全国"四大药都"之一，有"中国药城"美誉，国家级定点药材市场，素有"中华药城"之称的河南禹州，也是我国医药发祥地之一。禹州具有悠久的中药材种植、采集、加工历史，以加工精良、遵古炮制著称于世。历史上就有"药不到禹州不香，医不见药王不妙"之说。

成都市荷花池药材专业市场

荷花池中药材专业市场，"四大药都"之一，全国中药材主要产区之一，是 1996 年由原荷花池中药材交易区和五块石中药材市场合并而成。该市场药材经营辐射整个西部地区，并销往沿海一带，还远销日本、韩国等。其规模和效益在 17 个专业药材市场中名列前三，是西部最大的中药材专业市场，享有很高的知名度。

河北省安国中药材专业市场

"四大药都"之一的安国市古称祁州，是全国最大的中药材集散地，素有"草到安国方成药，药经祁州始生香"的美誉。

江西省樟树中药材市场

江西省樟树市在唐朝即辟为药墟，目前的"四大药都"之一，宋元时形成药市，明清时期臻于鼎盛，终成"南北川广药材之总汇"的大气候。但由于设施落后、交易方式陈旧等原因，近年来，"药都"繁华逐渐褪去。

广州市清平中药材专业市场

广州清平中药材专业市场是 1996 年经国家批准设立的全国 17 个中药材市场之一，是广州市唯一合法的中药商品交易场所。清平中药材专业市场的经营户来自五湖四海、商品交易活跃，销往全国和港澳台、东南亚及世界各地，是南中国最大的中药材特别是贵细滋补性中药材——南药的集散地和进出口贸易口岸。

山东省鄄城县舜王城药材市场

鄄城县素有"中国绿色药都"之称，鄄城县建设的鄄城县舜王城中药材专业市场，是继安徽亳州、河北安国之后全国重要的中药材集散地之一，是山东省唯一的国家级中药材专业市场。

重庆市解放路药材专业市场

重庆中药专业市场的前身是由渝中区储奇门羊子坝中药市场和朝天门综合交易市场药材厅合并而来。重庆自古以来就是川、云、贵、陕诸省药材荟萃之地，是西南地区传统的药材集散地。

哈尔滨市三棵树中药材专业市场

哈尔滨三棵树中药材专业市场建立于 1991 年，是我国北方中药材经营的集散地，东北三省和内蒙古地区唯一的中药材市场。

兰州市黄河中药材专业市场

黄河中药材专业市场创办于 1994 年 8 月，1996 年经国家一部三局联合批准为甘肃、宁夏、青海、新疆唯一的国家级中药材专业市场，也是兰州市十大市场之一。

西安市万寿路中药材专业市场

西安药材市场经营品种有 1600 多种，是国内少有的经营机制健全、服务优良的新型药材市场。其销售辐射新疆、甘肃、兰州、青海、宁夏及周围市县。

湖北省蕲州中药材专业市场

蕲州中草药资源极为丰富，不仅品种较多，而且门类也较齐全，是我国著名的盛产道地药材之乡，历来为重点药材产区之一。1991 年，设立了李时珍中药材专业市场，成为长江中、下游重要的中药材集散地。

湖南省岳阳花板桥中药材市场

湖南省岳阳市花板桥中药材专业市场由岳阳市农办、农业局、农科所于 1992 年联合创办，是国家首批验收颁证的全国八家中药材专业市场之一，同时也是湖南省重点市场之一。

湖南省邵东县药材专业市场

湖南省廉桥中药材专业市场（前身邵东廉桥药材市场）位于邵东县廉桥镇，湖南省廉桥中药材专业市场源于隋唐，新中国成立后曾一度停业。1983 年后逐步恢复并迅速发展壮大。药材销售辐射到全国各地，部分品种远销新加坡、马来西亚、中国香港等国家和地区。成为全国重要的中药材集散地，并跻身全国十大药材市场行列。有

"江南药都"之美誉。

广西壮族自治区玉林中药材专业市场

玉林市中药材市场 1988 年建成并投入使用，市场贸易辐射全国 20 多个省（市、地、区），远销日本、韩国、越南、泰国、马来西亚、新加坡等东南亚地区，对带动其他产业的发展，推进玉林中药产业化的发展起到重要作用，近期被评为"南方药都"。

广东省普宁中药材专业市场

普宁中药材专业市场历史源远流长，早在明清年代，就是粤东地区中药材集散地。中药材销售辐射到全国 18 个省市，且远销日本、韩国、东南亚、北美等国家和地区。1996 年，普宁中药材专业市场被国家批准为首批 8 个国家定点中药材专业市场之一，是一个以生产基地为依托的传统中药材集散地，是南药走向全国、走向世界的最大窗口。

昆明市菊花园中药材专业市场

昆明市菊花园中药材专业市场始建于 1991 年，于 1996 年通过国家审批，跻身进入全国 17 家中药材专业市场之列，成为云南省唯一一家中药材专业市场。

（4）义乌（国际）生产资料市场

义乌生产资料市场的建设既是推进国际贸易综合改革试点的重要内容，也是落实浙江省委、省政府"大平台、大产业、大项目、大企业"建设战略的重要项目。义乌国际生产资料市场区块规划总面积 12.98 平方千米，"十二五"期间，力争建成占地 2.6 平方千米（约 3900 亩）的产品展销中心及相关配套设施，具体包括三大项目：

①国际生产资料市场一期：规划占地面积 1350 亩，建筑面积 230 万平方米，总投资 100 亿元，分三个阶段建设。

②国际电子商务城：规划占地面积 666 亩，建筑面积 160 万平方米，总投资 80.84 亿元。

③商务配套区：规划占地面积 1708 亩，建筑面积 285 万平方米。

全国性的生产资料市场还有许多，显然挂一漏万了。这里仅介绍具有代表性的生产资料市场。

4. 生产资料市场面临的问题

（1）要充分重视国际经济与市场变化的挑战

首先，生产资料是一国制造业发展的重要资源。从国际经验来看，世界制造中心转移呈加速趋势，由美国到西欧、日本、东南亚以至于中国，时间越来越短。目前中国主要依靠劳动力成本低廉和广阔的市场吸引国外资本，但是能源与原材料成本以及劳动力成本已呈上升趋势，中国面临着印度等一批新兴国家的挑战。如果人们不能抓住这一有利时机，迅速转变落后的生产经营方式和加快流通体制改革，中国将很快失去自身的优势，世界制造中心地位转瞬即逝，新型工业化道路更趋艰难。

其次，随着对外开放的扩大，跨国流通企业凭借资金、技术、管理、信息方面的强大优势，快速抢滩中国市场，中国流通业面临严峻考验。沃尔玛现象说明，流通产业开始在全球范围内发挥引领生产、调整结构、配置资源、促进消费、抵御风险的强大功能，流通企业正在逐步取得对制造商、供应商的支配地位。尤其是石油、钢铁等关系中国经济命脉的战略资源的流通问题，解决不好中国在国际分工中的地位将始终处于低附加值的末端。

最后，中国生产资料参与国际竞争的广度和深度不断扩大，针对中国的贸易摩擦也将日益增多。中国今后相当长的时期内将会遭遇反倾销、反补贴、保障措施与特别保障措施、技术性贸易壁垒，以及涉及知识产权方面的贸易摩擦问题，大大影响中国贸易发展步伐。

（2）通缩苗头不可轻视

近年来，国内生产资料市场价格增幅出现明显回落，并开始出现负增长，反映出市场需求增势减弱的势头。生产资料价格属于先行指标，价格的持续走低不利于市场的稳定健康发展，可能传导到最终消费品市场，并对居民消费价格产生影响，形成新的通缩。

（3）部分资源性产品比价关系不合理

成品油、水、电等资源产品价格改革滞后，价格水平与国际市场相比长期偏低，这种状况不利于经济发展、资源优化配置、转变经济增长方式和建设资源节约型社会。同时，能源、原材料价格偏低加剧了供求紧张的矛盾，也带来国际收支失衡和汇率上升的压力。

（4）部分商品供大于求形势有加速之势

如钢铁、氧化铝、焦炭等部分生产资料商品已经出现明显的供大于求趋势，而部分有色金属、化工原料，甚至煤炭也在向供大于求方向发展。由于这些产品相关的行业近年来投资一直保持大幅增长，今后一定时期必然出现产能集中释放和产量持续增加，并带来市场价格持续下降、企业亏损增加、同业竞争加剧、银行呆坏账增加等一系列负面影响。

（5）市场发展的不稳定因素和不确定性依然较大

近年来，国际石油、铁矿石等国际矿产品价格上涨，对世界经济产生较大影响。2006年以来，伊朗的核问题和尼日利亚局势动荡不安预示着国际石油市场仍在动荡之中。

5. 生产资料市场的应对措施

（1）进一步加强生产资料市场监测工作，不断提高监测、调控水平

生产资料市场运行将面临的主要问题，一是市场供大于求，二是市场需求对出口的依赖性较大，三是市场价格持续大幅下滑，全年价格总水平将降至3%以下。为保持市场的平稳运行，要进一步加强对生产资料市场的监测与调控，着重做好生产资料国

际、国内两个市场的衔接工作，密切跟踪了解生产资料进出口动态情况，防止和避免进出口贸易出现较大起伏；进一步加强国内市场重要资源性产品的供需衔接和平衡工作，努力抑制资源性产品价格大幅波动。

（2）积极培育农村生产资料市场，促进社会主义新农村的建设

当前农村生产资料市场规模偏小，市场份额仅占28.4%，与建设社会主义新农村、推动农业产业化发展的要求相差较大。要进一步加强对农村基础设施建设力度，提高档次和水平，以扩大农村生产资料需求。

（3）大力创新流通业态，推动生产资料市场增长方式的转变

目前，中国生产资料批发业态还十分落后，主要采取"一买一卖"的传统交易方式，服务链、价值链短，流通附加值低。要根据不同类型产品的流通特点，有重点地推进经营业态提升。加大推进汽车零配件、建筑装饰材料连锁超市业态建设。大力促进金属加工配送业发展，加快发展散装水泥配送，促进生产资料流通企业由单纯的贸易向加工配送、物流配送方向发展。

（4）加快批发市场的改造和提升

中国目前有生产资料批发市场6545个，销售额近万亿元，占全社会生产资料销售额的8.8%。但交易方式比较落后，信息手段滞后，服务功能单一。要加快制定批发市场改造和提升的具体规划和措施，实行分类指导。建材装饰等与人民生活相关的市场应向连锁超市发展，建在城市边缘的金属材料等市场应向城市配送中心发展，建在铁路与公路、机场与公路枢纽上的市场应向区域物流中心发展，变交通枢纽为物流枢纽。

（三）劳动力市场

劳动力市场是市场体系的组成部分，是交换劳动力的场所，即具有劳动能力的劳动者与生产经营中使用劳动力的经济主体之间进行交换的场所，是通过市场配置劳动力的经济关系的总和。劳动力市场交换关系表现为劳动力和货币的交换。劳动力市场是指劳动力资源通过市场机制来配置。其主要特征是：劳动力可以自由流动；用人单位和劳动者在劳动关系中是平等的主体，可以互相选择；价值规律对劳动力市场发挥调节作用，劳动报酬将主要由劳动生产率和劳动力市场供求关系来决定。

1. 劳动力及其价值

劳动力是最重要的经济资源和生产要素，在市场经济中必须通过市场实现其配置和形成价格。"劳动是价值的实体和内在尺度，但是它本身没有价值"。工资不是劳动要素价值的货币表现，而是劳动力价格的表现。在资本主义条件下，劳动力成为商品并具有价值。劳动力价值取决于再生产劳动力所必需的生活资料价值，通过劳动力商品交易市场的雇佣劳动关系，实现劳动者与资本的结合。工资在现象形态上表现为劳动的报酬，实质是劳动者再生产劳动力所必需的生活资料价值的货币表现。在社会主义条件下，劳动力作为生产要素进入市场，通过市场供求双方的契约合同关系，实现

劳动者与公有生产资料的结合。在社会主义公有制经济中，实行按劳分配原则，工资的实质是劳动者按劳分配个人消费品价值的货币表现。

2. 市场特点

劳动力市场与一般商品市场相比具有以下特点：

（1）区域性市场为主。劳动力市场和其他商品市场一样，也应是全国统一的市场。但是，由于社会生产力在各地区发展水平不平衡，原始手工业、传统的大机器和现代技术产业并存，劳动力的素质相差悬殊，职业偏见的存在，再加上地区分割等，阻碍了劳动力在全国范围流动，大多数只能在区域内运转，只有少数高科技人才可在全国范围内流通，从而形成的主要是区域性市场。

（2）进入劳动力市场的劳动力的范围十分广泛，一切具有劳动能力并愿意就业的人都可以进入劳动力市场。我国由于劳动力资源丰富，随着科技进步、劳动生产率不断提高，以及经济体制改革的进行，农村出现剩余劳动力，加上国有企业和国家机关的富余人员，因而在一段相当长的时间里，我国劳动力供大于求，形成买方市场。

（3）劳动力的合理配置主要是通过市场流动和交换实现的，市场供求关系调节着社会劳动力在各地区、各部门和各企业之间的流动；劳动报酬受劳动力市场供求和竞争的影响，劳动力在供求双方自愿的基础上实现就业。劳动力的市场配置行为，不可避免地会出现劳动者由于原有的劳动技能不能适应新的经济结构的变化而产生的结构性失业现象。

3. 市场分类

（1）各级人事部门举办的人才交流中心；

（2）各类民办的人才交流中心；

（3）各级劳动社会保障部门举办的职业介绍所；

（4）各类民办的职业介绍所；

（5）政府有关部门举办的各类劳动力供需交流会；

（6）社区劳动服务部门；

（7）专门的职业介绍网站。

中国劳动力市场还处在起步阶段，所提供的信息还不能满足进城务工农民的就业需要。尽管在一些大城市出现了诸如"家政服务介绍"的一些组织，但针对农民进城就业的专门服务机构还没有系统形成。进城务工的农民除利用劳动力市场的这些机构外，还要通过其他途径寻求帮助。

4. 失业及其原因

在劳动力价格形成和变动的过程中，供求关系的作用很大。在现代经济中，无论是资本主义经济还是社会主义经济，都存在程度不同、性质各异的失业。失业就是劳动者与生产资料处于相分离的状态，依其形成的原因不同可以分为四种。

（1）摩擦性失业。这是在劳动力正常流动过程中，劳动者正处于寻找工作的时期，其原因是劳动者同工作之间的不适应、信息不充分、劳动力流动不畅等。

（2）结构性失业。这是在经济结构发生变动时，衰落部门的劳动者因与扩张部门的工作不适应或工作岗位与劳动者距离太远而不能就业。

（3）季节性失业。这是由于生产过程存在很大变动而引起的暂时失业。

（4）需求不足的失业。这是由于经济增长速度相对较低而使就业机会增长赶不上劳动人口的增长速度所引起的失业。

（四）技术市场

技术市场是指科技知识和科技成果交换的场所及其交换关系的总和。技术市场经营的项目一般包括科技成果转让、技术引进培植、科技信息交流、技术协作攻关、科技咨询、科技培训，接受委托代为试验等。

1. 技术与技术商品

技术是人类在实践基础上通过经验总结、科学研究和实验等方式创造和发明出来的可以直接改进生产或改善生活的知识和技能。技术一般以知识形态存在，在生产上，技术具有创造性和单一性，在使用和消费上具有持续性，并能在使用和消费中得到改进。技术具有使用价值，也是人类劳动的成果，如果投入市场交换，自然就表现为商品。

2. 技术成为商品的条件

技术成果要成为商品，必须具备先进性、成熟性、适用性和经济性等条件：技术的先进性是指新技术必须优于原有技术；技术的成熟性是指新技术必须稳定和可靠；技术的适用性是指新技术能满足使用者的生产和市场需要，适应使用者的生产技术条件与环境，能为使用者消化掌握；技术的经济性是指技术的转让价格要合理、应用成本和投入为使用者所能承担。技术商品与普通商品不同的是，技术商品的交易具有延续性和重复性。

3. 技术商品的流通

技术商品的流通表现为技术贸易，具体形式有很多，其中最典型的形式是技术转让。技术转让是将具有一定技术水平和实用价值的科技成果包括专利技术和专有技术由一方转让给另一方的活动。技术转让的形式最主要的是许可证贸易。许可证贸易是指由技术贸易双方以签订许可证协议的形式进行的一种技术交易，具体地说有三种形式：

（1）独占许可证贸易。它要求在确定的区域内，被许可方对所购技术具有独占的使用权，许可方和任何第三者不能在该地区内使用所转让技术制造和销售产品。

（2）排他许可证贸易。其特征是在确定的区域内，被许可方独家使用所购技术制造和销售产品，任何第三方不得在该区域内使用所转让技术制造和销售产品，但是，许可方本身仍然保留在该区域内使用所转让技术制造和销售产品的权利。

（3）普通许可证贸易。其特征是许可方被允许在规定的区域内使用所购技术制造和销售产品，同时，许可方仍然保留在该区域内将同一技术再出让给第三方的权利。

4. 技术商品价格

技术商品的价格是指科技出让后从技术受让方获得的技术使用费。技术商品价格形成的特殊性在于：首先，形成技术商品价值的劳动是高级复杂劳动，是十分简单劳动。其次，形成技术商品价值的劳动不仅要包括应用技术研究所耗费的劳动，而且要包括与此直接有关的基础研究所耗费的劳动。最后，形成技术商品价值的劳动是通过技术应用后节约的劳动量，即一项科技产品新增的经济效益来表现。在具体的价格形成和变动过程中，供求关系、技术商品的成本、潜在经济效益、寿命周期、转让次数、研制与推广风险、实用性和实施条件，以及价格的支付方式和技术流通方式等，都具有程度不同的实际影响。

（五）信息市场

信息是人们对外界事物的某种了解和知识，以消除不确定的认识，它是人类认识的一种成果（"信息"概念还没有公认的定义。信息论创始人香农在《通信的数学理论》一书中认为，"信息是用于消除不确定的东西"；维纳在其《控制论》一书中认为，信息是"同外部世界进行交换的内容的名称"）。经济信息是人类对社会生产、交换、分配和消费等活动特征和规律性的认识，其中的部分内容具有特殊的使用价值，应作为商品成为市场交易的对象。信息产业部门（或个人）与信息需求者双方进行有偿转让交易的活动场所和信息商品交换关系的总和称为信息市场。在信息市场上，有企业诊断型信息交换关系，有咨询型信息交换关系（如商业信息、金融信息等），有科技成果型交换关系（如专利机构经营的科技信息商品），有媒介型信息交换关系（如广告机构等）。

1. 信息市场的构成

信息市场主要是信息咨询市场，进行信息产品的生产、流通和服务等活动的产业就是信息咨询业，它是信息产业的重要组成部分。在科学技术对生产的作用日益增强的现代经济中，信息业已经逐渐成为整个社会经济的主导产业，并被称为"第四产业"。

2. 信息的使用价值和价值

在市场经济中，被投入市场交易的信息是具有商业价值或经济功能的经济信息。这类经济信息都具有现实的经济应用价值，能给掌握这种信息的经济活动主体带来实际的经济利益，提高其经济活动的效益水平，这就是信息产品的使用价值。从信息产品的生产来看，信息产品特别是有经济功能的信息产品，一般来说都是耗费了人类劳动而专门生产出来的，是人类劳动成果的一部分。从事信息收集、加工和创造的劳动作为一种必不可少的生产性劳动，也需要通过某种方式实现补偿，这就要求将信息产品商品化，通过市场交易实现劳动补偿及相应的利益（这就是信息的价值）。信息产品成为商品，必然形成以信息商品为交易对象的市场即信息市场。

3. 信息商品的价格

信息商品化，不仅可以使信息生产的消耗得以补偿，而且能促进信息的生产和流通，优化信息资源的配置，提高整个社会的经济效益。在信息交易中，信息商品的价格，一方面以信息商品的生产加工成本和社会劳动消耗数量为基础，另一方面也与信息商品的经济效益有很大关系。信息商品价格与其直接成本存在较大背离，这一方面是因为信息生产所消耗的劳动是一种极为特殊的高级复杂劳动，单位劳动消耗会形成较大的社会价值，另一方面主要是因为其潜在的经济效益较大，有较大的市场需求。

（六）土地市场

土地作为生产要素范畴，是未经人类劳动改造过的各种自然资源的统称，既包括一般的可耕地和建筑用地，也包括森林、矿藏、水面、天空等。

1. 土地市场的内涵

土地是任何经济活动都必须依赖和利用的经济资源，比之于其他经济资源，其自然特征主要是它的位置不动性和持久性，以及丰度和位置优劣的差异性。相对于其他经济资源和生产要素，土地是最难以增加的，其稀缺性比其他生产要素更显著。特别是随着人口的增多、经济活动规模的扩大和深度的发展，土地的稀缺性具有明显加强的客观趋势。如何保护和利用好现有的各种土地资源、开发新的土地资源，始终是经济活动的重要问题。对于人口众多、人均可用土地资源严重不足的我国来说，土地资源的保护、利用和开发更为重要，而使土地资源商品化、配置市场化，是提高土地资源配置和利用效率的重要途径。

2. 土地市场的构成

在私有制市场经济中，土地是私有的生产要素，土地市场实际上有两个层次：一是土地交易市场，以土地的最终所有权为交易对象，相应地形成土地价格；二是土地租赁市场，以土地的使用权为交易对象，相应地形成地租。在我国，土地实行国家所有制和集体所有制两种制度。城市土地和非农业用地实行国家所有制，农业用地实行集体所有制。以此为基础，在改革中形成两种彼此分隔的土地市场，即城市土地市场和农村土地市场。

（1）城市土地市场，包括土地使用权出让市场（一级市场）和土地使用权转让市场（二级市场）两级市场。城市土地一级市场就是国家将国有的城市土地包括国家有偿征用的原属集体所有的土地的使用权有偿出让的市场。城市土地使用权出让市场是由国家的地产机构垄断经营的市场。

（2）农村土地市场：农村集体所有的土地必须在被国家征用为国有土地之后，才能进入城市土地转让市场。

3. 土地使用权的出让方式

土地使用权的出让方式分为"零租制"和"批租制"两种。"零租制"对出让的土地按不同等级逐年收取不同水平的土地使用费;"批租制"是有限期地出让土地使用权,一次性地收取地价款,并每年收取为数不多的使用金。在二级土地市场上,土地使用权的转让有租赁、抵押等不同的具体形式。

4. 土地价格

在土地出让和转让过程中,受让者向出让者缴纳的土地使用费是由两部分组成的,一部分是投入土地并形成土地生产力的固定资本即土地资本的折旧和利息,另一部分是为使用土地而支付的地租。地租资本化就表现为土地价格。

土地作为生产的自然要素条件,自身不能创造价值,而是凭借所有权分享生产剩余或利润收入,地租收入的价值源泉是"剩余劳动的产物"。

土地价格不是土地作为自然力要素价值的货币表现,而是土地所有者索取地租收入权利商品化、市场化、实行市场交易的买卖价格,实质是地租收入资本化的货币表现。

尽管地价的高低不仅取决于地租量和利息率水平,而且受土地供求、地理区位、生态环境、心理偏好等相关因素影响,但这些都不是创造价值的源泉。土地价格是没有价值而有价格的"不合理形式"。

(七) 房地产市场

凡从事土地开发、房屋建设,或对开发建设后的房地产进行经营管理,以及提供咨询服务、信贷保障、劳务支持等项社会经济活动的单位和部门,均属于房地产业。

它有三个组成要素:交易的主体、交易的客体和交易的行为。

1. 房地产市场的基本要素

(1) 存在可供交换的房地产商品。

(2) 存在提供房地产商品的卖方和具有购买欲望与购买能力的买方。

(3) 交换价格符合买卖双方的利益要求。

只有同时具备了这三个条件,实际的交易行为才能发生。

2. 房地产市场的组成要素

(1) 土地使用市场。是按国家对城市土地使用权的有偿出让和获得土地使用权者将开发的土地使用权有偿转让的场所。

(2) 房产市场。是指房产的转让、租赁、抵押等交易场所,包括房屋现货和期货的交易场所。

(3) 房地产资金市场。是指通过银行等金融机构,用信贷、抵押贷款、住房储蓄、发行股票、债券、期票,以及开发企业运用商品房预售方式融资等市场行为。

(4) 房地产劳务市场。是指物业管理,室内外装饰、维修、设计等活动的市场。

（5）房地产技术信息市场。

3. 房地产市场的作用

具有传递房地产供求信息、优化房地产资源配置、提高房地产使用效益等作用。当供不应求时，价格上涨；当供过于求时，价格下跌。当成交量放大时，反映市场趋热；当成交量萎缩时，反映市场趋冷。

4. 房地产市场的特点

（1）交易只能是房地产权利的转移。

（2）交易对象非标准化。

（3）一个城市为一个市场。

（4）容易出现垄断和投机。

（5）较多受法律、法规、政策等措施影响和限制。

（6）一般人非经常参与。

（7）交易金额较大。

（8）交易程序较复杂。

（9）广泛。

5. 房地产市场的参与者

包括交易双方，为交易双方提供服务的房地产经纪机构和其他专业服务机构，以及对交易等行为进行管理的行政主管部门和行业自律管理组织。

（1）卖方：主要包括土地拥有者、房地产开发企业、房屋所有权人。在房地产开发建设过程中，有五类企业受开发商委托直接参与房地产的开发建设和维护：规划设计单位、勘察设计单位、建筑设计单位、建筑施工企业、物业服务企业。

（2）买方：消费者（购买者和承租人）。

（3）房地产经纪机构。

（4）其他专业服务机构（金融机构、律师事务所、会计师事务所和房地产估价机构）。

（5）房地产市场的管理者（职能：管理、监督、服务）。

开发商从购买房地产开发用地开始，就不断与政府的土地管理、发改委、城市规划、建设管理、市政管理、房地产管理等部门打交道，以取得立项、规划意见以及国有土地使用权证、建设用地规划许可证、建设工程规划许可证、施工许可证、市政设施和配套设施使用许可、商品房预售许可证、商品房销售许可证。

6. 房地产市场的分类

（1）按房地产流转次数分类：一级市场（建设用地使用权的出让）、二级市场（建设用地使用权出让后的房地产开发和经营）、三级市场（投入使用后的房地产交易以及抵押、租赁等多种经营方式）。

（2）按房地产交易方式分为买卖市场和租赁市场。

（3）房地产市场竞争：指在房地产市场上交易各方为自己利益最大化而进行的努力。现阶段，我国房地产市场依然处于火爆状态。房地产业高速增长的原因主要是：居民消费结构升级，人口城市化快速发展，导致房地产需求迅速增长；房地产业与相关产业的产业链长、关联度高，具有成为支柱产业的潜力，进而拉动区域经济增长。另外，目前很多跨国公司大举进军中国房地产业，使我国的房地产发展商、房地产策划业、代理业、房地产金融保险业不得不面对日益强烈的竞争压力。就温州房地产业发展中还存在一些难题，可以窥见全国目前房地产业的诸多问题亟待解决。

三、知识产权市场的必要性与可能性

2018 年 4 月，《中共中央　国务院关于支持海南全面深化改革开放的指导意见》印发，提出将设立海南国际离岸创新创业示范区，建立符合科研规律的科技创新管理制度和国际科技合作机制，鼓励探索知识产权证券化，完善知识产权信用担保机制。2018 年 9 月 24 日，国务院《关于印发中国（海南）自由贸易试验区总体方案的通知》（国发〔2018〕34 号）中明确提到，完善知识产权保护和运用体系。推进知识产权综合执法，建立跨部门、跨区域的知识产权案件移送、信息通报、配合调查等机制。支持建立知识产权交易中心，推动知识产权运营服务体系建设。

（一）建设知识产权市场的必要性

2018 年 11 月 9 日，由广东省高级人民法院主办、广州知识产权法院协办的"知识产权司法保护与市场价值"研讨会在广州召开。中国社科院法学研究所李顺德教授在会议上做了《知识产权市场价值的体现形式与运行模式》的发言，重点阐述了知识产权市场的必要性与可能性，颇有见解。

1. 知识产权运行的主要模式

知识产权的价值是动态的，它在市场的运行中才能产生价值，也就是并不能说一有知识产权，就一定有多大价值，还要看它的运营，如果不能很好地运用，它的价值体现不出来，而且也很难得到大家的认可。知识产权只有通过运用才能够变成生产力，才能够产生它的价值。而知识产权转化为生产力的主要模式可以归纳为三个方面：

（1）知识产权的产业化

或者说叫知识产权的实施，通过实施产生价值，主要可以分成四种形式：自行实施、共同实施、转让他人实施和许可他人实施。

（2）知识产权的商品化

或者叫知识产权贸易，就是把知识产权本身作为一种商品来看待进行贸易，主要有五种形式，一是以转让的形式，与一般的商品赠予或者出售类似；二是许可的方式，类似于有形商品当中的出借或出租；三是质押有形商品，类似于典当的性质；四是信托；五是并购。

（3）知识产权的资本化，或叫知识产权的投资。可以把它归纳为 10 种形式。

①用知识产权直接投资。

②合作经营。

③特许经营。

④定制加工，这个实际上可以归结为外国跨国公司或者外国公司在中国以知识产权，也就是所谓的商标商誉、品牌商标商誉商号等知识产权作为资本在中国投资经营的模式，我们把它叫做"三来一补定牌加工"，但从资本运作的角度，它实际上也是一种投资方式。

⑤质押的方式。

⑥信托。

⑦代理。

⑧证券化上市。

⑨风险投资，在国际简称为 VC。

⑩并购，也就是说企业的兼并并购当中很多都是以知识产权为核心来进行的，或者说有些并购的主要目的在于购买对方的知识产权。

2. 知识产权市场价值的体现形式

（1）知识产权已成为重要财富

①以知识产权为核心的无形资产，成为企业的主要资产。在这个问题上，目前国内还没有完全形成共识，但是在国际上，特别是跨国公司以及发达国家都有这样一个理念，即一个企业的总资产构成当中包括有形资产和无形资产，值得投资发展有前途的企业有一个评价标准，就是分析这个企业的资产构成比当中有形资产与无形资产的比例，无形资产远远大于有形资产的企业最有发展前景，而这个无形资产是以知识产权为核心组成的。

②知识产权已成为商品和服务价值的重要组成部分。换句话说，知识产权在商品的价值构成当中已经成为和有形资产一样，构成了商品价值的成本。举一个最简单的例子，如耐克运动鞋大量在中国制造，那么同样是制造耐克运动鞋的工厂，生产用同样的原材料，同样的款式，同样的工人，同样的设备制造出的耐克运动鞋，一个是用耐克的商标，一个是用自己的商标，放到国际市场上，这两双鞋价格比是 1:10，这两双鞋从原材料制作到各个方面唯一的区别就是所谓的品牌的区别，也就是知识产权承载的价值不同，造成了价格的差别。

③知识产权作为资产已经开始纳入国民经济核算。从 2013 年开始，美国等发达国家都开始采用联合国新的国民经济核算的指标标准，现在中国也已经开始在发达地区试运行。

④知识产权已成为市场经济发展的重要资源和重要支撑。

⑤知识产权已成为投资的重要资本。知识产权贸易已经成为贸易的一种主要形式，这里面有狭义的知识产权贸易，还有广义的知识产权贸易，狭义的就是单纯把知识产权当成商品来进行交易。广义的包括知识产权产品的交易。国外已经形成了知识产权产品和知识产权产业的概念。

（2）知识产权经营成为企业经营的重要内容

①知识产权经营已经成为企业的经营方式。以 IBM 为例，IBM 是生产计算机硬件的产业，是世界上最大的计算机软件供应商，现在 IBM 用这种方式经营知识产权，特别是专利，每年获利的很重要的方面来自知识产权的经营。这种情况不是个别的，在 IT 业和很多行业大量存在。如手机通信行业，微软的一个重要经济来源并不是销售软件，而是手机的专利费，特别是安卓系统。

②出现了以经营知识产权作为主业的企业，典型的是美国高通。

③知识产权投资运营成为一种产业。

④知识产权成为制约企业上市的重要因素之一。国内外企业在上市前后纠纷很多，围绕知识产权甚至因为知识产权问题上不了市的情况国内外都有。

⑤制造业开始注重知识产权投入和经营。

（3）知识产权成为竞争的重要工具

①知识产权成为重要的非关税壁垒。

②知识产权诉讼成为打击竞争对手的重要手段。

③知识产权侵权指控成为排挤竞争对手参展的撒手锏，特别是在国际展览会大量出现。

④知识产权成为企业兼并的重要考量因素。大量的国际间的企业兼并都是围绕知识产权展开的。

⑤知识产权滥用成为反垄断审查的主要内容。

⑥知识产权与标准相结合，成为企业追求的重要目标。

（4）知识产权市场价值对侵权损害赔偿的影响

①知识产权市场价值是侵权损害赔偿的考量因素之一，但不是决定因素，还要结合其他更重要的因素来做具体的分析。

②应该充分尊重权利人对侵权损害赔偿计算方法的选择权。

③要坚持个案处理，充分注意市场价值的动态性，不要把知识产权市场价值看成是一个固定不变的东西。

④坚持比例适度原则。

⑤要兼顾加大赔偿力度，以防止权利滥用。

⑥要服从有利于社会科技经济文化发展的总体导向。

3. 建立知识产权交易中心，推动科技成果转化

国家发展改革委、科技部、知识产权局等六部委发布的《建立和完善知识产权交易市场指导意见的通知》文件精神，要求"重点建立和完善统一的知识产权交易中心，

加快推进知识产权质押融资工作，解决知识产权流转交易难和处置变现难的问题，促进科技与金融、产业的有效融合，推动科技成果转化"。

（1）知识产权只有通过交易，才能实现其价值

知识产权本身就具有巨大的潜在价值，首先，知识产权持有人必须用法律的手段，保护好其所有权和使用权，不能受到任何侵权行为；其次，知识产权只有将其证券化，才能进入货币市场和资本市场融入所需资金。此时，需要有一个统一、规范的交易平台，为知识产权的持有人和需求人提供必要的市场服务，包括评估、申报、撮合、成交、交割、结算等一系列程序，而知识产权交易中心就是这一系列工作的组织者和管理者。因此，知识产权只有通过交易，才能实现其价值。

（2）交易平台不仅提供服务，而且必须根据"三公原则"执行

众所周知，公开、公正、公平是市场交易的"三公原则"。规则必须公开透明，过程必须公正合理，感觉必须比较公平。三个原则三位一体，共同影响着管理活动和制度的效果。公平，以人为本；人的公平感，与人的主动性和积极性紧密关联。因而，公平原则或许是"三公原则"之首要。公正原则，是公开原则的落脚点，是公平原则的控制点，应该是"三公原则"之关键。公开原则，是公正原则和公平原则的出发点，有点类似"三公原则"之根本。"三公原则"原先是证券市场倡导的市场交易三原则。曾几何时，"三公"这个说法，不知源头何在，却早已路人皆知。近30年来，中国的证券市场能够有序、稳定、健康地发展，离不开"三公原则"的贯彻执行。

（3）交易中心的平台发挥了桥梁和纽带的作用

交易中心在整个知识产权产业化的过程中，发挥了一个桥梁和纽带的作用。知识产权持有人需要将其知识产权证券化、货币化，获取急需的发展资金；药企、医院、患者、科研所、投资人需要获得知识产权的权利。双方之间必须有一个平台，让双方能在平台上进行必要的沟通、磋商，同时为他们提供必要的中介、评估、交易、结算的平台。此时交易中心就为交易双方发挥了桥梁和纽带作用，起到了穿针引线、挂钩搭桥的功能，这也就是平台的概念。因此知识产业交易中心是知识产权证券化的必要设施。

（二）建设知识产权市场的可能性

改革开放以来，我国知识产权市场从无到有、从小到大，从单一的市场模式发展为功能齐全、服务专业和行为规范的现代市场体系。但我国知识产权交易市场毕竟处于成长和发展阶段，市场体系还很不完善，存在中介服务体系发育程度低下、交易方式单一、人才匮乏等诸多问题。认识、剖析这些问题，对知识产权交易市场的建设和创新发展具有积极意义。

1. 知识产权市场发展中存在的主要问题

（1）知识产权市场中介服务严重不足

30多年来，我国逐步形成了门类齐全、整体专业和服务水平较高的知识产权市场

中介服务体系，对我国知识产权的创造、运用、保护和管理起到了重要的推动作用。但随着经济社会的快速发展和人们知识产权意识的不断提高，知识产权市场中介服务体系也暴露出很多问题，主要体现在以下几个方面：

①中介机构的发展不平衡。

②相当一部分中介机构服务水平、服务质量和人员素质偏低。

③支持中介机构发展的公共信息基础设施薄弱，公共信息流通不畅。

④政府改革措施还不到位，对知识产权市场中介服务体系管理和支持存在错位。

⑤缺乏促进和规范中介机构发展的政策法规体系。

（2）交易机制落后，融资效率低下

①知识产权融资效率低下、业务清淡

知识产权交易不同于别的财产权交易，其运行过程中的高风险、高成本以及极大的不确定性，使缺乏专业知识和理财能力的市场参与者往往举步维艰；再则，我国知识产权市场是一个新兴市场，市场体系不完善，中介服务滞后，交易方式单一。

在这一背景下，科技成果的转化率低下，一方面，企业有技术却很难被发现；另一方面，银行想放贷但缺乏有效的途径寻找高质量的知识产权，企业想借贷又跟银行对接不上等。以业界普遍关注的知识产权担保贷款和质押贷款为例。目前，国家知识产权的战略给予知识产权市场化运作很大鼓励，其中包含了知识产权担保贷款，科技部、证监会也相继出台了一些政策和文件，鼓励知识产权担保贷款和质押贷款。然而，由于传统的知识产权交易机制的制约，包括担保贷款和质押贷款在内的知识产权融资效率低下、业务清淡。

2009年中，国家知识产权局公布了以下数据：2009年上半年，国家知识产权局共受理专利申请42.6万件，同比增长23.1%；专利授权25.2万件，同比增长31.3%。但是2009年上半年在国家知识产权局登记的专利权质押合同只有76例，其中仅有29例已从银行获得融资。两组数据对比，发挥融资作用的专利权比例接近于零。2017年专利质押融资总额720亿元，同比增长65%；专利质押项目数4177项，同比增长60%。在各级试点示范工作的带动下，各地知识产权质押融资规模和受益企业数量迅速增加，融资模式也不断创新，特别是引入保险"助融"机制的贷款＋保险＋财政风险补偿的专利质押融资模式，被国务院明确为推广支持创新改革的举措之一。2017年全年，我国专利、商标、版权质押融资总额超过1000亿元。但这相比知识产权型科技成果所需的融资规模，仍然是杯水车薪。

②知识产权市场交易机制的缺失"叫好不叫座"

从长远来看，知识产权质押贷款要真正落实面临的问题很多，其中最根本的问题要数知识产权市场交易机制的缺失"叫好不叫座"，这是众多企业评价知识产权质押贷款最多的一句话。虽然政府在支持，银行在试验，企业在呐喊，但面对知识产权质押贷款，诸多问题导致的风险早已不言而喻。原因很简单，即知识产权的评估难、变现难、风险大。除了要看知识产权是否具备核心竞争力，其改进性和收益期限的长短以及转让时能否顺利找到下家也是个难题。无论是估值还是变现，这些本应由市场自发完成的任务和承担的风险一下落在了银行的肩膀上，而知识产权市场由于交易方式过于单一、成果转化率低、缺乏统筹规划、交易机构定位和服务对象不清，监管不到位等，严重影响了其本该具有的功能和作用。

③为了降低违约的可能性，银行抬高了申请门槛

无奈之下，进行知识产权质押贷款试验的银行只能另辟蹊径。为了降低违约的可能性，银行抬高了申请门槛，加大了对企业资产资金流动性、业务收入的审核高度，对贷款的用途和期限也作了限制要求，如限制贷款额度和贷款期限，禁止资金流入证券和期货市场。除此之外，银行还规定了授信额度，根据知识产权的评估值，一般的授信额度控制在25%~30%。这就使大部分急需融资的中小企业被拒之门外，而融到资金的企业也并不好过，低授信额让这些企业只能拿到评估值1/4的贷款，而利息加上评估费、担保费等一系列的手续费就已经占了贷款总额的10%左右。

（3）复合型人才匮乏

企业的专利如何保护？注册商标应该注意什么？怎么了解自己的产品是否侵害了他人的知识产权或被他人侵权？如何应对国外企业在知识产权领域对自己的围剿？这些都需要知识产权人才。当前越来越多的有识之士开始重视这一块的建设，需要越来越多的专业人才解决以上问题。

当前企业最需要的是法务人才，对知识产权进行保护，同时应对国内外同行在知识产权方面的纠纷。专利申请报告的撰写也至关重要，国内某药企A在一款药物的专利说明中，指出这款药物主要由某两种成分组成，而另一家药厂B在药物中加入了第三种对药性没有任何影响的蔗糖，随后进入市场。双方对簿公堂，最终法院判定A败诉，因为其专利论证是闭环式逻辑。而B就是钻了这个空子，使A的巨额研发费用遭受损失。

30多年来，我国初步形成了知识产权人才的培养体系，但是相对于知识产权市场的需要来说还相当匮乏。

2. 知识产权交易市场需要创新

国家发展改革委等六部委联合发布的《建立和完善知识产权交易市场的指导意见》在总体发展目标、市场体系建设、市场规范行为、交易配套服务、政策扶持措施和领导监督管理等方面，对我国知识产权交易市场的建设提出了原则性的指导意见，为知识产权交易市场的创新发展指明了努力的方向。根据这一文件精神，结合发展现状和实践经验，本书对我国知识产权交易市场的创新发展提出初步思考。

（1）大力建设跨区域的中介服务体系

跨区域知识产权中介服务体系的建设是一个庞大的系统工程，需要整合政府和社会的多种资源，并通过较长时间的实践和总结才能不断完善。为此，在建设跨区域知

识产权中介服务体系时必须找到抓手，以起到牵一发而动全身的作用。这样的抓手应该是跨区域的知识产权中介服务的经济实体和联合知识产权交易机构。

跨区域知识产权中介服务的经济实体可以按照《公司法》的要求，由各地区自愿参股，以奠定雄厚的资本基础，形成知识产权服务、专业技术服务和投资孵化服务"三位一体"的经营管理模式；聚集富有创新精神的知识产权复合人才团队，建立以企业为主体、市场为导向、产学研相结合的知识产权创新、运用体系，以引导和支持创新要素向企业集聚，促进知识产权向现实生产力转化，实现知识产权服务贸易的全区域流通和外向性发展。

跨区域的联合知识产权交易机构的建设主要是在政府主管部门的指导监督下，规范市场行为，创新交易方式，活跃知识产权交易市场，依托跨区域的知识产权中介服务的经济实体和各地的产业集群，以细分市场的模式，积极发展知识产权的中介机构和业务，建立专业化、多层次、多功能的行业性知识产权交易市场，形成市场的聚集和辐射效应。

（2）引进融资新途径，积极推进交易方式创新

在传统的知识产权交易机制存在的情况下，应顺应知识产权的发展规律，寻找知识产权交易的新方式、新途径，使知识产权快速转化为生产力。

①知识产权证券化就是一个值得提倡的交易方式创新

一般而言，由于知识产权交易市场理性选择和不确定性的特征，使投资人在选择知识产权项目时，不得不谨慎地逐个对待。这样的选择过程既费时费力，也让整个知识产权交易过程冗长，造成交易气氛沉闷。但这种现象并不是知识产权交易市场的本质，其他成熟市场在其诞生之初也有类似的情况。这就需要在市场的基本规律之上摸索出适合市场特点并能活跃交易气氛的交易方式。例如，知识产权证券化就是一个值得提倡的交易方式创新。

②知识产权证券化在未来会成为资产证券化领域的主力军

所谓知识产权证券化，就是以知识产权的未来许可使用费为支撑，发行资产支持证券进行融资的方式。从国外的实践来看，知识产权证券化的基础资产已经非常广泛，从最初的音乐版权证券化开始，拓展到与文化产业关联的知识产权，甚至专利诉讼的胜诉金。尽管从目前来看，知识产权证券化在整个资产证券化市场中所占的份额还很小，但是它已经显示出巨大的发展潜力和态势。据预测，未来20年，知识资产要逐渐取代传统的实物资产而成为企业核心竞争力所在，无形资产在企业资产价值中的比重将会从大约20%上升到70%左右，这就要求企业应该将融资的重点从实物资产转向知识资产。知识产权证券化正是顺应了这种历史潮流，为知识产权的所有者提供了以知识产权为依托的全新的融资途径，将知识资产与金融资本有效融合在一起，从而实现在自主创新过程中资金需求与供给的良性循环。可以预见，知识产权证券化的前景是非常广阔的，在未来会成为资产证券化领域的主力军。

③国家强调了对知识产权产业化应用的融资支持

我国对市场的创新在政策面上是大力鼓励的，在具体措施上是谨慎支持的，如对技术产权市场的政策支持和在北京开展非上市公司股权交易试点等。近年来，我国先后出台了多项鼓励创新的政策，为知识产权证券化的试点提供了一定的政策依据。2006 年，我国颁布了《中长期科学和技术发展规划纲要（2006—2020 年）》，强调实施促进创新企业的金融政策，鼓励金融机构改善和加强对高新技术企业，特别是对科技兴中小企业的金融服务。2005 年下半年起，国务院决定制定和实施《国家知识产权战略纲要》。该纲要在制定过程中，也强调了对知识产权产业化应用的融资支持。

④不断加强对知识产权交易及其方式问题的研究

随着我国金融体制改革的推进及金融市场和产权市场的规范化发展，知识产权交易除普通的现货交易外，必将会出现期货交易、期权交易和信用交易等现代市场经济中的交易类型，从而促使知识产权交易的方式呈现更加多样化趋势。因此，适应经济全球化和市场化的时代要求，不断加强对知识产权交易及其方式问题的研究，预测未来国际知识产权交易发展的大趋势将是我国知识产权战略的重要内容和主要任务。

（3）培养知识产权交易复合型人才

知识产权交易市场是一门知识综合性的智慧产业，这种综合性决定了相关人才的专业素质应当是具有多门学科融合交叉的知识结构，即文科与理工交叉、科技与法律并举，并兼有国际贸易、情报、外语等方面的知识。因此，知识产权服务人才的知识结构应该是复合型的，必须具有的"科技—法学—信息—经济管理"等方面的综合知识和实践经验。知识产权交易市场还是一个新兴的市场，其探索、创新实践的深化尚待时日，因而对其探索、创新实践的总结、研究和推广就更有待于人们作出不懈的努力。

（三）创建海南知识产权交易中心的必要性和可能性研究

1. 从政策层面来看，各级政府积极支持建立知识产权交易中心

2018 年 8 月 8 日，海南省科学技术厅联合海南股权交易中心，在"科创板"启动现场举办了知识产权证券化融资推介及研讨会。省科技厅副厅长、时任海南省知识产权局局长朱东海表示，我们处在海南自贸区（港）建设的关键时期，知识产权证券化融资作为一项新生事物不仅创新还很有意义，在中国证监会、国家知识产权局、国家财政部和上交所的关心指导帮助下，希望海南能率先发力推动首单知识产权融资项目落地，为本土甚至全国中小微企业后续的知识产权证券化项目推进起到良好的示范作用。

2018 年 10 月 16 日，国务院发布关于同意设立中国（海南）自由贸易试验区的批复。支持建立知识产权交易中心，推动知识产权运营服务体系建设。探索建立自贸试

验区专业市场知识产权保护工作机制，完善流通领域知识产权保护体系。探索建立公允的知识产权评估机制，完善知识产权质押登记制度、知识产权质押融资风险分担机制以及方便快捷的质物处置机制，为扩大以知识产权质押为基础的融资提供支持。鼓励探索知识产权证券化，完善知识产权交易体系与交易机制。深化完善有利于激励创新的知识产权归属制度。搭建便利化的知识产权公共服务平台，设立知识产权服务工作站，大力发展知识产权专业服务业。

2. 事业要发展，关键是人才

中国真正缺乏的是真正意义上知识产权管理人才，他们必须有强大的专业知识，有非常好的项目管理经验，有一定的法律知识，能够融合各方面资源，真正做到知识产权成果转移和交易，还要有国际化的视野，这个非常难。专利运营需要专业一个综合团队，包括项目管理的人员、行业专家、评估机构、金融机构、保险机构，专利诉讼师、律师、专利无效律师以及投资人综合一个实体才能打造真正的运营管理团队。例如，深圳朗科就靠几个专利就做到上市公司，当然也可以认为是知识产权证券化。

3. 海外没有真正意义上的知识产权交易所，我们完全可以创建

国外一些企业还是传统方式上市，但是我们为什么探索知识产权证券化途径，而且专利池建设在国外，像 IPXI 不成功，但在中国反而可以成功。因为中国不是完全的市场经济，建设专利池时可以在一些行业里面，对国家有利，政府可以介入，可以做一些强制。当然在国内证券化没有做起来，一个是模式问题，另一个是价值评估很难做。香港知识产权交易所（HKIPX）自 2012 年 2 月 1 日在香港正式开展其业务，有效拓展客户的最大资产值和减低知识产权资产被低估或忽略的情况。为商户提供香港以及世界各地的知识产权保护、授权和交易等知识产权服务。而知识产权交易市场是提供商标、专利、版权等知识产权的交易、转让、许可、投融资的综合服务平台，是为科技成果及知识产权转化所搭建的桥梁。知识产权交易市场是为处于初创期、成长期的科技型中小企业解决其融资难问题的创新性途径。知识产权交易有利于拓宽科技型中小企业融资渠道，有利于科学引导民间资本开拓新的投资领域。所以，HKIPX 还是有一定距离。

4. 海南政策有可能试行，给了我们创新的机遇

我们现有框架下是否可以做知识产权证券化？我们为什么要做知识产权证券化，我们把这些知识产权的东西迅速介入资金，让大家参与投资过程中提供服务；我们需要一些有独立思考能力的人去突破。20 世纪 90 年代初，中国人普遍对股市知之甚少，建立中国股市面临的风险不可谓不大。但同时，打开证券市场对改革开放的促进作用无疑是巨大的。当此之际，邓小平同志果断批示："资本主义可以搞股市，社会主义也可以搞嘛……要坚决地试，搞不好可以关掉嘛！"这句话是对不纠缠于具体的技术操作之争的一个通俗化的诠释。因为不能总是坐而论，有时必须起而行，起码是边行边论。

5. 制度供给创造制度需求与边干边学

古典经济学中，有一个"产品供给创造对自己的需求"的萨伊定律。撇开该定律提出者的最初动机及由此引发的一些理论争议问题不说，它对于产品供给带动产品需求的市场性描述是可取的。边干边学与制度供给创造制度需求现象实际上与改革开放初期的那句名言"摸着石头过河"的精神内涵是一脉相承的。诺思（D. C. North）指出："制度形成了一个社会的刺激结构。"如果等到所有条件都完备才去供给某项制度，那不仅会迟滞经济增长，而且该制度恐怕难以被供给出来，因为"所有条件都具备"本身就是一个伪命题。条件较为充分时，制度框架就可以建立。逐渐增长的制度需求和边干边学可以促使制度供给更趋合理和完善。如果我们将历史回顾的视角拉大，会发现福利分房制度的改革、社会就业制度的改革、国企冗员处置制度的建立等不也体现了边干边学和制度供给创造制度需求吗？不也奉献了不纠缠于具体的技术操作之争的改革经验吗？

（四）从筹建上海证券交易所如何绕过波折的经历可以得到的启示

证券市场是我国现代经济不可或缺的重要组成部分，又是市场经济资源配置的重要途径，也是我国改革开放的重要标志之一。40 年来的发展历程证明：无论是历史的回归，还是国门的敞开，这一切都表明：改革开放的中国已经跻身于世界经济的大潮中。1990 年 11 月 26 日，上海证券交易所正式成立，12 月 1 日，深圳证券交易所试营业，结束了新中国没有正规证券交易所的历史，是中国经济由计划向市场转轨过程中的一次重大尝试，标志着中国资本市场从零起步。回眸 28 年前上海证券交易所开业初期，遇到了一波多折的重重难关，简直步履维艰，甚至寸步难行。鼓励我们大胆实践、勇闯难关的指导思想，就是当时十分流行的几句话："破除迷信，解放思想"，"在发展的过程中解决前进道路中的问题"和"只要法律上没有规定不该做的都可以做"。否则，不是进展不力，就是半途而废。由此可见，中国证券市场正是在上海证券交易所的不断"突破"中，解决了一个又一个难题，乘风破浪、迅猛发展，才有了今天的中国资本市场。具体举例说明如下：

1. 上海证券交易所所名、所徽的谨慎确定

首先，在当时的环境下，对上海证券交易所的所名均无异议。然而，按照惯例上海证券交易所英文翻译成 Shanghai Stock Exchange，然而，在章程中却译成 Shanghai Securities Exchange。上海证券交易所首任理事长李祥瑞对此的解释是："当时翻译成'securities'，也符合我们股票少、债券多的实际情况（在上海证券交易所成立时，上市交易的只有 8 只股票即老八股，其他 31 个交易品种为各类债券）。但另一个主导思想，是不敢按国际上通用的那样写上'share'或'stock'生怕上报审批时引来麻烦，这也说明我们多么小心翼翼。"[转引自记者对上海证券交易所筹建（领导）小组的龚浩成的采访记录] 由此可见，中国证券市场的所有制度安排和路径选择，都带有意识形态

争论的浓重痕迹；中国证券市场发展的每一步，都受到意识形态争论的巨大影响。直至 1997 年 12 月 19 日，上海证券交易所正式迁入浦东证券大厦新址。人们在观赏这座雄伟的建筑之余，然而很少有人注意到，交易所门口黑色石碑上及新大楼内所标的大字，最初的英文翻译用的是"Shanghai Securities Exchange"，而现在改成"Shanghai Stock Exchange"。

2. 证券专业人才的匮乏严重制约了创建的进程

1989 年初，上海市市长国际企业家咨询会议主席 Maurice Greenberg（莫里斯·格林伯格）等也建议搞证券交易所，时任上海市委书记的朱镕基说没人。时任全国工商联原主席、证券交易所研究设计联合办公室（以下简称联办）理事长经叔平说，联办有！到 1990 年初，朱镕基说让他们赶紧来，给我们讲一下。没多久，经叔平就和张晓彬去了上海，给朱镕基作了一次介绍。当时筹备组根据现实筹备进展的实际情况，建议 1990 年实现交易所的试运行，正式开业时间安排在 1991 年四五月间。但朱镕基仍坚持加快筹备进度的要求。1990 年 7 月 3 日，筹备小组正式开张。当时人民银行去了 8 人，其他单位支援了 6 人，共 14 人。其中只有 3 人为本科学历，其他均为大专以下学历。就是这些"初生牛犊不怕虎"的"拓荒牛"和"弄潮儿"，在各级领导的支持下，在干中学，在学中干，按时完成了上海证券交易所的筹建任务，于 1990 年 12 月 19 日，敲响了交易所"开市第一锣"。就是这些在金融业内的"无名之辈"，日后创造了一个又一个奇迹。

3. 大胆创新设计了"大小非"制度

当初，考虑到市场的健康发展和股价的稳定，上市公司的股权采用分置的做法，所谓股权分置，是指 A 股市场上的上市公司的股份分为流通股与非流通股。股东所持向社会公开发行的股份，且能在证券交易所上市交易，称为流通股；而公开发行前股份暂不上市交易，称为非流通股。这种同一上市公司股份分为流通股和非流通股的股权分置状况，为中国内地证券市场所独有。也就是说，发起人股和法人股暂不流通，社会公众股可以流通转让。时任上海证券交易所筹建小组的人员之一、中国人民银行上海市分行行长龚浩成表示，如果当时不搞"大小非"，中国股市不要谈什么突破，连存在的可能性也不会有。即使在现在，龚浩成忆及至此，对上海人办事的"个中智慧"还颇为自豪，说这就是中国特色。随着证券市场的发展进程，股权分置不能适应资本市场改革开放和稳定发展的要求，必须通过股权分置改革，消除非流通股和流通股的流通制度差异，是为非流通股可以上市交易作出的制度安排。股权分置改革是为了解决 A 股市场相关股东之间的利益平衡问题而采取的举措。2005 年 4 月 29 日，经国务院批准中国证监会发布《关于上市公司股权分置改革试点有关问题的通知》，启动了股权分置改革的试点工作。

4. 会员资格的"擦边球"——"上海业务部"

根据当时的金融机构管理办法，外地的非银行金融机构不能在沪设立证券营业网点。若光是本市 16 家券商，显然比较单薄冷落。同时这样一来，受到了在全国范围内拓展业务的制约，不利于证券市场的长足发展。于是在当时中国人民银行上海市分行领导的协调下，9 家异地券商均在上海设立了以××××公司上海业务部，并以此名义经营证券业务。当时上海业务部都集中在上海证券交易所所在地——浦江饭店办公，后来陆续迁到各处开设了证券营业部。因此，上海证券交易所第一批 25 家会员，除了本市 16 家会员单位均以公司名称上榜，而 9 家异地券商均以××××公司上海业务部的名义出场。

5. "二类股票"的过渡

开业前三天上市品种确定后，要挂牌就得有代码，同时也便于申报。当时接到了编制证券代码的任务考虑凡事要有规矩，编码也要有规则。于是就以证券的安全性为准：三位数字头位 0、1 为国债代码，"2××"为金融债券或企业债券；"5××"为投资基金；"6××"为 A 股股票；"9××"为 B 股股票。这里需要补充说明的是，为什么"601"为"延中实业"，"602"为"真空电子"，而一下子就跳到"651"为"飞乐音响"，"652"为"爱使股份"，"653"为"申华控股"，"654"为"飞乐股份"，"655"为"豫园商城"，"656"为"凤凰化工"。因为从当时的股票发行管理暂行办法来看，前两个基本符合上市条件，后六个尤其是市值规模暂时还不够条件，若仅两个显得太少，全部上市交易有点困难。于是还是变通一下：前两个为一类股票，后六个为二类股票，积极创造条件达标。这就是后来人们常说的"老八股"。很快挂牌上市后通过增资扩股后全部达标了。这就是"在发展的过程中解决前进道路中的问题"的例证。

6. 证券交易采用电脑撮合成交的艰难决策

上海证交所的创业者是在一个非常特殊的历史时期开始筹备建立证券市场的，他们面临的是一个巨大的历史断代，而这三五十年的断代要靠他们这些人，在短短的时间把它衔接起来，这是一个很大的困难。在筹建上海证交所的过程中，筹建小组一开始就遇到是否要采用电子交易系统的问题，也谈论过交易方式应该怎么搞。讨论中间，就谈到计算机竞价撮合交易问题，但大家只听说中国台湾和新加坡在搞，但谁也没有见过，也不知道是怎么回事。议论来、议论去，普遍的观点都觉得这个不可能，没有一个人赞成，都说："我们还是老老实实从头开始吧。"事后，在主管领导的默认下，决定采用电脑撮合交易而不是像美国那样的打手势报盘。在筹建早期，上海证券交易所的规则里面，还保留了口头竞价的交易规则，等于两套交易方式备用，直到开业前 5 天最后决定采用计算机交易系统，当时系统还没有完全调试完，根本来不及做完整的系统运行测试。在众人的努力下，随着当时的开市锣声，八种股票开盘交易。飞乐音响上升 4.92%；延中实业上升 4.99%；爱使股份、真空电子、申华控股、飞乐股份、豫园商城均平盘；凤凰化工上升 4%。

7. 股票无纸化的由来

随着市场的发展，成交量也逐渐上升，用人工逐笔用微机过户的办法显然不能适应。当时深圳证券交易所正在酝酿股票自动过户的方案，时任电脑工程部经理就向总经理提议，能否试行一种记账式的股票存管方式，即由投资者将所持实物股票存入交易所为其开设的证券账户，申报时加报账号，然后根据成交记录增减其持有量，这样一来，就不必进行实物交割；并且在申报撮合前确认一下其存量，可有效地解决当时股票卖空的难题。两天后股票无纸化的方案并附上股票账户卡的样张。总经理看后立即表态，同意试行，并定名为"股票账户"，定在 1991 年 7 月全面推行。于是 7 月 1 日闭市后，交易所的所在地上海浦江饭店门口排起了长队，交易所员工从上到下全体出动，加班加点直接面对投资者开设股票账户，暑期还动员职工家属也来帮忙，一直持续到年末，后来延续集中到文化广场开设具有防伪功能的磁卡账户。

8. 文化广场的股票交易"超市"的故事

当时证券营业网点的扩容还是赶不上市场快速发展的需求，1993 年面临 1992 年发行的新股将要上市的洪峰，交易通道又成了一个尖锐的矛盾。面对一批批新入市的股票投资者的交易需求，情急之下，交易所决定在那时处于闲置状态的文化广场开设一个股票大卖场，也就是让券商营业部到文化广场去设摊。因为当时新股持有者没地方可以抛股票，由于那里没有银行网点，无法资金交割，故前期曾规定只能卖不能买，所以，文化广场成了散户的天下，排队抛股票，而设在宾馆内的营业部是大户的天下，这里买，那里抛，场面甚为壮观。当时为方便散户们了解行情，还请 805 所专门设计了一种收音机，在一个专用频道中连续不断地播报交易行情。然而，谁也想不到在这后面的故事。当时决定在文化广场设立"超市"网点，最大的难题就是通信问题。因为当时买卖委托基本上采用柜台委托、电话申报方式，因此电话线成了能否开设的关键问题，而在当时的上海，电话是个紧缺资源。于是，在市话局和数据通信公司的支持下，查到文化广场舞台上有七对线，按常规只能安装七部电话，显然是杯水车薪。最后采用载波技术解决了这一难题，即一对线拖载八门电话，经过整整一天的努力，共安装了 56 门电话，满足了营业的需求，第二天就启用了。原来停用的文化广场一下子热闹非凡，成为上海股市一道亮丽的风景线。

9. 按数据软盘结算打破了银行结算的"紧箍咒"

上海证券市场初期的资金结算基本上人工划账，即应付方向最终交收人（上海证券交易所）开具转账支票，然后由后者向应收方划款。随着市场扩大、会员剧增，对资金结算压力很大。于是同当时的中国工商银行上海市分行（结算行）协商，采用电子划账的办法来解决，即由上海证券交易所向结算行提供收付双方的数据，自动在对应账户转账，最终完成资金结算。然而上海工行会计处的老处长不同意这种做法，称记账要有凭证，划账要有依据，这是多少年来的会计行规。事情捅到上海工行行长那儿。行长表态：改革就是要做我们过去想都不敢想的事，关键在于有没有问题？否则就必须做！如果你这儿过不了，那就干脆换人来干。一下子把老处长说懵了，事情就这么定了，并持续至今。由此可见，改革就是必须破除迷信，解放思想。否则，墨守成规、故步自封，将会一事无成。

10. 打开资金结算的"瓶颈"——"就地结算"

1993年，由于实行了上海证券交易所与全国各地证券交易中心联网交易，随着会员和席位的增加，成交额屡创新高。然而，由于当时我国银行的支付系统还不能适应证券市场对资金周转上的需求，资金结算业务成为制约市场发展的"瓶颈"。时任上海证券中央登记结算公司任副总经理，主管境内业务，大胆提出"就地结算"的设想，即资金结算采用"三级清算"的模式进行，为减少异地券商的资金在途时间，增强资金结算系统的安全性，利用中国人民银行的电子联行系统，通过异地结算成员建立的集中结算中心，办理结算公司与异地券商之间的净额结算（结算公司与各地结算中心的一级清算和后者与当地券商营业部的二级清算，以及券商与客户的三级清算）。1993年12月30日，开始试行异地资金集中清算（三级清算）业务。实践证明，三级清算体系的形成与发展，在当时银行支付系统不完善的情况下，方便了异地券商的资金及时调拨，提高了资金清算效率，降低了资金清算风险，健全与完善了证券结算体系，是一项适应当时证券市场健康发展的重大举措。

11. "可选择的指定交易"杜绝了盗卖股票的难题

效率与安全的博弈，往往是一个两难的选择。就像当今随着移动互联的发展，移动支付成了随时转账、支付的好助手。但是加载越来越多功能的手机支付让生活变得越来越便捷的同时，我们也开始关注手机支付的风险隐患，采用了不少安全保护措施。同样，当时上海证券交易所由于实行了全国联网交易，投资者可以方便地"通买通卖"，大大提高了市场效率，但是也出现了伪造身份证而盗卖股票的案件。为此1998年4月，上交所推行全面"可选择的指定交易"制度，将上海证券交易所原先实行的"集中清算、中央存管"转化为"集中清算、分级存管"。这样一来，不仅增强了股份交易的安全性，而且为法人结算制度的实行创造了先决条件，并进一步明确了中央登记、二级托管的存管制度。

在此有个问题值得大家探讨：交易所的冠名重要吗？有人说：既然国家要把知识产权交易所设在海南，那么称为"中国知识产权交易中心"理所当然！其实不然。想当初证券市场发展初期，国内有4家交易所存在，分别是1990年11月26日成立的上海证券交易所、1990年12月1日成立的深圳证券交易所、1990年12月5日正式运行的全国证券交易自动报价系统（STAQ系统）、1993年4月28日试运行的中国证券交易系统有限公司（NET）。迄今为止，沪深两家证券交易所举世瞩目；而冠以"全国"和"中国"的STAQ和NET这两个系统于1999年9月9日停止运行，销声匿迹。由此可见，交易所冠以何名并不重要，重要的是如何让交易所做强、做大、做久，这才是值得我们深思的问题。

时光倒退28年，回忆当时的情景，历历在目，真是感慨万分，令人难忘。事后看来理所当然、轻而易举的事情，当时真可谓寸步难行、束手无策。反之，现在任何一个新的规则和办法，需要经过多少机构、多少部门、多少人员的认真调查、仔细研究、反复推敲，方可出台。此一时，彼一时，这才是中国特色的证券市场——"摸着石头过河"的改革开放的思路。我们的证券市场发展到今天，也就是这样一步一步走过来的，逐趋规范、逐步发展、逐渐成熟。在证券市场这棵参天大树上，凝聚了多少监督管理层、证券发行人和广大市场参与者的精心照料、细心呵护和呕心沥血；从业人员往往需要付出六种水——宣传推介的口水、辛勤耕耘的汗水、挥笔策划的墨水、遭受委屈的泪水、面对不理解而泼来的凉水，以及在享受成功喜悦的同时才会向亲友倒出的一肚子苦水。然而，当时大家考虑的只是怎样去解决一个又一个难题，以求得市场的进一步发展。

在此，我们完全可以预见：28 年后的今天，海南知识产权交易中心的创建，也一定会遇到千难万险。然而，我们不妨从筹建上海证券交易所如何绕过波折的经历得到启示，"破除迷信，解放思想""在发展的过程中解决前进道路中的问题""只要法律上没有规定不该做的都可以做"，这三句话今天仍然有用。只要我们保持和发扬改革开放初期一如既往的敢于担当、善于作为、勇于直面，不忘初心，牢记使命，我们将无往而不胜，登上成功的彼岸。

综上所述，我国的生产要素市场中尚未有一个真正意义上的知识产权交易市场。近年来，尽管各地相继成立了一些知识产权交易中心，无论从规划、规模、规范等诸多方面，与真正意义上的知识产权交易市场的要求相去甚远。因此，乘着国务院《关于印发中国（海南）自由贸易试验区总体方案的通知》的东风，在海南创建知识产权交易中心是完全必要的，也是非常及时的。

第二节 在海南创建知识产权交易中心完全必要，非常及时

1988 年 4 月 13 日，全国七届人大一次会议正式批准海南建省，海南岛成为中国第 31 个省。同日，七届人大通过关于建立海南经济特区的决议，同意把海南岛建设为我国最大的经济特区，对外商投资可以给予比其他经济特区现行规定更加放宽的政策，经济管理体制也可以更为灵活。2018 年 5 月 1 日起，经国务院批准，在海南省实施 59 国人员入境免签政策，免签入境后停留时间统一延长至 30 天，将团队免签放宽为个人免签，进一步支持海南全面深化改革开放。

一、创建海南知识产权交易中心，是历史赋予的重任，时代给予的机遇

2018 年 4 月，《中共中央 国务院关于支持海南全面深化改革开放的指导意见》印

发，提出将设立海南国际离岸创新创业示范区，建立符合科研规律的科技创新管理制度和国际科技合作机制，鼓励探索知识产权证券化，完善知识产权信用担保机制。2018 年 9 月 24 日，国务院《关于印发中国（海南）自由贸易试验区总体方案的通知》（国发〔2018〕34 号）中明确提到，完善知识产权保护和运用体系。推进知识产权综合执法，建立跨部门、跨区域的知识产权案件移送、信息通报、配合调查等机制。支持建立知识产权交易中心，推动知识产权运营服务体系建设。关于海南的一系列改革开放新举措意味着更全面、更高水平的对外开放，这些"先行先试"的新举措将使海南成为中国新一轮深化对外开放的标杆地区。党中央这一重大决策对于中国全面深化改革开放、更好融入全球经济、推动经济转型升级、落实区域发展战略和实现海洋强国具有重要战略意义。

（一）建立知识产权交易中心，推动知识产权运营服务体系建设

在国务院《关于印发中国（海南）自由贸易试验区总体方案的通知》中明确要求：完善知识产权保护和运用体系。推进知识产权综合执法，建立跨部门、跨区域的知识产权案件移送、信息通报、配合调查等机制。支持建立知识产权交易中心，推动知识产权运营服务体系建设。建立包含行政执法、仲裁、调解在内的多元化知识产权争端解决与维权援助机制，探索建立重点产业、重点领域知识产权快速维权机制。探索建立自贸试验区专业市场知识产权保护工作机制，完善流通领域知识产权保护体系。探索建立公允的知识产权评估机制，完善知识产权质押登记制度、知识产权质押融资风险分担机制以及方便快捷的质物处置机制，为扩大以知识产权质押为基础的融资提供支持。鼓励探索知识产权证券化，完善知识产权交易体系与交易机制。深化完善有利于激励创新的知识产权归属制度。搭建便利化的知识产权公共服务平台，设立知识产权服务工作站，大力发展知识产权专业服务业。

（二）历史赋予重任，时代给予机遇

改革开放后的今天，无论何时何地要始终站在时代前列，就必须准确把握自身所肩负的历史使命。2018 年 5 月 28 日，习近平总书记在出席中国科学院第十九次院士大会、中国工程院第十四次院士大会开幕会时，向全党全国全社会发出"努力建设世界科技强国"的号召，并发表重要讲话："中国要强盛、要复兴，就一定要大力发展科学技术，努力成为世界主要科学中心和创新高地……""形势逼人，挑战逼人，使命逼人。"习近平总书记深刻指出的"三个逼人"就是科研工作者的冲锋号。必须胸怀时不我待的紧迫感，肩负起历史赋予的重任，超前布局、超前谋划，不能总是用别人的昨天来装扮自己的明天，更不能做其他国家的技术附庸，永远跟在别人的后面亦步亦趋。肩负科技兴国的历史使命，必须矢志不移自主创新，坚定创新信心，着力增强自主创新能力。对于海南人来说，建立知识产权交易中心，推动知识产权运营服务体系建设，

</a

就是历史赋予重任，时代给予机遇。

（三）知识产权交易中心处于知识产权运营服务体系的核心地位

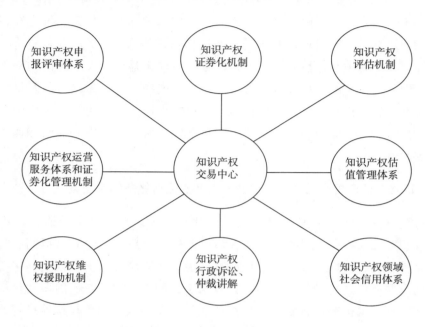

图 2－2　知识产权交易中心的地位

二、创建海南知识产权交易中心是振兴海南地方经济的重要抓手

（一）因地制宜、扬长避短，突破一点、带动全面

如今随着社会经济的发展，会展经济、高铁经济、影视经济、总部经济（CBD）、交易所经济等逐渐进入人们的视线。

1. 一个城市（地区）的某一产业可以带来庞大的带动效益

（1）好莱坞和澳门博彩业

好莱坞位于美国西海岸加利福尼亚州洛杉矶郊外。由于美国许多著名电影公司设立于此，故经常被与美国电影和影星联系起来，好莱坞是世界闻名的电影中心，每年在此举办的奥斯卡颁奖典礼则是世界电影的盛会。环绕电影产业，好莱坞经济腾飞。全世界可能找不到比拉斯维加斯更有趣的城市了：从一个荒凉的沙漠腹地，摇身一变成为国际著名景点，汇聚全世界最有名的酒店、餐厅、商店，还有独一无二的表演节目，每年到访的游客超过 4000 万人次，75% 是回头客。又如，澳门博彩业又被特区政府定为澳门经济的龙头产业，是澳门财政收入一半以上的来源，从 2013 年 4 月至 2014 年 2 月的 11 个月中，特区政府仅从博彩业这一块征得的税收就高达 81 亿澳门元。

（2）横店集团的影视文化旅游业

无独有偶，横店集团以影视文化旅游为切入点发展文化产业，将整个城市建成一个庞大而完备的影视产业配套和后勤服务基地。影视产业给横店带来了巨大的广告效应，不仅带动了文化产业直接相关的产业，也带动了包括教育、体育在内的大文化产业，同时也带动了信息、金融、商贸、物流、服务等第三产业，取得了良好的经济和社会效益，促进了社会和谐、文明、健康发展。今天的横店是一个第二产业强大，第三产业发达，影视明星和追梦者随处可见，有"中国瓷都""中国好莱坞"之称的时尚之镇。

（3）世界著名高科技产业区——硅谷

硅谷（Silicon Valley），位于美国加利福尼亚州北部的大都会区旧金山湾区南面，是高科技事业云集的圣塔克拉拉谷（Santa Clara Valley）的别称。硅谷最早是研究和生产以硅为基础的半导体芯片的地方，因此得名。硅谷是当今电子工业和计算机业的王国，尽管美国和世界其他高新技术区都在不断发展壮大，但硅谷仍然是世界高新技术创新和发展的开创者和中心，该地区的风险投资占全美风险投资总额的1/3，择址硅谷的计算机公司已经发展到大约1500家。一个世纪前这里还是一片果园，但是自从英特尔、苹果公司、谷歌、脸书、雅虎等高科技公司的总部在这里落户之后，这里就出现了众多繁华的市镇。短短的几十年，硅谷走出了大批科技富翁。硅谷的主要区位特点是以附近一些具有雄厚科研力量的美国顶尖大学作为依托，主要包括斯坦福大学（Stanford University）和加州大学伯克利分校（UC Berkeley），还包括加州大学系统的其他几所大学和圣塔克拉拉大学。结构上，硅谷以高新技术中小公司群为基础，同时拥有谷歌、Facebook、惠普、英特尔、苹果公司、思科、英伟达、甲骨文、特斯拉、雅虎等大公司，融科学、技术、生产为一体。

2. 交易所经济横空出世

（1）交易所增加了地方财政的税源

由于交易市场的主要税源有交易经手费、印花税、结算过户费、经纪人的佣金、交易所及其会员的企业所得税等，增加了地方财政的税源。1990年12月19日开业的上海证券交易所，1992年、1993年的印花税收入分别为8.2亿元和10.8亿元，恰好等于上海同期竣工的南浦大桥和杨浦大桥的造价。而在当时印花税收入基本归地方财政。

（2）交易所的创建带动相关产业的发展，为社会创造更多就业机会

市场的功能之一就是为制造业的集聚、升级提供发展空间。因此，在制订规划时必须坚持市场提升与产业升级相适应。为了满足多样化的消费需求，提高流通效率，市场规划要注意优化市场布局，完善配套设施；必须坚持市场建设与特色产业发展相互促进。

（3）与交易所同步发展的相关产业

与交易所同步发展的相关产业具体包括电脑通信业、房地产业、物业管理业、餐

饮酒店业、旅游服务业、客运出租业、汽车服务业、会展会务业、法律公证业、财务审计业、税务筹划业、专利代理业、咨询服务业、培训教育业、人才服务业、电商零售业、养生保健业和家政服务业18个行业，同时给这些行业带来可观的就业岗位。由此可见，交易所给地方带来了经济效益和社会效益。所以，交易所对于地方经济有牵一而发动全身的效果。显然，建立知识产权交易中心，推动知识产权运营服务体系建设，同样会吸引全国乃至全球的有识之士前来海南"淘金"，进而也促进了海南自贸区的经济发展。

3. 知识产权交易中心的人才吸引效应

实践证明，各种类型的交易所或交易中心均属新兴行业，没有现存的人力资源提供。其主要来源为政府机关部门、市场监管部门、大专院校、社会公开招聘以及同行跳槽等，其中还包括部分"海归"。然而随着时间的推移，异地人员占总人数的比例越来越高。而在海南一开始就有大量的异地人员进入。一是海南自贸区的前景对人们"诱惑"太大；二是风景秀丽的中国第一岛吸引人才聚集；三是知识产权交易中心这一新生事物，把一些立志人生再创辉煌的创业者吸引来……这也与海南自贸区亟须专业人才的愿望一脉相承。我们坚信：用不了多久，海南知识产权交易中心即将拔地而起，其中众多优秀人才会在那儿生根发芽，茁壮成长！

（二）积极推进"一带一路"的国家战略

1. 海南建设自贸区、自贸港，金融是重要一环

在重要的历史机遇面前，海南该如何打造金融开放新高地呢？在推进人民币国际化的过程中，在海南试点、探索更多人民币跨境业务，并结合"一带一路"打造"走出去"企业的运营基地。海南自贸区总体方案指出，以制度创新为核心，大力推动自贸试验区金融开放创新，进一步扩大人民币跨境使用、探索资本项目可兑换、深化外汇管理改革、探索投融资汇兑便利化、扩大金融业开放，为贸易投资便利化提供优质金融服务。海南最大的优势就是发展服务业，而金融是发展服务业的最好抓手，我们不是要在海南建立金融中心，而是要在此打造一个有特色的金融开发高地。海南将成为世界上金融改革开放的高地，在学习国外先进经验和复制中国国内其他自贸区改革试点经验的同时，根据自身特点和禀赋优势，弯道超车，努力打造中国特色的离岸金融的试验田，建成高度开放的自由贸易试验区和具有中国特色的自由贸易港。

2. 金融发展缺少人才、制度，对海南而言既是机遇，又是挑战

海南在自贸区建设背景下，目前金融相对薄弱，但也可以说成是强项。因为海南之前的金融发展缺少人才、制度，但是眼下在制度方面，已经有先进的国内外经验可以学习，也正好借此机会从国内外吸引来更多的人才，所以金融的开放对海南来说是个好的机遇，同时，基于海南可以大量集聚世界各地人士，海南还可以同时发展资产、财富管理等金融业务。海南处于"一带一路"的重要环节，在"一带一路"进入新的

发展阶段后，海南可以充分发挥地缘优势，打造"走出去"企业的运营基地，为"一带一路""走出去"企业提供更好的营商环境，吸引"走出去"的企业在海南建立"一带一路"运营总部，既助推海南经济发展，又为"一带一路"的推进提供新的支持。

3. 知识产权交易中心是推进海南建设自贸区（港）的重要推力

海南打造金融开放高地是要具有全球竞争力，不仅是自己的升级版，海南还要参加全球金融资源要素配置竞争力，争取做"一带一路"金融自由创新试验田，助力海南建设自贸区、自贸港。由此看来，知识产权交易中心，不但可以引进大量国内急需的知识产权，并以产业化造福于全民；同时又可将更多的知识产权推向"一带一路"的相关国家乃至全球各国。因此，创建知识产权交易中心，既是振兴海南地方经济的重要抓手，也是推进海南建设自贸区（港）的重要推力。

（三）为产业转型、调整结构、扩大内需、发展经济作贡献

1. 交易所可以带动哪些相关产业

上面说过交易所经济的效应，以下我们看看交易所可以带动哪些相关产业，创造多少就业机会。

（1）电脑通信业

由于信息交互与传播的特殊要求，有关政策的调整、外部市场的变化以及瞬间行情的震荡，均会给市场带来不可估量的影响。"时间就是金钱，效率就是生命"在这一行业体现得淋漓尽致。所以，海南知识产权交易中心须要一流、先进的 IT 产品和通信设备，而且更新也要快，绝非有人会吝惜设备投入。

（2）房地产业

海南知识产权交易中心的交易大厅、交易所办公、集中保管库、驻场交易员休息、会员单位营业、员工及其家庭的住房、各家银行营业所、传媒机构等，都需要房源。这一切将会给海口市乃至海南省商业用房、住宅用房带来新的商机，大大促进当地房地产业、房屋中介业、建材装潢业等相关产业的发展。

（3）物业管理业

上述办公用房和生活之房，均需具有专业水准的物业管理公司来管理。物业管理公司接受业主委托，依据委托合同进行的房屋建筑及其设备，市政公用设施、绿化、卫生、交通、生活秩序和环境容貌等管理项目进行维护，修缮活动；以确保业主办公和生活的要求。物业管理公司必须遵循权责分明、业主主导、服务第一、统一管理、专业高效、收费合理、公平竞争和依法行事的八大基本原则。

（4）餐饮酒店业

上述从业人员集中到海南知识产权交易中心所在的海口市，其中还有来自全国各地、世界各地的市场参与者和观光者的光临。此时集中饮食、住宿就形成了很大的需求，其中包括有各地风味的餐食，商务活动或接待事务。有需求就有市场，餐饮酒店业的迅速发展就有一个千逢难得的商机。

（5）旅游服务业

海南旅游基础设施良好，旅游配套接待业已形成体系，旅游区位优势明显。依托于独特的生态旅游资源和优越的地理区位优势，以及国家赋予的独一无二的入境旅游优惠政策，海南省确立了旅游国际化发展的道路，旅游业的转型升级工作成效显著，旅游增长方式已呈现出由适度数量规模型向质量效益型转变，旅游产品从观光旅游型向休闲度假型转变，旅游客源结构由低端向高端转变，旅游产业步入了发展加速、质量提高的转型升级时期，呈现出国际化、度假化、品牌化、高端化的发展趋势。海南知识产权交易中心将会成为一个旅游景点，为海南的旅游服务业"锦上添花"。

（6）客运出租业

客运出租行业形象是一座城市整体形象的折射，也往往成为进入城市后的"第一视点"，把出租车打造成为推介城市形象的"名片"。交易所开市前、闭市后将是出租车的高峰运行期。为此，海口市有关部门必须做好充分准备，加强硬件和软件的投入，出租司机队伍的扩大，是适应这一市场的必然需求。

（7）汽车服务业

汽车行业是一个技术密集型和劳动力密集型相结合的产业，上述人员大多为白领，汽车拥有比例相当高，当然有人会选择自驾车，这样将给海口市乃至海南省的汽车销售、保险理赔、汽车租赁、零配件供应、整车检测、维修保养、美容装饰、改装美容、二手车交易、停车、洗车、代驾等行业带来商机。

（8）展会务业

国务院《关于印发中国（海南）自由贸易试验区总体方案的通知》中明确要求：支持举办国际商品博览会、国际电影节、中国（海南）国际海洋产业博览会等大型国际展览会、节庆活动，以及文化旅游、国际品牌等适合海南产业特点的展会。优化国际会议、赛事、展览监管，进一步简化展品检疫审批管理。

（9）法律公证业

知识产权领域涉及大量法律问题，例如，企业知识产权方面要求：一是符合有关法律法规的要求，并满足企业总体发展的需要；二是管理者承诺，向全体员工进行宣贯，并被其理解和认同；三是所有参与招标的企业都应制定知识产权管理方针和目标。授权（委托书）公证，如商标转让声明，授权办理相关申请手续、登记手续等；合同、协议公证，如商标权转让协议；保全证据公证，如侵权证据的固定；保管业务，如文学作品保管，以及与知识产权保护相关的涉外涉港澳台公证。法律公证业在知识产权交易中心大有作为。

（10）财务审计业

涉及知识产权的企业绝大多数系创新型企业和高新技术企业，技术力量雄厚，技术骨干众多；相比之下，财务管理人员相对薄弱。若能对创新型企业和高新技术企业提供记账代理、代为报税、报表编制等各种服务，相信能得到企业认可。内部审计是企业必须进行的一项资产管理业务，通过审计可以发现和掌握企业的实际经营管理状况以及存在的一些需要改进的问题。至于每年的年度会计报表还是需要聘请专业的会计事务所进行年度审计。这些业务将给中介机构带来很多客户资源。

（11）税务筹划业

税务筹划，是指在税法规定的范围内，通过对经营、投资、理财等活动的事先筹划和安排，尽可能地获得"节税"的税收利益。它是税务代理机构可从事的不具有鉴证性能的业务内容之一。体现税收筹划所具有的实现策划安排的特点。因此，税务筹划，是指在纳税行为发生之前，在不违反法律、法规（税法及其他相关法律、法规）的前提下，通过对纳税主体（法人或自然人）的经营活动或投资行为等涉税事项做出事先安排，以达到少缴税或递延纳税目标的一系列谋划活动。税务筹划具有合法性、筹划性、目的性、风险性和专业性的特点。知识产权有许多涉及纳税的优惠政策，税务筹划业务或许更有针对性。

（12）专利代理业

国务院法制办 2011 年 2 月 11 日公布的《专利代理条例（修订草案送审稿）》，专利代理人（将"专利代理人"称谓变更为"专利代理师"）是指获得了专利代理人资格证书，持有专利代理人执业证并在专利代理机构专职从事专利代理工作的人员。一般情况下，专利代理人只能处理专利事务，而不能处理其他法律事务。而律师只能处理"除专利之外"的法律事务，而处理不了专利事务，因为大部分的律师都不具备理工科技术背景，看不懂专利的技术信息，并且也没有经过处理专利事务的特殊培训。

（13）咨询服务业

知识产权交易中心对于大多数人而言，是个新生事物，具有一定的神秘感和新鲜感，也会吸引一部分投资者跃跃欲试。环绕交易所机制、品种介绍、交易规则、结算制度、交割办法、行情研判、投资理财等一系列问题，需要有人提供咨询服务。这将推动一些专业咨询公司相继成立，填补这一空白。

（14）培训教育业

知识产权交易中心这一新兴现代服务业的兴起，必定需要大量从业人员的参与。其中包括市场、法律、财务、审计、IT、营销等专业人士。其来源于企业所缺相关人员的专业培训，提供就业途径；为现在已经在职的人员提供专业的技能培训；为下岗职工或者无业人员提供再就业机会等。相信这一专业培训计划已经放到海南省、海口市两级政府有关部门的议事日程上了，其核心问题则是师资和教材的组织落实。

（15）人才服务业

人才市场，又称劳动力市场、职业市场、就业市场、招聘市场等，是指劳工供求的市场。海南知识产权交易中心及其相关现代服务业的兴起，必然会带动人才服务业的发展。人才市场、职业介绍所、猎头公司等各种形式、各个层次的人才服务业，将会给各用人单位提供所需人才，以确保其业务发展之需。政府相关部门正在积极推进之中。

（16）电商零售业

对于海南知识产权交易中心及其有关从业人员及其家族、观光参观者来说，旅游纪念品、名优土特产如西沙诺尼、海南玉液酒、兴隆咖啡、南海红茶、白沙绿茶、椰树椰汁、春光食品、京润珍珠、海南黎锦、海南黄花梨、文昌鸡、东山羊等将是他们理所当然的选择。超市、特色商店往往是消费者光顾的场所。此时正是电子商务和零售业务的发展机会。

（17）养生保健业

交易时间紧张的工作之余，一些商务活动或接待事务，人们往往会选择足浴、洗浴、保健按摩、KTV 等保健休闲娱乐场所，放松神经，调整心态，有利于身心健康。这样一来，将给保健休闲业、保健食品及饮料、休闲食品带来无限的商机，同时也促进了现代服务业的蓬勃发展。

（18）家政服务业

家政服务是指将部分家庭事务社会化、职业化，由专业家政服务人员来承担，帮助家庭与社会互动，构建家庭规范，提高家庭生活质量。大量知识产权从业人员及其家族入住海口市，商业用房、住宅用房的业主或租户，一部分将会有提供家政服务的需求，这样一来，将会促进海口市家政服务业的发展。

2. 创造就业机会，增加工作岗位，有利于社会稳定与和谐

海南知识产权交易中心的建立，可以为当地创造就业机会，增加工作岗位，具体产业包括：电脑通信业、房地产业、物业管理业、餐饮酒店业、旅游服务业、客运出租业、汽车服务业、会展会务业、法律公证业、财务审计业、税务筹划业、专利代理业、咨询服务业、培训教育业、人才服务业、电商零售业、养生保健业和家政服务业18 个行业。因此，近年来"交易所经济"已得到有识之士的首肯。因此，必然会带动地方相关产业，为地方创造更多的就业机会。众所周知，就业是民生之本。只有充分就业，才能发展经济，确保社会稳定。

3. 创建知识产权交易中心将为海南带来丰富的旅游资源

按照海南省总体规划的要求，以发展旅游业、现代服务业、高新技术产业为主导，科学安排海南岛产业布局。依托博鳌乐城国际医疗旅游先行区，大力发展国际医疗旅游和高端医疗服务，对先行区范围内确需进口的、关税税率较高的部分医疗器械研究适当降低关税。支持开展干细胞临床前沿医疗技术研究项目。依托现有医药产业基础，探索开展重大新药创制国家科技重大专项成果转移转化试点。提升高端旅游服务能力。

2018 年海南省政府工作报告中指出："五年来，我们始终坚持构建现代服务业为主导的产业体系，供给侧结构性改革扎实推进。重点发展以服务业为主的 12 个产业，服务业对经济增长贡献率达 79.5%。旅游业转型升级步伐加快，全域旅游示范省创建顺

利开展，旅游市场整治成效显著，在全国率先设立旅游法庭、旅游警察，以全域旅游推进旅游业升级。全面提高旅游业的效益，既关注游客数量，更重视旅游消费、税收和带动农民增收等指标。"

海南省委省政府将发挥海南岛全岛试点的整体优势，紧紧围绕建设全面深化改革开放试验区、国家生态文明试验区、国际旅游消费中心和国家重大战略服务保障区，实行更加积极主动的开放战略，加快构建开放型经济新体制，推动形成全面开放新格局，把海南打造成为我国面向太平洋和印度洋的重要对外开放门户。然后，海南知识产权交易中心等新建筑，肯定会吸引大量当地居民及旅游客源，成为海南省暨海口市一道亮丽的风景线，带来巨大的经济效益和社会效益。

4. 通过创建知识产权交易中心，培养一大批熟悉市场经济的人才

通过创建海南知识产权交易中心，为知识产权培养一大批熟悉市场经济的人才。发展产权市场，可以有效集聚商品、资金、信息、机构、人才等优势资源，进一步推动区域产业结构的调整与优化。例如，大连商品交易所日均200多亿元的保证金，年均40亿元的实物交割量，所吸引的200多家金融机构和3000多名专业人才，对地方经济的支撑带动作用显著。同时，人才匮乏是制约海南经济发展的重要因素之一。一个成功的、成熟的、成气候的要素市场，一定会吸引一大批优秀人才参与，甚至全球精英也来加盟。通过海南知识产权交易中心的筹建和运营，若能筑巢引鸟，引进一些既有良好的职业道德素养，又有扎实的市场理论功底和驾驭市场能力的骨干队伍，这将对海南自贸区经济发展带来举足轻重的动力。

总之，就业是民生之本，创建海南知识产权交易中心，在引进、培养市场人才的同时，又可带来相关产业的商机，为海口市乃至海南自贸区创造了众多就业机会。同时又增加了消费需求，因此，这是进一步扩大内需，促进经济平稳较快增长的举措。对于各级政府而言，社会稳定是第一位的政治需要，而充分就业则是社会稳定的基础，经济发展则是充分就业的前提。所以，海南知识产权交易中心的建立，不仅能振兴海南整个区域经济，推动经济又快又好地发展，而且是个启动内需促消费的民生工程。

三、海南知识产权交易中心成为全国性交易市场势在必行

（一）知识产权市场巨大，知识产权证券化方兴未艾

1. 知识产权市场巨大

在知识经济浪潮的冲击下，全国知识产权市场巨大。仅以专利这一项根据国家知识产权局官网《统计信息》中发布的数据，2015年中国国家知识产权局全年受理的专利总数为279.85万件，其中，国内专利2639446件，国外专利159054件；发明专利1101864件，实用新型1127577件，外观设计569059件。估计2015年新申请的代理服

务费达到 65 亿元。

2. 知识产权证券化能有效地实现科研成果转化

知识产权证券化成为当今知识经济时代融资新趋势具有诸多客观成因。我国广大中小企业尤其是创新型企业或称高新技术企业，在融资过程中基于知识产权权利本身所具有的风险性和不稳定性，而很难通过银行获得充分的贷款，出于规模水平等方面的局限性，又很难通过其他传统融资途径获得其生产发展所亟须的资金。此外，相关权威调查的数据表明，我国当前在将科研成果转化为现实生产力方面尚远远落后于发达国家，然而这一问题自其被正视以来又因受制于资金的短缺限制和风险的难以避免等种种因素而迟迟得不到有效解决。知识产权证券化正是基于对这些问题的解决应运而生并不断发展起来的。

3. 知识产权证券化有利于降低投资者的风险

知识产权证券化还能够将原属于知识产权所有人的风险，通过破产隔离等机制的运作，分担给整个社会中人数众多的该证券的投资者，从而能够达到降低风险的作用，最起码能够保证知识产权所有人，在侵权发生的时候，有能力承担诉讼的风险。与此同时，购买此知识产权证券的投资者，出于利益考量对于将科研成果转化为现实生产力，也会起到一定的监督作用。从总体上看，知识产权科研成果向生产力转化的比率的提高，必然能够起到激励知识产权权利人的作用，这种激励又会在更大范围上促进整个社会创新能力的提高。可以说，从更宏观的角度来看，知识产权证券化对于我国知识产权战略的实施、创新型国家的建设等都会起到不可小觑的重要作用。

（二）海南自由贸易试验区建立知识产权交易中心，责无旁贷

2018 年 10 月 16 日，国务院《关于印发中国（海南）自由贸易试验区总体方案的通知》中提到，完善知识产权保护和运用体系。支持建立知识产权交易中心，推动知识产权运营服务体系建设。这是党和国家给了海南自贸区一个"大礼包"，责无旁贷；同时这又是一个千载难逢的历史机遇。

1. 企业要发展，关键是人才

在知识经济时代，最稀缺的资源是具备创新意识的高科技人才和具备资源配置能力的企业家，还需要既精通现代企业管理和懂得国际市场的经营人才，同时还要具备与时俱进、勇于创新、开拓未来的管理人才。通过建立知识产权交易中心，推动知识产权运营服务体系建设的一系列运作，将会给海南吸引大量优秀人才，在干中学，在学中干，从而促进中国（海南）自由贸易试验区的各项工作顺利开展。

2. 回顾 28 年前中国证券市场建设初期的启示

曾几何时，28 年前中国证券市场建设初期，证券专业人员匮乏曾是困扰国家、地方高层的难题。当时在中国懂得股票交易的人凤毛麟角，就是这些"初生牛犊不怕虎"

的有志者，把改革开放后的证券交易所搞得有声有色，然后不断吸引全球市场的"海归"和国内"精英"加盟。以迅猛发展的速度跻身于世界经济的大潮之中。"改革的开弓没有回头箭""摸着石头过河""在干中学，在学中干"成了当时拓荒者的精神支柱。近30年的事实雄辩地证明：我们不仅干起来了，而且又快又好。在电脑撮合、无纸化交易、自动过户、网络交易等各个方面，超越了海外几十年的发展步伐，并且"老外"也学起了我们的"创新技术"。

3. 历史的经验值得注意，人才是流动的，关键在吸引人才的机制

或许有人会问：海南有这样的人才吗？历史的经验值得注意，人才是流动的。精英人才必然流向机制优良、充分激励、信息透明、管理有序、经营有方的创新型企业。对此我们深信不疑。创新型企业的核心竞争力是人才，是既有富有创新理念，又有实干精神的人力资本。在此人才激励机制十分关键。同样，当下对建立知识产权交易中心，一直顾虑"缺乏人才"的海南各级领导和部门主管，也是一颗"定心丸"。用事业激励人才，用机制吸引人才，用情感留住人才，用待遇打动人才。实践证明，创新型企业的人才战略还是有着其实效性的。

（三）海南在医疗领域的先行优势有利于知识产权交易中心的建设

1. 党和国家及海南高层对医疗产业的高度重视

国务院《关于印发中国（海南）自由贸易试验区总体方案的通知》中明确指出："依托博鳌乐城国际医疗旅游先行区，大力发展国际医疗旅游和高端医疗服务，对先行区范围内确需进口的、关税税率较高的部分医疗器械研究适当降低关税。支持开展干细胞临床前沿医疗技术研究项目。依托现有医药产业基础，探索开展重大新药创制国家科技重大专项成果转移转化试点。"早在2016年6月，海南省政府确定把医疗健康等12个领域作为海南省经济发展的重点产业，医疗健康产业首次进入海南宏观经济发展的支柱产业。在"十三五"经济工作部署蓝图中，海南省明确将做优做强医疗健康产业，依托博鳌乐城国际医疗旅游先行区，利用优惠政策大力引进高端医疗、健康管理、康复护理、医学美容抗衰老和中医养生等项目，形成集聚效应；以优惠待遇和优质的事业平台引进高端医疗技术人才；鼓励社会资本和国内外医疗康复养生机构进入，开办职业培训机构。

2. 博鳌乐城国际医疗旅游先行区的基础设施和人才资源

2013年2月28日，国务院正式批复海南设立博鳌乐城国际医疗旅游先行区，是目前全国唯一国务院批准的以医疗旅游为主导的第三产业园区；同时发布关于支持博鳌乐城国际医疗旅游先行区的九项政策，标志着先行区上升为国家战略。九项政策包括：

（1）加快先行区医疗器械和药品进口注册审批；

（2）先行区可根据自身的技术能力，申报开展干细胞临床研究等前沿医疗技术研究项目；

（3）卫生部门在审批先行区非公立医院机构及其开设的诊疗项目时，对其执业范围内需配备且符合配备标准要求的大型药用设备可一并审批；

（4）境外医师在先行区内执业时间试行放宽至 3 年；

（5）允许境外资本在先行区内举办医疗机构；

（6）可适当降低先行区部分医疗器械和药品的进口关税；

（7）适当增加先行区建设用地计划指标；

（8）支持并指导先行区引入生态、医疗、新能源等相关国际组织，承办国际会议；

（9）鼓励先行区利用多种渠道融资，吸引社会投资等。

同时，目前已有博鳌国际医院、博鳌恒大国际医院、慈铭博鳌国际医院、博鳌·银丰康养国际医院、中国干细胞集团附属医院、新生泉国际细胞治疗医院、颖奕国际细胞治疗医学中心、海南新生命干细胞抗衰美容中心、海上丝绸之路干细胞医疗中心、银丰干细胞国际医疗中心、海南省肿瘤医院成美医学中心、慈铭奥亚慢病康复医院、博鳌一龄生命养护中心、长昇国际医学健康中心、济民国际医学抗衰老中心、恒大国际医学美容中心和瑞达麦迪赛尔国际医疗中心等医疗机构落户，计划共有百家医疗机构相继进驻。众所周知，生物医药的知识产权由于其开发周期长、投入资金大、投资风险高，是知识产权领域中最为复杂的一部分。然后，海南这么多的医疗资源对于生物医药知识产权有着很大的发展空间。

3. 海南鼓励药品医疗器械创新，及时将新药纳入公立医院集中采购

根据省委办公厅、省政府办公厅近日印发的《关于深化审评审批制度改革鼓励药品医疗器械创新的实施意见》（以下简称《意见》），河南省将深化审评审批制度改革，通过改革临床试验管理、加快上市审评审批、加强药品医疗器械全生命周期管理等举措，鼓励药品医疗器械创新。

（1）在加快上市审评审批方面，加快医疗器械审评审批

对治疗严重危及生命且尚无有效治疗手段疾病以及公共卫生方面等急需的在海南省申报的第二类医疗器械，临床试验早期、中期指标显示疗效并可预测其临床价值的，可附带条件批准上市。鼓励创新医疗器械研发，对国家科技重大专项和国家重点研发计划支持以及获得国家级发明奖、科技进步奖、省级科技进步奖二等奖以上、核心技术发明专利的第二类医疗器械，给予优先审评审批。

（2）持续推进仿制药质量和疗效一致性评价

《意见》明确，持续推进仿制药质量和疗效一致性评价。加强对企业开展一致性评价工作的技术指导，如期完成一致性评价。按照分步实施的原则，凡 2017 年 10 月 1 日前批准上市的列入《国家基本药物目录》（2012 年版）中的化学药品仿制药口服固体制剂共 289 个品种目录中的品种，原则上应在 2018 年底前完成一致性评价，鼓励药品生产企业对上述目录以外的其他品种提前开展一致性评价研究。鼓励医疗机构优先采购使用通过一致性评价的药品。同品种药品通过一致性评价的生产企业达到 3 家以上

时，未通过一致性评价的品种将不再纳入海南省集中采购范围。

（3）支持新药临床应用

在国家有关部门统一部署下，建立并完善医疗保险药品目录动态调整机制，探索建立医疗保险药品支付标准谈判机制，及时按规定将新药纳入基本医疗保险支付范围，支持新药研发。根据海南省疾病防治需要，及时将新药纳入公立医院药品集中采购范围。鼓励医疗机构优先采购和使用疗效明确、价格合理的新药。

综上所述，海南在医疗领域的既存优势十分有利于知识产权交易中心的创建，并将大力推动知识产权运营服务体系建设。

第三节　海南知识产权交易中心的架构设计

在海南知识产权交易中心（以下简称交易中心）的架构设计之前，必须要明确几个原则性问题，例如，交易中心的性质是什么？业务覆盖全国乃至全球；资金结算委托第三方（银行）；电脑设备不用自购，采用租赁方式；为了加快进度，软件系统必须外包；制度设计上严格控制市场风险。由于知识产权交易是一个有待探讨的新生事物，运作中必须贯彻"法律先行，业务渐进"的原则；规则必须尽可能事先考虑完善，不能出现"先比赛后定规则"的问题。

一、海南知识产权交易中心架构的设计假设

2018年10月16日，国务院《关于印发中国（海南）自由贸易试验区总体方案的通知》中提到，"完善知识产权保护和运用体系。支持建立知识产权交易中心，推动知识产权运营服务体系建设"。由于这仅是一个纲领性的指导意见，需要我们认真学习、深入研究，探讨一些具有可操作性的筹建方案，所以有必要对海南知识产权交易中心架构的设计进行一系列假设。

（一）交易中心的性质是什么

目前全球交易所的性质有会员制和公司制两种，各有利弊。

1. 会员制

会员制交易所由全体会员共同出资组建，缴纳一定的会员资格费，作为注册资本。缴纳会员资格费是取得会员资格的基本条件之一，不是投资行为，不存在投资回报问题，交易所是会员制法人，以全额注册资本对其债务承担有限责任。会员制交易所的权力机构是由全体会员组成的会员大会，会员大会的常设机构是由其选举产生的理事会，因此，会员制交易所是实行自律性管理的非营利性的会员制法人，目前世界上大

多数交易所都是会员制。我国早期的上海、深圳证券交易所，郑州、大连、上海期货交易所等都是会员制交易所。

2. 公司制

公司制交易所通常由若干股东共同出资组建，以盈利为目的，股份可按规定转让。这种交易所要收取发行公司的上市费与证券成交的佣金，其主要收入来自买卖成交额的一定比例。而且，经营这种交易所的人员不能参与证券买卖，从而在一定程度上可以保证交易的公平。英国以及英联邦国家的期货交易所一般是公司制，中国金融期货交易所是股份制交易所，由郑州、大连、上海期货交易所以及上海、深圳证券交易所各出资 1 亿元组成。公司制交易所采用股份制有限公司的组织形式。

3. 两者比较说明

（1）会员制交易所的佣金和上市费用较低，从而在一定程度上可以防止上市品种的场外交易。但由于经营交易所的会员本身就是交易的参加者，因而在交易中难免出现交易的不公正性。同时，因为参与交易的买卖方只限于交易所的会员，新会员的加入一般要经过原会员的一致同意，这就形成了一种事实上的垄断，不利于提供服务质量和降低收费标准。同时，会员制交易所的成员并非投资者或股东，其最高权力机关通常称为会员大会而非股东大会，交易所的执行机构则称为理事会而非董事会。理事会的职责主要有：决定政策，并由总经理负责编制预算，送请成员大会审定；维持会员纪律，对违反规章的会员给予罚款，停止营业与除名处分；批准新会员进入；核定新股票上市等。

（2）世界上主要的证券交易所不是会员制就是公司制，但是，由于特殊原因我国交易所实行的是具有行政特色的会员制。虽然从组织结构上，我国交易所应归于会员制，但我国的实际情况却并非如此，由于特殊的历史背景，我国证券交易所发展更多是源自政府的推动，具有浓厚的行政色彩，故可称为行政会员制。行政会员制的弊端日渐突出。行政会员制下，如目前我国两大证券交易所职能上几乎雷同，管理上均归属于中国证监会。中国证监会具有对交易所的人事任免权，两所的总经理等均由中国证监会任命，因此很像分设在两地的行政下属部门。由于目前公司上市的决定权不在交易所而在证监会，便形成了上市资源在两大交易所之间的行政性分配，两大交易所不必为上市资源等方面的事务竞争，再加上行政分配导致的垄断，使两大交易所竞争的动力不足。

（3）随着全球经济的发展和通信技术的进步，世界范围内交易所的垄断地位受到挑战，各国交易所之间的竞争日趋激烈，传统的会员制已逐渐显现出弊端。因此，分析交易所公司化对我国交易所未来发展的利弊能够使我国更好地应对国际竞争，对我国交易所进行公司制改革，有利于进一步推动我国资本市场的发展。所以，海南知识产权交易中心从一开始能否一步到位，由国资背景的企业牵头，联手医疗、医药、中医药、旅游房地产等企业，知识产权中介机构、金融机构等作为发起人，组建一家以国有资产绝对控股的股份制企业——海南知识产权交易中心。这样一来，既有了国资的公信力，又有了民营经济的创造力，这种混合所有制企业具有巨大的发展潜力。

（二）交易中心业务覆盖范围

1. 知识产权交易中心的业务覆盖全国

虽然名称为海南知识产权交易中心，其实质是中国知识产权交易中心。目前虽然我们还没有真正意义上的知识产权交易中心，既然国务院明确支持（海南省自贸区）建立知识产权交易中心，推动知识产权运营服务体系建设。当然希望海南知识产权交易中心能成为全国范围的交易中心。赋予海南经济特区改革开放新的使命，是习近平总书记亲自谋划、亲自部署、亲自推动的重大国家战略。建设中国（海南）自由贸易试验区（以下简称自贸试验区）是党中央、国务院着眼于国际国内发展大局，深入研究、统筹考虑、科学谋划作出的重大决策，是彰显我国扩大对外开放、积极推动经济全球化决心的重大举措。

2. 立足海南，面向全国，放眼世界

完善知识产权保护和运用体系。推进知识产权综合执法，建立跨部门、跨区域的知识产权案件移送、信息通报、配合调查等机制。支持建立知识产权交易中心，推动知识产权运营服务体系建设。这是中央对海南的要求，也是海南自贸区的发展动力。在知识产权运营服务体系建设方面，海外有许多成熟的经验和案例可以借鉴；同时发达国家也有很多成熟的科研成果和知识产权（尤其是在生物医药方面），可以通过市场化手段获得，为我所用。因此，海南知识产权交易中心的业务应该是覆盖全国乃至全球的，也就是说，立足海南，面向全国，放眼全球！

3. 知识产权在医疗领域大有可为

在《中国（海南）自由贸易试验区总体方案》中，可以明显地感觉到海南地方政府在医疗领域倾向性的布局。在推动现代服务业集聚发展上，依托博鳌乐城国际医疗旅游先行区，大力发展国际医疗旅游和高端医疗服务，对先行区范围内确需进口的、关税税率较高的部分医疗器械研究适当降低关税。支持开展干细胞临床前沿医疗技术研究项目。依托现有医药产业基础，探索开展重大新药创制国家科技重大专项成果转移转化试点。此外，还有中华民族的瑰宝——中医药知识产权的发展。

（三）资金结算委托第三方（银行）

按照国内交易市场的结算系统惯例和监管部门的严格要求，资金结算一般委托第三方代理，具体委托一家或数家商业银行。

1. 委托第三方资金结算的好处

（1）银行是国民经济的综合部门，整个社会的总会计、总出纳，具有丰富的实操经验，同时也具有较大的公信力。

（2）资金结算是一个日常烦琐的实操业务，海南知识产权交易中心在这方面较难胜任。同时，当前的证券交易所、期货交易所、商品交易所等交易市场，基本上都是委托商业银行代理。同时交易所、会员等都已经在商业银行开立结算账户，这样一来一切都顺理成章。并且，交易所可以摆脱烦琐的工作，集中精力从事其本职业务。

（3）资金结算是银行一项主要的日常业务，无论是质量还是效率都是其他机构难以胜任的。实践证明，银行代理第三方结算业务，是一个不可替代的选择。相信这一决策肯定会得到管理层的首肯。

2. 第三方资金结算的操作流程（见图2－3）

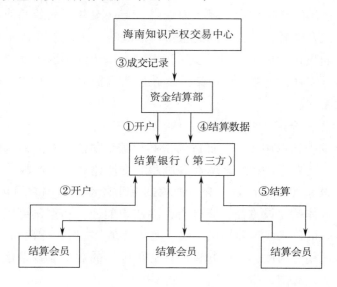

图2－3　第三方资金结算操作流程

3. 流程说明

（1）海南知识产权交易中心资金结算部在指定的结算银行开立资金结算账户；

（2）各结算会员也在同一结算银行集中开户；

（3）每日交易终了，海南知识产权交易中心交易市场部把当日的成交记录发给资金结算部；

（4）资金结算部把成交记录加工为结算数据传至结算银行；

（5）结算银行依据结算数据逐户进行资金收付，从而完成整个资金结算的业务流程。

（四）交易中心的电脑设备不用自购，采用租赁方式

多年来的实践经验证明：自行采购电脑设备有害无利。这是因为：

1. 电脑设备技术更新很快，即使购买时是新产品型号，两三年后就可能被更新的型号淘汰了，而且旧设备的处置也是一个难题。

2. 交易所的业务发展迅速，交易量和数据库一大，设备更新也随之而变，如上海证券交易所的电脑系统已更新十多次了。

3. 若用自购的方式，服务器硬件、网络安全、备份、购置约 1500 万元；机房建设约 2000 万元，运维管理约每年 250 万元。

4. 用租赁的方式解决，既可节省前期大量投入，又可给交易所"轻资产"的美誉，何乐不为！例如，阿里云提供的比捷云交易系统，具备实盘分账户交易的功能，数据高速稳定，交易通道安全。个性化设置，部署约 60 天。每季租金才 60 万元人民币。其实早期租用省科技厅计算中心的服务器足够了。

5. 减少技术人员编制 10 多人，降低运行成本，且不需要考虑"热备份"。

6. 总之，电脑设备用租赁的方式，最大的好处在于可以随机应变，不像自购的设备就很不自在。

（五）为了加快进度，软件系统必须外包

1. 软件系统应该外包

改革开放初期，为了引进新技术加快科技现代化的步伐，大量进口计算机设备为我所用。由于没有经验只知道选购硬件设备，而忽视了软件系统。盖好了机房，培训了人员，进口了设备，此时此刻才想到了要用软件。结果等硬件系统调试完毕，应用系统上不了，设备闲置了好多年。等到能正式使用了，由于电脑硬件更新较快，该设备已经列入淘汰行列。前车之鉴，后来人们往往注重提前开发，再去考虑硬件设备的选购。如今随着 IT 人才的成本越来越高，用户往往不养人，而采用软件外包的做法。

2. 知识产权交易中心的特殊性

由于知识产权交易是一门新课题，至今海外也无成熟的经验，需要我们去努力拼搏、尽力创新，才能有所建树。软件系统的实践经验告诉人们：凡是你能想到的事情，电脑完全可以实现。也就是说：不怕做不到，就怕想不到。所以，在软件的设计上系统分析十分关键。

3. 软件系统外包的比较优势

（1）如果自己开发

①软件系统开发费约 1000 万元以上，开发周期约 2 年；

②系统软件升级（数据库、网络安全、操作系统、业务系统）约每年 150 万元；

③增加人员编制 10 人以上；

④方案设计、招标流程约 6 个月。

（2）倘若软件外包

①可以海量选择优质的软件开发商；

②开始一笔费用比较高，但以后维护费用相对低一些；

③由于选择资深软件开发商，无论质量还是时间均有保证；

④不必养着一批软件开发人员，降低交易所运行成本。

（3）软件系统外包是一个比较理智的选择。

（六）制度设计上严格控制市场风险，定好规则再比赛

一个成熟的商品市场首先应该在制度设计上严格控制市场风险，其次在实施过程中完善、健全风控制度，当然也少不了"亡羊补牢"的措施。近年来，各地蜂拥而起的交易所，其中一些就是因为风控不力而出现市场风波，从而引起管理层的关注和造成不良后果，这也是各级政府担忧之处。其中关键在于制度设计上严格控制市场风险。为此我们考虑了交易所"七道防线"。

1. 交易所首先制定严格的会员管理办法，对各类会员进行市场准入和分类监督管理，以免出现"害群之马"。

2. 实行风险准备金制度。风险准备金是指由结算会员依照交易所规定缴存的，用于应对结算会员违约风险的共同担保资金。

3. 实行保证金制度。交易保证金为全额保证金，即受让（买入）交易品种前，必须在资金结算准备金账户中存有足额的用于交收的资金。同样转让（卖出）交易品种前，必须严格符合可以转让的各种条件。

4. 为控制风险和减少市场波动，交易所实行价格限制制度。具体分为涨跌停板制度与熔断制度，以防止行情暴涨暴跌。

5. 实行做市商制度。交易所可以选择具有一定实力和信誉的会员充当做市商，在出现单边市或市场低迷的时候，以其自有资金和商品进行反向交易，即只有卖出申报时买入或者只有买入申报时卖出，从而为市场提供即时性和流动性，起到造市的作用，即当股市过于沉寂时，做市商通过在市场上人为地买卖，以活跃人气，带动其他投资者实现价值发现。

6. 实行风险警示制度。交易所认为必要的，可以单独或者同时采取要求会员和客户报告情况、谈话提醒、书面警示、发布风险警示公告等措施中的一种或者多种，以警示和化解风险。

7. 在交易过程中，出现因地震、水灾、火灾等不可抗力的自然灾害，公共卫生事件、社会安全事件，火灾或电力供应出现故障等，计算机系统故障等不可归责于交易所的原因，导致交易无法正常进行；或者会员出现结算、交割危机，对市场正在产生或将产生重大影响，交易所可以宣布进入异常情况，采取紧急措施化解风险。

二、海南知识产权交易中心的总体架构设计

海南知识产权交易中心是一个系统，需要统筹考虑。

（一）市场建设三要素

市场就是人在经济方面的自由活动。人是理性的，不会做愚蠢的事，这是市场有

效的根本原因。市场的特征是交换，在交换中提升了物的用场，也增加了人们发挥才能的机会。交换使物尽其用，人尽其才，也就是改善了资源配置的效率。交换生财的原因也在于此。交换是两个人之间的事，所以生财也是两个人之间的事。一个人可以劳动，但不能生财——劳动能生产出物，而物要变成财必须通过交换。所以，有需求就有买卖，有交易就有市场。一个成功、有效的商品市场，具有供求关系、定价机制和获利效应三大要素。

1. 供求关系

市场经济的必然产物。有需求就有生产，买卖自由，等价交换，由市场配置资源。因此，有需求就会有市场，也应该有市场。亏本生意无人做，断头职业有人为。明知无归路的毒品贩卖还是有人去铤而走险。在市场经济条件下，有了市场需求，就会有相应的市场形态来满足这种需求，这是个公认的经济规律。在一定意义上讲，可以说是商品市场供应方与需求方的个性化需求造就了多层次市场。制度的需求是制度变化的必要条件。作为两个重要市场参与主体——买方和卖方的载体，商品市场的本质属性是一种提供服务的制度安排，它应该不仅可以满足不同风险偏好者的投资选择需求，而且可以满足质量、规模、风险程度不同的卖方需求。所以，商品市场有着程度不同的供求关系，买卖需求在所难免，作为市场最高形式的交易所应运而生。

2. 定价机制

在计划经济条件下，商品由政府进行定价，供应实行配给制。在市场经济背景下，价格由市场供需关系所决定，供大于求，则价格下跌，求大于供，则价格上升。这种定价机制巧妙地实现了世界资源的最优化配置。计划经济模式因为其低效率、对资源的浪费、不鼓励创新和竞争，在全世界已经被抛弃。所以在市场经济的条件下，商品市场的定价由市场决定，具体是在供求关系的基础上通过竞价而产生。因此，有需求就会有市场，有市场就会有竞争，同样在交易所这种公开市场中竞争表现为竞价也是在所难免的，有时会表现出相当激烈，甚至充满了战场才有的火药味。一个有效的市场是最具有公信度的场所，这也就是为什么人们往往要了解市况，就首先需要了解交易所的行情，并将其作为商品买卖或投资决策的重要依据。

3. 获利效应

长期以来，国人一直将投机作为贬义词，甚至在修改前的刑法中有"投机倒把罪"。而在市场中通常有两种人，投资者和投机者。投机是人类所特有的，实际上投机是所有有大脑动物都特有的，而在人类表现为利润，在动物表现为生存，人类的利润也是为了生存，一种用货币代表的生存，一个死气沉沉的大地是不会有投机的。一个市场若没有投资者，这个市场是无法生存的；若没有投机者，这个市场将会没有活力而死气沉沉。可以这样说，市场的对立与共生——交易所中投资和投机的游戏。因此，在海南知识产权交易中心市场参与者得不到收益，没有获利效应的市场没有吸引力，也是不能持久的。所以，在制定交易规则、品种设计等方面，应该让市场参与者有套利空间，让交易双方有合情、合理、合法的获利效应。

（二）组织架构

1. 交易中心性质

海南知识产权交易中心股份有限公司（以下简称交易中心）系依照《公司法》《中共中央 国务院关于支持海南全面深化改革开放的指导意见》《大宗商品电子交易规范》和其他有关规定成立的、具有组织知识产权市场交易职能的企业法人。交易所为永久存续的股份有限公司。董事长为交易所的法定代表人。股东大会由全体股东组成，是交易所的权力机构，股东大会可以根据具体情况将部分职权授予董事会行使。股东大会决定董事长、副董事长、监事会主席、监事会副主席、董事、监事的报酬、奖惩事项。股东（包括股东代理人）以其所代表的有表决权的股份数额行使表决权，每一股份享有一票表决权。

2. 经营宗旨和职责

（1）交易中心的经营宗旨

发展社会主义市场经济，完善资本市场体系，发挥知识经济的功能，保障知识产权交易的正常进行，保护交易当事人的合法权益和社会公共利益，维护市场的正常秩序。经依法登记，交易所的经营范围：组织安排知识产权类产品上市交易、结算和交割，制定业务管理规则，实施自律管理，发布市场交易信息，提供技术、场所、设施服务。

（2）交易中心的职责

①提供交易的场所、设施和服务；

②设计交易品种并安排上市；

③组织并监督交易、结算和交割；

④保证成交结果的履行；

⑤按照交易规则对会员进行监督管理；

⑥制定并实施交易所的交易规则及其实施细则；

⑦发布市场信息；

⑧监管会员及其客户、交易保证金存管、银行及市场其他参与者的交易业务；

⑨查处违规行为；

⑩主管部门规定的其他职责。

3. 组织机构

股东会是交易中心的最高权力机构。交易中心设董事会，对股东会负责，并行使股东会授予的权力，董事会下设交易结算、薪酬、风险控制、监察调解等专门委员会。交易中心设总裁1人，副总裁若干人，在各项业务到位的情况下设置24个部门（见图2-4）。

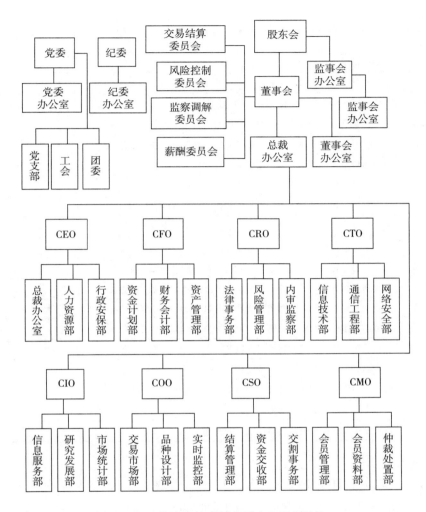

图 2-4 海南知识产权交易中心组织机构

机构设置说明：

除 CEO 首席执行官（总裁）外，另设财务总监（CFO）、首席风险官（CRO）、首席技术官（CTO）、首席信息官（CIO）、首席营销官（COO）、首席结算官（CSO）、首席会员官（CMO）。部门及职责如表 2-2 所示。

表 2-2 各部门职责

部门名称	主要职责
总裁办公室	负责综合协调、对外联络、外事、收发文、重大事情的处理
人力资源部	负责员工的招聘录用、薪酬福利、绩效考核、岗位培训等
行政安保部	负责行政服务和后勤保障、对外采购以及安全保卫等工作
资金计划部	负责资金计划使用、财务预算和决算以及对外的投融资管理
财务会计部	负责财务制度管理和执行，日常财务会计和工商税务的工作

部门名称	主要职责
资产管理部	负责内部的各项固定资产、物品、低值易耗品的管理和核销
法律事务部	负责对外合同、协议的审核，起草法律文本以及诉讼的处理
风险管理部	负责各类风险隐患的应对措施，内部控制制度的执行到位
内审监察部	负责内部审计、违反内部规章制度的行为查处、监管协作
信息技术部	负责信息资源的经营管理、信息安全、信息服务等技术工作
通信工程部	负责通信工程的日常维护，系统升级换代、故障排除等工作
网络安全部	负责区域网的安全可靠，做好防火墙，以免网络黑客的入侵
信息服务部	负责网站管理、维护、更新以及有价值信息资源的有偿服务
研究发展部	负责知识产权领域的专项课题研究、国际交流与合作等工作
市场统计部	负责每日的市场公告，定期发表市场的业务资料和动态信息
交易市场部	负责交易品种撮合成交，市场开发与培育及产品和服务推广
品种设计部	负责新产品开发设计，老产品的优化升级以及市场需求调查
实时监控部	负责交易运作管理，风险监控管理，及时发现一切违规行为
结算管理部	负责结算服务，结算会员管理，风险管理和结算资金的安全
资金交收部	负责结算会员、结算银行的对接以及日常的资金交收部工作
交割事务部	负责监督成交后知识产权标的物让渡，确保受让方的权益
会员管理部	负责交易中心各类会员的准入，每年会员大会以及日常管理
会员资料部	负责交易中心各类会员的档案资料保管、登记、查询、注销
仲裁处置部	负责配合监察调解委员会对违规行为调查、定性以及处置

4. 岗位定员

正式员工 120 人，其中高级管理人员 12 人，普通员工 100 人，其他 8 人。没有必要一步到位，筹建初期 30 人编制即可，随着业务的开拓，可以按照需求到岗。

（三）整体业务流程

整体业务流程，见图 2-5。

说明：（灰色部分为非交易中心机构）

（1）交易中心会员在交易市场会员管理部提交相关信息，办理申请会员资格业务；

（2）交易中心交易市场品种设计部根据市场需求设计交易品种；

（3）会员在交易中心结算管理部办理结算账户、保证金账户和清算交割准备金账户；

（4）客户转让知识产权，首先必须通过专业评估机构对标的物估值；

（5）有的还要求金融机构进行知识产权证券化处理；

（6）知识产权证券化处理后方可进入交易市场竞价；

（7）有的经评估后直接进入交易市场竞价；

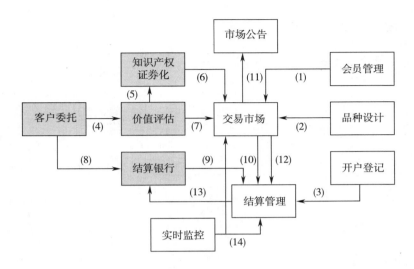

图 2-5　业务流程

（8）客户求购知识产权，需要向指定的结算银行存入交易保证金；

（9）结算银行把交易保证金的相关信息告知交易中心结算管理部；

（10）交易市场通过系统掌握交易保证金的相关信息；

（11）交易市场一旦撮合成交即将成交信息以市场公告形式发布；

（12）每日营业终了，交易市场将当日成交记录通知结算管理部；

（13）结算管理部依据成交记录，加工成结算数据通知结算银行，由结算银行分别在甲乙双方进行账面划账，完成交易过程，并且由成交双方办妥交割，完成知识产权的让渡；

（14）整个交易结算过程中，交易中心市场监察部对各方进行严格的监控，发现问题及时纠正或暂停本次交易。

（四）服务于交易商的市场架构

服务于交易商的市场架构，见图 2-6。

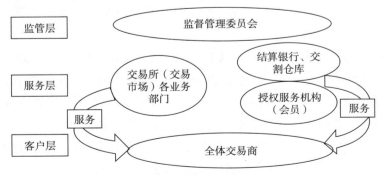

图 2-6　服务交易商的市场架构

157

（五）市场运作流程及规则

1. 申办交易会员资格业务（见图 2－7）

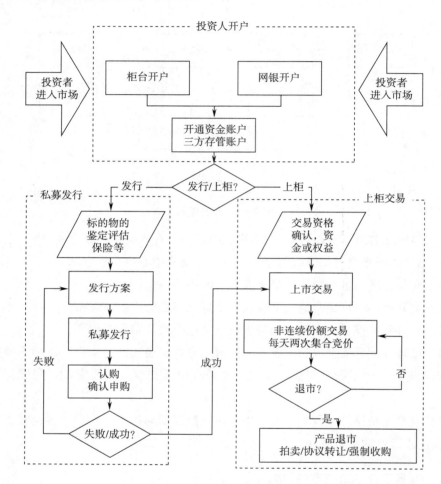

图 2－7 申办交易会员流程

2. 交易品种的设计

一般而言，知识产权包括专利权、非专利技术、商标权、著作权、特许权、土地使用权和商业秘诀七大类。

（1）专利权是指国家专利主管机关依法授予发明创造专利申请人对其发明创造在法定期限内所享有的专有权利，包括发明专利权、实用新型专利权和外观设计专利权。

（2）非专利技术也称专有技术，是指不为外界所知，在生产经营活动中应采用了的，不享有法律保护的，可以带来经济效益的各种技术和诀窍。

（3）商标权是指专门在某类指定的商品或产品上使用特定的名称或图案的权利。

（4）著作权指作者对其创作的文学、科学和艺术作品依法享有的某些特殊权利。

（5）特许权又称经营特许权、专营权，指企业在某一地区经营或销售某种特定商品的权利或是一家企业接受另一家企业使用其商标、商号、技术秘密等的权利。

（6）土地使用权指国家准许某企业在一定期间内对国有土地享有开发、利用、经营的权利。

（7）商业秘诀：优秀的企业的长寿秘诀各不相同。反之，破产倒闭的企业都能从经营失策、管理失控、用人失误、投资失败四个方面找到原因。

品种设计部根据市场需求设计交易品种，以满足交易市场的基本要求。

3. 会员管理

为加强会员管理，保护会员的合法权益，规范会员在交易中心的业务活动，根据《海南知识产权交易中心交易规则》，制定交易中心会员管理办法。会员是指根据有关法律、行政法规和规章的规定，经交易中心批准，有权在交易中心从事交易或者结算业务的企业法人或者其他经济组织。

交易中心的会员分为交易会员和结算会员。交易会员可以从事经纪或者自营业务，不具有与交易中心进行结算的资格；会员从事交易中心业务活动，应当遵守法律、行政法规、规章和交易中心交易规则及其实施细则，诚实守信，规范运作，接受交易中心自律管理。

会员的董事、监事、高级管理人员以及从业人员应当遵守法律、行政法规、规章和交易中心交易规则及其实施细则，忠实、勤勉履行职责，接受交易中心自律管理。

结算会员可以从事结算业务，具有与交易中心进行结算的资格。结算会员按照业务范围分为交易结算会员、全面结算会员和特别结算会员。交易中心可以根据审慎管理原则，要求会员对交易、内部控制、风险管理和技术系统运行等情况进行自查，并提交专项自查报告。

4. 计算机通信系统

当现代化管理对企业提出越来越高的要求之时，我们欣喜地看到信息技术对企业生存发展的重要性日益加强，今天的企业，无论是事务处理还是业务管理，都已离不开各种信息技术的应用，其深度和广度直接影响了企业的综合竞争能力。对于所有企业而言，信息技术不只是一种减轻工作量、提高效率的管理工具，而应该上升为企业的核心竞争要素，成为企业不可或缺的经营管理平台。交易中心的计算机通信系统是一个以计算机处理集中撮合配对成交为基础，以中央结算制为核心，以覆盖全国范围的计算机通信系统为依托的向市场提供高效率、多功能、全方位服务的市场运作体系。

（1）系统架构及关联

整个系统由六个独立的子系统组成，系统架构及其关联如图2-8所示。

（2）子系统说明

交易撮合系统——依据交易规则设计的配对成交系统；

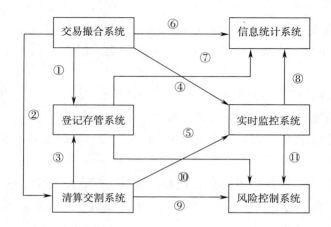

图 2-8　系统架构及关联

登记存管系统——登记市场参与者资料及其持有各类品种的记录；

清算交割系统——根据每交易日的成交记录，按照净额交收或全额交收的原则，分别计算出交易者的应收（付）各类标的物数量或应付（收）资金额；

信息统计系统——根据每日成交记录统计每一交易品种和整个市场的成交量及成交额以及可疑或异常交易，并计算出静态与动态的行情指数以及交易日报、周报、月报、季报与年报；

实时监控系统——依据交易与结算数据，比对风控指标体系，对交易品种、会员及交易者进行实时监控并启动预警体系；

风险控制系统——将结算、存管和实时监控系统提供的数据，考量整个市场、会员及交易者的风险程度作出风险评估。最终提供给董事会风险控制专门委员会，作为对整个市场、会员及交易者干预或处理的决策依据。

（3）系统关联解释

①交易撮合系统接受委托申报后，在撮合前必须访问存管库的数据；

②撮合成交后，交易撮合系统将成交记录数据传输给清算交割系统；

③清算交割系统依据登记存管系统的数据资料完成过户与资金交收；

④⑤交易撮合系统和清算交割系统将有关数据传输至实时监控系统，依据判断可疑或异常交易，及时采取对应措施；

⑥⑦⑧交易撮合系统、登记存管系统和实时监控系统，将有关数据资料传输至信息统计系统，计算出静态与动态的行情指数以及交易日报、周报、月报、季报与年报；

⑨⑩⑪登记存管系统、清算交割系统和实时监控系统，将有关数据资料传输至风险控制系统，由后者比对风控指标体系，考量整个市场、会员及交易者的风险程度，作出风险评估。

5. 知识产权（IP）产品的上市交易程序

（1）确定发售代理商；

（2）提交 IP 产品上市申请；

（3）IP 产品价值评估；

（4）上市申请；

（5）审核申请；

（6）发行产品；

（7）上市交易。

6. 内部控制

知识产权交易不同于别的财产权交易，其运行过程中的高风险、高成本以及极大的不确定性，使缺乏专业知识和理财能力的市场参与者往往举步维艰；再则，我国知识产权市场是一个新兴市场，市场体系不完善，中介服务滞后，交易方式单一。在这一背景下，导致科技成果的转化率低下，一方面，企业有技术却很难被发现；另一方面，银行想放贷但缺乏有效的途径寻找高质量的知识产权，企业想借贷又跟银行对接不上。

（1）交易中心生存发展的生命线

无数事例告诫我们，一个健全有效的内控体系是交易中心赖以生存发展的生命线，也是规范和化解金融风险的重要手段和有效途径。因此，要建立起与社会主义市场经济体制相适应的现代金融企业决策程序和制度，保证决策的民主性和科学性，增强透明度，加强股东会、董事会、监事会的职责，明确各自的权限，健全议事规则，完善监督机制，绝不允许少数人独断专行。

（2）法人治理结构的必要途径

事实上，一个完善的法人治理结构包括决策、运作、制衡三大部分，而这一切都与内部控制体系相关。一个健全有效的、自成系统的内控机制，是公司自身生存发展的根本标志。内部控制是一种机制，是一种贯穿于决策、执行和监督整个过程中环环相扣的、平衡制约的动态控制机制，因此是完善法人治理结构的必要途径。交易所必须按照内部控制的相关规定，结合自身实际情况，建立有效的内部控制机制和内部控制制度。

（3）培育良好的内部控制文化

交易中心完善治理结构，确保股东大会、董事会、监事会和管理层等机构合法运作和科学决策，建立有效的激励、约束机制，树立风险防范意识，培育良好的内部控制文化。交易中心明确界定各部门、岗位的目标、职责和权限，建立相应的授权、检查和逐级问责制度，确保其在授权范围内履行职能。交易中心建立健全财务管理、资产管理、信息系统安全管理、人力资源管理等专门的内部管理制度。交易中心建立相关部门之间、岗位之间的制衡和监督机制，设立专门负责监督检查的内部审计部门。

7. 风险控制

为加强知识产权交易风险管理，保护交易当事人的合法权益，保障交易中心知识产权交易的正常进行，制定风险控制管理办法。

（1）风险准备金

风险准备金是指由交易中心设立，用于为维护交易市场正常运转提供财务担保和弥补因交易中心不可预见风险带来的亏损的资金。风险准备金提取来源如下：

①由会员申请时按交易会员与结算会员分别缴纳；

②从营业收入中按一定比例提取；

③从交易中心税后利润中提取。

（2）全额保证金制度

交易中心实行全额保证金制度。保证金分为结算准备金和交易保证金。结算准备金按会员类别缴纳，交易保证金按全额保证标准缴纳。交易过程中，出现特殊情况，例如，出现涨跌停板单边无连续报价，交易中心认为市场风险明显变化；交易中心认为必要的其他情形等，交易中心可以根据市场风险状况调整交易保证金标准，并向主管部门报告。

（3）强行平仓制度

交易所实行强行平仓制度。会员或者客户存在违规超仓等违规行为或者交易所规定的其他情形的，交易所有权对相关会员或者客户采取强行平仓措施。强行平仓盈利部分按照有关规定处理，发生的费用、损失及因市场原因无法强行平仓造成的损失扩大部分，由相关会员或者客户承担。

（4）风险警示制度

交易中心认为必要的，可以单独或者同时采取要求会员和客户报告情况、谈话提醒、书面警示、发布风险警示公告等措施中的一种或者多种，以警示和化解风险。出现交易价格异常，会员或者客户交易异常；会员或者客户持仓异常；会员资金异常；会员或者客户涉嫌违规、违约；交易中心接到涉及会员或者客户的投诉；会员涉及司法调查等情况。交易中心有权约见会员的高级管理人员或者客户谈话提醒风险，或者要求会员或者客户报告情况，交易中心通过情况报告和谈话，发现会员或者客户有违规嫌疑、交易头寸有较大风险的，有权对会员或者客户发出《风险警示函》。发生商品价格出现异常；会员或者客户涉嫌违规、违约；会员或者客户交易存在较大风险等情形，交易中心有权发出风险警示公告，向全体会员和客户警示风险。

（5）异常情况处理

因地震、水灾、火灾等不可抗力的自然灾害，公共卫生事件、社会安全事件，火灾或电力供应出现故障等，或者计算机系统故障等不可归责于交易中心的原因，导致交易无法正常进行；会员出现结算、交割危机，对市场正在产生或将产生重大影响；

交易出现同方向连续涨跌停板，单边无连续报价或者市场风险明显增大情况的，交易中心采取调整涨跌停板幅度、提高交易保证金标准等风险控制措施化解市场风险后，仍然无法释放风险的，交易中心应当宣布进入异常情况。此时，交易中心总经理可以采取调整开市收市时间、暂停交易等紧急措施；交易中心董事会可以决定采取调整开市收市时间、暂停交易、调整涨跌停板幅度、提高交易保证金、限期平仓、强行平仓、限制出金等紧急措施。

（六）交易中心的制度建设

实践证明，但凡规章制度有两大类。一类是关起门来都能想出来的，正所谓"闭门造车"；另一类就是在日后执行中发现有漏洞，采用修订或补充规定的形式来弥补，这就是"亡羊补牢"。现在看看海南知识产权交易中心需要制定哪些必要的基本规章制度。

1. 《海南知识产权交易中心发起人协议》
2. 《海南知识产权交易中心章程》
3. 《海南知识产权交易中心会员管理办法》
4. 《海南知识产权交易中心开户登记管理办法》
5. 《海南知识产权交易中心交易规则》
6. 《海南知识产权交易中心结算业务规则》
7. 《海南知识产权交易中心市场公告管理办法》
8. 《海南知识产权交易中心风险控制管理办法》
9. 《海南知识产权交易中心监察调解委员会管理办法》
10. 《海南知识产权交易中心违规违约处理办法》

以上仅是部分规制，实际运行中还有更多的规章制度需要完善。

三、知识产权交易品种的创新研究

知识产权证券化交易不同于一次性出让，而是将其所有权拆分为均等份额供投资者认购。海南作为试验田，必须把证券化模式设计好，有新突破，为全国知识产权证券化提供新时代"样本"，引领全国知识产权证券化发展。国内知识产权运营仍停留在传统的展示推介、评估咨询等方面，创新主体很难通过目前的模式将创新成果完整有效地服务于实体经济，而知识产权证券化要做的是盘活99.9%的"沉淀价值"，形成"真正的万亿级市场""建好高速路，车才能跑起来"。

（一）交易市场的有序和稳定

一个健康的交易市场，最重要就是交易市场的有序和稳定。人们比较担忧的是交易市场建起来了，但冷冷清清、门可罗雀，这种有行无市的场景是谁都不想看到的。然而，反过来市场过度热炒，投机盛行，这恐怕也是人们不愿看到的结果。所以，有序和稳定的交易市场，也就是一个健康的交易市场。

（二）破除迷信、解放思想、大胆创新

中央赋予海南新的历史使命，这就需要知识产权工作走在前面，大胆试大胆闯，站在更高的起点推进海南知识产权运营领域的创新探索。需要我们破除迷信、解放思想、大胆创新。改革允许犯错误，但不允许不改革。因为从改革本身而言，就是要求大家想以前想都不敢想的事，做过去不敢做的事。这样一来，才是破除迷信、解放思想、大胆创新。知识产权证券化，是一个新事物、新问题，就是需要我们大家不断去探索，持续去创新。否则连试都不敢试，还谈什么破除迷信、解放思想、大胆创新呢。

（三）知识产权的品种创新

知识产权证券化的核心问题是知识产权的多样化，我们不能局限于原有的想法，而是应该打开思路，集思广益，挖掘出更多更好的新品种。

1. 老中医秘方

中医秘方是指不公开的，可以治愈特定疾病的，并有显著医疗效果的秘密处方。秘密处方是指在一定范围内的秘密处方。一是国家保密药方（中国中药协会中药材信息中心副主任蒋尔国表示，中药一级保护品种属于绝密级中药制剂，可以享受长期保密），药厂专利秘方，研究所专有秘方。二是机密处方，指极少数人知道的秘密处方，如两人合伙研制的专有秘密处方。三是绝密处方，指仅有 1 个人知道的中医秘方。由于传播范围有限及恐怕泄密，有的甚至失传了。我们完全可以设计中医秘方这一知识产权，而且它已经经过临床实验，并被证实有实际疗效的标的物，完全可以作为交易品种进入市场，让药业大批量生产。一则让更多的患者受益，传承和弘扬中医药产业，二则让知识产权的持有人得到应有的回报。

2. 临床治疗案例

绝大部分的临床医生从事某一医科，虽然没有重大发明创造和有质量的专业论文发表，但其临床多年的治疗案例也是一项重要的知识产权，最起码可以让后人少走弯路甚至错路。若把这些丰富的、宝贵的经验教训，用知识产权的方式转让，让更多的人受益，不也是达到了知识产权"产业化"的效果吗？这样一来，知识产权可谓"万紫千红总是春"。

3. 失败新药的实验数据

众所周知，一个创新药品的研发，需要"双十"（至少 10 亿美元的研发经费和 10 年的开发周期）的代价，而且存在失败的风险隐患。一般而言，一旦失败将会前功尽弃。"失败是成功之母"，失败的企业或个人完全可以向需求者转让这部分实验

数据和实验结果，以免让后人"踩着前人的肩膀走路"，这是因为他的失败不等于没有人再去努力，同时知识是全人类的宝贵财富。因此在交易中心的交易品种里又增添了生力军。

4. 失败的新药用于兽药

业界披露由于人类和哺乳动物生理结构比较接近，用药也比较相似。据药理专家估计，人药比兽药有高至 10 倍的研发费用和 3 倍的周期。那么许多失败的新药能否降格用于动物治病。这样一来，兽药将会增加很多新药，同时，交易中心的交易品种也会有所增加。显然，对于社会效益和经济效益必定会双丰收。

5. 知识产权的双向交易

按照惯性思维，知识产权交易一般是知识产权持有人先在交易中心挂牌，然后由需求者来参与撮合成交。其实不然，知识产权交易与证券、期货、商品一样，都有双向的需求。所以需要在客户的求购方面狠下功夫，从而让更多的客户参与，促使交易的活跃，从而增加成交额。

（四）生物医药知识产权证券化阶段化实施的实例

新药从研发到上市需经过十多年的六大阶段、二十多个步骤的过程，平均 6000 次实验的过程，具有研发周期长、投入高、成功率低的特征。为此，我们可否将整个新药从研发到上市的全过程分割成若干阶段，然后将知识产权证券化，提供给广大投资者人根据其投资偏好、资金实力、期限长短等情况，分阶段开展募资。这样一来，可能会给各方参与人带来意想不到的结果。

1. A 公司研发的一种新型糖尿病创新药

A 公司是一家以研发为基础的生物科技公司。针对市场需求，A 公司研发了一种新型糖尿病创新药，不同于传统的胰岛素，而是一种完全不同的经由表达宿主诱导并纯化的蛋白质。该蛋白经由皮下注射后可显著降低 II 型糖尿病大鼠血糖，并且关于糖尿病各项指标有显著改善，如给药后大鼠体重增加，饮水量下降，糖化血红蛋白量下降，甘油三酯和总胆固醇量降低，脾指数升高。除此之外，本项目所研究的蛋白在不添加缓释制剂的情况下，可维持血糖 7 天，成药后有望延长至 4 周甚至更长时间，可显著降低注射带来的不适及疼痛感。对于该蛋白的国内外研究中尚无治疗糖尿病的研究，而此蛋白也不适用于目前糖尿病治疗的各种通路，因此本项目极有可能探讨出一种糖尿病治疗的新机制。A 公司已经为这项研究申请了专利。

A 公司在现阶段需要的是一笔资金，用于申报临床许可的实验数据工作。这一工作已经有明确的计划和目的，A 公司研发人员认为，这些实验可以分步进行并有以往实验和数据做支撑，成功概率很大（出于对于 A 公司商业信息的保密，本表格数据仅为参考数据），实验步骤如表 2 - 3 所示。

表 2 – 3　　　　　　　　　　　　实验步骤

步骤	实验名称	时间周期
1	临床申报质量工艺研究	3 个月
2	临床申报药效学研究	12 个月
3	临床申报药物稳定性实验	6 个月
4	临床申报药代动力学研究	9 个月
5	临床申报安全性评价	9 个月
6	临床实验方案制订	1 个月
7	CDE 沟通交流会	1 个月

以上实验的每一项可以单独进行，每一项的完成可产生对项目有利的结果，会增加 A 公司此项目的市场评估价值。也就是说，随着实验的进展，A 公司的价值是可以变化的。

A 公司如果将这几项实验步骤和预期实验结果对公司价值变化的情况进行公示，并利用这一项目未来收益进行证券化融资，那么投资者的投资将会随着各步骤实验进展和结果而发生变化，因为投资者所购买的是证券化的资产，所以，投资者可以根据自己的意愿卖出手中的证券，当实验结果对未来 A 公司有价值增加的意义时，投资者便有机会获得比购买时更高的出售价格。

每完成一项实验，就会产生一次 A 公司的价值变化，排在前面的实验的成功，会提升还没有进行的试验预期证券化的价值，也就是说，对排在后面实验的投资者，在实验还没有进行的时候，就实现了证券化资产的增值。

当然，前面的实验如果对项目既定研究目标不利或延期，也会造成排在后面的实验的证券化资产减值或取消。为避免投资者的投资风险，在这种情况下，就需要 A 公司在知识产权证券化获得资格前，对实验可能的风险进行说明，并告知投资者。

一般情况下，尤其是生物医药研究领域，有计划和有目的的实验，其实验设计、实验过程和实验结果即使对本次项目研制的目的不利，但依然可以视作一次有效的实验，这些设计和数据可能对另外的研究会有直接价值，于是，这个实验项目的证券化价值会更有保值性和更多的未来预期机会。例如，A 公司的糖尿病药物证券化是为人用糖尿病药物研制获得临床许可，但这些实验结果完全适用于另外一种正在进行的药品的研制或动物药的研制要求。例如，动物药上市的标准要远低于人用药。这些实验设计和数据对未来研制动物糖尿病药物的机构就有非常直接的经济价值。所以，A 公司的糖尿病药物实验，既可以为自己的实验融到资金，又可以给这个项目的知识产权证券化投资者带来投资增值的机会，还可以最大化地降低风险。

即便如此，A 公司实验项目知识产权证券化之前，依然要按规则准备好证券化方案和设计风险控制方案。

为了降低风险，A 公司可以将实验步骤不断细分，降低每一次实验的融资目标和风险额度，小步快跑，这样既降低了投资风险，又快速融到资金，即使需要 A 公司或第三方提供质押，也会是风险可控和一般小微企业或科研型小机构可以接受的，更可以让实验尽早开始。随着实验的进展，也可以根据实验数据，调整后续的实验方案，优化实验数据，设置研究方向，形成后续的实验证券化价值增加的可能性，这种边融资边研究的知识产权证券化模式，将高效率解决科研型机构的融资难题，并为投资者带来知识产权证券化的投资品种。

2. B 公司将人工智能应用于医学影像及组织病理识别

B 公司是一家将深度学习技术应用于医学影像及病理的科技型企业。团队主要由资深生物医药专家、人工智能专业高级工程师、三甲医院医学顾问及商业管理人才组成。公司以广州呼吸健康研究所、国家呼吸疾病临床医学研究中心、广州医科大学附属第一医院和中山大学各附属医院的实验基地为主要平台，联合美国、加拿大、英国等国际高新企业开展有关国际及国内智能医疗工作。

B 公司将人工智能应用于医学影像及组织病理识别，通过自动检测病变区域并定量评估各项指标，可帮助医生做出快速、准确、重复性高的影像及病理诊断，从而减轻临床医生、放射科医生及病理科医生的负担，为患者赢得治疗时间。此外，因数学模型具备在不同终端无差别传输"诊断经验"的能力，无论是在三甲医院还是在基层卫生机构，都可以通过机器学习模型获得同样的诊断。这对于解决我国目前医疗水平差异巨大的现状、促进医疗资源的合理分配以及落实分级诊疗制度等方面具有重大意义，从而也提高了我国医疗欠发达地区的诊断水平和操作规范。

B 公司目前产品核心为智睿病理自动检测平台，通过融合机器视觉、深度学习及大数据挖掘技术，开展数字病理切片人工智能分析和诊断，实现癌症定量分析。降低阅片成本和提高诊断精确度，为医院提供数字病理远程阅片和会诊的全套数字病理解决方案。

目前已开发的识别系统包括乳腺癌病理识别系统、甲状腺癌病理识别系统，储备系统包括肺癌、肝癌、食管癌的筛查系统。公司拟通过病理智能检测网站（软件），病理切片扫描采集上传一体化设备（硬件），经智能识别系统出示诊断结果报告，致力于研发全面精准的人工智能算法平台以期帮助医生诊断多种疾病。

人工智能医学影像及病理诊断项目在团队前期已有的智能病理诊断平台模型基础上，已完成如下工作：

与合作单位完成乳腺癌、甲状腺癌病理切片人工智能识别的前期研发工作，公司平台利用深度学习技术自动识别乳腺癌、甲状腺癌，准确率可达 94%，成果优秀。

肺癌病理切片人工智能识别二分类已完成，三分类进行中；智能病理检测平台正在上线，标准化硬件样机已出。利用公司研发的人工智能病理识别系统可通过智能检测一站式解决方案。

B 公司已经拥有乳腺癌标记数据库、肺癌标记数据库、甲状腺癌标记数据库共 18

万余个样本。依据这些样本的数据，B 公司的自动识别软件已经实现了 94% 的准确率，并且这一软件已经申报了软件著作权和进行了知识产权保护。

B 公司融资目的之一是获得更多的病理样本，用来提高软件的识别率。这一目的就可以利用知识产权证券化的方式完成，并为投资者带来投资增值的机会。

首先，这一先进的识别软件技术已经开发成功并取得了 94% 的识别率效果，只要继续加大样本数量，即可提升软件的识别率和适用范围。

其次，这些病例样本在合作医院可以稳定地获得，融资的资金将用来购买样本和增加人力将这些数据转化成软件可用的识别数据。

如果随着样本数据的增加和识别率的提升，B 公司的产品将获得更有利的市场定价和销售机会。

所以，B 公司可以将获得病理样本的过程拆分成多个阶段，并为每个阶段制定融资目标，每次样本的增加都会增加 B 公司这一知识产权的价值，投资者可以根据 B 公司知识产权证券化说明文件，预测这些变化，并购买或出售 B 公司证券化产品，以获得投资目的。

B 公司这一知识产权所包括的数据库，对于同类研究企业的价值同样巨大，即使 B 公司因为其他原因造成的公司变化，并不会造成这一数据库的消失，B 公司可以用这个数据库的知识产权作为质押，对证券化的估值进行质押，这样可以降低投资者的风险，如果 B 公司的这一数据库被第三方公司整体购买，知识产权证券化的投资者依然可以因为第三方购买者的技术和数据的完善继续获得证券化产品的增值机会。

B 公司在证券化说明文件中还可以提供每个阶段证券化产品回购的机会，这对投资知识产权证券化的投资又增加了一个投资保障。当然，B 公司是根据回购这些证券的资金能力将征集病理样本数量进行阶段拆分。这种量力而行的知识产权证券化融资方案既让 B 公司可以获得必要的阶段资金，又不影响研究的进程，还最大限度地降低了投资风险，这就是知识产权证券化的意义。

以上这些仅是活跃交投的思路，作为交易中心设计交易品种的参考，仅作抛砖引玉之意。

四、如何推动创建海南知识产权交易中心

建立一个区域性乃至全国性的知识产权交易市场，不仅是海南知识产权交易中心自身建设的问题，而且是一个牵一发而动全身的系统工程。首先，必须得到政策扶持与有关部门支持——这是成功的前提；其次，需要按照市场规律来运行，其中包括体制、机制、规则、会员管理、基础设施以及风险控制等诸多因素的考量——这是成功的基础；最后，为了确保交易市场规范、健康、有序地运营，还有必要培养、引进既有良好的职业道德素养，又有扎实的市场理论功底和驾驭市场能力的管理团队——这是成

功的关键。

具体运作中，为了规避政策风险，首先，要求海南省自贸区给予一个知识产权交易中心的筹建批复；其次，落实由国资背景的企业牵头，联手医疗、医药、中医药企业，知识产权中介机构、金融机构等作为发起人，组建一家以国有资产绝对控股的股份制企业——海南知识产权交易中心，紧接着紧锣密鼓地开展各项筹建工作。

总之，建立知识产权交易中心，体现了振兴地方经济的准则；推进建设海南知识产权综合服务体系势在必行；筹建交易中心完全有必要且非常及时；交易中心建立可带动相关产业，扩大内需，因此，应全力争取海南知识产权交易中心顺利开业。

第四节　正确处理知识产权交易中心的六大关系

改革开放40年来，中国经济得到举世瞩目的腾飞，其中金融业的发展功不可没。事实雄辩地证明：无论是历史的回归，还是国门的开放，中国以崭新的形象跻身于世界经济的大潮之中。回顾这一历程，我们必须清晰地看到，正是在发展的征途上克服各种艰难险阻，在发展的过程中解决一个又一个前进中的问题。"前车之覆，后车之鉴"。在当今创建海南知识产权交易中心时，我们必须正确处理好知识产权交易中心的六大关系。

一、发展与规范

中国金融证券市场经历了翻天覆地的变化，也演绎了惊天动地的风云变幻。然而，规范发展与加强监管是中国金融市场一个永恒的主题，风险防范、警钟长鸣，又成了金融机构年年讲、月月讲、天天讲的话题。历任中国证监会主席都有一个共同点，市场活跃了讲规范，市场低迷了讲发展。唯一例外的六届证监会主席郭树清"两手抓"，一手严抓监管促规范，另一手狠抓创新促发展，真是难得。"千军易得，一将难求"，因此证监会主席的配置及权限划分至关重要。

金融秩序与金融发展、金融创新失衡，金融监管缺位是美国爆发金融危机的重要原因。一个国家在金融发展的同时要有相应的金融秩序与之均衡。与此同时，无数史实证明：监管不是万能的，缺乏监管的市场万万不能。在监管体系完善的美国，一样难以避免危机。自律更不是万能的，依靠自律规范的社会，只是一种理想状态。尽管古人为我们树立了清心寡欲、安贫乐道的道德榜样，但却收效甚微。人们追名逐利、如蚊嗜血、如蝇逐臭，从古至今酿成了无数悲剧。要控制人类的贪欲，最直接、最有效的手段还是法律，法律如同笼子，欲望如同猛兽。人类社会千百年来所做的事，也就是法律、宗教、道德、文学与人的贪欲的搏斗。尽管不时有猛兽冲出牢笼伤人的事件发生，但基本上还是保持了一种相对的平衡。人与人之间的友好关系，需要克制欲望才能实现；国与国之间的和平关系，也只有克制欲望才能实现。一个人的欲望失控，可能酿成凶杀；一个国家的欲望失控，那就会酿成战争。毫无疑问，贫富与欲望依然是当今世界的主要矛盾，是人类痛苦或者欢乐的根源。

二、规则与比赛

中国证券业协会首任秘书长马忠智曾在证券市场初期一次会议上说过："中国的证券市场，在某种意义上是先比赛后定规则。"这也是当时管理层无奈的选择。然而，改革开放 40 年后的今天，不定好规则就进行比赛，必然要出大问题。

1. 规则不是万能的，但没有规则万万不能

虽说规则不是万能的，但没有规则万万不能。今天，以平等、自由、民主为基本理念的法律取代了以等级特权专制为主要特点的礼法，成为中国社会的行为规范和社会制度。礼作为等级制度，已经不存在，但是，礼主张的孝、慈、恭、顺、敬、和、仁、义等伦理道德仍然在中国社会中发挥着相当大的作用，礼的某些形式——礼节、仪式仍然在中国社会中延续、保留着。我们要以平等、自由、民主、博爱的现代理念为指导，坚决反对和抵制等级特权专制思想的影响，巩固和发展民主制度，争取和保护权利自由，对现代社会的孝、慈、恭、顺、敬、和、仁、义等伦理道德作出新的解释，"去其糟粕，取其精华"，大胆创造，推陈出新，为人们提供具有现代精神的行为规范和道德准则。

2. 人首先应该遵守规则制度，再来谈道德

道德在资源相对充足的情况下才能得到保障，资源紧缺不足的时候，人们更倾向于自私，如果不自私，就会难以生存，这是人性使然，也是自然法则。面对权力，人的欲望会被无限扩大，自私会更加严重。英国思想史学家阿克顿有一条公认的权力定律："权力导致腐败，绝对权力导致绝对腐败。"约束机制的丧失和绝对权力的腐蚀往往会诞生残暴的独裁者。人首先应该遵守规则制度，再来谈道德。违背了规则制度的道德没有任何意义，只谈道德不讲规则，这样的社会很虚伪。我们不能奢望仅靠道德约束就能建设好一个社会、一个国家。建立起规则制度，整个社会才能变得越来越好，很多时候，好的制度往往能够事半功倍。所以，好制度让坏人变好，坏制度让好人变坏。

因此，海南知识产权交易中心在制度建设上必须高度重视，先把规矩定好再行事，定好规则再比赛。千万不要先比赛后定规则，否则这样的机会成本太高。除定好规则外，对规则实际执行的日常检查监督也十分重要。再好的规章制度不好好执行也是一纸空文。有章可循并不等于人皆循章，因此应把更多的精力放在执行制度的检查监督上；同时，任何组织或个人不守章法，则等于虚设，其结果仍然是管理无序和高风险。

三、投资与投机

投资是一种购买财产以获得合理预期收入、股息、利息或租金的方法，它以长期增值的形式获利。投机指利用市场出现的价差进行买卖从中获得利润的交易行为。投机可分为实体经济投机和虚拟经济投机两大领域，其中内涵最为丰富、原理最为复杂的是证券投机。

区别投资与投机的关键在于投资具有时间和收益的可预测性。投资依据的理论就是稳固基础理论。稳固基础理论认为：每一种投资对象，无论是普通股票还是不动产，都有某种称为内在价值的稳固基点，可以通过仔细分析现状和预测未来而确定。当市场价格低于（或高于）这一内在价值时，就会出现买进（或卖出）的机会。因为这一波动最终会被纠正——该理论认为如此。这个理论在很多人当中被广泛地认知，因为它的逻辑如此之强：先找到不变的价值，再把变动的价格和其比较。

具体而言，投资与投机有以下的联系和区别：

（一）投资与投机的相同之处

1. 两者都是获得未来货币的增值或收益为目的而预先投入货币的行为，即本质上没有区别。

2. 两者的未来收益都带有不确定性，都要承担本金损失的风险。

（二）投资与投机的不同之处

1. 两者行为期限的长短不同

一般认为，投资的期限较长，投资者愿意进行实物投资或长期持有证券，而投机的期限较短，投机者热衷于频频地快速买卖。

2. 两者的利益着眼点不同

投资者着眼于长期的利益，而投机活动只着眼于短期的价格涨落，以谋取短期利益。

3. 两者承担的风险不同

一般认为，投资的风险较小，本金相对安全，而投机所包含的风险则可能很大，本金有损失的危险，因此，投机被称为"高风险的投资"。

4. 两者的交易方式不同

投资一般是一种实物交割的交易行为，而投机往往是一种信用交易。

实践证明，投资与投机都是金融市场上不可或缺的行为。没有投资就不会有投机市场，而如果没有投机，投资市场就会毫无生机。"鲇鱼效应"就是这个道理。鲇鱼在搅动小鱼生存环境的同时，也激活了小鱼的求生能力。"鲇鱼效应"是采取一种手段或措施，刺激一些企业活跃起来投入市场中积极参与竞争，从而激活市场中的同行业企业。其实质是一种负激励，是激活员工队伍之奥秘。因此，一个市场只有投资行为，没有投机机会，这个市场是无效的；反之，这个市场是不能持久的。关键在于一个度的问题。知识产权交易市场一定也是投资与投机共存，关键在于将投机控制在什么程度。

四、监管与处罚

任何金融创新都需要在监管和合理的制度条件下推行。在混业经营格局基本形成的今天，金融分业监管带来的监管重叠、监管掣肘、监管真空、监管失灵等问题越来越多，这些都需要政府的及时介入予以纠偏。如果出现监管失控，就要在制度上予以解决；如果有错，就要纠正、处罚，就要付出代价。政府当好裁判员与发挥市场作用不矛盾。中国的改革从来都是"摸着石头过河"，无数经验证明，改革中遇到的问题还是要以改革的精神予以解决，"看得见的手"和"看不见的手"都要发挥作用，政府就是要扮演好"不缺位不越位的守夜人"的角色。

一方面要严打违规违法，另一方面要尽快建立和疏通投资人的追偿通道，彻底扭转重融资市场而轻投资市场的惯有做法。所以，处罚仅是手段，让其以后规范才是根本的目标，并让违规者今后无处藏身。总之，对于证券市场的违规违法及犯罪行为及其当事人，一是要其身败名裂，二是要其倾家荡产，三是要其锒铛入狱，看他还敢不敢以身试法。同样，在知识产权交易市场中，如何把握好监管与处罚的力度也非常值得探讨。

五、安全与效率

安全是效益的基础，效益是安全的目标。没有效益的安全毫无价值，缺乏安全的效益无法接受。所以，安全与效率是一个相辅相成的关系。

（一）平衡好金融效率与安全的关系

维护良好的金融安全离不开严格的金融监管，面对当前金融领域的乱象，金融监管改革刻不容缓。那么，金融监管改革中如何更好地兼顾金融效率与安全稳定？

1. 金融监管的目的是促进金融健康发展，更好地实现金融功能

无论建立怎样的监管框架，都必须处理好金融效率与金融安全的关系。目前我国 M2/GDP 的比例远高于发达国家，表明资金使用效率不高，而且经济结构严重失衡，需要深化供给侧结构性改革。因此，进行金融监管改革时，在守住安全底线的前提下，应该侧重于提高金融效率，即整合监管机构，消除效率低下的重复监管；运用大数据技术，协同监管，降低监管成本。

2. 在推动金融监管改革和政策调整过程中，需要把握好两个基本原则

（1）不要一味地将两者对立起来，实际上，两者通常是相互促进的。一方面，金融效率的提升有利于金融稳定。金融稳定最终取决于金融效率，金融服务实体经济效率高，则经济活力强、韧性好，金融稳定便有实体经济的根基。反之，则会积聚金融风险，不利于金融稳定。另一方面，金融稳定有利于确保金融效率。当金融安全存在严重威胁或金融不稳定时，金融的基本功能发挥都会受到显著影响。

（2）需要根据矛盾的主要方面和次要方面的转化来权衡。在一些情况下，金融效率和金融稳定的确存在一定的冲突。当金融风险远不是矛盾的主要方面时，可以更多地考虑金融效率；当需要把防控金融风险放在更加重要的位置时，则需要更多地考虑金融安全稳定。

（二）维护金融安全，服务经济发展大局，可从以下四个方面着手

1. 调整

从辩证法看，金融与实体经济是一对矛盾体。近年来，金融与实体经济之间矛盾的主要方面已经由金融深化不足转变为金融与实体经济失衡或过度金融化，这导致脱实向虚，既侵蚀了实体经济健康发展的根基，也侵蚀了金融安全的基础。因此，需要有所"调整"，抑制金融膨胀速度和杠杆率的过快上升。

2. 改革

金融风险的累积，除了周期性因素，还有体制性因素，需要用改革的办法来维护金融安全。改革既包括金融层面的改革，特别是金融监管体制改革，也包括实体经济层面和经济运行机制方面的改革，如国企改革、硬化地方政府债务约束机制、打破刚性兑付。

3. 整顿

一段时期以来，由于金融监管滞后等因素，金融乱象丛生，严重扰乱金融秩序，破坏金融稳定。维护金融安全，从短期来看，主要就是加强对金融乱象的治理整顿，避免风险的进一步滋生。

4. 提高

提高就是通过调整、改革和整顿提高金融服务实体经济的效率。

（三）只有提高金融服务实体经济的效率，推动实体经济转型升级，才能在根本上维护金融安全

1. 建设具有创新能力和国际竞争能力的实体经济，夯实金融健康发展的经济基础；

2. 完善金融宏观审慎管理，建立适应更高开放水平的金融监管体系，守住不发生系统性金融危机的底线；

3. 继续推动人民币国际化，使人民币的国际地位与我国经济的国际地位相匹配，降低我国经济金融受美元波动的冲击程度，提高我国货币政策的独立性和宏观管理自

主性，使我国在国际货币体系改革中拥有更大的话语权，为我国经济转型升级、"一带一路"建设营造更好的国际环境。

六、创新与违规

（一）严厉的限制实际上是在鼓励金融服务业不断创新

由于金融业在国民经济中的重要地位和前几年非银行金融业过热发展导致了一些不良后果，国家政策近年来对非银行金融机构的监管约束比较严厉，这无疑是对金融业务发展的一大挑战。由于创新在金融业中非常活跃，而且任何创新都将对金融业乃至整个经济产生影响，因此，在任何国家和地区，跨行业的业务种类都是在不断创新与政策的不断细化约束中发展的。由于非银行金融业在我国起步时间较晚，国家政策的约束只能用严厉的限制来弥补其在精细、准确方面的不足。然而这种粗线条的政策，实际上是在鼓励金融服务业向符合社会要求的成熟的方向不断创新。这是因为：首先，由于政策的执行者远远多于政策的制定者，有些人就是在研究法律法规的不足之处和漏洞；其次，法规的补充完善永远跟不上社会实践，需要人们不断发现新事物，研究新问题，健全法制建设，完善法律法规。

（二）关于创新与违规的几何解释

图 2－9 中正方形代表现行法律法规的框架，圆形则代表业务"创新"行为。可以这样理解，创新就是在正方形中寻求最大的圆面积。左上方是最理想的做法，右上方和左下方是允许的做法，而右下方则出格违规了。由此可见，创新的前提是必须在法律和法规允许的范畴内运作，否则不能称为创新，而是闯关。

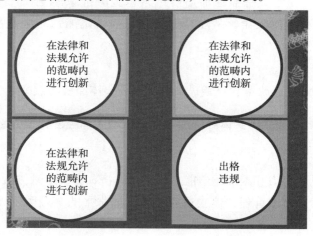

图 2－9　创新与违规的几何解释

因此，社会是不断在否定和创新中发展起来，每个人也在不断战胜自己的过程中成长。所以，成熟的人不问过去，聪明的人不问现在，豁达的人不问未来。为此，我们要争做创新的先锋，绝不沦作出格违规的淘汰者。

综上所述，创建海南知识产权交易中心是一件利国利民的大事，来不得半点马虎。党中央、国务院也明确表态积极支持，并给予放手大干的"旨意"，下面就是海南省政府落到实处的问题。前车之鉴给了我们少走弯路的经验和教训。正确处理好上述六大关系，有益于海南知识产权交易中心的顺利建立。

本章小结

生产要素市场的培育和发展，是发挥市场在资源配置中的基础性作用的必要条件，是发展社会主义市场经济的必然要求。然而，目前生产要素市场尚发育不够。知识产权作为一个重要的生产要素，在我国基本上还没有一个真正意义上的知识产权交易市场。国务院《关于印发中国（海南）自由贸易试验区总体方案的通知》中明确提到，完善知识产权保护和运用体系。推进知识产权综合执法，建立跨部门、跨区域的知识产权案件移送、信息通报、配合调查等机制。支持建立知识产权交易中心，推动知识产权运营服务体系建设。从筹建上海证券交易所如何绕过波折的经历得到的启示，在海南创建知识产权交易中心完全必要，非常及时。

创建海南知识产权交易中心，是历史赋予的重任，时代给予的机遇。建立知识产权交易中心，推动知识产权运营服务体系建设。知识产权交易中心处于知识产权运营服务体系的核心地位。创建海南知识产权交易中心是振兴海南地方经济的重要抓手，由于海南自贸区的重要地位，海南知识产权交易中心成为全国性交易市场势在必行。知识产权市场巨大，知识产权证券化方兴未艾，海南自由贸易试验区建立知识产权交易中心责无旁贷。海南在医疗领域的既存优势，十分有利于知识产权交易中心的创建，并将大力推动知识产权运营服务体系建设。

海南知识产权交易中心从一开始能否一步到位，由国资背景的企业牵头，联手医疗、医药企业，知识产权中介机构以及金融机构等作为发起人，组建一家以国有资产绝对控股的股份制企业——海南知识产权交易中心。这样一来，既有了国资的公信力，又有了民营经济的创造力，这种混合所有制企业具有巨大的发展潜力。知识产权证券化交易不同于一次性出让，而是将其所有权拆分为均等份额供投资者认购。海南作为试验田，必须把证券化模式设计好，有新突破，为全国知识产权证券化提供新时代"样本"，引领全国知识产权证券化发展。为了加强知识产权交易风险管理，保护交易当事人的合法权益，保障交易中心知识产权交易的正常进行，必须制定行之有效的风险控制管理办法。同时，还要加强知识产权交易品种的创新研究。

为了确保知识产权交易中心的长足发展，必须正确处理好发展与规范、规则与比赛、投资与投机、监管与处罚、安全与效率和创新与违规的六大关系。

第三章　知识产权证券化的法律制度研究及市场监管问题

知识产权证券化是资产证券化的一种，是以知识产权未来许可使用费收益为支撑来发行知识产权支持证券进行融资的一种金融活动。它最早出现在智力创新和金融创新都非常活跃的美国，在十几年的发展历程中经历了萌芽、发展再到逐渐成熟的过程，这实际上也是一个资本市场开始逐渐承认知识产权的经济价值的过程。知识产权证券化具体是以知识产权为基础资产发行证券进行融资的方式，是现代技术创新发展到技术金融一体化阶段的重要表现。目前，我国经济发展正在进入转型期，由过去的资源消耗型经济向可循环、可持续发展的知识经济道路转型。走新型经济道路要求必须加强知识产权的创造与应用，引进知识产权证券化制度对于促进我国知识产权的产业化应用具有非常重要的作用。知识产权证券化作为一种新兴的融资方式，目的在于通过金融安排最大限度地开发知识产权，充分利用其担保价值，促进知识产权的产业化应用。研究这一新兴事物对于推进我国知识产权的产业化应用具有非常重要的作用。查阅了大量有关资料，复旦大学研究生仇海珍2012年5月20日发表的《美国知识产权证券化法律制度研究》一文，比较全面地阐述了这个问题，颇有建树，值得一读。

第一节　中国推进知识产权证券化活动的法制环境

美国的知识产权证券化制度对中国中小高新技术企业融资困难、知识产权产业化应用资金不足问题的解决无疑具有重要意义，但是想要将这一制度从美国移植过来，必须保证中国具有与之相兼容的法制环境。在此将从与美国知识产权证券化中核心法律问题相同的视角，从证券化交易结构设计和证券发行交易两个方面，考察知识产权证券化活动在中国目前的法制环境下实践的可能性。

一、知识产权证券化交易结构设计的法制环境

从整个知识产权证券化的操作流程来看，SPV处于核心地位。一方面将作为发行

证券基础的资产从发起人资产中隔离出来，另一方面承载着发行证券的功能，许多参与主体参与到证券化活动中都是通过与 SPV 建立法律关系来进行的。由于 SPV 的设计关系着整个知识产权证券化进程是否能够顺利进行，因此在实践中，能够采取哪种模式设立 SPV 至关重要。

（一）SPV 的法律形式选择

1. 合伙形式并不适合成为 SPV 的组建形式

从 SPV 的组建形式来看，有公司、合伙和信托三种形式。从我国的法制环境来看，按照《合伙企业法》的规定，合伙企业是具有完全民事行为能力的自然人或法人，通过订立合伙协议，规定彼此权利义务而成立的对外承担无限连带责任的营利性组织，因此，对于运作规模庞大而又要求破产风险隔离的知识产权证券化操作而言，合伙形式并不适合成为 SPV 的组建形式。

2. 信托与公司形式更加符合 SPV 的要求

相比而言，信托与公司形式更加符合知识产权证券化 SPV 的要求。根据我国《信托法》的规定，信托可以成为有效隔离破产风险的手段；同时，为充分尊重当事人的意思自治，设立信托的文件可以规定受益人取得信托利益的形式和方法，这为证券化操作中设计多样化的受益权证，满足不同投资者的需求创造了条件。不过，这种受益权证并不属于我国《证券法》中的"证券"，虽然可以在个别主体之间单独协议转让，但是不具有证券意义上的普遍流通性。

对于公司形式来说，根据我国目前《公司法》的规定，子公司具有独立的法律人格，依法独立地承担民事责任。但是，《公司法》第六十九条规定："一人有限责任公司的股东不能证明公司财产独立于股东自己的财产的，应当对公司债务承担连带责任。"以立法的形式确认了公司人格否认制度。因此，发起人以独资公司形式构建 SPV 时，如果不能将基础资产从自身财产中剥离出来，实现有效分离，SPV 将不再起到风险隔离工具的作用。

依据中国《公司法》的规定，公司主要分为有限责任公司和股份有限公司两种形式。相比而言，有限责任公司设立的条件较低，采用有限责任公司形式的 SPV 很容易满足注册资本金等设立条件，但缺陷在于，一般的有限责任公司发行债券的门槛很高，如此一来，会使 SPV 的证券发行计划落空。相反，虽然股份有限公司具有债券和股票的发行资格，但是在公司设立时对发起人数和资本金的要求较高，SPV 很难符合要求。

3. 信托形式的 SPV 成为唯一的选择

由上述分析来看，依据法律，合伙形式的 SPV 由于对合伙人承担无限连带责任的要求而被排除在选择范围外；公司形式的 SPV，若采用有限责任公司形式，会面临发行债券门槛较高的问题，若采用股份有限公司形式，又会面临设立门槛较高的困境，如此一来，信托形式的 SPV 成为唯一的选择，但是由于信托权证不能成为中国证券法意义上的"证券"，所以很难在公开市场上流通交易。

（二）知识产权资产的"真实销售"

知识产权证券化的过程中，为了实现风险隔离，作为基础资产的知识产权应当由发起人真实转让给 SPV。知识产权的转让主要包括两类：一类是知识产权本身的转让，另一类是知识产权许可协议中收益权的转让。当然，也可能出现许可使用协议概括转让的情况。

1. 著作权的转让不需要进行登记

就知识产权转让来说，根据我国的《专利法》和《商标法》，专利和商标的取得需要进行审查批准程序，转让也需要履行登记手续。而著作权的取得遵循自动取得的原则，与此相应，著作权的转让也不需要进行登记。

2. 收益权的转让实际上就是合同权利的转让，属于债权转让

就知识产权许可协议中收益权的转让来说，实际上就是合同权利的转让，属于债权转让的范畴。根据我国《合同法》第七十九条的规定：债权人可以将合同的权利全部或者部分转让给第三人，但是有下列情形之一的除外：

（1）根据合同的性质不能转让；

（2）当事人约定不能转让；

（3）依照法律的规定不能转让。

由于知识产权许可协议在很多情况下都具有人身性特征，所以常常在许可协议中约定不得转让。在这种情况下，发起人在许可协议中的债权不能转让，否则会因违反法律的强制性规定而导致转让行为无效。

同时，《合同法》第八十条规定，债权人转让合同权利的，应当通知债务人，未经通知，该转让对债务人不产生效力。根据上述规定，在知识产权证券化的过程中，发起人向 SPV 转让作为基础资产的知识产权许可使用协议时，应该履行逐一通知的义务，并向主管部门变更登记或备案。从经济学上分析，如此烦琐的变更和备案手续，必然会增加证券化融资成本。

3. 著作权许可协议不强制进行登记或备案

就知识产权许可使用协议概括转让来说，我国《专利法实施细则》第 15 条规定：专利权人与他人订立的专利实施许可合同，应自合同生效后 3 个月内向专利局备案。《商标法实施细则》第 35 条规定：商标使用许可合同应当报商标局备案。根据我国《著作权法》及其实施细则的规定，著作权许可协议不强制进行登记或备案，不过为了明确著作权的权利状态，保证交易安全，权利人也可以在签订许可协议的时候自愿向版权局进行登记备案。

4. 商标或专利许可使用协议的转让，应该也要申请登记或备案变更

如前所述，商标和专利的许可使用协议在签订时需要向主管部门申请登记或备案，

因此，对于商标或专利许可使用协议的转让，也要向原登记或备案机关申请登记或备案的变更，著作权许可使用协议如果在签订时进行了备案，那么在协议转让时，也应该办理相应的备案变更手续，否则不产生对抗第三人的效力。

5. 如何认定为实现了"真实销售"

（1）如果发起人将作为基础资产的知识产权真实转让给 SPV，并从 SPV 处取得了一定的"对价"，那么这一转让就可以被认定为实现了"真实销售"。

（2）从我国目前的立法现状来看，在会计准则上尚没有关于"真实销售"的规定，但是，财政 2005 年 5 月 16 日颁发的《信贷资产证券化试点会计处理规定》（财会〔2005〕12 号）提供了这一方面的参考。从规定的内容来看，主要采用了风险、收益实质转移的会计处理方法。

（3）如果发起人以公允价值将资产之上几乎所有（通常指 95% 或以上）的风险和报酬转移，应当确认为"真实销售"。所谓公允价值，是指在公平交易中，熟悉情况的交易双方自愿进行资产交换或者债务清偿的金额。除采用风险、收益实质转移的认定原则外，还辅之以控制权放弃与否作为标准。如果发起机构放弃对资产控制的，应当允许进行表外处理；如果发起人仍然保留对资产控制的，就不应当允许表外处理。尽管这一规定专门适用于信贷资产证券化中的资产转移问题，但是也可以为知识产权证券化中资产转移提供一个参考标准。

从上述分析来看，依据中国目前的法律规定，无论是知识产权本身的转让，还是知识产权许可使用合同的概括转让，都要履行一定的登记或备案手续；同时，转让许可使用合同中的权利时，还要向被许可人逐一履行通知义务，这显然会增加知识产权融资的成本；对于"真实销售"的界定，我国尚无针对知识产权资产转让的专门规定，仅有针对信贷资产转让的《信贷资产证券化试点会计处理规定》可供参考。

（三）知识产权担保权益的设立和登记

1. 知识产权的担保登记是保护证券投资者利益的关键

在知识产权证券化的过程中，对知识产权的担保登记是保护证券投资者利益的关键一步。我国《担保法》第七十五条明确规定，依法可以转让的商标专用权、专利权、著作权中的财产权可以质押。2007 年 3 月 16 日通过的《物权法》第二百二十七条规定：以注册商标专用权、专利权、著作权等知识产权中的财产权出质的，当事人应当订立书面合同。质权自有关主管部门办理出质登记时设立。从这两条来看，我国知识产权质押登记的有关规定清晰、明确，而且中国的法律体系单一，并不存在与美国一样双重登记的问题。

2. 知识产权许可使用协议是未来应收账款的抵押

如果转让的基础资产是知识产权许可使用协议，其中未来可以获得的收益进行抵押，在一定程度上可以看作未来应收账款的抵押。《物权法》第二百二十八条规定：以应收账款出质的，当事人应当签订立书面合同。质权自信贷征信机构办理出质登记时设立。应收账款出质后不得转让，但经出质人与质权人协商同意的除外。出质人转让应收账款所得的价款，应当向质权人提前清偿债务或者提存。这一条的规定主要适用于信贷资产中的应收账款，能否适用于知识产权许可协议尚存在疑问。不过从特征上来看，两者之间存在类似的地方，所以在知识产权许可协议的未来收益上设定质押的，可以参照这一规定。

3. 制定相关的集中登记措施，为知识产权证券化的发展扫平障碍

为了规范知识产权的抵押登记程序，国家知识产权局、国家商标局及国家版权局分别制定了《专利权质押合同登记管理暂行办法》《商标专用权质押登记程序》《著作权质押合同登记办法》等行政规章。由于知识产权的质押需要履行登记程序，如果要进行证券化的基础资产数量巨大，那么要进行一一登记将会耗时费力，从程序上讲是不经济的。

根据建设部2005年5月16日颁发的《关于个人住房抵押贷款证券化涉及的抵押权变更登记有关问题的试行通知》（建住房〔2005〕77号）的规定：金融机构与依法设立的信托投资公司和银监会批准的其他机构按照有关规定，以个人住房抵押贷款证券化为目的设立信托时，需要将金融机构发放或持有的个人住房抵押贷款债权及相应的住房抵押权批量转让给受托机构的，可以按照本通知的规定，批量办理个人住房抵押权变更登记。为了支持知识产权证券化的发展，知识产权有关登记管理机关也可以效仿建设部的做法，制定相关的集中登记措施，为知识产权证券化的发展扫平障碍。

二、知识产权证券发行与交易的法制环境评述

知识产权证券的发行和交易是证券化操作的另一个重要环节。证券具有规范统一、高度流通性的特征，如知识产权证券能够被认定为属于一国证券法上的证券，就可以利用证券法上的规定来设计证券的发行和交易。

（一）知识产权证券是否属于受中国法律认可的"证券"

知识产权支持证券的种类可以分为信托受益证和债券两种形式。这两种证券形式是否属于我国《证券法》上的"证券"的范畴，从而适用我国有关证券发行和交易的法律。

1. 信托受益凭证

信托受益权是一种受《信托法》认可的财权权利，这种权利能够通过信托受益凭证这种书面凭证得到彰显。我国《信托法》并没有就信托受益权凭证是否属于证券这个问题下结论，也谈不上具体规范信托受益权凭证的发行和交易。我国《证券法》也只是对证券类型采用有限列举方式指明了三种类型的证券：股票、公司债券和国务院

依法认定的其他证券。信托受益凭证显然不属于股票和债券的范畴，虽然有"国务院依法认定的其他证券"的规定存在，但是根据现有的法律规定，还不能当然将信托受益凭证纳入《证券法》规定的调整范围。

2. 以知识产权资产为担保的债券

我国《公司法》《证券法》对债券的发行规定了比较高的门槛，其中《证券法》第十六条规定：公开发行公司债券，应当符合下列条件：（一）股份有限公司的净资产不低于人民币三千万元，有限责任公司的净资产不低于人民币六千万元；（二）累计债券余额不超过公司净资产的百分之四十；（三）最近三年平均可分配利润足以支付公司债券一年的利息；（四）筹集的资金投向符合国家产业政策；（五）债券的利率不超过国务院限定的利率水平；（六）国务院规定的其他条件。

由前述法律规定可知，债券以公司的一般信用为基础，为了保护投资者利益，我国对债券发行条件的约束的重点放在公司偿债能力的考察上，其中包括公司注册资本、负债比例、还本付息能力、筹集资金投向等。而知识产权证券作为资产支持证券的一种，在适用上述债券发行条件时，存在以下几种障碍：

（1）证券化操作中发行债券总额经常接近于资产池的价值总额，并没有负债比例的制约；

（2）由于以资产池产生的现金流作为还本付息的来源，证券化过程中一般不需要考察 SPV 的存续年限和盈利情况。有的 SPV 是专门为该次证券化操作而设立的，发行载体并没有存续年限的记载；

（3）一般情况下，SPV 是将证券发行的收入用于购买拟证券化的资产，这很难说属于将筹集的资金用于生产经营；

（4）资产证券化中常常采用私募发行的方式，目前我国证券相关的法律法规对债券的私募发行的监管几乎还是空白。

总之，根据公司债券发行的这些规定，很难认定知识产权支持债券属于我国证券法上债券的范畴。

2007 年 8 月 14 日发布的《公司债券发行试点办法》（证监发〔2007〕112 号）对公司发行债券的条件有所放宽。其中第七条规定：发行公司债券，应当符合下列规定：（一）公司的生产经营符合法律、行政法规和公司章程的规定，符合国家产业政策；（二）公司内部控制制度健全，内部控制制度的完整性、合理性、有效性不存在重大缺陷；（三）经资信评级机构评级，债券信用级别良好；（四）公司最近一期未经审计的净资产额应符合法律、行政法规和中国证监会的有关规定；（五）最近三个会计年度实现的年均可分配利润不少于公司债券一年的利息；（六）本次发行后累计公司债券余额不超过最近一期末净资产额的百分之四十；金融类公司的累计公司债券余额按金融企业的有关规定计算。

将本规定与《证券法》第十六条的规定进行比较，可以看出《公司债券发行试点办法》对公司的发债比例、公司存续年限、资金使用方向等规定都有所改变，条件开始放宽。本条的第6款中，要求发行后累计公司债券余额不超过最近一期末净资产额的40%；金融类公司的累计公司债券余额按金融企业的有关规定计算。据此如 SPV 想要规避40%负债比例的限制，被界定为金融类公司是其唯一的避风港。但是知识产权证券化中，SPV 所拥有的主要是作为高技术成果的知识产权，并不属于金融类公司，因此很难按金融企业的有关规定进行计算。

3. SPV 无法成为中国法律中发行债券的合格主体成为最大障碍

通过上述分析，我们可以看出，无论是《证券法》中规定的基本发行条件，还是《试点办法》中已经放宽的发行条件，证券化操作过程中设立的 SPV 都无法满足。SPV 无法成为中国法律中发行债券的合格主体，这将成为在中国推行知识产权证券化所面临的最大障碍。

（二）知识产权证券的投资者范围

知识产权证券是否能够成功发行的一个重要因素在于是否有适格的投资者愿意购买该证券。

1. 美国成功的知识产权证券化机构投资者成为知识产权证券的持有人

在美国成功的知识产权证券化案例中，几乎都是由机构投资者对知识产权支持证券进行购买，从而成为知识产权证券的持有人。从理论上来说，与个人投资相比，机构投资者是参与知识产权资产证券化活动，投资于知识产权支持证券的最佳选择。一方面，机构投资者拥有大量的资金，希望通过投资行为获得回报，而以高技术成果为代表的知识产权为担保发行的证券，无疑是成长性最快、获利空间最大的一种金融衍生产品，对机构投资者具有较大的吸引力；另一方面，由于知识产权支持证券是一种新出现的事物，存在一定的风险，而机构投资者拥有专业的投资团队，具有良好的投资判断能力，并且实力雄厚，能够承担得起这种高风险，从而获得高收益。以私募的方式向机构投资者销售知识产权支持证券，不仅可以降低融资成本，而且发行容易获得成功。可以说，允许机构投资者参与投资知识产权支持证券，是知识产权证券化能否获得成功的关键所在。

2. 法律对机构投资者的投资范围做出了比较严格的限制

从我国目前证券市场的现状来看，机构投资者已经成为我国金融市场的主力军。随着我国金融市场投资者结构的不断完善，机构投资者队伍正不断壮大，除银行业金融机构外，基金公司、财务公司和保险公司等非银行金融机构和大型企业等非金融机构的市场参与程度快速提高。但是，对于我国机构投资者来说，法律对其投资范围做出了比较严格的限制。包括知识产权支持证券在内的资产支持证券显然不属于这一投资范围。在法律没有明确规定以前，这些机构投资者很难被允许投资知识产权支持证券。

3. 商业银行、信托投资公司等金融机构都可投资信贷资产证券化产品

为了支持信贷证券化的发展，2005 年 6 月 8 日，财政部、劳动和社会保障部发布了《关于批复全国社保基金投资资产证券化产品有关问题的函》（财金函〔2005〕79号），同意社保基金投资资产证券化产品。这一答复为社保基金能够投资信贷资产证券化产品提供了通行证。2005 年 11 月 7 日，银监会发布的《金融机构信贷资产证券化试点监督管理办法》（银监会 2005 年第 3 号文）中规定："金融机构按照法律、行政法规和银监会等监督管理机构的有关规定可以买卖政府债券、金融债券的，也可以在法律、行政法规和银监会等监督管理机构有关规定允许的范围内投资资产支持证券。"根据这一办法，绝大多数商业银行、信托投资公司等金融机构都可以投资信贷资产证券化产品。这些规定是银监会系统等为了支持信贷资产证券化的试点工作而专门予以规定的，在很大程度上促进了信贷资产证券化的发展。对于知识产权证券化来说，如果要想在中国推进这种融资活动，允许商业银行等机构投资者的参与是必不可少的，当然，这需要金融主管机构给予政策上的大力支持。

（三）资产证券化的三大基本原理

资产证券化的一般原理就是对基础资产进行重组以构建资产池，实现资产池和发起人其他资产的风险隔离，同时还必须对资产池进行信用增级，这就是资产证券化的三大基本原理："资产重组原理""风险隔离原理"和"信用增级原理"。但是由于知识产权证券化的基础资产——知识产权——所具有的特殊性，也使知识产权证券化与其他传统证券化相比表现出许多独特性。知识产权证券化过程中应当解决好几个核心问题，只有解决好这些问题，知识产权证券化才有可能获得成功。这些问题主要包括：SPV 的设立、对证券基础资产知识产权的风险隔离、基础资产池的组建、知识产权现金流预测、知识产权保险、知识产权抵押登记效力、证券的结构设计、定价与发行等。

1. 知识产权支持证券的发行主体——SPV 的构建

资产证券化是 20 世纪最伟大的金融创新，而其中最具特色的创新就是创建了一个SPV，用它向发起人购买拟证券化的资产，实现"破产隔离"，并以基础资产未来产生的现金流为基础，发行资产支持证券销售给投资者，由此建立以 SPV 为中心的融资结构。

2. SPV "破产隔离"的作用是由于其独立的法人地位

SPV 之所以能够起到与发起人"破产隔离"的作用，是由于其独立的法人地位。尽管 SPV 只是证券化交易中的一个导管体，而且在很多情况下是由发起人独资或控股设立，但是 SPV 具有独立于发起人的主体资格，它具有独立的章程和规章制度，独立的经营场所，以自己的名义开展业务。

3. 实现基础资产与发起人破产风险的隔离

当发起人将基础资产转移给 SPV，由于两者是独立的法律主体，基础资产的所有权将全部转移给 SPV，当发起人进入破产程序时，除非法律有特殊规定，不能再主张

将"基础资产"纳入其的破产财产范围，从而实现基础资产与发起人破产风险的隔离。

三、我国历史上的知识产权保护

有人说为什么我国在近代遭受到侵略和践踏，一个很重要的问题是我们当年有很多好东西都没有流传下来。如鲁班做的木头飞鸟，诸葛亮的木牛流马，如果流传下来经过我们一代又一代的改造，何怕西方人的坚船利炮？还看到很多的新闻片段，说长城上的砖都是特制的，现在工艺已经失传了，也表示了可惜之情。

（一）所谓的免费导致了发明的退步

如果那个发明木牛流马的人，在政府的号召下把这个技术无私地贡献给了社会，当然可以得到政府的大力表彰成为模范人物到处做报告。但别的发明家怎么想呢？他们会想：我什么要做发明？一点经济利益都没有，于是不做了。因而只有那些想要名而不是利的人才会去研究和发明，只有那些非常爱好发明的人才会去做发明。

1. 所谓"传男不传女"就是现在的知识产权保护

正是因为传男不传女才保证了创造者的利益，才鼓励了后来的发明创造，所以说古代工匠是聪明的，这样的行为既保护了自己的利益，更激发了同行创造更先进的技术，从而带来了技术的不断进步，偶尔有一些技术失传了，但如果真正有价值也会被挖掘出来或重新发明出来。我们古代政府也是聪明的，对传男不传女给予了默许。现在所谓的知识产权保护和古代的"传男不传女"有什么区别呢？知识产权保护是保护弱者的，强者是不需要保护的。我国的软件行业发展这么多年了，没有出一个拿得出手的大企业，为什么呢？因为大家都习惯了用盗版。

2. 微软笑着说：出来混迟早是要还的

看到微软保护自己的知识产权会做什么想法呢？如果按其逻辑，微软开发了软件不能卖，而要放在网络上，让大家免费下载才对。甚至美国的高科技专利技术要向我们全部开放才对，否则那是阻止人类进步的行为。你说微软怕吗？他只是暂时损失了金钱，但他有的是钱，对于中国这一点损失无所谓，还靠免费的盗版，锁定了客户群。本土的企业呢？前期的开发要投入，后面的推广还要投入，一旦产品不错，就被盗版，于是前期的投入得不到回报，谁还敢投？你说笑到最后的是谁？微软笑着说：出来混迟早是要还的。我们现在的企业也有这个方面的问题，总有人想留一手，而不是对自己的员工倾囊相授，导致我们的企业管理出了问题，人才培养也出了问题。

3. 我们的产品出口时遇到的问题，其中很重要的是专利问题

在这样的人眼里，根本没有知识产权保护的概念，更不知道个人利益和国家利益的关系。还有我们的产品出口时遇到的问题中，其中很重要的是专利问题，但是我们有的官员和学者，不是适应规则改变自己，而是整天盼着别人改变规则。这样的企业

怎么有未来？企业如果有这样的思路一定没有好结果。员工有这样的思路一定不能发展。因此必须与时俱进！

（二）西方列强把国际公约的保护知识产权的义务强加给中国

1. 19 世纪后半叶，西方国家对中国经济的影响逐渐加强。与此同时，侵犯知识产权的情形也开始发生

有些中国商人和企业开始盗用外国公司或企业的名称或商标。造成这种状况的主要原因有两个：其一，中国商人盗用外国公司的名称既可以逃避专为中国商人所设的税例，而且周转起来也比较方便；其二，使用外国公司的名称可以不受或少受地方官吏的刁难和勒索。到了 21 世纪初，知识产权的侵权问题变得日益严重。中国的侵权者们将目光集中投向外国进口的畅销品和外国公司在中国生产的产品。与此同时，国际社会也开始关注对知识产权的法律保护。1883 年的《巴黎公约》就是专门针对专利和商标的国际公约。1886 年达成了针对版权问题的《伯尔尼公约》。在此背景下，西方国家的商人期望他们在自己本国注册的商标也能在中国获得同样的保护。怀着这样的企图，他们不顾当时的中国既不是前述两个公约的缔约国，更未加入任何有关知识产权国际公约的事实，硬是把一系列根据国际公约而发生的保护知识产权的义务强加给中国。

2. 在"弱国无外交"的年代，中国政府不得不屈服于列强的压力，并先后与英国、美国和日本分别签订了商务条约

商标保护成为这些条约的主要内容。根据《中英商务条约》的规定，中国政府必须为英国的商标提供保护，防止中国人对其侵权和仿制。在 1903 年的中美条约中规定，中国应对美国批准的专利人的专利保护规定一个有效期限，这种保护至少不得低于中国对自己的国民专利保护的水平。为了履行条约所加诸的义务，1903 年中国在西方国家的直接参与下开始了商标法的立法工作。1904 年，中国外交事务部邀请帝国海关参加起草商标法。在英国领馆官员和英国商人的积极参与下，起草出一个商标法草案。该草案基本上是照搬英国法律的内容，当然偏袒英国利益的地方多，其中最明显的地方是，即使在中国境内或境外均未获得注册的外国商标，也应该获得中国法律的保护。但是，由于列强之间的利益冲突和清王朝政府部门之间的矛盾，商标法草案一直未能付诸实施。

1906—1908 年，清政府还颁布过一些有关印刷和报刊发行方面的法律。不过这些法律旨在控制新闻媒体传播，无意于版权保护，因此，中国人和外国人的版权在均不能得到保护的前提下第一次获得了平等。当然，这种局面对经济上处于优势地位的西方国家尤为不利。于是为了保护他们在华的知识产权利益，西方国家除对中国政府进一步施压以外，在他们之间还围绕知识产权问题展开了一系列的双边谈判。谈判的结果是西方国家之间达成一种协议，就是在他们之间建立一种司法合作关系。例如，一个在意大利获得商标注册的美国人可以向意大利驻华领馆控告另外一个受该领馆管辖的人，反之则相反。这些西方列强全然不顾他们所言所行是在别国领域而非自己的版

图，更不用指望他们对所在国主权和法律的尊重了。

3. 无论是中国政府还是西方列强在知识产权保护的问题上各怀异态

清政府之所以配合西方国家进行知识产权保护的法律修建，目的在于满足西方列强的要求，以换回列强在中国取消治外法权的承诺。1913 年和 1920 年，当事实证明西方列强并无诚意取消治外法权时，中国政府便明确表示拒绝加入《伯尔尼公约》，认为那样做只会伤害中国的经济和教育制度。

1928 年，国民政府颁布了中国第一部版权法。这部法律颁布的主要原因，一方面是为了结束中国由于长期分裂和混乱而造成的法律废弛局面；另一方面则是想使西方列强相信他们在中国的治外法权已经不再有理由。为达此目的，这部法律大量引进大陆法系德国和日本法的内容。不过，由于法律规定与现实生活的距离太大，致使这部法律在实际运作过程中大打折扣。著名法学家钱端升教授曾评价说："就立法者而言，这些法典总的看来是不错的。然而，由于涉讼的难度，法官的素质，特别是司法行政机关以外的干预等原因，它们能否被适当地适用便成了问题。"

（三）改革开放的中国奋起保护知识产权的热情开始法律重建工作

1. 由于外来经济和政治压力和来自知识产权保护自身的需要

20 世纪 80 年代初期，中国再次奋起保护知识产权的热情，开始法律重建工作。这次重建的理由，与其说是来自知识产权保护自身的需要，不如说是由于外来经济和政治压力的结果。回顾近 20 年中国知识产权保护的发展过程，有两条脉络清晰可辨。其一，深受以美国为首的西方国家左右；其二，传统意识形态及官僚政治的干预。由于上述两种因素的作用，尽管知识产权保护在最近 20 年中取得很大进步，然而在夹缝中求生存的知识产权法仍然不能获得自己独立的品格。

2. 发达国家将知识产权法律保护演化成为一种经济竞争的手段

科学技术的飞速发展为后工业社会的资本主义国家的发展带来新的契机。以美国为首的发达国家的知识产品在全世界的倾销为这些国家的资本家带来滚滚财源。对发达国家而言，知识产权法律保护的意义早就超越出知识产权保护自身而演化成为一种经济竞争的手段。伴随着知识产品行销全世界，美国人不仅要把他们的知识产品送到地球的每一个角落，而且要把他们的文化、价值观以及法律思想和行为规则统统带给其他国家。为保证美国在这些国家中的经济利益，1986 年 3 月，包括杜邦、通用电子和 IBM 在内的美国 13 家重要公司组成了一个"知识产权委员会"（Intellectual Committee），旨在推动关贸总协定（GATT）在乌拉圭回合谈判时将与贸易有关的知识产权（TRIPS）纳入公约里面。该委员会嗣于 1988 年结合日本经济团体联合会（KEIDAN-REN）及欧洲工业及资方联盟（UNICE）一起共同提出一份名为"关贸总协定关于知识产权规定的基本框架"的报告，建议关贸总协定通过一部独立的知识产权法典。该报告曾被送交美国、欧洲共同体、欧洲各国及日本政府参考。

3. 美国将成为将知识产权纳入关贸总协定的主要倡导国

欧洲和日本虽然在知识产权保护问题上与美国仍有分歧，但是加强这方面的保护对他们也有利，因此也对美国的建设随声附和。此外，导致关贸总协定乌拉圭回合谈判将与贸易有关的知识产权纳入公约的另外一个原因是缺乏一个统一的国际规范。关贸总协定组织亦承认，尽管《伯尔尼公约》为保护文学艺术作品，统一版权公约和《巴黎公约》为保护工业产权都作了详细规定，并且在国际水平上至少提供了某些措施来保护知识产权。然而，实践证明这些保护不够充分。甚至这些公约还因其不能提供有效解决国与国之间因知识产权保护而发生争议的程序而遭到批评。乌拉圭回合谈判进行得颇为艰苦。就发达国家而言，尤其是美国，由于在提供技术密集型产品上具有优势，因此主张自由化措施；而就发展中国家来说，其竞争性的优势在于劳动密集型产品，因此，劳务贸易自由化对其较为不利，所以发达国家与不发达国家的对立比较尖锐。在持续两年多的谈判过程中，以美国为代表的西方国家软硬兼施迫使不发达国家接受西方国家所提出的基本条件。关贸总协定与贸易相关的知识产权的规定就此宣告诞生。

4. 301 条款的主要特征是受这种制裁措施影响的产品不一定与其相关

值得注意的是，1984 年美国就在其贸易法中制定了一个 301 特别条款。该条款授权美国总统对违反国际条约或者采用不公平、不合理或歧视性手段限制美国贸易的外国贸易行为实行制裁。在上述场合下，美国总统还可以增加关税和税收，甚至还可以直接禁止来自侵权国家的产品或服务进口美国。301 特别条款的最主要特征是受这种制裁措施影响的产品不一定与遭受禁止的产品或服务相关。在 1986 年乌拉圭回合的谈判过程中，美国就是利用这个 301 特别条款逼迫韩国、泰国、印度尼西亚、墨西哥和巴西等发展中国家就范的。

5. 中美两国就知识产权问题展开的谈判年年吵得热火朝天

1984 年以后，中国几乎每年都要受到美国根据 301 条款而亮出的"黄牌警告"。而且就知识产权问题而展开的中美之间的谈判也是年年吵得热火朝天，有时双方甚至不惜剑拔弩张，大有割袍一战之势。然而，稍具眼光的人一望便知，对阵中的中美双方无论就地位实力还是声势姿态都截然不同。美国人依旧扮演着蛮横霸道的角色，只不过手里掌握的不再是当年的"鸦片"和"治外法权"，而是换上了"经济制裁"和"最惠国待遇"，如果将知识产权保护当作谈判的筹码，则势必要去迎合西方国家的需求，如此则不可避免地牺牲了中国知识产权法律应有的独立品格。

第二节　美国知识产权证券化法律制度的研究及对我国的借鉴

知识产权证券化作为智力创新和金融创新相结合的产物，最早在科技创新频繁、金融创新活跃的美国开始崭露头角，在过去短短 10 年的时间从萌芽、发展，渐渐走向成熟。知识产权支持证券作为一种新兴的金融衍生（投资）产品，与传统资产支持证券一样，必然包含着巨大的投资风险。对于 2008 年美国爆发的次贷危机，证券化这种金融工具虽非罪魁祸首，却也难辞其咎。为了保护证券投资者的利益，美国通过成文法和司法判例为知识产权证券化活动进行了全面的监管。

对于知识产权支持证券的发行主体 SPV，无论是采用公司、合伙还是信托的形式，SPV 自身均应不易破产。在美国"完全信息披露"原则指导的注册登记制的证券监管环境下，SPV 除非能够得到 SEC 的豁免，必须要遵守全面披露交易信息的法定义务。对于知识产权证券化的客体——知识产权资产的转让，无论采用更新、让予还是信托的形式，均应满足"真实销售"的标准，将基础资产与发起人的破产风险隔离开来。同时，为了保证证券的偿付，作为基础资产的知识产权必须要向联邦和州两个层面的主管机关进行担保权益登记。

美国的知识产权证券化制度对于中国中小高新技术企业融资困难、知识产权产业化应用资金不足问题的解决具有重要意义，但是想要将这一制度从美国移植过来，必须保证中国具有与之相兼容的法制环境。

一、从知识产权证券化的操作流程来看，SPV 处于核心地位

（一）SPV 的法律形式

从目前美国的知识产权证券化的实践来看，SPV 主要以公司、信托与合伙三种法律形式存在。

1. 公司型 SPV

美国各个州均存在州议会制定的公司法，目前几乎所有公司的设立均采用注册制，设立人向主管公司注册实务的州务卿（Secretary of State）提交注册文件并缴纳注册费，经州政府官员审核批准后，注册即告完成。

由发起人注册设立的公司型 SPV，虽然在法律上是一家独立的法律实体，但是实际上却往往是一个空壳公司：它没有专门的雇员和业务部门，只拥有名义上的资产和权益，只从事与证券化相关的业务。

采用公司形式的 SPV 可以发行多种种类的证券，并且可以参与各种证券化资产的转让交易，这在一定程度上增加了 SPV 的灵活性；同时，公司型 SPV 可以把一个或者一组发起人的基础资产加以证券化，这样可以大大扩大资产池的规模，从而摊薄证券化交易较高的发行成本。但是，公司形式的 SPV 也有其致命的缺点：在发起人设立 SPV 的情况下，发起人破产时，有可能被破产法院认定为"实体合并"而受到波及，从而无法达到破产隔离的效果。

2. 信托型 SPV

信托型 SPV，实际上应该称为 SPT（Special Purpose Trust），是美国资产证券化中的经典模式，在 1997 年的鲍伊债券案和后来美国药业特许公司为耶鲁大学设计的专利证券化案中，均采用了这一模式。这是因为与美国深厚的信托传统息息相关。信托是指委托人（发起人）基于对受托人（SPT）的信任，将拟证券化的资产委托给受托人，由受托人按委托人的意愿、以自己的名义，为受益人（投资者）的利益或特定目的，对资产进行管理和处分。

根据英美法中的信托原理，发起人可以通过信托将资产转移给受托人（SPT），受托人对信托财产享有"法律上的所有权"，受益人（投资者）则享有"衡平法上的所有权"，受托人必须为受益人的利益管理处分信托财产，并将所产生的收益交给受益人。这种信托财产权和财产利益相分离的特征，为证券化操作中将资产池（信托财产）产生的收益专门用于偿付投资者所拥有的资产担保证券权益提供了可能。信托形式之所以能够起到风险隔离的作用，关键在于信托本身所特有的特点：信托财产（基础资产）的所有权不属于委托人（发起人），而是由受托人 SPT 享有；同时，信托财产必须与受托人自有财产分离开来，避免因混同而给信托财产带来损失。

与公司型 SPV 相比，信托型 SPV 具有更大的灵活性，因为法律对信托有更少的设立和经营规则的要求，而且普通法上的信托可以发行种类多样的债券或所有权者权益证书。同时，基于信托的独立性，发起人更容易实现基础资产的"真实销售"。

3. 合伙型 SPV

合伙型 SPV 一般采用有限合伙的形式，发起人作为有限合伙人提供资产，资产管理人充当普通合伙人的角色，各司其职。但是，目前美国的实践中，很少有交易采用合伙制的形式。因为设立 SPV 的最主要的目的是将资产从发起人的资产中剥离出来，从而达到风险隔离的效果，但除非采用有限合伙，合伙的形式会要求合伙人对 SPV 的债务承担无限连带责任，显然不能达到这一效果。

（二）防范 SPV 破产的途径及其法律问题

构建 SPV 的一个重要目的就是将基础资产与发起人破产风险的隔离，防止在发起人破产时将基础资产纳入其破产范围之中。但是，保障证券化交易的安全性仅仅靠基础资产与发起人破产隔离是远远不够的，如果 SPV 在自身经营的过程中破产，基础资产将被作为破产财产在 SPV 的全部债权人之间分配，投资者的利益将因此而受到损害。由此可见，防范 SPV 破产，实现 SPV 自身破产风险的隔离也是保障证券化交易安全不可或缺的一个方面。根据破产申请人不同，SPV 破产分为"自愿破产"（Voluntary Bankruptcy）和"非自愿破产"（Involuntary Bankruptcy）两种情形。前者是指 SPV 作为债务人自己提出破产申请，而后者指由 SPV 的债权人提出的破产申请。在美国的资产证券化实践中，防范 SPV 破产的途径主要包括以下五种：

1. "破产放弃"（Bankruptcy Waivers）

"破产放弃"是指 SPV 通过在组织章程中规定或者在与证券投资者的契约中约定，明确表示放弃今后提出自愿破产申请的权利。作为防范 SPV 自愿破产最直接、最有效的一种方式，破产放弃在美国的实践中得到了广泛应用，但是，关于破产放弃协议的法律效力一直在理论和实务界存在争议：有人认为它属于 SPV 对自己权利的自由处分行为，理应具有可执行力；有人认为其违反了公共利益，因而无效；实践中，破产法院的法官们对于该协议的效力认定也存在分歧。然而，应该认定"破产放弃"协议有效，理由如下：

（1）"破产放弃"并不为法律所禁止。根据美国《破产法》第 706（a）条的规定，破产债务人有权将《破产法》第七章下的清算案件转换为第十一章下的重组案件；这是破产法中唯一有关权利放弃的条款，但该条只是指出不能放弃这种转换的权利，并没有说其他的权利不能放弃。据此理解，放弃自愿破产申请应该不在法律的禁止范围之内，因此应在当事人意思自治的范围之内。

（2）"破产放弃"有利于债务人与债权人通过非司法途径做出有利于债务人重组的安排，这不仅节约了成本，而且有利于债务人走出困境，继续经营。从这个意义上讲，允许破产放弃不仅没有剥夺债务人获得新生的权利，反而更有利于他获得新生。

（3）以证券化为代表的结构性融资更应该允许放弃破产，证券化交易的特性要求 SPV 尽可能实现破产隔离，资产支持证券的投资者正是基于对这种隔离的信赖才购买证券，从保护投资者利益的价值倾向上来看，应该认可"破产放弃"的效力，这不仅不会违背破产法的宗旨和公共政策，还会维护交易安全，保护债权人利益。

2. "自动冻结"（Automatic Stay）的放弃

（1）由于彻底的"破产放弃"在法律的效力上存在争议，从而会影响到交易的安全性和稳定性，一些债权人开始寻求债务人放弃破产中的"自动冻结"。"自动冻结"，是指一旦发起人被申请或主动申请破产，其所进行的一切债务清偿、担保执行等行动都将自动终止，以保证所有债权人均能按照破产程序公平受偿。这样一来，即使债务人进入破产程序，债权人仍然能够主张自己的债权。然而，与破产放弃一样，放弃"自动冻结"的效力也在理论和实务中存在争议。

（2）根据美国《破产法》第 362 条（d）的规定，在特定情形下，"自动冻结"可以由法院解除，这些情形包括："对担保债权人缺乏充分的保护；所涉财产价值小于担保债权人的债权价值；所涉财产不为重整所必须。"该条虽然表明"自动冻结"可以解除，但是并没有规定其可以放弃，由此，不同学者从不同的角度对"自动冻结"的放弃的效力做出了或有效或无效的阐述。然后从保护投资者的角度考虑，SPV "自动冻结"的放弃应该具有法律效力，由于"自动冻结"放弃与破产放弃在实质上极具相似性。

（3）"自动冻结"放弃实际上并不是实现 SPV 破产隔离的一种途径，因为它并不能阻止 SPV 进入破产程序，只是保证在 SPV 破产时投资者取得收益的权利不受到影响。但就客观效果而言，它与破产隔离极其相近，都能在一定程度上保障投资者得利益不因 SPV 的破产而受到影响。

3. 设立代表投资者利益的独立董事

（1）根据公司法的一般原理，除非公司章程另有规定，有权提出自愿破产申请的通常是公司的董事会，因此有效的董事会决议是提出自愿破产申请的前提。由于 SPV 的破产不符合投资者的利益，代表投资者利益的独立董事一般不会支持通过申请自愿破产的决议，于是在董事会中设立代表投资者利益的独立董事，并通过章程规定自愿破产申请必须经全体董事一致同意，从而使实际上不可能由全体董事一致同意提出自愿破产申请，这种方式被广泛用作防治自愿破产申请的手段之一。

（2）通常情况下，SPV 的董事都是由发起人派出的，而发起人的利益与证券投资者的利益有时候并不一致，尤其是在决定 SPV 破产的问题上，这种格局不利于 SPV 实现破产隔离。在由发起人设立 SPV 的情况下，独立董事的设立有助于将 SPV 与发起人区别开来，防止 SPV 自愿破产申请的决定受到其母公司的控制，从而危及投资者的利益。在上述结构中，独立董事主要代表证券投资者的利益，对证券投资者负忠诚义务，这与传统理论中董事作为高级管理人员对公司应负的忠实义务以及独立董事的中立性存在一定的冲突。

（3）考虑到 SPV 的特殊性，不可能也不必要坚持独立董事在决策事务中的中立性，理由如下：尽管 SPV 采用了公司制的形式，但在许多方面和通常意义上讲的公司存在很大不同，因为其设立的唯一目的就是作为一个与证券化发起人分离的导管机构，SPV 的资产绝大部分都是用于向证券投资者支付本金和利息的证券化基础资产，资产支持证券的持有人几乎承担了 SPV 的全部风险。这些特点表明 SPV 实际上只是具备了空死的外壳而已，没有理由将公司法下股东财富最大化的理念强制适用于 SPV，相反，保护投资者的利益才是 SPV 的目的，SPV 的独立董事对债权人而非股东负有忠实义务，在包括提出破产申请在内的董事会决策中，独立董事应该从投资者的角度来决定自己的立场。

4. 限制 SPV 的业务范围和负债

（1）不难理解，SPV 的业务范围越广泛、负债规模越大，则被债权人申请破产的可能性也就越大，因此，防范 SPV 非自愿破产的一种有效途径就是在其设立的章程中严格限制其业务范围和负债。这一途径在证券化交易中得到广泛的应用，世界著名的评级机构惠普公司曾提出，限制 SPV 的业务和负债有助于防范 SPV 非自愿破产，实现 SPV 的破产隔离。

（2）SPV 既然是为了实现证券化交易而设立的，那么其业务范围应该只限于法律或证券化计划确定的资产证券化业务，具体包括从发起人处购买证券化基础资产，发行资产支持证券，利用基础资产现金流向投资者支付投资收益。除此之外，SPV 不能从事其他业务。

（3）SPV 设立章程中，除了上述业务范围的限制，负债限制也是一个重要的方面。如果 SPV 大规模举债后，一旦它不能按时履行债务，就有可能被债权人申请破产。实践中一般会将 SPV 的债务严格限制在证券化交易必需的范围，具体包括资产支持证券本金和收益的偿付义务、因实施信用增级而产生的债务、因接受中介服务而产生的债务，以及其他在持有和管理基础资产过程中所产生的支付义务。

5. 设立不具有破产适格性的 SPV

在目前美国《破产法》的立法和实践中，非商业信托不具有破产的适格性，因此，利用不具有破产适格性的主体作为 SPV，也是实现 SPV 破产隔离的一个重要途径。美国《破产法》第 101 条采用列举的方式规定了适用该法的主体范围，关于信托机构，该条第九款只是将商业信托（Business Trust）作为公司的一种形式列入适用的范围，并没有提及非商业信托；在司法实践中，法官在一系列的案件中确立了非商业信托的不可破产性，其中最典型的是 Eastern Air Lines 案。

在 Eastern Air Lines 案中，Eastern Air Lines 筹资 5 亿美元，构建了特殊目的信托（Special Purpose Trust，SPT）来实施资产证券化。SPT 首先从 Eastern Air Lines 购买资产（大部分是飞机），并以该资产为支撑向投资者发行了信托受益凭证，接下来 Eastern Air Lines 又向 SPT 回租飞机，租金用来偿还受益凭证的本金和利息。此后不久，Eastern Air Lines 因财务危机申请破产保护，并停止了对 SPT 支付租金，导致 SPT 也无法向证券投资者支付本息，于是有 3 家受益凭证持有人向法院提出了 SPT 破产的申请，SPT 则要求法院驳回破产申请，认为 SPT 不具有破产适格性。

该案的焦点在于 SPT 是否属于《破产法》101 条上的商业信托，破产法院一致认为，该案中 SPT 的成立不是为了产生利润，其本身也不能产生收益，仅仅是为了帮助收益凭证持有人获得投资收益。尽管 SPT 会对证券化的基础资产实施管理行为，但是并没有足够的证据证明 SPT 以从事经营活动并获利为目的，因此不属于商业信托，不具有破产适格性。

从上述案例可知，区分商业信托和非商业信托是判断 SPT 是否能够破产的关键，而两者的区分标准在于成立信托是否是为了通过商业活动而获利，非商业信托仅作为一种载体来持有和保护资产。从这个意义上来说，资产证券化中设立的 SPT 应该被定性为非商业信托，从而不具有破产的适格性。采用 SPT 的形式设立 SPV，无疑是实现破产隔离最彻底、最有效的方式。

（三）SPV 证券发行的主体资格

在美国过去的资产证券化实践中，所发行的资产支持证券被定性为"证券"，其发行和交易受到以规范证券初次发行为主的《1933 年证券法》（Securities Act of 1933）和以规范证券后继交易为主的《1934 年证券交易法》(*Securities Exchange Act of* 1934) 监管。作为资产证券化中的一种，知识产权证券化中证券的发行适用同样的规定。

1. 寻求相应的豁免规定，规避纷繁复杂的法律程序

美国《1933 年证券法》的规定，其确立的是以"完全信息披露"原则为指导的"注册登记制"证券发行监管制度。《1934 年证券交易法》详细规定了证券交易中的信息披露监管措施。在这种"注册登记制"的证券监管体制下，对 SPV 来说，并不存在证券市场准入的实质性法律障碍，这正是资产证券化在美国最先萌发并迅速发展的一个主要原因。但是，为保证提供给投资者信息的有效性，立法上注册登记和信息披露的规定环环相扣、纷繁复杂，从经济效益最大化的角度出发，资产支持证券的发行与交易首当其冲的是寻求相应的豁免规定，规避纷繁复杂的法律程序。

2. 对抵押贷款支持证券，并不适用于知识产权的证券化

《1933 年证券法》中的豁免，主要有针对特定类别证券的豁免（可称为豁免证券，这些豁免具有永久性）和针对特定交易的豁免（可称为豁免交易，只针对该次发行豁免）。虽然关于豁免的条款很多，但与资产证券化有关的主要是该法第 3 章 (a) 款第 2、第 3、第 5、第 8 项规定，而使用频率最高的是第 2 项的规定："任何由美国政府或其分支机构发行或担保的证券和任何由银行发行或担保的证券，均可豁免于《1933 年证券法》的注册登记要求。"如此，也就不难理解为何美国最早的资产证券化交易（多为信贷资产证券化交易）是由具有政府机构性质的政府抵押贷款协会（GNMA）发行的，并且目前在美国证券化资本市场上，占重大比例的仍是由政府抵押贷款协会、联邦国民抵押贷款协会（FNMA）和联邦住宅抵押贷款公司（FHLMC）三大带有官方或半官方性质的机构发行或担保的证券，以及为何银行信贷资产证券化可以发展得蓬勃兴旺。另外，为发展抵押贷款二级市场，美国国会在 1975 年修改了《1933 年证券法》的规定，为以抵押贷款进行的证券化交易提供了豁免，这大大促进了住房抵押贷款证券化的操作。遗憾的是，该规定仅仅针对抵押贷款支持证券，并不适用于知识产权的证券化。

3. 有一些进行证券化操作的 SPV 获得免除披露义务的先例

与《1933 年证券法》的豁免运用不同，《1934 年证券交易法》中的豁免，最显著体现于授权美国证券交易委员会（Securities and Exchange Commission，SEC）进行自由裁量豁免的规定上。根据该法第 12 章 (h) 项的规定，SEC 可以在不与维护公共利益和保护投资者利益相违背的情况下豁免或减少 SPV 的信息披露义务。通常 SEC 在决定豁免时会考虑公众投资者的人数、证券发行金额、发行人活动的性质和范围、发行人的收入或者资产等因素。据此已有一些进行证券化操作的 SPV 获得免除披露义务的先例。

4. 知识产权证券化中 SPV 在某些特殊情况下可以被豁免

由上述规定，我们可知与传统资产证券化相同，在美国"注册登记制"的证券发

行监管制度下，知识产权证券化中 SPV 的证券发行主体资格并不存在问题。但是，美国立法上的注册登记和信息披露的规定环环相扣、纷繁复杂，许多 SPV 开始努力寻求立法上对注册登记手续和信息披露义务的豁免，根据《1933 年证券法》和《1934 年证券交易法》对豁免的规定，知识产权证券化中 SPV 在具有政府或银行背景或能通过 SEC 的自由裁量情况下，可以被豁免于烦琐的证券发行注册登记手续。

二、证券化的对象——"真实销售"给 SPV 的知识产权

"真实销售"来源于美国财务会计准则委员会（Financial Accounting Standards Board，FASB）所颁布的 FAS 140 号财务会计准则，是指在资产转让的过程中，由发起人以出售的方式将与基础资产相关的收益和风险全部转移给 SPV，资产转让后 SPV 对基础资产拥有完全所有权，转让人及其债权人不得再对该资产进行控制或获得收益。

资产证券化交易中"真实销售"的意义在于，发起人向 SPV 的资产转让行为只有满足了该标准，才能真正实现与发起人破产隔离的目标，在发起人破产时，基础资产才不会被归并为发起人的破产财产，从而实现资产支持证券的有效偿付。在知识产权证券化的过程中，只有满足"真实销售"标准而转让的知识产权或其许可使用协议中的收益权，才能实现远离发起人破产风险的目标，作为证券化的"基础资产"担保知识产权支持证券的还本付息。

（一）知识产权"真实销售"的方式

在知识产权证券化的过程中，发起人转让的基础资产主要有两种类型：一种是知识产权权利本身，另一种是知识产权许可使用协议中的收益权；前者是物权意义上的转让，后者是债权（合同之债）意义上的转让。在个别情况下，也存在知识产权许可使用协议的概括转让，但是由于操作中可能遇到的法律障碍，实践中应用较少。

1. 许可使用协议的更新（Novation）

更新，即合同的概括转让，是以一个新合同取代旧合同的过程。这种转让方式适用于发起人的基础资产是知识产权许可使用合同的情形。发起人将其授权第三方使用其知识产权的许可使用权作为基础资产，转让给 SPV，此时发起人、被许可人和 SPV 三方达成一致协议，同意消灭存在于发起人和被许可人之间的许可使用协议，将与其相同的权利和义务用被许可人和 SPV 之间的一个新协议替代，由 SPV 全盘承受发起人原先的权利和务，承接原来的收益和风险。然而，这种转让方式在知识产权证券化的实践中并不常用，因为知识产权许可使用协议往往具有一定的"人身性"，在原来的知识产权许可使用协议中，往往会约定由发起人对被许可人提供一定的技术支持和指导，使用更新的方式会使发起人从许可协议中抽身而出，而 SPV 又往往不具有提供技术指

导的能力，被许可使用人会面临知识产权实施的困境，从而影响证券化基础资产的收益。同时在需要将大量知识产权打包组建资产池时，由于涉及的被许可人众多，逐一征得同意后进行协议更新的成本太大，实践中的可操作性不强。

2. 让予（Grant）

让予就是以获得一定的收益为"对价"而将基础资产的权益和风险转让给 SPV 的方式，也是知识产权证券化中最常用的"销售"方式。这一方式既适用于知识产权许可使用协议中收益权的转让，也适用于知识产权权利本身的转让。

（1）知识产权许可使用协议中未来收益权的转让

在基础资产是知识产权许可使用协议的情况下，发起人向 SPV 转让的是原来的知识产权许可使用协议中的未来收益权，属于债权转让的范畴。与"更新"相比，让予的方式不再需要更改、终止原许可协议，只需要通过一定的法律手续，便可以直接实现债权的转让。许可使用协议未来收益权的转让实质上属于债权转让，这种债权转让是否需要通知被许可人（债务人）根据给予债务人通知是构成让予的生效要件还是对抗要件，通知适用程序的宽严程度的不同，理论上将不同国家的立法分为三种情况：自由主义、一般通知主义和严格通知主义。自由主义不要求债权人履行通知义务；一般通知主义要求债权人通知债务人，否则不得对抗债务人；严格通知主义将债权人履行对债务人的通知义务视为债权转让的生效要件。

美国属于上述"自由主义"立法的国家，债权的让予不需要债务人的同意，也不需要履行通知义务，基础资产的转让以发起人与 SPV 签订的资产让予协议为准。与后两种立法模式相比，美国的这种模式客观上为知识产权证券化扫除了逐一通知的障碍，节约了证券化的成本。值得注意的是，如果原许可使用协议中存在禁止许可协议中债权让予的条款，发起人和 SPV 之间的转让合同是否依然有效？《统一商法典》（*Uniform Commercial Code*，UCC）第 2 篇"买卖"的第 210 条第 3 款规定：除非有相反的情况表明，对合同权利转让的禁止应该解释为仅仅禁止转让人将其债务转让给受让方，而不包括债权。据此在采用《统一商法典》的州中，被许可人无权禁止合同债权的转让，因此，原许可协议中禁止转让的条款并不能影响发起人和 SPV 之间的债权转让的效力。

（2）知识产权本身的转让

在基础资产是知识产权本身的情况下，发起人向 SPV 转让的是其所有的知识产权的所有权或者部分财产性权利。在这种情况下，SPV 应该注意的是，由于知识产权的权利归属比较复杂，需要提防发起人将不属于自己的知识产权进行转让，因无权处分而使权利的转让无效。以版权为例，如果作品是职务作品，该作品的作者在没有取得所在单位许可的情况下，就无权转让该作品的所有权；再如，若作者已经将作品的版权全部转让给了出版社，那么该作者就无权再将该作品转让给 SPV；在知识产权共有的情况下，必须取得所有共同所有人的同意才能转让该权利。

同时还应该注意严格履行知识产权相关法律所规定的转让法律手续。美国《专利法》在第261条中规定，专利和专利权属于动产，任何专利、专利权及其附属利益的转让都必须采用书面形式，并建议专利的转让（Assignment）、让予（Grant）或者转移（Conveyance）行为应及时前往美国专利商标局（United States Patentand Trademark Office，USPTO）进行登记，产生对以后的专利销售或者抵押行为的推定通知（Constructive Notice）的法律效力。美国《商标法》在第10条中规定了在美国专利商标局对商标权的使用和转移进行登记的方法和产生的法律效力，转让如未经通知（Without Notice）其行为无效，不能对抗随后支付了等价报酬而受让商标的行为。美国《版权法》也在第205条规定任何版权所有权的转移都可到美国版权局登记，经过登记的转移将起到对所有人都推定通知的法律效力。

3. 信托（Trust）

（1）信托制度被运用于资产的风险隔离在于信托财产的独立性

信托制度之所以能够被运用于资产的风险隔离，最主要的原因在于信托财产的独立性，能够使基础资产独立于发起人和受托人（SPT）的财产和风险之外，成为可以专门服务于资产支持证券的资产池。从美国《统一信托法典》（*The Uniform Trust Code*，UTC）第四章规定来看，信托设立的条件沿用最基本的信托法原理：明确的信托意图、确定的信托财产、明确的信托受益人、正当的信托目的等；信托的设立程序，相较于公司来说更为方便，除了表明信托创立的宣告，并没有特定的法律手续的要求。

（2）信托财产是信托法律关系赖以存在的物质基础

信托财产是信托法律关系赖以存在的物质基础，没有独立的、可辨识的信托财产便无信托。在英美法尊重委托人意思自治的背景下，原则上凡是具有金钱价值的财产，无论是有形财产还是无形财产（知识产权、金钱债权），均可以作为信托财产。虽然知识产权（版权、专利权、商标权）中的人身权利（如署名权、发表权、修改权）由于无法转让而产生经济收益，但是其中财产权可以许可他人实施或转让，具有相应的金钱价值，自然也属于信托财产的范围。

（3）虽然商标权具备可转移性，但对商标权的信托很难操作

针对商标权而言，虽然商标权具备可转移性，从性质上符合信托财产的特征，但是实践中对商标权的信托往往很难操作。商标权属于标记权，商标的价值来源于其所标记的企业的商业信誉，商标权人可以通过对自己商标的使用而提高商业信誉，从而实现商标的增值，脱离企业信誉，商标也将失去其价值。因此，在商标资产证券化的过程中，一般很少会选择将商标权本身转移给SPT而以此融资，往往会选择继续由发起人保留商标的所有权，仅将商标权的许可使用未来收益权（金钱债权）作为基础资产而转移给SPT。

（二）知识产权"真实销售"的判断标准

实现基础资产"真实销售"，是资产支持证券免受发起人破产风险波及的关键步

骤。如果不能满足"真实销售"的标准，发起人向 SPV 转移基础资产以获得资本的行为便会被定性为担保融资，此时发起人破产时，基础资产将被作为担保物收回至发起人破产财产范围，资产支持证券的投资人的利益将无法得到保障。在司法实践中，判定知识产权基础资产的转移是否满足"真实销售"的标准，往往从以下 3 个方面着手：

1. 知识产权资产转让时，对交易行为本身的正当性进行分析

（1）知识产权资产出售给 SPV 的价格是否公平以及是否是确定的

知识产权证券化中，发起人向 SPV 进行的资产转让行为属于民事法律行为，应当具备法律行为的构成要素，这些要素无非是主体合格、意思表示真实及符合法律规定的形式要件。转让的意思表示真实问题。所谓意思表示真实，指的是转让人将该资产的所有权全部转让给受让人，进行销售而不是进行担保融资，这一意愿是出自转让人真实的想法。一般来说，在证券化交易案中，都应当有表明发起人"真实销售"其资产的法律文件。不过，法院在认定一项交易行为是否构成"真实销售"的时候，并不完全依赖于该文件，而是要从转让的法律特征和经济实质条件方面进行判定，其中最为重要的判定标准就是知识产权资产出售给 SPV 的价格是否公平的市场价格（Fair Market Value）以及该价格是否是确定的。

（2）发起人不以公平价格，则有可能被认定为内部交易

在知识产权证券化交易中，由于知识产权缺乏固定的实体作为支撑，同时容易受到技术淘汰等因素的影响而使价值短时间下降，导致合理确定知识产权资产的公平价格难度较大。但是，随着会计方法和计算机技术的发展，对于知识产权证券的市场收益和历史市场表现的数据可以更加完整地收集，对知识产权的价值会日益精确。此时，如果发起人不是以公平价格向 SPV 转让知识产权，而是以过高或过低的价格进行转让，则有可能被认定为内部交易而无法满足"真实销售"的标准。

（3）资产转让对价如果是以贷款利率为参照的浮动价格，则被认定为"担保融资"

SPV 给予发起人资产转让的对价应该是一个确定的，而不是以商业贷款利率为参照的浮动的价格。如果 SPV 给予发起人资产转让的对价是以商业贷款利率为参照的浮动的价格，说明基础资产上的收益与风险实际上并没有完全转移给 SPV，发起人还在承担利率浮动的风险，此时的资产转让行为便很容易被认定为"担保融资"。

2. 知识产权资产转让后对发起人与 SPV 的法律关系进行分析

（1）发起人对于该项资产仍然能够予以控制或需承担法律义务

尽管资产交易行为已经完成，但是如果根据资产转让合同，发起人对于该项资产仍然能够予以控制或者需要承担法律义务的话，就有可能会影响"真实销售"的认定。一般来说，在基础资产转让的合同中，实现资产转让的主条款之外，往往还会出现以下条款：追索和担保协议、回购协议和剩余权益的索取权。

①追索和担保协议是指基础资产转让后，发起人有义务向 SPV 付款或者在特定情况下回购已经出售的基础资产的书面承诺；

②回购协议是指发起人从 SPV 处取得基础资产的对价，并按该对价加上一定比例的利息在将来的某一天再重新获得该资产的书面承诺；

③剩余权益的索取权，是指证券化过程中基础资产产生的收益超过投资者权益、相关费用和损失后盈余部分重新归发起人所有的书面承诺。

根据美国财务会计准则委员会（FASB）颁布的 FAS 140 号财务会计准则，如果基础资产转让合同中出现了上述条款，即使基础资产已经完成转让，由于发起人仍会承担基础资产存在的风险，或者因基础资产而带来的收益，该项资产转让行为不能被界定为"真实销售"。

（2）根据知识产权作为基础资产的特性及根据个案进行具体分析

在知识产权证券化中，原则上应该遵守 FAS 140 的上述规定进行判断，但是还要根据知识产权作为基础资产的特性及根据个案进行具体分析。

①只要回授条件是公正合理的，不会对真实销售的认定产生影响

知识产权证券化中，发起人将知识产权转让给 SPV 以后，仍然需要使用该知识产权，否则其自身的经营活动就无法开展，在这种情况下，SPV 可以将该知识产权回授给发起人使用。只要回授的条件是公正合理的，并没有给发起人太多的优惠，那么这种回授并不会对真实销售的认定产生太大的影响。

②剩余权益保留问题

允许发起人保留支付证券本息后的剩余利益索取权，往往可以激励发起人进行证券化或者完成知识产权经营管理的工作，这一剩余利益索取权通常以发起人保留一定债券或信托受益权证的方式来实现。原则上讲，资产的风险和收益的转移程度是判断真实销售的标准，如果发起人以剩余权益保留的方式保留了资产中过多的风险和利益，那么有可能影响真实销售的认定；但如果发起人剩余权益的保留是以合理的价格获得的，就可以将其视为一项独立、合理的市场投资决策，不应因此影响"真实销售"的性质。

3. 知识产权资产是否构成发起人的"核心资产"

知识产权证券化中，即使知识产权已经从发起人处"真实销售"到了 SPV 的手中，依然不能完全与发起人的破产风险相隔离，这种情况源于在 Days Inn 案中所创设的"核心资产"原则。

（1）将基础资产和发起人资产合并成为知识产权证券化的障碍

Days Inn 是一家汽车旅馆，以其商标权为基础发行证券，融资近 1.5 亿美元。当 Days Inn 宣布破产时，其债务人对 Days Inn 转让给 SPV 据以发行证券的商标权提出请求，要求将 SPV 和 Days Inn 的资产进行合并。最后由破产法院裁决，由于 Days Inn 据以发行证券的商标权是其核心财产，尽管该资产已经真实出售给了 SPV，但是为了有效地进行破产重整，必须将该商标纳入破产财产的范围。该案中破产法院根据核心资产原则将基础资产和发起人资产进行合并的做法，成为知识产权证券化，特别是商标

权证券化发展的重大法律障碍。

（2）双层 SPV 将证券化的基础资产仅局限在商标未来收益权

为了防止知识产权资产根据"核心资产"原则被划入发起人的破产财产中去，实践中出现了双层 SPV 的交易结构（双 SPV 交易结构是在资产证券化交易结构设计中设立信托计划和资产管理专项计划等双层特殊目的载体，最常见的一类双 SPV 资产证券化就是证监会主管下的信托受益权资产证券化业务），将证券化的基础资产仅仅局限在了商标未来收益权之上。在 Guess 商标证券化交易案中，Guess 公司首先将其拥有的 Guess 商标和所有的许可协议、许可协议未来收益权全部转让给一家具有破产隔离功能的 SPV——IP Holder LP。然后 IP Holder LP 再设立一家具有破产隔离功能的 SPV——Guess Royalty Finance LLC，IP Holder LP 将其拥有的所有品牌许可使用协议中的未来收益权（实际上属于"应收账款"的范畴）转让给 Guess Royalty Finance LLC，由其作为资产支持证券的发行人，发行资产支持证券。此时，担保证券发行的唯一基础资产就是 IP Holder LP 所拥有的商标许可使用协议中的未来收益权，证券持有人无法对 Guess 商标主张权利，只能对其商标许可使用协议中的未来收益主张债权，一旦 Guess 公司破产，由于商标权许可使用协议中的未来收益权并不是破产人重整所必需的"核心资产"，自然就不能适用"核心资产"原则而将其划归到 Guess 的破产财产之中，投资者的利益将因此而得到保护。

（三）知识产权"真实销售"后依然可能面临的发起人破产风险

上述资产转让的"真实销售"标准，是资产证券化架构中解决发起人破产隔离问题的主要手段。但是有时候，即使 SPV 的设立符合破产隔离的要求，资产转让也达到了"真实销售"的标准，发起人的破产仍然会给投资者的利益带来危险，这种危险主要来源于以下两个方面：

1. 重新定性（Recharacterization）

"重新定性"是美国资产证券化过程中，资产转让所面临的一项最为常见的法律风险。所谓"重新定性"，是在发起人破产程序中，法院认为资产转让行为有可能损害发起人债权人利益时，对发起人与 SPV 之间的资产转让行为进行的一次法律性质判定，衡量一个表面上看来是转让的行为，究竟该认定为"真实出售"还是"担保融资"（Asecured Loan）。

（1）重新定性原则

美国《破产法》第 105 条（a）款规定：法院有权作出任何对执行本法必要或者适当的裁定、程序或者判决。本法任何允许有利益的当事人提出质疑的规定都不得被解释成阻止法院自由地采取或做出对执行或实施法院裁定或规则而言，或者对防止程序滥用而言必要的或适当的行动或决定。美国法院据此认为《破产法》已经授权其在破产程序中对资产转让的法律属性进行重新判定，并在破产司法实践中通过 Octagon Gas

Systemsv. Rimmer 案发展出了"重新定性原则"。

（2）应收账款的转让行为重新认定为担保融资

在 Octagon Gas Systemsv. Rimmer 案中，Rimmer 作为 SPV 接受了 Octagon Gas Systems 所转让的一笔应收账款，在 Octagon Gas Systems 被债权人申请破产时，受理该案的破产法院将该笔应收账款认定为《统一商法典》第 9 篇中的"应收账目"（account），根据当时的《统一商法典》第 109 条的规定，应收账目的购买方只是担保债权人，其所取得的权益只是担保权益；应收账目的出售方是债务人，应收账目属于担保物。因此，法官将该笔应收账款的转让行为重新认定为担保融资，该笔应收账款作为担保物因此也被归入 Octagon Gas Systems 的破产财产中。虽然 2001 年修订后的《统一商法典》第 9 篇第 318 条修改了对应收账目的规定，但是破产法院在发起人破产程序中对资产转让行为的重新定性传统却从此确定了下来。

（3）重新定性会产生两种截然不同的法律后果

如果转让行为被定性为一项担保借贷，说明双方实际上是抵押借贷关系而非买卖关系，则所转让资产的所有权依然属于发起人，SPV 只是对该资产享有一定担保权的债权人，在破产程序中对发起人的财产只享有一定的优先受偿权，而由于美国《破产法》的特殊规定（"自动冻结"原则），SPV 的这种权利通常很难实现。失去基础资产的证券化进而会以失败告终；如果转让行为被定性为一项"真实出售"，说明双方之间是买卖关系，则基础资产的所有权属于 SPV，当发起人进入破产程序时，就不得认定该资产是发起人的破产财产，SPV 依然可以按照资产证券化的安排接收基础资产带来的收益，收取现金支付给投资者，资产证券化得以顺利进行。

（4）"重新定性"权力的存在会增加证券化交易的不确定性

因此，就资产证券化活动来说，破产法院"重新定性"权力的存在一定程度上会增加证券化交易的不确定性，一旦被法院行使这种权力，将会直接危害到 SPV 和证券投资者的利益，从根本上破坏证券化交易的基础。

2. 实体合并（Substanive Consolidation）

实体合并规则是根据美国《破产法》第 105 条法院有权发出任何对于执行本法规定有必要或者适当的命令、程序或者裁定的规定，基于案例总结出来的一项衡平法规则，最早出现在 1940 年。Imperial Paper & Color 案中是指在破产程序中将数个同一公司集团中的独立法律实体的资产合并，用于统一清偿债务。

（1）实体合并将会使破产隔离机制因此彻底失败

在知识产权证券化的过程中，所谓实体合并，是指由于符合某种条件，SPV 被视为发起人的从属机构，其资产和负债在发起人破产时被归并到发起人的资产和负债中，成为同一个法律实体。一旦发起人和 SPV 被认定为"实体合并"，SPV 的资产将作为发起人的破产财产被自动冻结，之前通过"真实销售"建立起来的破产隔离机制将会因此彻底失败，资产支持证券投资者向 SPV 主张支付投资本息的权益将会受到严重影响。

（2）实质利益和实体合并是否为防止某种损害和实现某种利益所必需

作为一种衡平法原则，实体合并的实施标准主要通过法官对具体案件的分析来实现，结合司法判例来看，破产法院决定是否实体合并时遵循两个方面的标准：一是发起人与 SPV 是否存在实质利益（Substantial Identity）的一致性；二是实体合并是否为防止某种损害和实现某种利益所必须。对于如何确定实体之间是否存在实质利益的一致性，Sampsell 案件后的 Vecco Construction Industries 案中确立了法院在决定债务人同其他主体的关系是否足以将他们进行实质性合并时应当考虑的情形，并总结为七因素，在不同实体之间确定资产和负债归属的困难程度；是否存在合并财务报表；是否拥有独立的经营场所；资产或业务功能的混合性；相互之间利益的一致性；是否存在明显的公司内部的债务担保；资产转让是否遵守了公司规定决策程序。

（3）实体合并给交易各方所带来的利与弊

将上述要素套用到知识产权证券化交易中，由于很多情况下 SPV 是由发起人以完成融资交易为目的而设立、SPV 是发起人全资拥有的子公司、SPV 只从事为证券化交易所必需的业务、发起人往往继续担任基础资产的管理人，因此很难说 SPV 与发起人不具有实质意义的一体性，要准确把握实体合并在证券化交易中的适用，更重要的还在于衡量实体合并给交易各方所带来的利与弊。

（4）根据个案对各方利益进行比较权衡后确定保护的对象

"实体合并"原则类似于大陆法系中的"刺破公司面纱"的公司法人格否定制度，虽然"实体合并"对知识产权资产证券化的结构构成了威胁，但是它可以防止发起人滥用自己对于子公司或者是准子公司（SPV）的控制地位，进行转移资产、逃避债务和规避法律责任的活动。它在事实上将原来的破产财产扩大至 SPV 所持有的优质的财产之上，有利于实现发起人的破产重整，这就给发起人实现新的盈利提供了机会，如果重整成功，在保护了发起人原有债权人利益的同时，资产支持证券投资者的利益也不会受到太大的影响。问题在于如果 SPV 持有的是发起人的核心资产，在破产程序中被"实体合并"，但是最后重整计划失败，SPV 及其证券投资者就将和发起人其他无担保的债权人一样，面临无法得到全额清偿的风险。实践中，破产法院将根据个案，对发起人其他债权人和证券投资者的利益进行比较权衡后，确定保护的对象。

三、知识产权支持证券的偿付保证——知识产权担保权益登记

知识产权证券从本质上来说是一种知识产权担保融资证券，即发起人将知识产权真实销售给 SPV，SPV 将知识产权组建成知识产权资产池，然后以其中的知识产权资产为担保发行证券的过程。知识产权担保权益的登记是知识产权证券化过程中非常重要的一步，如果证券持有人没有对作为基础资产的知识产权进行担保登记的话，其对资

产池中基础资产的权益将无法得到保证。

（一）影响证券持有人的担保权有以下三个方面的问题

第一，在证券发行人（SPV）出现违约，即无法对资产支持证券还本付息的情况下，如果投资者对基础资产的担保权益没有进行登记，将无法对资产池中的基础资产主张优先受偿。

第二，即使 SPV 没有违约，有时候资产池中知识产权所带来的收益也可能会受到其他权利人的要求而被分流，例如，在资产池中的版权作品存在共有人的情况下，共有人可能会要求分享基础资产所带来的收益，如果证券投资者没有对知识产权及其收益进行担保登记而享有优先受偿权的话，投资权益同样会受到损害。

第三，如果发起人向 SPV 转让资产的行为没有满足"真实销售"的标准而被重新定性为担保融资，或者即使已经满足真实销售标准，却被破产法院将发起人与 SPV 实体合并，知识产权资产将会被归入发起人的破产财产中，此时如果投资者对该项资产没有进行担保权益登记，便会沦落到和发起人其他普通债权人一样，无法就破产财产优先受偿。

美国的知识产权担保登记存在联邦和州双层的管辖体制，既适用联邦层面的《版权法》《商标法》和《专利法》的规定，又要遵守各州针对"动产担保"而采用的《统一商法典》第 9 篇的规定，在这两个层次上进行的担保权益登记哪个具有优先效力？双重登记体系之下，发起人是否需要向联邦和州分别进行担保权益登记？在此将以版权担保登记为例，揭示目前美国知识产权担保权益登记所面临的困境。

（二）联邦法与州法的冲突

美国《统一商法典》（*Uniform Commercial Code*，UCC）是由美国法学会和美国统一州法委员会合作制定出来的法典，后被美国许多州所采纳。在美国包括动产担保交易在内的商事立法权主要属于各州，各州所采纳的《统一商法典》属于州法的范畴。

1. 依据"融资声明书"来识别担保协议所创设的担保权益

《统一商法典》第 1 - 201（37）条规定，担保权益（Security Interest）是"指对担保债务之清偿或者履行的动产或附着物所享有的权益"。依据《统一商法典》第 9 篇规定，担保权益是通过两种具有最低限度形式的原型文件，在任何个人财产上创设出来的。第一种文书是《统一商法典》第 9 篇中的"担保协议"（Security Agreement），担保权人和债务人在协议的担保物上创设起一种统一的"担保权益"。第二种文书是"融资声明书"（Financial Statement），被用作担保协议中交易的备案通知（Do Cumentary Notice）。一旦在正确的法域（如债务人所在地）登记了债务人的名字，进行检索的债权人和买方会依据"融资声明书"来识别担保协议所创设的担保权益。可见《统一商法典》第 9 篇中担保权益的登记是建立在这两套文书体系之上的。依据《统一商法典》

310（a）条和第502（a）（1）条，登记被界定为"附系"（Attachment）加上一种所要求的通知形式或者与通知相关的行为。在绝大多数情况下，担保权益"附系"后并依照债务人姓名适当登记单独的一页通知文书（融资声明书），就意味着担保权益的登记已经完成。

2. 美国《版权法》规定任何版权所有权及其有关的权利的转让都要在版权署登记（备案）

美国《版权法》第205（a）条规定任何版权所有权或者与版权有关的权利的转让都要在版权署登记（备案），同时从《版权法》第101条对"转让"的定义来看，版权的"抵押"应当被视为"转让"的一种。因此，联邦《版权法》允许版权担保权益在版权署登记（备案），并要求通过登记所有权转移书或其他文件的方式来完善版权担保权益。另外，《版权法》第205（c）条规定，在美国版权署登记文件就视同向所有人推定通知了登记文件中的信息，但这需要满足两个条件：第一个条件是"该作品已作登记"；第二个条件是"文件，或者附系文件之上的材料一，能特别确定出它所归属的作品，版权登记官员将文件编入索引后，公众依照作品名称或者登记号码就能检索出该文件"。

3. 依据《统一商法典》还是美国版权法进行登记

公示版权担保权益究竟应该依据《统一商法典》进行登记，还是美国版权法进行登记呢？还是要到依据州法和联邦法同时分别进行登记？这样的问题，普通民众很难做出正确的选择，甚至连法官也还在探索其中的规律。

（三）法院判例观点的分歧

1. 法官们对公示版权担保权益的裁决也不尽一致

事实上，法官们对公示版权担保权益的裁决也不尽一致。Peregrine 娱乐有限公司诉丹佛联邦储蓄和贷款协会案突显了要主张自己的版权权利和应收款权益，公示担保权益是何等重要。在该案中破产人提供了版权作品、版权作品销售权和销售收入作为担保向丹佛联邦储蓄进行抵押贷款，但是该版权作品却尚未进行联邦版权登记。加利福尼亚州地方法院认为丹佛银行公示版权担保权益的唯一方法就是依据联邦版权法向美国版权署提交文件。尽管可以自愿选择版权登记（Registration），但是向联邦版权署申请公示的步骤对支持权利人的主张，驳斥其他债权人的主张和形成债权人优先权却是必不可少的。因此，要公示版权担保权益，首先要登记版权，然后要向美国版权署递交有关转让的文件。依据《版权法》第205（c）条，版权登记（Registration）是对随后登记版权权益的第三方构成推定性通知（Constructive Notice）的必要条件，从而依据该法的执行程序公示担保权益和债权人优先权。

2. 任何人必须登记版权并向美国版权署提交担保权益相关文件

就版权公示的这种观点还在 AEG 案中得到了确认。这起案例裁决采纳了 Peregrine

案的观点，认定要公示版权担保权益，任何人必须登记版权并向美国版权署提交担保权益相关文件。在 AEG 案中，尽管已经向美国版权署提交了版权担保权益相关文件，但是该案法院认为涉案版权尚未在美国版权署登记，还未取得公示效果，债权人不能享有担保权益，因为登记版权是《版权法》第 205 条规定的提交版权转让书构成推定性通知所必需的要件。Peregrine 案和 AEG 案后的 MCEG Sterling, Inc. v. Phillips Nizer Benjamin Krim 案，对 Peregrine 案的观点提出了质疑。纽约州最高法院认为 Peregrine 案是要求向美国版权署提交文件来公示版权担保权益的极少数个案，疑点重重，没有代表客户和受让人向联邦版权署提交抵押文件的律师并非是有过失的，法官质疑了联邦登记优先权（Federal Recordation Preemption）已经扩展到与版权相关领域的观点。虽然这则案例只是通过分析律师的过失责任而涉及了版权担保登记问题，但它仍然是说明版权公示缺乏明确规定的典型案例。

3. 如果版权未在美国版权署进行登记，那在公示担保权益问题上联邦法并不优于州法

Aerocon 工程公司诉硅谷银行案的裁决指出，Peregrine 案中要求担保权益必须在版权署递交文件（备案）的规制，只适用于已在美国版权署登记的版权。美国《版权法》第 411 条规定，版权的登记（Registration）是可选择的，尽管缺乏登记会妨碍版权的司法执行，然而一些版权还是未在美国版权署进行登记。Aerocon 案的裁定表明：如果版权未在美国版权署进行登记，那么在公示担保权益问题上联邦法并不优于州法。

根据上述判例，我们可以看到，在选择根据州法的规定向州登记版权担保权益，还是选择依据联邦法在美国版权署登记的问题上，目前的司法实践尚未给出明确答复，法官们的判决虽然在努力地寻找一条规律，但目前看来还不是很明朗。

（四）《统一商法典》第九篇修订对版权担保登记效力的影响

正是意识到版权担保权益登记中存在着众多争议，2001 年，美国修订了《统一商法典》第九篇关于担保权益登记的规定。

在涉及州法和联邦法的效力方面，修订后《统一商法典》第 9～311 条明确规定，如果知识产权是由联邦法规、规章或条约所调整，则联邦程序应被优先考虑。因此，在存在联邦《版权法》的情况下，该条实际上确认了联邦登记体系优先于州登记体系的原则。

然而，《统一商法典》的修订并没能从根本上解决版权担保权益的双重登记问题，双重登记体系依然存在。为了避免担保权益在司法认定时的不确定性，版权证券化的过程中，SPV 往往会同时向州和联邦两个层面进行担保权益登记，这实际上大大增加了证券化操作的时间与金钱成本，有损交易效率。

四、对判断中国是否已具备法制环境及促成其形成具有借鉴意义

1. 对中国推进知识产权证券化的法制环境进行了评述

知识产权证券化最早出现在美国，从第一桩知识产权证券化案"鲍伊债券"算起，美国前后涌现出的案例不下 10 件。随后，日本和欧洲也相继开始尝试这一新型融资形式。近年来，包括世界知识产权组织（WIPO）在内的国际组织对于这一融资形式也表现出极大的关注。以知识产权证券化中对证券投资者权益的保护为主线，结合美国的成文法和司法判例，分析了知识产权证券化过程中证券发行主体 SPV 的构建、证券化客体知识产权资产的转让和担保权益登记中存在的法律问题。结合中国知识产权法、公司法、证券法、破产法中的相关规定，对中国推进知识产权证券化的法制环境进行了评述，进而提出了相应的立法建议。

2. 美国知识产权证券化立法的借鉴

能够使用知识产权进行表外融资的知识产权证券化制度，对于存在知识产权产业化应用融资困难问题的中国，无疑具有很大的吸引力，目前我国对于在中国开展知识产权证券化活动的呼声颇高。但是如果想要将美国知识产权证券化移植到中国，首先要做的是对其生存环境进行考察，只有对其在美国的发展历程、运作原理、法律监管环境进行了全面系统的研究之后，才能准确判断这种制度在中国土壤上存活的可能性。知识产权证券化是资产证券化的一种，在交易结构的设计上基本沿用了传统资产证券化的原理，有许多相通之处；但是由于知识产权本身的特点，又使知识产权证券化面临着许多特殊的法律问题。结合美国的立法和判例，对知识产权证券化过程中 3 个核心的法律问题，其中有资产证券化中共通的法律问题（如 SPV 的构建），也有知识产权证券化所特有的法律问题（例如，对作为基础资产的知识产权的"真实销售"和担保权益登记），进行分析。

3. 没有对一国特定法律制度的深入研究，就没有比较法

虽然中国目前尚无知识产权证券化的实践，也没有针对知识产权证券化的专门立法，但是通过系统研究美国知识产权证券化的运作原理、发展历程和交易中遇到的法律问题及解决方式，考察其在美国的生存环境，对判断目前中国是否已经具备推进知识产权证券化活动的法制环境，以及如何促成这种环境的形成，均具有借鉴意义。

4. 为知识产权证券化在中国的成长构建良好的法制环境

目前中国的法律规定虽然给证券化交易提供了一定的法律框架，但是依然存在着大量的法律障碍和监管空白，此时贸然引入知识产权证券化制度，必将引来巨大的市场风险。立法机关应在借鉴信贷资产证券化试点经验的基础上，对知识产权证券化中 SPV 的法律形式、证券发行条件、"真实销售"的认定标准和知识产权质押登记程序在现有的法律基础上进行特殊立法，为知识产权证券化在中国的成长构建良好的法制环境。

第三节　知识产权证券化的法律制度研究

　　知识产权证券化是西方国家金融创新的产物。知识产权证券化的实质是以知识产权为基础的融资活动，是知识经济时代的资产证券化的新方式，是现代社会技术与金融一体化的体现。知识产权证券化，是现阶段形成于美国的知识产权应用以及科技成果转化的新形式，在实践的探索中取得了成功的经验，迅速被一些国家效仿。世界知识产权组织将其视为知识产权发展的新趋势。知识产权证券化过程中的有关实践与法律制度是需要研究的，其目的在于为我国如何以证券化的方式开辟科技成果转化的新途径服务。研究知识产权证券化问题，其主要意义在于通过分析西方国家实施知识产权证券化的实践，探讨知识产权证券化的意义，汲取西方国家在知识产权证券化过程中积累的积极经验，并且认清在知识产权证券化过程中存在的问题，特别是知识产权证券化立法上存在的不足，为我国今后开展知识产权证券化活动进行理论上的论证，提供具体的参考意见，避免或者减少在知识产权证券化过程中出现的问题，以使我国的知识产权证券化活动健康发展，使我国能够形成更加合理的知识产权证券化法律制度。哈尔滨工程大学人文社会科学学院姚皓 2011 年 6 月发布的《知识产权证券化的法律制度研究》一文，较为全面地阐述了这一问题，在当今如火如荼的知识产权证券化研究中还是具有一定的参考价值。

一、研究知识产权证券化为我国实行知识产权证券化活动提供借鉴

　　研究知识产权证券化问题，可以了解西方国家实行知识产权证券化的具体情况，分析其具体的法律制度以及应用情况，认识到西方国家实行知识产权证券化的有益经验，为我国实行知识产权证券化活动提供借鉴，特别是为我国知识产权证券化的有关法律制度的建立、统一与完善服务。

（一）研究知识产权证券化可以全面认识知识产权证券化的作用

　　研究知识产权证券化问题，可以全面认识知识产权证券化的作用。知识产权证券化，既有积极的作用，也有一定风险性。

　　1. 积极作用

　　知识产权证券化具有促进知识产权市场化与产业化的功能，也具有知识产权研究开发和融资的功能。知识产权的研究开发有两种基本的情况，一是由生产企业直接自主研究开发；二是由专门的研究机构或者个人从事研究。专门研究机构与个人的知识产权研究开发，与知识产权的生产活动往往是脱离的，知识产权的所有人在形成知识

产权后，只有将知识产权转让给生产企业，才能把知识产权应用到生产中，才能使知识产权市场化与产业化。否则，就会使知识产权闲置，不能发挥作用，造成知识产权的浪费，也不能实现权利人的经济目标，甚至造成权利人的资金困难并影响研究工作。因此，知识产权证券化活动，可以使知识产权应用于生产，既可以形成社会生产力，也可以给有关主体带来经济效益。

2. 风险性

知识产权证券化可能会造成投资人的更大风险，可能造成公司资产的不真实或者泡沫，危及整个金融市场。知识产权证券化，是以知识产权为基础发行证券。问题就在于知识产权的实际价值是不断变化的，具有不确定性。知识产权的评估价值不等于实际价值，知识产权在运用的过程中必然会随着技术的进步与更新而贬值。这就使以知识产权为基础的证券投资面临更大的风险。当知识产权的证券发行公司在其知识产权的各种使用过程中出现市场风险，就会造成投资者的更大损失，并危害金融秩序。因此，知识产权证券化更具有风险性。

3. 为公司的发展提供了新的方式

知识产权证券化为公司的发展开辟了新的途径。通过知识产权证券化活动，也为公司的发展提供了新的方式。以知识产权为基础发行证券，使公司的资本结构发生了变化，知识产权在公司资本中的比例得到了提高，同时也可以扩大公司的融资渠道。在知识产权证券化活动中，形成了专门应用知识产权的公司，这些公司专门从事知识产权的应用，既为知识产权的权利人实现知识产权的经济效益提供了条件，也促进了经营知识产权的专业公司的发展。

（二）国内研究综述

国内目前有相当数量的专门讨论有关知识产权证券化的文章，也有与知识产权证券化问题有关的学术文章以及著作等文献。这些文献涉及的内容包括关于国外知识产权证券化的实践与立法的、关于知识产权证券化的具体问题的、关于知识产权证券化程序问题的、关于我国知识产权证券化的法律制度建设问题的。

1. 知识产权证券化具有广阔的前景

在知识经济时代，知识产权对社会经济的影响力日益增大，金融工程技术日益发展的情况下，知识产权证券化具有广阔的前景。中国政府的科技管理部门也十分重视科技成果的转化，进行各种方式的探索。在中国1980年成立的产权交易所，在进行财产权交易的过程中也进行技术交易。2001年成立的上海技术产权交易所成为中国第一家专门的技术产权交易市场，进行知识产权的挂牌交易，使大量的知识产权得以转让和利用。技术产权交易市场的成立，既有力地促进了中国科技成果的转让和应用，也为知识产权进一步的利用奠定了基础。

2. 依法保护各类产权，推动产权有序流转

2003 年中国科技部召开会议，研究科技资源与金融资本的融合问题，引导金融与企业的结合，探索科技成果转化问题。2003 年《中共中央关于完善市场经济体制若干问题的决定》提出：要依法保护各类产权，推动产权有序流转。中国把技术作为商品公开交易，知识产权被确定为财产权的组成部分，也受到世界的重视。

3. 首例专利资产证券化的实践

我国首例专利资产证券化的实践，是 2000 年 10 月 25 日开始的武汉国际信托投资公司进行的专利信托业务。武汉国际信托投资公司作为发行人，以委托人的专利技术为基础发行证券，但由于经过两年该专利也没有得到应用，被迫于 2002 年 12 月终止该项业务。分析认为，专利证券化包括专利许可费证券化、专利质押贷款证券化和专利信托投资证券化三种。

（三）海外研究综述

知识产权证券化作为新的概念迅速被世界所接受，受到一些国家政府的重视。在美国等西方国家进行知识产权证券化的过程中，有关立法活动还在探索，同时一些学者对有关问题进行了研究与探讨。

1. 《美国专利证券化的实践与前景》一文发表

专门介绍了美国知识产权证券化的实践情况以及有关的立法情况，为我们了解美国知识产权证券化的实践提供了资料。文中介绍了美国知识产权证券化的背景与现状、耶鲁大学专利许可费证券化的实践、药品专利许可费证券化的实践，并对美国专利证券化的前景进行了分析。该文作者认为："专利证券化面临很多风险，前景不容乐观。"尽管如此，专利证券化对公司仍然具有很大的吸引力，并得到迅速的发展。其原因在于专利证券化可以解决科技成果应用中的融资问题。因此，我国有必要开展对专利证券化的研究，并结合国外专利证券化的实践，逐步开展专利证券化。

2. 资产证券化可以称为"结构性融资"

关于知识产权证券化的基本含义与特征的认识，国外研究人员史狄温（Steven L. Schwarcz）从动态的视角来研究问题，认为资产证券化是通过分割资产的结构调整以证券方式迅速变现的过程，可以称为"结构性融资"，这种迅速融资的方式也可以称为一种"炼金术"。资产证券化的过程表现为，作为发起人的创始机构（Originator）把其具有相同性质或者相似性质的资产继续组合（Pooling）再转让给特殊目的机构 SPV，然后由特殊目的机构以这些资产为基础（Underlying Assets）发行证券。这样就可以把流动性低的资产转变成为流动性高的证券，发起人可以变现所需要的资金。

3. 充分的资产现金流是资产证券化的关键条件

中国台湾研究人员认为，证券化的资产应当具有的共同特征主要包括证券化的资产必须有现金流量，具有充分的利息差，是同质化高的金融资产；可以分散资产的风

险；资产必须具有充分的现金流量，被认为是资产证券化的基本条件。在知识产权资产为基础发行债券的情况下，必须有相应的资金支付给有关的中介机构以及支付给证券投资者。这些资金来自债券原来的利息，是原来利息的一部分。这样在采用债券方式进行证券化时，用于证券化的资产必须有足够的利息，以形成利息差。例如，美国信用卡债权的证券化，信用卡的利息约为 20%，除去需要支付的利息与各种费用，有约 5% 的剩余利息可以用于支付证券化的费用。这就是资产的现金流。充分的资产现金流，被认为是资产证券化的关键条件。

4.《住房管理条例》是资产证券化的法律依据

美国于 1934 年制定的《住房管理条例》是资产证券化的法律依据，推动了抵押证券市场的发展。美国 1970 年后的住房按揭支持的证券，是资产证券化的正式开端，其后资产证券化发展到专利、版权、汽车贷款、高速公路收费等领域。

5. 美国斯坦福大学和日本 Japan Digital Contents 株式会社

美国著名的研究机构斯坦福大学通过组建合资公司进行技术授权，出售部分知识产权资产，获得了大量的资金，再投入新产品的研究开发中。日本的专利拥有量占世界的第二位，但是只有 1/3 被采用，大部分的专利处于休眠状态。日本政府 2002 年开始对信息技术和生物领域的专利权实施证券化经营，设立特定的公司，由这样的公司经营专利权。特定的公司以专利使用费为基础发行证券，再由特定的公司把部分发行证券的收入支付给专利权人。2003 年日本的 Japan Digital Contents 株式会社以光学专利为基础发行证券，成为日本首例知识产权证券化的实践。

（四）对我国有关法律制度建设的认识

1. 知识产权证券化是科技成果转化的一种新形式，在世界范围内仍然处于探索阶段，有关的法律制度还需要完善。对于来自美国的知识产权证券化，我们要客观全面地认识，既不能简单地否定，也不能盲目地照搬，应当在吸取其有益经验的基础上形成符合中国国情的知识产权证券化的具体做法与法律制度。

2. 知识产权证券化，在理论上是成立的，有其依据和现实意义。知识产权证券化的基本理论依据是，知识产权属于财产，也属于产权，并且知识产权可以转化为金融资产。知识产权证券化是知识经济时代的必然要求，也是科技成果转化为社会生产力的客观需要，有利于特定权利人权益的实现，更有利于社会的发展与进步。

3. 在我国进行知识产权证券化实践，并不违反现行的有关法律制度。我国有关的法律没有对知识产权证券化形成障碍。

我国《公司法》规定，股东投资于公司的资产可以是知识产权，这就为以知识产权投资以及发行证券提供了法律依据。但是我国有关知识产权证券化的法律制度并不完善，缺乏相关的具体规定，需要在今后的立法中完善有关知识产权证券化的法律制度，应当在今后修订公司法、证券法等法律法规时增加具体的有关内容。

首先，要统一有关法律、法规中的知识产权占注册资本比例的规定，解决有关立法不统一的问题。

其次，在《公司法》等重要的企业法中，明确规定知识产权占公司注册资本的最高比例，这样为实践中具体执行法律提供明确的法律依据。对于专门以知识产权证券化为目的设立的特设公司，法律对其知识产权占公司注册资本的最高比例的规定可以与一般的公司有所不同，可以有所提高。

二、知识产权证券化的国际实践与立法分析

（一）美国知识产权证券化的实践与立法

1. 美国知识产权证券化的实践分析

美国1997年以唱片版权收入为基础的知识产权证券化实践。美国1997年摇滚歌星大卫鲍伊以25张个人唱片的版权收入为担保发行5500万美元的债券，期限为10年，利率为7.9%，该债券被称为鲍伊债券（Bowie Bonds），成为世界上首例知识产权证券化的活动，甚至被称为具有划时代的里程碑意义。随后，其他以影视版权为基础发行的知识产权证券开始出现，著名的有美国梦工厂（Dream Works）电影公司2002年以其电影未来利润为基础发行的10亿美元债券。包括成为经典案例的2000年美国药业公司购买耶鲁大学的药品专利并发行债券的案例，还包括1998年西班牙皇马足球俱乐部以门票收入为基础发行债券的案例等。因此，在知识经济时代，知识产权对社会经济的影响力日益增大，在金融工程技术日益发展的情况下，知识产权证券化具有广阔的前景。

美国耶鲁大学专利许可费证券化的实践，曾经被认为是知识产权证券化的成功案例。美国耶鲁大学于2000年7月通过转让其药品专利的许可费收益权，获得10031万美元的融资。美国耶鲁大学先把其治疗抗艾滋病的药物专利的使用权转让给必治施贵宝公司（Brist 01. MyersSquibb），专利使用费按年支付。耶鲁大学不可能在短期内取得全部专利权使用费，而美国耶鲁大学又急需一笔资金用于学校的建设。于是耶鲁大学把其药品专利的许可收费权益转让给了另一家公司Royalty Pharma，一次性地获得了全部的专利使用费。该公司成立了专门管理此药品专利的特别公司BioPharma Royalty，信托管理药品专利使用收益权。

BioPharma Royalty公司以该药品专利许可收费权为基础发行证券进行融资，发行了7915万美元的债券和2780万美元的股票。BioPharma Royalty信托公司为证券的发行人，耶鲁大学为发起人，由一家美国的保险公司提供的股权作为信用担保，由著名的承销商承销。发行的股票由耶鲁大学、Royalty Pharma公司和美国著名的风险投资公司Banc Boaton Capital持有，这些公司从BioPharma Royalty信托公司那里获得必治施贵宝公司

支付的药品专利使用许可费。BioPharma Royalty 信托公司把药品专利使用许可费的其余部分用于偿还贷款和股东分配。该专利证券的成功发行，在于发起人耶鲁大学的良好声誉、药品专利的优良品质，特别是美国标准普尔对证券发行作出的综合信用评级为 A 级。这些因素增强了证券发行的吸引力，提高了证券的信用等级，降低了资产的信用风险。这次知识产权证券化的成功经验也得益于市场中介机构的积极参与，充分利用市场机制降低证券风险。

此次知识产权证券化活动曾经被誉为引领专利证券化的模范，但是好景不长，到了 2001 年 11 月，该证券的发行人 BioPharma Royalty 信托公司由于未能够按照约定支付有关费用而被清偿解散。其最终失败的直接原因是 Royalty Pharma 公司把交给 BioPharma Royalty 信托公司管理的药品专利使用许可收费权转让给了另一家公司，该受让公司经营不善造成药品专利的使用许可费支付出现问题。有的美国研究人员认为，此次知识产权证券化活动的最终失败，其原因是用于证券化的专利品种单一，不够安全，应当以知识产权的投资组合来降低证券化的市场风险。也有美国学者认为，失败的原因是专利使用许可只有一份，缺乏交易安全，应当以多份知识产权的使用许可构成知识产权的组合来降低市场风险。这些经验与总结事实上也为以后进行知识产权证券化活动所吸取。

美国以知识产权的合理组合进行证券化的实践。基于耶鲁大学专利许可费证券化的实践的经验教训，Royalty Pharma 公司于 2003 年又进行了新的知识产权证券化活动，并最终获得成功，Royalty Pharma 公司也成为美国从事知识产权证券化活动的代表公司。此次知识产权证券化活动中，Royalty Pharma 公司精心选择了 13 种药品专利的许可费收益权作为发行证券的依据，形成所谓的"知识产权池"。由专门成立的 Royalty Pharma 金融信托公司为证券发行人，发行 2.25 亿美元的债券。Royalty Pharma 公司还采取了一系列增强信用等级和降低市场风险的措施，包括聘请著名的信用评级机构和评估机构进行评级和评估。除了由保险公司进行发行担保，还由专利的出让方对专利进行担保，以防止出现专利无效或者侵权所造成的风险问题，并且引入美国《破产法》中的待履行合同法律制度，以防止出现由于专利许可人破产所造成的专利许可合同被撤销的问题。

2. 美国知识产权证券化的法律依据与应用

美国存在可以作为知识产权证券化活动的有关制度，在美国进行知识产权证券化的探索实践过程中，有关公司充分利用了美国的有关法律制度。

美国于 1934 年制定的《住房管理条例》，被认为是资产证券化的法律依据，推动了抵押证券市场的发展。美国 1970 年后出现的住房按揭支持的证券，就是以这一法律为依据的。其后在版权、专利权等领域进行的知识产权证券化活动，也是充分利用了美国的法律制度。

Roy Mty Pharma 公司于 2003 年进行的知识产权证券化活动，充分利用了美国有关法律的规定，以防范风险和强其信用。由于知识产权证券化活动中，用于发行证券的基础依据是知识产权的使用许可收费权，而不是知识产权本身。如果出现知识产权的许可人破产的情况，知识产权使用许可合同就自然终止或者被撤销，知识产权的许可使用人用于发行证券的知识产权的许可使用权就不再存在，其发行的证券也就没有了存在的基础，这就成为极大的风险。如果知识产权的使用人购买的是知识产权本身，即购买知识产权的所有权，则购买人就不受出让人情况的影响。为了防范这样的风险，Royalty Pharma 公司在此次知识产权证券化活动中引入了美国《破产法》中的待履行合同制度。待履行合同，是指美国法律中规定的专利权和著作权的许可使用合同，这样的合同是需要一个相当长的履行期的。根据美国《破产法》第 365 条规定，因为专利权人或者著作权人破产，而导致专利权或著作权使用许可合同被撤销的，被许可人可以继续使用专利权或者著作权，但应当继续履行许可合同义务。这样就可以防止出现知识产权许可合同被撤销造成的风险，使知识产权的证券化具有更高的吸引力和防范风险的能力。这项法律制度的引入，是美国知识产权证券化活动进一步成熟的体现，可以为其他国家的知识产权证券化所借鉴。

（二）知识产权证券化的其他实践与制度

美国的知识产权证券化活动，迅速被其他国家的企业所效仿，在一些国家也出现了知识产权证券化的实践。其他国家进行的知识产权证券化活动，扩大了用于证券化的知识产权的范围，使知识产权证券化的发展空间得到了扩展，这是其可以研究和借鉴的地方。

1. 足球产业证券化实践

西班牙皇马足球俱乐部（Real Madrid）于 1998 年 5 月以阿迪达斯公司（Adidas）的赞助收入为依据发行了证券，筹集 5000 万美元。2001 年，英超联队以其未来 20 年的门票收入为依据发行 7100 万美元的债券，用于购买顶级球员，解决其存在的财务危机。该债券的购买者每年获得可观的债券收益。2002 年，意大利的帕尔玛足球队以广告收入、商标收入、电视转播权收入等为依据发行了 9500 万欧元的证券。以各种未来的门票收入为担保，发行证券，也属于资产融资。需要探讨的问题是，门票收入是否属于知识产权。门票收入是经营收入，是赢利的一种途径，门票收入权可以说是一种财产权。问题又在于，这里的门票收入是关于演出等的收入，是基于表演形成的，而表演又属于知识产权范畴的内容。这样各种表演与演出的门票收入又是与知识产权有关联的。但是，能不能因此认为表演的门票收入权就属于知识产权，这确实还需要进一步地研究。

2. 数据库资料证券化实践

2001 年 4 月，挪威的石油地质服务公司 Petroleum Geo Services，以其具有的石油、天然气勘探的数据资料的未来收益为依据发行证券，获得企业发展的资金。数据库资料应当属于知识产权的范畴。以数据库资料为基础发行证券，就是知识产权证券化的体现。可见，知识产权证券化的基础资产可以扩大，不应当局限于专利权、商标权与著作权。

3. 其他国家与地区有关的制度

日本在探索知识产权证券化的过程中注意有关法律制度的建设，为有关的实践活动提供法律依据。2003 年日本开展"知识产权战略推进计划"，提出要利用信托制度促进知识产权的流通。日本对其《信托企业法》的修改中，增加知识产权可以作为信托的客体的内容，信托公司可以用知识产权融资。

我国台湾地区资产证券化的规定。我国台湾地区于 2002 年 7 月 24 日发布了《金融资产证券化条例》，专门规范有关的活动。其中的第 4 条，关于证券化资产的规定为：汽车贷款债权、其他动产担保债权及其担保物权、房屋贷款债权、其他不动产担保贷款债权及其担保物权、租赁债权、信用卡债权、资产信托受益权。这样的规定就是，可以用于证券化的资产包括金钱债权、动产或不动产担保物权、以资产信托为基础形成的权益和其他经过核准的债权。对此有研究人员认为，该规定的资产范围过小，在理论上应当尽量包括各种资产及现金流量。该规定第 4 条对什么是资产证券化以及什么是创始机构作了明确的规定。其中的资产证券化，是指特设机构以创始机构信托的资产为依据发行证券以获取资金的行为。

关于未来权益是否可以作为证券化的基础资产问题，在以往的实践中有所涉及。2003 年我国台湾地区的规定：未来的债权可以作为基础资产。未来收益作为基础资产的问题，在美国的知识产权证券化的实践中出现过。对此，我们应当持谨慎的态度。以未来收益作为基础资产，由于未来收益具有更大的不确定性，其风险性也就更大。因此，以未来收益作为基础资产，要有一定的要求或者条件，或者由第三方对未来收益进行担保。

4. 世贸规则有关知识产权的制度

世界贸易组织的制度中，有关知识产权的专门规则是《与贸易有关的知识产权协议》（TRIPS）。该规则于 1993 年 12 月乌拉圭回合达成，1994 年 4 月 15 日生效，除序言外另有 73 个条款。《与贸易有关的知识产权协议》规定的知识产权有 7 种，分别是版权及相关权利（增加计算机程序和有独创性的数据汇编为版权）、商标权、地理标志权、工业品外观设计权、专利权、集成电路的布图设计权、未披露信息的保护权（包括商业秘密）。与以往的国际知识产权制度相比，世界贸易组织的知识产权协议在知识产权的内容或者范围上有所扩大，增加了计算机程序和未披露信息的内容，首次规定计算机程序和电影作品的出租权，保护期为作者终生及其后 50 年。世界贸易组织关于知识产权的制度中，扩大了知识产权的范围，但对于如何使用知识产权问题，特别是知识产权证券化问题没有予以规定。这样，从世界贸易组织有关知识产权的规定中，我们还寻找不到知识产权证券化的依据，但这不等于世界贸易组织反对知识产权的证券化活动。

（三）国外知识产权证券化的借鉴

1. 知识产权证券化的意义

知识产权证券化的国际实践，在知识产权应用方面进行了前所未有的探索，开辟了知识产权应用的新途径，有利于加速科技成果转化，促进社会生产力的提高。知识产权证券化的创新，更在于开辟了企业融资的新方式。企业通过知识产权证券化活动，把一般意义上的知识产权转化为金融资产，再发行证券筹集资金。这样就把用于投资的知识产权变成现金流，把静态的资产变成活的资金，把长期的资产权益变成现实的利益。这样的机制，既可以调动有关利益主体的投资积极性，也可以促进知识产权的研究开发，促进科技成果的更新。同时，还可以为社会公众提供投资的新品种，扩大公众的投资范围。

2. 知识产权证券化的风险防范

知识产权证券化是美国金融创新的产物，首次出现于1997年美国Pullman Group公司以唱片特许使用权为基础的证券融资，并在其后得到迅速发展。在我国，知识产权证券化还是新概念，不仅没有出现典型意义上的实践，在理论认识上还需要深入研究。在美国金融创新所引发的世界金融风暴的背景下，我们更需要认真研究知识产权证券化的经验与教训，在引进知识产权证券化的同时，更要注意风险问题。

我们在认识到知识产权证券化是未来知识产权应用的发展趋势的同时，也要认识到知识产权证券化的风险，更有必要研究解决知识产权证券化风险的对策。

知识产权证券化过程中面临着各种风险，主要有知识产权单一化造成的风险、知识产权的类型不同所造成的风险、知识产权含金量不足造成的风险、技术进步造成的知识产权贬值风险、知识产权使用人的经营风险、知识产权被侵权或者诉讼造成的风险、国家的知识产权政策风险和对知识产权管理上的风险、针对知识产权证券化过程中可能出现的各种风险，应当提高风险意识，加强风险防范措施。对于知识产权单一化造成的风险，应当扩大知识产权的品种，以知识产权的集合体来防范风险。对于知识产权的类型不同所造成的风险，应当增加知识产权的类型。对于知识产权含金量不足造成的风险，应当提高知识产权资产的质量，在筛选工作上下功夫。对于技术进步造成的知识产权贬值风险，应当及时对用于证券化的知识产权资产进行更新。对于知识产权使用人的经营风险，应当加强使用人的风险意识和风险防范工作。对于知识产权被侵权或者诉讼造成的风险，应当提高知识产权保护意识。对于国家的知识产权政策风险和对知识产权管理上的风险，应当及时掌握国家的有关政策，及时按照国家的要求调整知识产权证券化的具体工作。

总之，知识产权证券化起源于美国，在实践的过程中积累了经验，也得到了发展。美国知识产权证券化的实践以及立法，可以为其他国家提供借鉴。作为美国金融创新产物的知识产权证券化，为金融市场提供了新的产品，为知识产权的应用提供了条件。同时，知识产权证券化也增加了金融市场的风险，应当注意知识产权证券化风险防范。

三、知识产权证券化的特殊性与现实性

知识产权证券化的特殊性和现实性，集中反映了知识产权证券化的基本法理。知识产权证券化的法理问题，是对知识产权证券化的基础性、一般性问题的认识，是对知识产权证券化活动的基本依据、现实性与可行性以及知识产权证券化的基本特征的认识。

（一）知识产权证券化的特殊性

知识产权证券化（Intellectual Property · Backed Securitization），简单地讲，就是以知识产权为基础的证券融资活动。在证券资本市场上，传统意义上的资产融资是以实物资产与现金为资本基础的。在知识经济的时代，资产的范围扩大到了基于智力成果形成的知识产权，知识产权开始进入资本市场，成为股东投资的资产。在现代公司制度中，包括我国的公司制度在内，都准许股东以知识产权作为公司的投资，但一般有严格的比例限制，以保证公司建立在真实的资本基础上。知识产权的证券化，公司设立的主要基础是知识产权（而不是实物、现金等资产），表现为专利权、商标权、版权以及其衍生产品等，公司将知识产权评估作价后按照一定的比例折算为股份，再通过发行股票来筹集资金，这就使知识产权通过证券市场转化为公司经营所需要的资金，实现了融资功能。

知识产权证券化作为一种特殊的融资方式，与其他融资方式有明显的不同。

1. 主体的特殊性

知识产权证券化中的有关主体是多方面的，形成复杂的知识产权关系。在知识产权证券化的过程中涉及的有关主体情况是比较复杂的，其中有知识产权的所有人、知识产权的使用人、知识产权的使用权收益人、知识产权证券的发行公司等。

（1）知识产权证券化的过程中涉及的有关主体

知识产权的所有人是具有知识产权所有权的主体，是知识产权最重要的权利人，但不一定是知识产权证券的发行公司。

知识产权使用人，是具有知识产权使用权并且直接将知识产权应用于生产经营活动中的知识产品的生产公司，既可以是知识产权的所有人，也可以是知识产权的非所有人。

具有新产品研究开发能力的生产经营企业，可以自己研究开发知识产品而拥有知识产权。更多的企业是依靠购买知识产权的使用权而成为知识产权的使用人。

知识产权的证券发行公司，是指以知识产权为基础发行债券、股票等证券的公司。

（2）拥有知识产权的所有权或者使用收益权，但不一定是使用知识产权的生产经营企业

在知识产权证券化的情况下，以知识产权为基础发行证券的公司，拥有知识产权的所有权或者使用收益权，但不一定是使用知识产权的生产经营企业。从美国知识产权证券化的实践情况来看，现在美国知识产权的证券发行公司只是知识产权的使用权收益人，不是知识产权的所有人，也不是知识产权产品的生产经营人。这样，在知识产权证券化过程中，就涉及多方面的有关主体，并形成复杂的以知识产权为基础的各种关系。

（3）任何主体、任何环节出现问题，都会形成一系列的连锁反应，并由此增加了知识产权证券化的风险

美国的知识产权证券化中，知识产权的所有人将知识产权使用权转让后具有了知识产权的使用收益权，然后知识产权的所有人再把其知识产权的使用收益权转让给专门成立的公司，该公司以知识产权的使用收益权为担保发行各种证券，成为知识产权的证券发行公司。知识产权所有人的收益来自知识产权证券发行公司，而知识产权证券发行公司的收益又来自知识产权的产品生产经营公司。这样在知识产权的使用过程中，任何主体、任何环节出现问题，都会形成一系列的连锁反应，并由此增加了知识产权证券化的风险。

2. 资产的特殊性

知识产权证券化，公司用于融资的全部或者主要依据是无形资产。用于融资的知识产权是无形的但不是虚拟的。知识产权作为资本，与传统的实物、现金等有形资本相比较是无形的，是以不同载体形式表现出来的。知识产权只有在实际运用过程中才可能产生价值，静态的知识产权是不会形成价值的。知识产权能够应用于生产与生活中，能够产生效益，因此，知识产权是真实的，而不是虚拟的，知识产权不同于网络虚拟财产。但是，知识产权证券化又不同于以往的知识产权投资。

我国的《公司法》第二十七条规定，投资者可以用知识产权作为对公司的出资，《公司登记管理若干问题的规定》规定：有限公司以高新技术成果出资超过注册资本20%的，由国家或者省级科技管理部门认定。股东以一定比例的知识产权作为公司的投资、作为公司的资产，可以适用公司法的一般规定。但是，如果公司的全部资产或者主要资产都是知识产权，就不能适用公司法关于公司设立的一般规定，而应当依据国家的特殊规定。

3. 过程的复杂性

知识产权证券化的过程比较复杂。与其他的证券融资活动相比较，知识产权证券化的过程更加复杂。一般的公司证券融资活动，是以实物资产为基础的，融资过程涉及股东决议、资产评估、申请、审批、承销等环节。以知识产权为基础的融资活动，所涉及知识产权的价值评估比实物资产的评估更有难度，更需要知识产权的专业知识

与充分的市场调查，有关的费用也更高。并且，知识产权证券化中的担保与证券销售的要求也比普通的证券发行更高，国家对以知识产权为基础的证券发行的审批要求也比普通证券的发行更加严格，这就使以知识产权为基础的证券发行活动比普通的证券发行更加困难。

4. 形式的多样性

知识产权证券化是知识产权资本化的主要方式。知识产权证券化的表现形式是多样的，可以表现为知识产权直接投资与间接投资。知识产权证券化是知识产权开发运营模式的创新，是资产证券化的一种体现。知识产权证券化的类型是多样的。知识产权证券化的类型一般是由基础资产决定的。

（1）根据知识产权证券化所依据的权利的不同，可以把知识产权证券化的类型分为知识产权证券化、知识产权债权证券化、知识产权担保贷款证券化。

①知识产权证券化，是指以知识产权本身，即以知识产权的所有权或者使用权为基础的证券化。

②知识产权债权证券化，是以知识产权的许可收费权为基础的证券化。知识产权的许可收费权，是知识产权的所有权人或者使用权人对其他主体的许可使用收费权，属于债权性质。

③知识产权担保贷款证券化，是金融机构以知识产权权利人向其用于担保的知识产权为基础发行证券。

在知识产权担保贷款证券化中，证券的发行主体是金融机构，不是知识产权的直接权利人，发行证券的基础资产是金融机构的担保债权，不是知识产权本身，因而也属于金融资产证券化的一种情况。知识产权的许可收费权与担保贷款债权，是以知识产权为基础形成的衍生权利，都属于债权性质。知识产权及其衍生权利，都是与知识产权有密切关系的，都可以成为企业的资产，都可以成为证券化的基础资产。所以，知识产权证券化，是以知识产权资产为基础的证券化活动，其基础不局限于知识产权。因此，知识产权资产证券化的概念能够更好地体现证券化的各种类型。

（2）根据证券化所依据的知识产权的不同，可以分为著作权证券化、商标权证券化、专利权证券化，等等。

（3）有关知识产权的投资活动，可以分为知识产权的直接投资和间接投资。

①知识产权直接投资表现为知识产权的所有权人或者使用权人，用其对知识产权的所有权或者使用权直接投资于公司，成为公司的股东。知识产权则成为公司的资产或者资本。有的公司可以以一定的知识产权为基础的资产向社会发行股票或者债券，这样的情况在过去的上市公司中是存在的。从广义上来看，这也可以称为知识产权的证券化，但不属于严格意义上的知识产权证券化。

②严格意义上的知识产权证券化可以理解为知识产权间接投资的情况。人们当前所研究的知识产权证券化，一般是指知识产权的权利人通过专门成立的知识产权投资

公司发行证券，实现其经济利益。知识产权投资公司，以获得的知识产权的收益权为依据发行证券，获得资金，用于公司的生产经营活动。以知识产权为基础发行的证券，可以是不同品种的，已经出现的多数为债券，在理论上也可以为股票。

（二）知识产权证券化的基础性

知识产权证券化的基础性，反映以知识产权进行证券化活动的基本依据，特别是反映知识产权自身能够成为资产或者能够成为金融资本的基本依据。知识产权证券化的必然性，反映知识产权证券化是科技成果转化的必然结果，是社会发展的必然要求。

1. 知识产权的财产属性是证券化的基础

以知识产权投资，其法理在于知识产权是财产性权利。知识产权具有特殊性，知识产权既具有财产属性，又具有人身属性。在以知识产权为投资的财产时，也涉及权属的变更和审核管理问题。

（1）知识产权的权利，在内容上包括所有权和使用权

以知识产权作为投资者向企业或者公司投资的财产，是指以知识产权的所有权投资，还是以知识产权的使用权投资，我国法律、法规都没有进一步的规定。由于知识产权的使用权是可以在所有权之外独立存在的财产权，并且在一个知识产权的所有权基础上可以同时存在多个使用权，因此，知识产权的所有权与使用权都可以作为投资的财产。知识产权具有财产属性，这已经成为国内外学术界的共识，并且为各国立法所确认。我国1986年的《民法通则》把知识产权规定为民事权利的一种。知识产权具有财产属性，是由于知识产权可以直接应用于生产或者生活中，为人们形成效益或者满足人们的某种需要，或者知识产权可以有偿转让、有偿使用。从物权法的原理上看，知识产权是可以依法作为物权客体的权利，是物权的指向对象。知识产权作为一种具有财产属性的权利，可以作为企业资产的组成部分。

（2）以所有权投资还是以使用权投资，既是实践问题，更是基本认识问题

以知识产权投资是以知识产权的所有权投资，还是以知识产权的使用权投资的问题。这既是实践问题，更是基本认识问题。我国的《公司法》《合伙企业法》等都没有对这个问题作出具体的规定。只有2001年修订后的《中华人民共和国外资企业法实施细则》第二十七条有相关的规定：外国投资者用于向外资企业投资的工业产权、专有技术，应当为外国投资者所有。这就规定了投资者对投资于企业的知识产权必须具有所有权。

（3）但这不等于投资者只能以知识产权的所有权投资。以知识产权的所有权投资，是没有什么疑义的。问题是知识产权的使用权是否可以用于投资。由于知识产权的使用权具有相对的独立性，可以由非所有人行使使用权，这就使以知识产权的使用权投资成为可能。具有知识产权所有权的投资者可以用知识产权的使用权投资于企业，企业从而取得知识产权的使用权。从理论上看，以知识产权的使用权投资是可行的。

（4）知识产权的使用人是否可以以知识产权的使用权投资，即一个依法享有他人知识产权使用权的投资者，是否可以用其只享有使用权的他人的知识产权投资的问题。如果知识产权的使用权人可以用对他人的知识产权的使用权投资，就等于知识产权使用权的再次转让。现有的法律制度对这样的问题都没有规定。从法理上看，使用权人再转让知识产权的使用权应当取得原知识产权所有人的同意，并且要履行申请登记和公告手续，否则无效。在实务上无论以知识产权的所有权投资，还是以知识产权的使用权投资，都应当依法办理权属变更登记或者办理申请审批手续，都要履行相关的程序。以知识产权的所有权投资，投资者把其对知识产权的所有权转让给投资的企业，就应当办理知识产权的所有权变更手续。投资者以知识产权的使用权投资，所投资的企业取得知识产权的使用权，应当依法办理申请审批手续以及公告。对于有关企业法及公司法中存在的这方面的立法空白，应当在未来的修订中予以完善，在立法上明确规定：知识产权的所有权以及使用权可以作为投资者的投资，应当依法办理权属变更或者登记审核手续。

2. 知识产权的现金流是证券化成功的保障

知识产权证券化，是利用在知识产权应用中形成的现金流来支持证券的发行与存在。能够形成预期的现金流，是知识产权证券化成功的保障。可靠的现金流是知识产权证券化发行人在证券发行之后，用来支付证券有关费用的来源，决定着证券的生存。

（1）知识产权应用所形成的现金流，是知识产权价值的体现。优质的知识产权能够在其应用中形成理想的现金流，能够达到预期的应用效果。充足的现金流，对于知识产权证券化的结果具有重要意义，直接影响证券化的成功与否。

（2）只有在现金流充足的条件下，证券发行人才有能力支付发行证券与维持证券所需要的大量资金。在知识产权证券化的实践中，通常采用的形式是以知识产权基础资产为依据发行债券，即知识产权资产的债券化。在知识产权债券发行之后，债券到期之前，发行人应当按照约定的利率定期向债券购买人支付利息。发行人有持续的充足的现金来支付债券利息，是债券能够存在的最基本的条件。而支付债券利息的现金，是来自债券发行人从知识产权的实际使用人那里收取的许可使用费，这样的现金被称为"知识产权的现金流"。

（3）只有优质的知识产权，才能够在其实际应用的过程中形成充足的现金流。这样就对用于知识产权证券化的基础资产提出了比较高的要求，知识产权证券化的基础资产必须能够形成预期的现金流。

（4）客观上，大量存在的知识产权质量有优劣之分，从大量的知识产权中选择优质的知识产权，用于知识产权证券化，形成知识产权资产的合理组合，会提高知识产权应用的实际效果和现金流，也会提高知识产权资产抗御风险的能力，保证知识产权证券化的成功。

（三）知识产权证券化的现实性

知识产权证券化的现实性，反映知识产权证券化的客观需要以及实际意义，反映知识产权证券化具有可行性，是开展知识产权证券化活动的现实依据。

1. 知识产权证券化的客观需要性

（1）知识产权证券化，是知识经济时代社会发展的客观需要和必然要求，是科技成果转化的必然结果，也是科技成果转化的新方式。

知识产权证券化是现代社会发展的必然要求。现代社会处于知识经济的时代，科技的发展日新月异，社会生产力的提高由传统的劳动密集型发展为现代的科技密集型。科学技术是生产力，并且是第一生产力，已经成为现实。社会的发展主要依靠科学技术的创新，新技术的出现，新技术在生产中的应用极大地丰富了人民的生活，在社会物质生活方面表现为新产品的推出与更新，在文化消费方面表现为文化消费市场的繁荣。科技成果、智力成果，不仅推出的速度加快，而且应用的速度也加快。科技成果转化为社会生产力，及时应用于企业的生产经营中，更具有重要的意义。科技成果表现为各种形式的知识产权，知识产权的应用速度与效率，不仅关系到有关知识产权权利人的权益的实现，也关系到生产企业的效益。采取更加快速有效的知识产权应用的方式，成为人们共同寻求解决的问题。以知识产权为基础，通过证券市场发行各种有关的证券，筹集企业发展的资金，充分利用资本市场的融资功能，是解决知识产权应用问题的新方式，也是社会发展的必然要求。

（2）知识产权证券化是科技成果转化的新形式。

科技成果转化为社会生产力，应用于生产经营中，才能体现科技成果的价值，才能使科技成果为社会的发展服务，才能实现有关权利人的权益。知识产权的应用，是科技成果转化的体现。知识产权的应用方式，过去主要体现为权利人的直接应用或者间接应用。但是，科技成果在生产中发挥作用，在社会发展中发挥作用，均需要一个过程。在知识产权应用的过程中，也存在着各种风险。这样就影响了知识产权权利人的实际权益的实现，也影响了知识产权转化为社会生产力的效果。如何加快科技成果的转化，及时实现知识产权权利人的权益，就成为人们关注与研究的问题。通过证券市场，把科技成果转化为金融商品，以知识产权为基础发行证券，就成为解决问题的新方式，也成为科技成果转化的必然结果。

2. 知识产权证券化的必要性

知识产权证券化的必要性，表现为知识产权证券化具有多方面的意义。

（1）知识产权证券化，为科举成果的转化开辟了新的方式与途径，促进了科技成果转化为社会生产力。

知识产权证券化不同于传统的知识产权的应用。通过以知识产权为基础发行债券或者股票，筹集社会资金，用来支付企业购买知识产权的费用，支付企业相关的其他支出。这样就为企业提供了资金上的帮助，具有融资功能。更重要的是，通过这样的运作，其结果是更快地把科技成果应用于生产经营活动中，使科技成果更快地转化为社会生产力。知识产权证券化，作为一种新的知识产权应用方式，为知识产权的应用开辟了新的途径。

（2）知识产权证券化，具有促进知识产权市场化与产业化的功能，也具有知识产权研究开发和融资的功能。

知识产权的研究开发有两种基本情况，一是由生产企业直接自主研究开发，二是由专门的研究机构或者个人从事研究。专门研究机构与个人的知识产权研究开发，与知识产权的生产活动往往是脱离的，知识产权的所有人在形成知识产权后，只有将知识产权转让给生产企业，才能把知识产权应用到生产中，才能使知识产权市场化与产业化。否则，就会使知识产权闲置，不能发挥作用，造成知识产权的浪费，也不能实现权利人的经济目标，甚至造成权利人的资金困难并影响研究工作。因此，通过知识产权证券化活动，可以使知识产权的研究开发与应用结合起来，更好地促进知识产权的产业化。

（3）知识产权证券化有利于相关主体实现其权益。

知识产权应用于生产，既可以形成社会生产力，也可以给有关主体带来经济效益。知识产权的所有权人，通过直接行使所有权或者出让使用权，可以及时取得知识产权的经济利益，可以使其有更多的资金从事后面的研究。知识产权的使用权人，或者有关的投资企业，可以通过证券化活动，获得生产发展需要的资金，可以解决购买知识产权的资金问题。广大社会投资者通过购买知识产权的证券商品，为其资金的投资找到新的出路，提供更多的金融商品，还可以获得知识产权应用所形成的稳定的投资回报。

3. 知识产权证券化的可行性

知识产权证券化，能够在许多国家迅速兴起，在于具有现实可行性。在我国实行知识产权证券化，同样也具有现实可行性。

（1）科技创新的发展，知识产权的巨大增长，为知识产权证券化提供了可以用于证券化的大量知识产权。

知识产权证券化，就是把知识产权转化为金融商品，销售给社会投资者。这首先就需要有大量的可以转化为金融商品的知识产权，并且应当能够真正应用于生产经营活动中，能够立即形成经济效益的知识产权。在现代社会，最突出的特征就是知识的更新速度比以往任何时候都快，科技成果的推出与应用更是前所未有。世界各国都不断地形成大量的科技成果和知识产权，这就为知识产权的应用、为知识产权证券化活动提供了基础和可能。例如，中国在1985—2004年的20年，国家受理知识产权申请2284925件，注册商标累计达到224万件。2007年我国专利申请量为694153件，2008年我国专利申请量为828328件，2009年我国专利申请量为976686件。我国的专利申请，呈现逐年大幅上升的趋势。1985—2002 年的 18 年，实际授权各种专利共计 883035 件。其后我国专利的实际授权数量每年都在大幅提高，例如，仅 2007 年就授权专利 301632 件。这样巨量的知识产权的存在，为知识产权的应用提供了丰富的资源，也为知识产权证券化提供了资源条件。当前人类面临的问题，不是知识产权不够用而是知识产权太多用不了，有大量的知识产权被闲置，存在着知识产权浪费的问题。在这样的情况下如何加快科技成果的应用，如何加快知识产权的转化，就成为需要解决的问题。知识产权证券化，为知识产权的应用开辟了新的途径与方式。

（2）知识产权投资法律制度的初步建立，为知识产权证券化活动提供了法律上的支持。

知识产权证券化，需要法律上的支持与保障。知识产权证券化，应当有相关的法律或者国家政策作为依据。这样有关的活动才具有合法性，才能得到国家与社会的支持。各个国家开展知识产权证券化活动，也都是以一定的法律或者政策为依据的。以我国为例，我国现有的有关法律中，存在可以作为知识产权证券化活动依据的规定。以公司法为代表的企业法律制度，准许公司以知识产权作为投资的资产。以专利法、商标法、著作权法为代表的一系列知识产权法律，为知识产权权利人的合法权益提供了法律上的保护。

（3）金融市场与证券市场的建立与发展，为知识产权证券化提供了市场条件。世界各地普遍建立与形成了现代金融市场以及证券市场，为金融商品的推出与交易提供了市场条件。

四、知识产权证券化的具体法律问题

知识产权证券化中涉及的具体法律问题比较多，主要有知识产权证券化的有关主体、证券化的基础资产、证券化的程序。这些问题在法学理论上如何认识，在法律制度上如何规定，都需要我们研究。

（一）知识产权证券化的法律主体

知识产权证券化的主体，是知识产权证券化活动的参加者，是有关法律制度与法律关系的主体。在广义上，一切参与知识产权证券化活动的组织和个人都属于知识产权证券化的主体。不同的主体在知识产权证券化活动中所处的法律地位以及权利义务是不相同的。在立法上，应当对知识产权证券化的有关主体予以规定，应当明确规定主体的含义、应当具有的资格或条件、市场准入、基本权利义务等内容，对其中的发起机构或发起人、特设载体或特殊目的公司的基本条件、市场准入的审批等应当有明确的规定。本文主要探讨的是知识产权证券化主体的范围及其相互之间的法律关系问题。

1. 主体的范围

从不同的角度或依据不同的标准，可以对知识产权证券化的法律主体做不同的划分。主体的范围问题反映了知识产权证券化活动的参加人的大小以及资格要求。法律对知识产权证券化活动主体有限制规定的，应当遵守规定。例如，我国证券法规定的证券市场的禁入者，在法律规定的期间内不得参与各种证券活动。

（1）从知识产权证券化主体的自然属性上，可以分为法人和个人

知识产权证券化中的法人一般为各种公司，包括股份有限公司和有限责任公司。有的公司是证券的发行人，有的公司是发行证券的公司的发起人或者大股东，有的公司是为证券发行工作提供服务的各种有关中介公司。在知识产权证券化活动中，证券的发行人只能是法人，按照现行的法律制度，个人是不能够成为证券的发行人。知识产权证券化活动中的个人，一般为购买证券的投资者，少数情况下也可能是证券发行人的发起人。

（2）从在知识产权证券化活动中的不同地位与作用的角度，可以把有关的主体分为知识产权证券化的发行人、发起人、投资者、中介机构和有关国家机构。

①知识产权证券化的发行人，是以其名义发行知识产权证券的公司，具有独立的法人资格。这样的公司不同于一般意义上的有限责任公司或股份有限公司，是由主要发起人专门成立的以某种知识产权为主要资产的知识产权经营管理公司，被称为特殊目的载体或者特殊目的机构（Special Purpose Vehicle，SPV）或者特殊目的公司（Special Purpose Company，SPC）。有的为信托管理公司或者受托管理人（Trustee Arranger），有的属于金融类公司。知识产权证券化的发行人，是知识产权证券化的关键主体，专门经营管理受委托的知识产权。从以往的有关实践上看，知识产权证券化的发行人，可以为接受委托对知识产权的许可收费权进行管理。

②知识产权证券化的发起人（Originator），是发起设立知识产权证券发行公司的主体，一般为法人也可以为自然人。发起人应当是倡议设立发行公司并且在新设立的发行公司中出资比较多的投资者。

③知识产权证券化中的投资者（Investor），在一般意义上是指购买发行人发行的各种知识产权证券的主体，可以为社会公众投资者，也可以为特定范围内的投资者。在广义上发起人也属于投资者，但与一般意义上的投资者的法律地位不同。

④知识产权证券化中的中介机构，是为知识产权证券化活动提供各种专业服务的机构（Servicer），包括信用评级机构（Rating Agency）、信用增级机构（Credit）、担保机构（Guarantees）、承销机构、评估机构、审计机构、法律服务机构等。

⑤知识产权证券化活动中的有关国家机构，是与知识产权证券发行有关的各种国家机构，主要有国家证券监督管理机构、知识产权管理机构、金融管理机构、审计机构等。

（3）从有关主体与知识产权的关系上，可以把知识产权证券化的主体分为知识产

权的所有权人、使用权人、许可使用权受益人、许可使用权受益管理人。

2. 主体之间的法律关系

不同的主体在知识产权证券化活动中的法律地位以及权利义务是不相同的。

（1）知识产权证券化的发起人在知识产权证券化中处于重要的地位

发起人的主体资格，法律应当予以规定，基本的要求是发起人具有独立的法人资格，可以为企业法人，也可以为事业法人或者社团法人，但不可以为机关法人。发起人的基本条件是应当对其用于投资的知识产权依法享有所有权或者使用权。在涉及职务技术成果（职务发明、职务著作权）的情况下，应当符合有关法律的规定，不存在纠纷。在涉及共同权利人的情况下，特别是委托技术开发与合作技术开发的情况下，应当按照约定或者法律规定明确知识产权的权利人。发起人的基本义务是，应当保证其用于证券化活动的知识产权是其依法享有所有权或者使用权的，没有任何法律上的纠纷，也不存在权利质押的问题。此外，按照具体的约定，发起人应当保证其用于投资的知识产权是优质的，具有市场开发前景的。

（2）相关主体之间，形成一定的法律关系

知识产权证券化公司的发起人、发行人以及知识产权的所有权人、使用权人、使用权许可收益权人，这些有关主体之间的法律关系是比较复杂的。

①知识产权证券化的发起人与发行人之间存在直接的法律关系

在知识产权证券化活动中，知识产权证券的发起人为了知识产权的市场化运作，也为了筹集一次性支付给出让人知识产权使用费，特别成立了专门管理其知识产权许可收益权的公司，再以该公司为证券的发行人。在具体的运作过程中，知识产权证券的发行人以发起人对知识产权的许可收益权为基础发行证券，通过证券基本市场筹集资金。按照约定发行人定期直接从实际使用权人处收取约定的使用费，再支付给投资者。这样在知识产权的所有权人与直接使用权人之间，就存在发起人与发行人两个有关的中间公司。

②知识产权证券化发起人与发起人之间，一般不存在法律关系

按照各国公司法的规定，在一般情况下知识产权证券化的发起人是多个，发起人之间不存在关联性。在特殊情况下同一家知识产权证券的发行公司之间存在特定的法律关系。当同一项知识产权的所有权人与使用权人，或者所有权人与使用权许可受益权人是同一家发行公司的发起人时，这些发起人之间就存在法律关系。

③从各国知识产权证券化实践的情况来看，知识产权的使用许可受益权人是不可缺少的重要发起人，处于特殊的法律地位。知识产权证券化的发行人与知识产权的直接使用人之间的关系。知识产权证券的发起人与知识产权的直接使用人之间的关系不是固定的，在发起人把其知识产权基础资产转移给发行人之前，两主体之间存在着债权与债务关系，发起人是直接使用人的债权人享有许可使用收益权。在发起人把知识产权基础资产转移给发行人之后，发起人与知识产权直接使用人之间不

再存在直接的法律关系，而在发行人与使用人之间形成直接的债权债务关系，发行人成为债权人。

（二）知识产权证券化的基础资产

知识产权证券化的基础资产，是知识产权发行公司发行证券的基础资产（Underlying Assets），也是有关主体投资于知识产权证券发行公司的知识产权或者知识产权的衍生权利。在立法上，应当对知识产权证券化的基础资产予以规定，应当明确基础资产的范围、基本条件以及基础资产在有关主体之间的流转问题。

1. 基础资产的范围

知识产权证券化的基础资产，可从不同的角度进行认识。以不同基础资产为基础的知识产权证券化，所形成的知识产权证券化的类型有所不同。

（1）从知识产权的不同权利角度上来看，基础资产可以分为知识产权及其衍生权利两类。

这里的知识产权指科技成果的所有权、使用权，知识产权的衍生权利是指以知识产权的所有权或者使用权为基础形成的知识产权许可收费权、许可收费管理权、知识产权质权（知识产权担保债权）。知识产权质权属于主债权的从债权，主债权是给付欠款的权利，从债权则是实现知识产权权利质押权的权利。按照民法原理从债权随着主债权而转移，从债权不能够单独发生转移。在知识产权证券化活动中，会出现知识产权质押贷款的主债权与从债权一同转移的情况，对此情况有两种不同的解释，一是认为从债权随着主债权的出售而转移，二是认为属于信贷资产的债权转移。

（2）从知识产权所依据的技术成果本身来看，知识产权的基础资产主要包括专利权、商标权、著作权等。

从美国知识产权证券化的实践情况上看，最初的知识产权证券化的基础资产主要为音乐、唱片的著作权，后来发展到商标权和专利权。从整体情况上看，专利权证券化的发展比较缓慢，在数量与金额上都不够大。

（3）知识产权证券化的实践表明，不是所有的知识产权或者智力成果都可以成为证券化的基础资产。

有的基础资产是否可以被证券化，不仅需要理论上的支持，还需要实践上的探索。以往知识产权证券化的实践情况表明，著作权、专利权、商标权都可以作为证券化的基础资产，但有的知识产权或者科技成果就不一定能够作为基础资产。突出的问题是商业秘密与专有技术是否可以作为基础资产？商业秘密一般是不可以成为证券化的基础资产。因为商业秘密虽然可以依法获得法律保护，成为知识产权，但在证券化过程中需要公开有关的信息，而被公开了的商业秘密也就不再是秘密了，失去了其价值。因此，商业秘密不可以成为证券化的基础资产，同样专有技术也不可以成为证券化的基础资产。

2. 对基础资产的要求

对知识产权证券化基础资产的要求，也就是用于证券化的知识产权应当具备的条件。在立法上应当对知识产权证券化的基础资产予以规定，应当明确规定基础资产的范围以及基本条件。我国 2005 年发布的《信贷资产证券化试点管理办法》，对信贷资产证券化的信贷资产规定的条件具有较高的同质性；能够产生可预测的现金流；符合法律、行政法规以及银监会的有关规定。

（1）在法律上，知识产权证券化的基础资产，应当是合法有效的，没有权利纠纷的，没有权利瑕疵的。

知识产权资产的合法有效性，表现为权利主体具有合法性，权利内容具有稳定性，在知识产权证券化的期间内具有有效性，在知识产权证券化的国家内具有地域上的有效性。知识产权的基础资产没有权利纠纷，是指不存在对基础资产的各种权利纠纷，不存在共同共有人的纠纷，不存在职务发明的单位与个人之间的纠纷，不存在委托开发中的委托人与受托人之间的权利纠纷，也不存在所有权人与使用权人之间的纠纷等。知识产权资产的权利瑕疵，是指知识产权在基础资产上存在的各种权利缺陷，包括权利被认定为无效、权利被撤销。

（2）知识产权证券化的基础资产应是能形成足够现金流的优质资产。

这样证券发行人就可以有足够的现金用于给付投资者的回报。只有优质的知识产权，才能够在生产应用以及推向市场的过程中产生经济效益，形成企业的现金流，用来支付各种有关的费用。在这个意义上，可以说基础资产的品质关系到知识产权证券化的成败。

（3）基础资产应当有合理的投资组合，形成知识产权资产池，以避免基础资产单一造成的市场风险。

（4）各国知识产权证券化的实践表明，在基础资产单一的情况下，当知识产权资产出现问题时，知识产权的应用企业的生产经营风险要大，所发行的证券就面临着较大的风险甚至被终止。有效降低知识产权基础资产单一的风险，就是以多种优秀的基础资产形成合理的组合，使基础资产之间具有行业互补性，以防范行业风险，提高整体的抵抗风险的能力。在知识产权基础资产的组合中，应当有一定数量的同类的知识产权。这样可以使同类的知识产权共同发挥作用，优势互补。

（5）基础资产组合中的知识产权资产，应当合理地分布于不同的经济领域，应当体现为分布于不同的行业或者产业，不局限于一个相同的领域。这样适当地拓宽基础资产的投资领域，才能够防范相同生产经营领域的系统风险。基础资产要分布于不同的领域，在数量上要适当，在质量上要优质，也要防止过多地扩大基础资产的所属领域，要防止简单的多元化造成的全面风险。

（6）知识产权资产，在证券化后，当出现特设公司破产或者发起人破产的情况时，该资产不作为破产财产处理，这样可以防止证券化失败，或者出现在债券没有到期的情况下提前终止。

（7）在知识产权证券化期间，基础资产还应当适时地更新，表现为以新的知识产权资产替代被淘汰的资产，以新的内容更新知识产权的内容。基础资产的不断更新，可以保障发行人的收益稳定，保障所发行的证券的稳定。

（三）知识产权证券化的程序与基本制度

知识产权证券化的操作程序比较复杂，具体的工作内容涉及很多专业领域，需要各方面积极地合作与配合才能够顺利完成，其主要的程序在法律上应当予以规定。

1. 确定用于证券化的知识产权资产

知识产权证券化的第一步工作，应当是由作为知识产权投资机构的发起人（Originator）确定知识产权资产。当代社会中知识产权是大量存在的，但知识产权的应用价值与实际效果却有很大的不同。不是所有的知识产权都适用于证券化的资产，能够作为证券化资产的必须是最优质的、最有市场开发前景的知识产权。这就需要发起人筛选知识产权、购买知识产权，形成知识产权资产的合理组合。

（1）发起人确定知识产权资产

由发起人对各种知识产权进行研究，考察知识产权的应用价值。选择出最有市场开发价值的知识产权，并且要形成既能够优势互补，又能够避免行业系统风险的由一定数量的知识产权组成的知识产权资产组合，即形成知识产权池。

（2）发起人与知识产权所有权人签订转让合同，转让知识产权。

发起人不是知识产权的研究开发机构，一般自己没有知识产权，只能通过购买取得知识产权。这就需要由发起人与其所选择的知识产权的所有权人订立知识产权转让合同。发起人所购买的知识产权，在以往的实践中不是知识产权的所有权，也不是知识产权使用权，而是知识产权许可使用收益权。该权利是知识产权所有权人向实际使用人转让知识产权的使用权后形成知识产权债权。通过转让合同，知识产权的所有权人，可以一次性获得全部转让款。

（3）知识产权的购买合同中，可以对发起人再次转让知识产权许可使用收益权的问题予以约定，应当容许发起人再次转让知识产权的使用权。知识产权的发起人不是知识产权的直接生产使用人，是科技成果转化中重要的中间机构。合同中还可以对知识产权的所有权人向其他人转让相同知识产权问题作出约定，也可以再约定知识产权的后续技术更新问题。

2. 设立发行证券的特设机构

（1）发起人购买知识产权后，既不是自己用于生产经营中，也不是自己直接在转让后直接管理该知识产权资产，而是专门设立独立的机构作为知识产权证券的发行人，并且管理知识产权资产。这样的特设机构，被称为特设载体（SPV）表现为公司形式。在 SPV 成立后，发起人应当向 SPV 交付知识产权资产，并且要办理有关的权属转移的法律手续。作为知识产权证券发行人的公司，与一般意义上的公司在法律条件上是不相同的，应当在法律上作出特殊的规定。

（2）特设机构的发起人，不局限于购买知识产权的投资人，也可以为知识产权的所有权人。在发起人与特设机构的关系上，发起人虽然是特设机构的股东，但是发起人不一定是以其购买的知识产权作为投资的资产。

（3）从美国的实践情况来看，一般为发起人把其知识产权的许可使用收费权转让给特设机构。这样发起人就可以一次性地取得全部的知识产权的收益费，并且可以用该费用一次性地支付给知识产权的所有权人。

（4）如发起人不是转让知识产权，而是把知识产权作为向特设公司的投资，那么发起人就不能一次性收回投资，不能起到以知识产权融资的作用。一般情况下，发起人也不是把知识产权资产委托给特设公司管理。发起人与特设公司之间不属于委托—代理关系，特设公司也不属于信托机构。特设公司在法律上虽然属于发起人的投资公司或子公司，但在知识产权资产的关系上，却是平等的买卖关系。

（5）发起人购买知识产权许可使用收益权后，不是以许可使用的收益权再投资于特设公司，而是把许可使用收益权转让给特设公司或者信托给特设公司，一次性地获得许可使用收益费。在特设公司成立后，知识产权的许可使用收益权成为特设公司的资产，但是，发起人设立特设公司的资产，并不是该知识产权。

3. 信用增级与发行评级

知识产权证券的发行要获得成功，必须有强大的信用以吸引投资者。这就需要提高证券发行人及其资产的信用，即信用增级。

（1）信用增级的一般方法是，证券发行人聘请信用高的金融担保机构为其担保。担保机构的信用情况，将直接影响对发行人的信用评级。当证券发行人不能按照约定对权利人履行义务时，由信用担保机构承担履行义务的责任。

（2）在证券发行之前，还要对发行证券的情况进行评级。由发行人聘请的专业评级机构进行评级，评级机构的声誉与影响也会影响投资者。最高的评级是 AAA，其次是 AA，再次是 A；A 级以下的 B 级与 C 级，属于级别较低的，法律应当规定 A 级以下的不得发行证券。

（3）在正式发行评级之前，一般有内部评级。由发行人首先对发行的整体情况进行评级，对发现的问题与不足进行整改。

4. 证券销售与资产管理

发行人在完成发行前的信用增级、评级等准备工作之后，进入证券发行阶段。证券发行工作由发行人委托的证券公司代理。证券公司按照有关法律规定，协助发行人完成向有关主管部门办理的证券发行的申请等工作。经过主管部门审核并通过后，发行人按规定发布公告，其后在约定的期间发行证券。证券由证券公司负责承销，证券发行要通过法定的证券交易场所进行，所发行的证券可以按照规定进行交易或者上市。

至此知识产权证券化的工作完成，以后就是证券存在期间对知识产权资产的管理工作。

知识产权资产的管理，应当由发行证券的特设公司负责。特设公司既可以自行管理该资产，也可以委托专业的资产管理机构管理。委托资产管理机构管理资产，可能会提高资产的使用收益，也会增加发行公司的费用。在证券发行后，知识产权资产的管理不应当由发起人来管理，也不应当由发起人委托资产管理公司管理。管理知识产权资产的收入，来自实际使用知识产权从事产品生产经营的直接使用人定期交付的费用。该费用主要用于支付证券购买人的固定债券利息或者股息。

5. 证券发行的申请与审核

以知识产权资产为基础的证券发行，实质上是通过资本市场进行融资，关系到金融秩序和广大社会公众投资者的利益。国家对此应当进行管理，以防范风险，保证金融秩序的稳定。在知识产权证券化的过程中，不可缺少的一项内容就是向国家有关主管机构办理发行证券的申请，经过核准后才可以依法发行。

（1）知识产权证券化的申请工作，由作为发行人的特设公司为申请人，有关中介服务机构协助。申请人应当按照规定提交申请材料。

（2）审核工作可以适用证券发行审核的有关规定。例如，在我国，适用证券法及其相关规定，由证监会发行审核委员会负责审核。对于发行债券的申请，适用审批制。对于发行股票的申请，适用核准制。

综上所述，知识产权证券化的具体法律问题涉及很多方面，在立法上应当对其中的基本内容予以规定。知识产权证券化的主体有作为知识产权证券发行的特设公司及其发起人、有关的中介服务机构和广大投资者。知识产权证券化的基础资产，来自发起人购买的知识产权，用于发行证券的资产一般是知识产权的许可使用收费权。知识产权证券化过程中，主要的程序是确定知识产权资产、设立特设发行公司、信用增级与发行评级、证券的承销销售以及申请与审批。对各个环节中的基本法律问题作出明确的规定，可以使知识产权证券化活动有法可依，有序进行。

五、我国知识产权证券化的制度建设

（一）我国知识产权证券化的现实条件

我国已经具备了知识产权证券化的基本条件，表现为大量知识产权的存在，社会对科技成果转化的需求，有关法律制度的初步形成。

1. 我国知识产权证券化的客观基础

（1）我国专利的实际授权数量在近年有大幅提高

知识产权的大量存在及其应用的需求，是我国知识产权证券化的客观基础。客观上存在大量的知识产权，是知识产权证券化的前提。改革开放以来，科技开发能力不断增强，知识产权的数量和质量都有很大的提高。2002 年我国专利申请量是 252631 件，2006 年是 573178 件，5 年中的年平均增长率达到 22%。根据国家专利局发布的统计公报，2007 年我国专利申请量为 694153 件，2008 年我国专利申请量为 828328 件，2009 年我国专利申请量为 976686 件。我国专利的实际授权数量每年也在大幅提高，例如，1985—2002 年共计授权各种专利 883035 件，2007 年的一年中共授权专利 301632 件。这些来自国家专利局发布的统计数据表明，我国专利的实际授权数量在近年来有大幅提高。

（2）知识产权应用的需求，成为知识产权证券化的动力

现阶段，我国一方面知识产权在大幅增加，另一方面，知识产权的应用比例却非常低。科技成果转化率低下，不仅影响知识产权权利人的权益实现，还影响科技成果为社会的发展服务。科技成果的研究开发人，生产企业需要把知识产权更快地转化为经济效益，广大消费者也需要新的科技产品。

（3）目前我国知识产权应用上存在的突出问题就是应用率低

我国专利的应用率约为 10%，远低于发达国家 20% ~ 30% 的专利应用率。知识产权应用率低下，不仅造成科技成果的闲置与浪费，造成有关权利人的权益不能实现，还影响了我国社会生产力的提高。因此，加快科技成果转化为生产力的速度，提高知识产权应用的比例与效率，是我们在大力开发科技成果的同时必须重视的问题。知识产权证券化就是应用知识产权、转化科技成果的一种新方式。

2. 我国知识产权证券化的法制环境

我国已经初步具备了知识产权证券化的法律条件和政策条件。

1996 年 9 月 19 日，国家专利局发布《专利质押合同登记管理暂行办法》。

2004 年 1 月 31 日，国务院发布的《国务院关于推进资本市场改革开放和稳定发展的若干意见》明确提出，要"积极探索并开发资产证券化品种"。

2005 年 4 月 20 日，我国发布了专门的有关资产证券化的规定《信贷资产证券化试点管理办法》。

2005 年 5 月 16 日，财政部发布《信贷资产证券化试点会计处理规定》。

2005 年 11 月 7 日，中国人民银行及中国银监会发布了《金融机构信贷资产证券化试点监督管理办法》。

2008 年 6 月 5 日，国务院发布了《国家知识产权战略纲要》，提出要把"促进知识 产权创造与运用"作为重要的战略。知识产权发展战略成为我国继科教兴国战略和人才强国战略后的又一重要战略。知识产权出资入股和知识产权质押融资将成为今后改革的突破点，知识产权资本化是知识经济发展的要求。2010 年"两会"中备受关注的话题，就是知识产权融资问题。

2010 年 8 月 12 日，财政部、工业和信息化部、银监会、国家知识产权局、国家工商行政管理总局、国家版权局六部门联合印发了《关于加强知识产权质押融资与评估

管理支持中小企业发展的通知》。

2010 年 8 月 26 日，国家知识产权局发布《专利质押登记办法》。

我国已经形成了比较完整的知识产权法律体系。主要的法律与法规有《专利法》《专利法实施细则》《商标法》《商标法实施条例》《著作权法》及《著作权法实施条例》等，知识产权法律与法规的制定与完善，为我国知识产权的开发应用和保护提供了专门的法律保护制度。

《公司法》《证券法》《破产法》《信托法》等企业法律以及有关的金融法律，为知识产权证券化活动提供了基本的法律依据。例如，我国的《担保法》规定：可以用于权利质押的标的包括专利权、商标专用权和著作权中的财产权。这样的规定为以知识产权为质押担保发行债券提供了法律依据。同时需要注意的是，《担保法》没有把商业秘密、商号规定为可以质押的标的。

（二）我国知识产权证券化的探索与立法

1. 我国知识产权证券化的探索

我国目前典型意义上的知识产权证券化实践活动还没有出现，但是我国已经出现了资产证券化的活动，为开展知识产权证券化活动奠定了基础。

1992 年，我国的三亚市在开发一房地产项目中，采用了资产证券化的方式进行融资。当时的三亚市开发建设总公司，为了解决房地产开发中的资金问题，采用了发行债券的方式进行融资。这被视为我国资产证券化的早期探索。

1998 年，中国国际海运集装箱股份公司，以其应收款为基础进行证券化融资。

2005 年，国家开发银行和中国建设银行，经过国务院批准，开展信贷资产证券化与住房抵押贷款证券化的试点工作。

2008 年 12 月，国家知识产权局开展知识产权质押融资试点工作，到 2010 年 7 月已经累计 3 批批准了 16 个城市开展知识产权融资试点。截至 2010 年 7 月，已经有 24 家商业银行和 16 家担保结构在国家知识产权局办理了知识产权质押登记，总计项目 1400 个，质押金额为 210 亿元，各种企业累计获得融资贷款 160 亿元。

知识产权质押融资，是以知识产权为基础资产的一种融资方式。知识产权证券化，也是一种以知识产权为基础资产的融资方式，具有相同的作用。两者所不同的，主要是融资的途径不同。知识产权证券化，是通过证券市场、面向社会公众进行公开融资。知识产权质押融资，是通过向特定金融机构贷款的方式进行融资。知识产权质押融资的深入开展积累的有益经验，无疑为今后开展知识产权证券化提供了借鉴。

2. 我国知识产权证券化的有关立法

（1）《公司法》明确规定投资者可以用知识产权作为向公司的投资

我国的有关法律中，关于以知识产权投资的问题，以《公司法》等企业法的规定为代表。《公司法》明确规定投资者可以用知识产权作为向公司的投资。我国《公司法》第二十七条规定：公司可以使用依法转让的非货币财产作价出资。《公司法》第八十三条规定：股份有限公司的出资方式，适用第二十七条的规定。这样无论是有限责任公司还是股份公司，投资者都可以用知识产权投资。我国的《合伙企业法》第十六条也规定，合伙人可以用知识产权作为向企业投资的资产。

我国有关外商投资的企业法中，都有关于以知识产权投资的规定。

1995 年发布的《中华人民共和国中外合作经营企业法实施细则》第十八条对投资方式的规定，与前面的基本相同。

2000 年修正后的《中外合作经营企业法》第八条规定：投资者可以用现金、实物、工业产权、非专利技术和其他财产权利向合作企业投资。

2001 年修订的《中外合资经营企业法实施条例》第二十二条至二十七条对出资方式的规定中，涉及对知识产权投资的有关要求。2000 年修正后的《中华人民共和国外资企业法》，对外方面，有关法律对知识产权占注册资本比例的规定不统一。

1990 年 12 月 12 日发布的《中华人民共和国外资企业法实施细则》第二十八条规定：外国投资者以工业产权、专有技术作价出资，其作价金额不得超过外资企业注册资本的 20%。2001 年修订该细则时保留了这样的规定。1992 年 5 月 15 日国家体改委发布的《股份有限公司规范意见》和《有限公司规范意见》，对设立公司时知识产权资产的比例规定为不超过注册资本的 20%，最高不超过 30%。

1994 年制定并于 2005 年修订的《公司法》，没有对知识产权在公司注册资本中所占的比例问题进行明确规定。《公司法》第二十七条规定：货币出资不得低于公司注册资本的 30%。由此可见，知识产权在公司注册资本中的比例不可能达到 70%。1998 年国家工商管理局发布的《公司登记管理若干问题的规定》第十一条规定：以高新技术成果出资超过有限公司注册资本 20% 的，应当由国家或者省级科技管理部门认定，经依法登记注册的评估机构评估价格。这些不同的规定，反映出我国的有关立法对知识产权占注册资本的比例的规定是不统一的，是需要完善的。另外，我国当前的主要法律对知识产权投资的比例问题的规定又是不清楚的。这主要表现为公司法中缺乏有关知识产权占注册资本比例的具体、明确的规定。

（2）以知识产权投资的权属变更与审核管理问题的规定的不统一

以知识产权投资的权属变更与审核管理问题，有关的公司法与企业法规定的不统一，甚至内容缺乏。我国有关的企业法，对知识产权投资的有关权属变更以及审核管理问题，没有予以规定。以知识产权投资的权属变更与审核管理问题，是知识产权投资中要注意的法律问题。投资者以不同形式的财产投资于企业，具体的法律要求有所不同。以货币、动产作为投资的财产，一般要求实际交付并且经过具有验资资格的验资机构的验资，不涉及办理权属变更手续。以土地使用权作为出资的，应当按照规定办理土地使用权变更手续。1998 年发布的《公司登记管理若干问题的规定》第十一条第 2 款规定：股东以土地使用权出资，应当依法办理审批和财产权转移手续。土地使用权属于不动产物权，一般实行不动产登记制度。我国于 2007 年发布的《物权法》第六条规定：动产物权的设立和转让，应当依照法律规定交付。知识产权不属于不动产，但又不同于一般意义上的动产。

从物权的类型上看，知识产权的使用权属于用益物权的范畴。知识产权的合法使用权人的权益，受法律保护。与此相关的问题还有，投资者既可以是知识产权的所有人，也可以是知识产权的合法使用人。我国的《公司登记管理条例》以及外商投资的有关实施细则或者条例等有关企业或者公司管理的法规，都没有对知识产权投资的权属变更问题作出具体规定，存在制度上的空白。

我国有关知识产权的各种法律、法规中，存在着关于权属与审核管理方面的规定。2001 年修改后的《商标法》第四十四条规定，不得自行转让注册商标。2002 年发布的《商标法实施条例》第二十四条规定：变更商标注册人名字、地址或者其他注册事项的应当依法办理核准公告。第二十五条规定：转让注册商标的应当依法办理核准和公告。对于仅转让注册商标使用权的，也要办理申请与审核手续。投资者在以商标权投资的情况下，所投资的企业成为商标权的权利人。无论是以商标的所有权投资，还是以使用权投资，商标权的权利人都发生了变更，依据商标法实施条例的规定，都应当办理申请审核并发布公告。相比之下，有关的企业法或公司法却没有这样的规定，出现立法上的不统一。

（3）以知识产权投资的风险防范问题在现有法律中缺乏有关规定

以知识产权投资，特别是知识产权证券化，在实务上会有更大的风险。知识产权投资的风险，主要来自市场和评估作价上。以知识产权投资，其依据就是知识产权所具有的经济价值。而知识产权的经济价值具有不确定性，随着市场的变化而变化，随着技术的更新而贬值。由于知识产权的实际价值是不断变化的，具有不确定性。当前知识的更新以及知识产品的更新日新月异，知识与知识产品的更新速度是前所未有的。新知识产品以及改进后的替代知识产品的出现，增加了知识产品的竞争风险。同时，任何知识产品随着时间的推移，都存在老化的问题。在这样的背景下，一种知识产品在市场上的存在时间是很难预料的，知识产品的预期市场价值会因新产品的出现而发生重大变化，知识产权在运用的过程中必然会随着技术的进步与更新而贬值。并且知识产权的评估价值不等于实际价值，如果知识产权的评估价格过高，就会造成公司注册资本与实际资产不相符合、出现资产泡沫问题，造成风险。对于防范知识产权投资的风险问题，我国的有关法律中都没有相关的规定，存在立法上的空白。

（4）证券化知识产权的范围与概念使用问题在立法上不明确、不统一

用于证券化活动的知识产权的范围与概念使用问题，在立法上不明确、不统一。在知识产权的范围与概念的使用上，立法上存在不统一的问题。我国《公司法》使用的是"知识产权"的概念，有关外商投资的法律、法规中使用的是"工业产权、专有技术"的概念。严格来讲，知识产权与工业产权、专有技术的含义与范围是不完全相

同的。知识产权主要指著作权、专利权、商标权、发现权等。工业产权则是指能够用于工业生产中的知识产权。专有技术则是指没有取得知识产权的智力成果。作为向企业或者公司投资的知识产权，不应当局限于依法取得国家法律保护的知识产权，还应当包括专有技术。对于立法上使用的相关概念，应当在今后予以统一并且明确知识产权的范围。

3. 我国知识产权证券化的法律完善

（1）完善知识产权占注册资本比例的法律规定

针对当前在知识产权占注册资本比例方面存在的立法不足，应当在今后的有关法律修订中予以完善。

①要统一有关法律、法规中的知识产权占注册资本比例的规定，解决有关立法不统一的问题。法律制度的统一，是对国家立法工作的基本要求，也是法律建设的基础。

②在《公司法》等重要的企业法律中，明确规定知识产权占公司注册资本的最高比例，可以规定为知识产权占公司注册资本的比例不得超过50%。这样为实践中具体执行法律提供明确的法律依据。对于专门以知识产权证券化为目的设立的特设公司，法律对其知识产权占公司注册资本的最高比例的规定可以与一般的公司有所不同，可以有所提高。例如，可以规定为各种知识产权占公司注册资本的最高比例不得超过70%。

③对于知识产权占公司资产的实际比例问题，在立法上可以作出明确的规定，也可以不作规定。

A. 知识产权占注册资本的比例问题，不同于知识产权占企业资产的比例。知识产权占注册资本的比例问题，仅是指按照法律规定，知识产权在企业注册资本中的比例限制问题。

B. 知识产权占企业资产的实际比例，是企业成立以后，由于各种原因形成的企业所有或者使用的知识产权在企业实际资产中的比例。

C. 在认识知识产权占注册资本的比例问题时，要注意使其区别于知识产权占企业实际资产的比例。知识产权占企业实际资产的比例，在法律上是没有限制的。知识产权占注册资本的比例与知识产权占企业实际资产的比例往往是不相同的。

D. 企业成立之后，在其发展过程中，其知识产权的实际情况会有很大变化，企业在发展中通过自主研究或者购买可以形成自己所有的知识产权，也可以通过购买形成自己享有使用权的知识产权。

E. 企业在发展中形成的知识产权都属于企业的实际资产，但不一定属于企业的注册资本。企业在发展中形成的知识产权，可以不作为其注册资本的组成部分。企业可以不变更知识产权在注册资本中的比例，法律可以限制知识产权占注册资本的比例，但是企业实际所有的知识产权是不受注册情况影响的。

F. 企业在发展中形成新的知识产权，是企业资产或者净资产的组成，在不变更注册资本以及知识产权占注册资本比例的情况下，企业实际的知识产权情况是不受任何限制的，因此也就不存在限制知识产权占注册资本的比例影响企业发展的问题。

（2）完善知识产权投资的权属变更与审核管理的法律规定

我国《公司法》等企业法律中缺乏有关知识产权投资后的有关权属变更的规定，今后在修订有关法律时应当予以完善，应当增加相关的内容，要明确规定：知识产权的权利人以知识产权及其衍生权利投资其他公司的，应当依法办理有关所有权或者使用权等权属转移手续。在以知识产权投资的情况下，在权属变更与审核管理方面，要注意有关知识产权的专门法律、法规的规定。在立法上，今后在修改企业法、公司法的有关规定时，也要注意与知识产权方面的法律、法规的统一。

（3）完善知识产权投资的风险防范法律制度

知识产权投资，特别是知识产权证券化中的投资，面临着更大的市场风险。防范风险的措施是多方面的。在法律制度的建设上，要对知识产权证券化的风险防范予以规定，要在立法上增加这样的内容。我们对以知识产权投资的风险要有充分的认识，要采取措施防范知识产权投资的风险。要加强对知识产权投资作价的管理，知识产权的作价评估要客观、合理，这样才能够在投资者之间做到公平投资，才能使企业的资本真实，保障第三者的合法权益，保障交易安全。

（4）明确规定知识产权证券化的有关基本含义与范围

由于我国有关知识产权的法律规定中，对知识产权的含义与范围的规定不统一，造成混乱，就应当在立法上明确有关的基本概念，统一法律上的规定。在今后修订有关法律时，应当使用统一的概念，对于知识产权的基本含义、知识产权的权利范围应当统一规定。要以知识产权的概念为基础，明确知识产权的基本含义，规定知识产权的范围包括所有权、使用权及其衍生的使用许可收费权等权利内容。

知识产权证券化是起源于美国的一种促进应用知识产权的方式，在十几年的时间内有了很大发展，为许多国家和地区所借鉴。知识产权证券化需要关注知识产权证券信用增级、知识产权证券信用评级、知识产权证券发行中的税收待遇以及知识产权证券中的投资者保护4个问题。

我国经过改革开放以后的多年发展，已经积累了大量的知识产权，并且我国的知识创新能力有了显著的提高，加速科技成果转化是企业、社会各个方面的需要。同时，我国已经形成了可以适用于知识产权证券化的基本法律制度。这就为我国开展知识产权证券化活动提供了条件。对于我国有关立法上存在的不足，应当在今后的修订中予以完善。

知识产权证券化，是专门机构以知识产权为基础资产进行通过发行证券的方式进行融资。其积极意义在于，可以使知识产权的所有权人或者研究开发者及时获得知识产权权益，广大社会投资者也可以通过购买知识产权证券获得预期的收益，知识产权的直接应用单位可以通过生产与经营知识产权产品获得利润，最根本的意义是知识产权应用率的提高与科技成果转化的加快促进了社会的发展与进步。知识产权证券化也可能产生负面作用，会形成更大的投资风险，影响市场的稳定。因此，对于知识产权证券化，我们要在认真研究的基础上，借鉴其他国家的成功经验。

知识产权证券化，需要法律制度的支持，需要有相应的法制环境。我国已经初步形成了可以用于知识产权证券化的基本法律，为开展知识产权证券化活动提供了法律条件。在知识产权证券化过程中，涉及的具体法律问题主要有主体的确定及其基本法律关系、知识产权证券化的基础资产的范围与应用、知识产权证券化程序中的评级、承销等，以及知识产权证券化的申请与审核管理。对这些具体的法律问题，我们需要有相应的法律制度予以规定。我国的《公司法》等企业法和《专利法》等知识产权法，也存在一定的不足，需要完善，为开展知识产权证券化工作服务。对于知识产权证券化中可能涉及的具体法律问题，我们今后还需要在知识产权证券化的实践中深入研究。

第四节　中国发展知识产权证券化法制环境及立法建议

通过上述关于中国发展知识产权证券化的法制环境评述，我们可以看出，虽然中国现有的法律体系为开展知识产权证券化提供了基本的法律框架，但是在知识产权证券化交易结构的设计和证券的发行监管方面，目前还存在一定的法律障碍和空白。

一、在知识产权证券化交易结构设计存在法律障碍及其清除

（一）在知识产权证券化交易结构设计存在法律障碍

1. 在 SPV 的法律形式选择方面

合伙形式因为无限连带责任而被排除，公司形式由于有限责任公司债券的发行门槛或股份有限公司的设立门槛太高也被否定，只有信托形式才具有一定的可行性，却又因为权益证书的流通性限制而无法走向公开市场。

2. 在知识产权资产转让方面

知识产权本身和知识产权许可使用合同中债权的转让虽然均可以在目前的法律规定下开展，但是烦琐的登记或备案手续，以及债权转让时对债务人的逐一法定通知义务，都会影响资产转让的效率。

3. 在知识产权担保登记方面，现有的《担保法》《物权法》和相关部门规章确实为知识产权出质提供了法律依据，但是同样面临着手续烦琐、耗时费力的问题。

4. 在 SPV 的证券发行主体资格方面

目前《证券法》《公司法》以及《公司债券发行试点办法》对发行债券的公司设

定了较高的发行条件，SPV 特有的"空壳化"特点使得其不可能通过上述渠道发行证券，构成了中国推进知识产权证券化的最大障碍。

5. 在投资主体方面

知识产权证券的最理想投资者——机构投资者，由于受到中国相关法规对其投资范围的限制，往往无法参与到风险较高的知识产权支持证券的交易中。

（二）清除上述法律障碍，在中国推进知识产权证券化

为了清除上述法律障碍，在中国推进知识产权证券化，我国的立法及行政机关可以在以下几个方面进行努力：

第一，明确 SPV 证券化操作的载体的法律地位，赋予其发行资产支持证券的资格。考虑到知识产权证券化具有的资产信用融资特点，应当突破《公司法》的有关规定，建立特定目的公司制度，对 SPV 设立的条件进行专门的规定，不再受存续年限和盈利状况的限制，赋予其证券发行的主体资格。这可以通过修改《公司法》的相关规定或在专门的证券化立法中进行规定。

第二，明确知识产权"真实销售"的条件，尽快制定《知识产权许可条例》，健全知识产权抵押登记制度。可以参照 2005 年推进信贷资产证券化时颁布的《信贷资产证券化试点会计处理规定》，制定出针对知识产权证券化的会计处理规定，明确实践中认定资产"真实销售"的条件；同时，针对目前知识产权法规中仅对知识产权的许可使用作出简单规定，而实务中知识产权许可问题重要又复杂的现状，有必要专门制定《知识产权许可使用条例》，对知识产权的许可及其转让进行全面规范；目前知识产权登记的机关有知识产权局、版权局和商标局，登记机关分散，手续烦琐，有必要对知识产权登记机关进行改革，建立起统一高效的知识产权登记体系。

第三，明确知识产权支持证券属于"证券"的范畴，制定符合其特性的发行条件和信息披露条件，并鼓励机构投资者参与知识产权支持证券的交易。将知识产权支持证券纳入目前的"证券"范畴中，并执行为其量身打造的发行条件和信息披露规则，能够促进知识产权证券化的规范操作，并为其进入公开市场流通打下基础；同时，放低对于机构投资者投资品种的风险等级要求，鼓励其参与知识产权证券的交易，能够优化知识产权支持证券的投资者结构，降低交易风险，促进知识产权证券化的良性运行。

（三）如何推进我国知识产权证券化进程的政策建议

借鉴国外知识产权证券化案例经验的基础上，就如何推进我国知识产权证券化进程提出以下建议。

1. 在我国推行知识产权证券化的总体思路应当是采用政府试点、立法先行的模式

知识产权证券化是一项横跨证券、信托、知识产权、保险的多功能金融创新工

具，应当借鉴信贷资产证券化"边试点边立法"的模式。在前期由政府主管机关进行小规模地试点，这样可以减小由民间主体进行试点所面临的法律风险。同时由银保监会、证监会、国家发展改革委、财政部、科技部、国家知识产权局、国家税务总局等部委组成的"知识产权证券化试点工作小组"，制定类似于《知识产权证券化试点管理办法》等相关政策法规，搭建证券化框架，全面推动知识产权证券化工作。待到时机成熟的时候，制定一部适合包括知识产权在内所有类型资产的《资产证券化法》。

2. 在我国推行知识产权证券化试点工作中的首要问题：国家科技或知识产权主管机关与证券化监管机构之间积极协调与合作

银保监会和证监会作为我国金融机构的主要监管机构，同时又是资产证券化试点工作的主要监管机关。作为金融机构的主管机关，两个机关都有动力回应金融机构的发展需求，推动资产证券化的发展，为金融机构提供更多的竞争手段来提升竞争力。而对于知识产权证券化来说，两个机构都没有动力去主动尝试这个风险较大的新兴事物。最有动力推进这一事物的机构是那些高科技企业主管机关以及手中掌握着大量技术成果或者负有推进知识产权产业化应用的国家部委，如科技部或国家知识产权局。这些部委作为国家科技及知识产权的主管机关，在推进国家知识产权产业化应用方面负有不可推卸的责任，但是却缺乏在证券化规则提供方面的权限。在这种情况下，为了成功地推行知识产权证券化的发展，国家科技和知识产权主管机关应当寻求银保监会、证监会等资产证券化试点主管机关的支持，积极推动知识产权证券化的试点与发展。从目前的情形来看，由于国家开发银行近年来一直与科技部保持良好的合作关系，对高科技企业进行融资支持，再加上在资产证券化试点中所积累的经验，是知识产权证券化试点工作方面一个比较好的合作伙伴。

3. 在我国推行知识产权证券化试点工作应当解决的关键问题：完善知识产权价值评估与证券资信评级的机制

知识产权证券化试点中存在的一个最大难题就是准确地确定作为基础资产的知识产权产生的现金流，换句话说，就是如何准确地评估知识产权的价值。知识产权评估是一项复杂的系统工程，为成功地进行知识产权证券化试点工作，必须建立完善的知识产权价值评估机制。要对知识产权价值进行准确评估，一个充分竞争、规范的知识产权市场必不可少。为此，应建立一个充分、完善的知识产权交易市场，才能在有效的市场竞争条件下形成合理的知识产权价格。除应健全知识产权价值评估制度外，还应加强知识产权证券的信用评级工作。2007年8月，证监会颁发了《证券市场资信评级业务管理暂行办法》，应在这一办法规范的前提下，通过市场的良性竞争，尽快构建出全国统一的资信评估市场，这样才有可能在优胜劣汰的机制下培育出独立、公正、权威的本土资信评估机构，形成资信评估核心竞争能力，使我国资信评估业得到长足发展。

4. 明确知识产权"真实销售"的条件，尽快制定"知识产权许可条例"，健全知识产权抵押登记的有关规定

将作为证券化基础资产的知识产权从发起人转让给 SPV，实现风险隔离是非常重要的问题，但也是比较复杂的问题，需要在法律中予以明确。对于知识产权来说，很少有将所有权完全进行转让的，多半采用的是许可的方式。知识产权许可问题既重要又复杂，我国目前主要知识产权法规对这一问题只有简单的规定，因此有必要制定专门的《知识产权许可条例》来对这一问题进行全面的规范。知识产权信托也是知识产权"真实销售"的一种方式。我国 2001 年的《信托法》对此并没有规定，仅在 2001 年人民银行的《信托投资公司管理办法》中将知识产权信托明确纳入信托投资公司经营范围，立法上的欠缺会为知识产权信托增加难度，需要对有关法律及时完善。知识产权的登记制度在知识产权证券化中具有非常重要的地位。除进行授权登记以外，还应当包括抵押登记、信托登记等。由于登记的种类众多，如何进行协调是一个比较大的难题。目前，我国的知识产权登记机关多而分散，使登记的效力出现问题。为了推进知识产权证券化，有必要建立统一高效的知识产权登记体系。

5. 制定知识产权反垄断方面的条例，规范"专利池"的构建，为证券化基础资产池的组建扫清法律障碍

在将知识产权打包构建知识产权资产池的时候，可能产生市场垄断现象。对于这种情况，各国的反垄断法都试图进行规制，以降低滥用专利权带来的负面影响。我国 2007 年《反垄断法》虽然原则适用于知识产权垄断行为，但是可操作性较差，在司法实践中可能出现司法裁断任意性的情形。为了规范企业在市场竞争中行使知识产权的行为，建议由有关部门制定"知识产权反垄断条例"，为证券化过程中资产池的组建扫清法律障碍，使资产池的组建不会被置于司法裁断的任意性之下。

6. 出台有关的税收优惠政策，减轻证券化中各方参与人的税收负担

税收优惠政策对于证券化推进过程具有非常重要的意义，直接关系到证券化操作过程是否具有可行性。我国对于创新型企业给予了许多税收方面的优惠政策，但很少有针对知识产权证券化过程的。为了推动知识产权证券化的发展，应当制定类似于"信贷资产证券化中税收政策"的"知识产权证券化中税收政策"，提供专门的税收优惠措施，也可在专门的《知识产权证券化试点管理办法》中规定相应的税收优惠措施。

7. 明确 SPV 证券化操作载体法律地位，赋予其发行资产担保证券的资格

证券化的主要特点在于设立了专门用于证券化操作的法律载体（SPV）来隔离风险。SPV 可以采用信托结构，也可以采用公司形式。按我国目前《公司法》的有关规定，SPV 无法满足设立程序与资本金的要求。考虑到知识产权证券化具有的资产信用融资的特性，应当突破《公司法》的有关规定，建立特定目的的公司制度，对 SPV 的设立条件进行专门规定。这可以通过修改《公司法》的相关规定或者在专门的资产证券化法中进行规定。

8. 明确知识产权证券属于"证券"的范畴，规定符合其特性的发行条件和信息披露条件

知识产权证券属于资产担保证券的一种，但我国《证券法》并没有明确将资产担保证券纳入"证券"的范畴。《证券法》第二条中规定了"经国务院依法认定的其他证券"这一弹性做法来提供变通。在《信贷资产证券化管理办法》中，将资产支持证券定义为"由特定目的信托受托机构发行，代表特定目的信托的信托受益权份额。可在全国银行间债券市场上发行和交易"。从这一定义来看，资产支持证券只能算是信托受益权而已。不过从允许资产支持证券在银行间债券市场进行发行和交易来看，可以把这类信托受益权证书看作定向募集证券的一种。知识产权证券作为资产支持证券的一种，与信贷资产证券具有相似的特征，应当享有同等的法律地位。知识产权证券具有资产担保证券的特性，不应适用普通证券发行和信息披露的条件，应当在《知识产权证券化试点管理办法》或者专门的资产证券化立法中进行专门的规定。

二、我国知识产权证券化制度的缺失与完善

知识产权证券化是以知识产权进行融资的活动，在实践中需要相关的制度支持和保障。知识产权证券化具有促进知识产权市场化与产业化的功能，也具有促进知识产权研究开发和融资的功能。我国目前既缺乏有关知识产权证券化的基本法律制度，也缺乏具体的实施细则。我国现有的制度对知识产权证券化形成制约，妨碍知识产权证券化的实践。在知识产证券化发行主体的设立方面，受到我国公司制度的制约。在知识产权证券化的证券发行与转让上，受到我国证券法律制度的制约。对于金融创新成果的知识产权证券化，可以在不改变现有的有关基本制度的前提下，制定单行规则，时机成熟时再完善有关的基本制度。

（一）知识产权证券化的制度安排与存在的问题

1. 知识产权证券化具有风险性，也要有防范风险的制度保障

（1）知识产权证券化，是以一定的知识产权为基础发行证券，可以加快知识产权的市场化，可以为知识产权的有关主体融通资金。知识产权证券化具有促进知识产权市场化与产业化的功能，也具有促进知识产权研究开发和融资的功能。

（2）知识产权的研究开发有两种基本情况：一是由生产企业直接自主研究开发；二是由专门的研究机构或者个人从事研究。专门研究机构与个人的知识产权研究开发，与知识产权的生产活动往往是脱离的，知识产权的所有人在形成知识产权后，只有将知识产权转让给生产企业，才能把知识产权应用到生产中，才能使知识产权市场化与产业化，否则就会使知识产权闲置，不能发挥作用，造成知识产权的浪费，也不能实现权利人的经济目标，甚至造成权利人的资金困难并影响研究工作。

（3）通过知识产权证券化，知识产权的研究开发企业或者人员可以及时转让知识产权，获得经济效益。专门成立的以知识产权为基础发行证券的公司，可以通过发行证券获得资金，以支付有关的费用。同时，通过知识产权证券化活动，可以促使知识产权应用于生产，形成社会生产力，并且可以增加金融品种，为投资者提供金融产品。知识产权证券化，在实际运作中需要有相关的制度支持与保障。

2. 我国在知识产权证券化的制度方面存在的主要问题

一方面，知识产权证券化的基本制度没有建立起来；另一方面，现有的有关制度对知识产权证券化形成制约。

（1）知识产权证券化首先需要有基本制度作为实施的依据和制度保障

知识产权证券化，首先需要有资产证券化的基本制度作为实施的依据和制度保障。资产证券化是以一定形式的资产为基础发行证券的活动。资产证券化作为一种新型的融资工具，在为企业解决发展所需要的资金的同时，也为广大投资者提供了新的投资渠道。但资产证券化作为金融创新的产物，也具有更高的风险性，更需要有严格的制度来规范与保障。我国目前还没有建立资产证券化的基本制度，只有极少的试点性的部门规章。2005 年中国人民银行和银监会共同发布的《信贷资产证券化试点管理办法》，2005 年建设部发布的《关于个人住房抵押贷款证券化涉及抵押权变更登记有关问题的试行通知》，是我国目前仅有的有关规定。这些规定只属于试点性的部门规章，效力低、适用范围十分有限。

（2）现有制度对知识产权证券化形成制约，妨碍其实践

我国现有的制度对知识产权证券化形成制约，妨碍知识产权证券化的实践。知识产权证券化涉及的法律制度很多。在知识产权证券化活动中，涉及的法律主要有《公司法》《证券法》《信托法》等。这些法律中的有关规定，是知识产权证券化活动所必须遵守与适用的，但是，当前这些法律中的一些有关规定却限制与阻碍了知识产权证券化活动。知识产权证券化在发行主体的设立方面，受到我国公司制度的制约。

（3）知识产权的证券化活动，由诸多主体共同参与完成

其中 SPV 最重要的主体就是证券发行主体。证券发行主体应当采用公司制形式，必须遵守公司法关于公司设立的基本规定。我国《公司法》第二十七条规定：有限公司股东可以用货币出资，也可以用实物、知识产权、土地使用权等可以用货币估价并可以依法转让的非货币财产作价出资；全体股东的货币出资金额不得低于有限责任公司注册资本的 30%。《公司法》第八十三条规定：股份有限公司的出资方式，适用第二十七条的规定。这就要求设立知识产权的证券发行公司，其注册资本的 30% 必须为货币，即知识产权等非货币资产不得超过注册资本的 70%。实际上从各国知识产权证券化的实践情况来看，知识产权的证券发行公司（SPV）的注册资产是以知识产权为基础的，知识产权在公司资本中所占的比例是相当大的。

3. 知识产权的证券发行公司与一般意义上的公司不同

知识产权的证券发行公司与一般意义上的公司的主要不同，就在于其设立的资本基础是无形的知识产权，就在于因为缺乏货币资金而以知识产权来融资。

（1）按照我国《公司法》关于公司设立的资本要求，设立知识产权证券发行公司，股东（发起人）必须在公司设立时以30%以上的货币资本出资，这就增加了公司设立的难度。虽然《公司法》对有限责任公司的最低注册资本的规定远低于股份有限公司，股东很容易按法律规定的筹集设立公司的最低货币资本，但有限责任公司在证券发行上同样也是受到更大限制的。有限责任公司只能依法发行公司债券，不得发行公司股票。在知识产权证券化的证券发行上，受到我国证券法律制度的制约。

（2）知识产权的证券化，表现为发行公司以一定的知识产权为基础发行证券。公司发行的证券的种类，主要是公司债券和股票。公司债券或者股票的发行，必须遵守《证券法》的有关规定。我国《证券法》对证券的发行条件和程序有严格的规定，对知识产权的证券发行具有限制作用。其中，公司累计债券余额不超过公司净资产的40%的规定，对知识产权的证券发行是非常不利的，将使有关的债券发行规模受到制约，并且使发行公司的资金筹集受到严重影响，不能实现利用证券发行来融资的目的。

（3）在知识产权的证券的转让问题上，同样受到我国有关制度的制约。知识产权的证券化，其证券化的产物——证券，应当是具有流通性的，应当是可以依法交易的。投资者只有通过证券交易，才能实现在交易市场上获利的目的。我国《证券法》第三十九条规定：依法公开发行的股票，公司债券及其他证券，应当在依法设立的证券交易所上市交易或者在国务院批准的其他证券交易场所转让。我国目前公开设立的证券交易场所，只有上海证券交易所和深圳证券交易所。如果证券在这样的证券交易所进行交易，就必须符合有关证券上市的制度规定。我国《证券法》对股票和公司债券的上市交易规定了严格的条件和程序。如果知识产权的证券发行公司达不到规定的条件，则其证券不能够在公开证券市场交易。

（二）知识产权证券化的制度完善

知识产权证券化的制度缺失，直接结果就是阻碍了知识产权证券化的实践活动。我国到目前为止，没有出现典型意义上的知识产权证券化实践，缺乏实践经验。这也必然影响到知识产权的市场化，影响到知识产权作用的发挥。因此，我们应当加强知识产权证券化的理论研究，加强知识产权证券化的实践探索以及制度建设为科技成果的转化与金融市场的发展提供制度保障。

1. 引进西方的知识产权证券化的做法，完善我国制度建设

对于我国目前有关知识产权证券化的公司制度、证券制度等，我们不能简单地否定。知识产权证券化是一种新事物，涉及知识产权制度、金融制度、公司证券制度等方面的内容，已经超越了一般意义上的内容。因此，知识产权证券化也对原有的知识

产权制度、公司制度、证券制度等提出了挑战。对此，首先要研究的问题是我们是否引进西方的知识产权证券化的做法。在得出肯定的结论后，再讨论有关的制度建设问题。

2. 在知识产权证券化试点以及部门规章的基础上进行完善

我国现有的公司、证券、信托等法律制度不适用于知识产权的证券化活动。对此我们也不急于修改，而应当在知识产权证券化试点以及部门规章的基础上进行完善。具体涉及知识产权的证券发行制度、证券交易制度等内容。在完善的方式上，不是推翻重来，而是用例外规定的方式或者用背书的方式来完善；也可以用授权立法的方式，在不修改现有的有关公司制度、证券制度的前提下，由国家立法机构授权国务院作出具体规定，用单行行政法规对知识产权证券化问题作出专门的规定。

3. 美国知识产权证券化的经验不能简单地照搬，应当持谨慎的态度

对来源于美国的知识产权证券化的经验我们不能简单地照搬，应当持谨慎的态度，在经过充分研究与准备的情况下可以试点。在进行知识产权证券化试点的过程中需要进行相关的制度建设。在试点成功的基础上再进行基本制度的完善。因此，在知识产权证券化的制度建设上，可以先制定试点性的部门规章，例如，由中国人民银行、中国证监会、中国知识产权管理机构共同制定有关的规则，对的知识产权证券化作出具体规定，起到弥补法律空白的作用。

（1）在制度建设的具体内容上，需要对知识产权证券化的发行人、发起人注册资本、发行方式、交易方式等内容作出不同于现有法律制度的特殊规定。

（2）知识产权的证券化的发行人是专门成立的以一定知识产权为基础发行证券的公司。公司形式是股份有限公司的，可以依法发行股票或者公司债券。公司形式是有限责任公司的，只可以依法发行公司债券。

（3）公司的有关发起人，一般是与知识产权有关的权利人，包括知识产权的使用权人、使用权收益人、所有人。发行公司的注册资本以及发起人的出资方式作出特别规定，不受《公司法》的一般限制。

（4）发行的证券的交易问题，由有关管理机构作出特别规定，不受《证券法》的限制。在进行知识产权证券化探索活动的过程中，我们在完善有关法制制度的同时，也要充分认识知识产权证券化可能带来的消极作用，并且要加强风险防范工作。

（三）对于存在的风险与消极作用也不能忽视

我们在认识到知识产权证券化积极作用的同时，对于存在的风险与消极作用也不能忽视。

1. 知识产权证券化是以知识产权为基础发行证券，知识产权的实际价值又是不断变化的，具有不确定性。

（1）知识产权的评估价值不等于实际价值，知识产权在运用的过程中必然会随着

技术的进步与更新而贬值。当前知识的更新以及知识产品的更新日新月异，知识与知识产品的更新速度是前所未有的。新知识产品以及改进后的替代知识产品的出现，增加了知识产品的竞争风险。

（2）任何知识产品随着时间的推移，都存在老化的问题。在这样的背景下，一种知识产品在市场上的存在时间是很难预料的，知识产品的预期市场价值会由于新产品的出现而发生重大变化。这就使以知识产权为基础的证券投资面临更大的风险。

2. 在知识产权的实际应用过程中，也会产生巨大的风险。在知识产权证券化的情况下，以知识产权为基础发行证券的公司以及实际使用知识产权的生产企业，都会遇到经营上的风险。

（1）发行知识产权证券公司的收入，既可以是来自公司自身的直接知识产权产品的销售收入，也可以是来自使用知识产权的公司按照合同支付的知识产权使用费。无论公司是在什么情况下使用知识产权，都存在知识产权在使用过程中遇到的经营风险。

（2）在知识产权应用于生产经营活动的过程中，知识产权产品都存在市场风险。变化莫测的市场经常使产品的销售情况受到难以预料的影响。不利的市场销售会造成知识产品的生产公司销售收入下降，也会造成知识产权的证券发行公司盈利下降，从而使发行公司面临由生产经营活动造成的经营风险。

3. 知识产权证券化可能会造成投资人的更大风险，可能造成公司资产的不真实或者泡沫，危及整个金融市场。因此，在进行知识产权证券化的探索过程中，既要提高风险意识，也要加强风险防范的措施。一方面要设立专门的机构，对知识产权证券化活动进行严格的监督管理；另一方面要加强有关的制度建设，以健全的制度保障知识产权证券化活动的健康进行，保障金融市场的安全与秩序，保护投资者的合法权益。

知识产权证券化是西方国家金融创新的产物。知识产权证券化来自美国的金融创新活动。美国 Pullman Group 于 1997 年在世界上首先进行了知识产权证券化的活动，并且取得了成功。美国 Pullman Group 于 1997 年以歌星大卫的唱片收费权为依据发行证券，从资本市场获得融资 5500 万美元。这有力地促进了科技成果的转化，实现了知识产权的价值，也为证券资本市场提供了新的产品。美国的知识产权证券化活动，为一些西方国家所效仿，一些国家开展了知识产权证券化活动，并且制定了相应的法律制度。在当时世界范围内的金融风暴下，美国的金融创新所造成的不良作用，严重冲击了世界经济的发展。在这样的背景下，对于来源于美国的知识产权证券化活动，也要有充分的认识，要注意加强风险意识，特别是要加强法律制度建设，加强立法活动和法律监督活动，以保障知识产权证券化活动健康发展。

知识产权证券化，既是资本市场金融创新的产物，也是知识产权转化为生产力的新方式，具有不同于传统资本市场证券融资的特殊性。在证券资本市场上，传统意义上的资产融资是以实物资产与现金为资本基础的。在知识经济的时代，资产的范围扩大到了基于智力成果形成的知识产权，知识产权开始进入资本市场，成为股东投资的资产。在现代公司制度中，包括我国的公司制度在内，都准许股东以知识产权作为公司的投资，但一般有严格的比例限制，以保证公司建立在真实的资本基础上。知识产权的证券化，公司设立的主要基础是知识产权（而不是实物、现金等资产），表现为专利权、商标权、版权以及其衍生产品等，公司将知识产权评估作价后按照一定的比例折算为股份，再通过发行股票来筹集资金，这就使知识产权通过证券市场转化为公司经营所需要的资金，实现了融资功能。

知识产权证券化是科技成果转化为社会生产力的新方式。科技是当代社会生产力发展的重要因素，科学技术是生产力已经成为人们的共识。科技成果转化为生产力需要适当的方式，也需要转化的过程。科技成果应用方式的不同，以及应用过程的不同，直接影响了科技成果转化为生产力的效率。在世界范围内普遍存在科技成果转化不理想的情况，普遍存在科技成果没有得到充分有效的应用，也没有得到及时的应用等问题，影响了科技成果的转化，影响了有关权利人的权益的实现，更影响了社会生产力的发展。因此，提高知识产权的转化率成为人们普遍关注的问题。知识产权证券化，就是知识产权应用的一种新方式，也是科技成果转化为生产力的新尝试。在西方国家的知识产权证券化实践中，通过以知识产权为基础的证券发行，降低了知识产权所有权人的应用成本和风险，加快了知识产权应用的步伐，提高了知识产权应用的效率。

三、加快社会信用体系建设，保护创新者的合法权益和积极性

加快知识产权运用环境建设，促进其资本化和产业化。知识产权最大限度地实现其市场价值，才能激发社会的创新精神，为此建议，积极开展知识产权价值评估，支持知识产权金融创新服务，扶持企业产品出口知识产权服务。应该鼓励企业"走出去"，使其知识产权创造更大价值，进一步巩固其创新优势。同时还应该推动政策和资金向知识产权运用方面倾斜，加强对知识产权交易活动的补贴。据了解，为了加强知识产权的保护，在国际上大概有90%的国家实现了专利与商标管理"二合一"，或者是专利、商标、版权管理"三合一"。建议进一步理顺我国知识产权管理体系，尽快实现专利、商标、版权"三合一"管理。同时，在立法上加强对知识产权侵权行为的惩罚性赔偿，提高赔偿力度。加快社会信用体系建设，将知识产权侵权及违法信息纳入该体系，让知识产权侵权者和违法分子寸步难行。只有这样才能保护创新者的合法权益和积极性，让创新成为社会风气，从根本上推动经济社会发展。

（一）国资委出台央企商业秘密保护规定

2010 年 4 月 26 日，国资委网站上发布了《中央企业商业秘密保护暂行规定》（以下简称《规定》），为加强中央企业商业秘密保护工作，保障中央企业利益不受侵害，根据《中华人民共和国保守国家秘密法》《中华人民共和国反不正当竞争法》等法律

法规制定本规定。从机构与职责、商业秘密的确定、保密措施、奖励与惩处等方面对央企商业秘密保护工作进行了细化。《规定》界定了企业的商业秘密，是指不为公众所知悉、能为中央企业带来经济利益、具有实用性并经中央企业采取保密措施的经营信息和技术信息。企业战略计划到财务信息方面的诸多信息定为商业秘密，几乎涵盖了企业生产经营过程中各个重要领域与事项。此次公布的《规定》明确，中央企业依法确定本企业商业秘密的保护范围，主要包括战略规划、管理方法、商业模式、改制上市、并购重组、产权交易、财务信息、投融资决策、产购销策略、资源储备、客户信息、招投标事项等经营信息；设计、程序、产品配方、制作工艺、制作方法、技术诀窍等技术信息。几乎涵盖了企业生产经营过程中各个重要领域与事项。

1. 央企经营信息和技术信息中属国家秘密，必须依法进行保护

《规定》明确，中央企业经营信息和技术信息中属于国家秘密范围的，必须依法按照国家秘密进行保护。因国家秘密范围调整，中央企业商业秘密需要变更为国家秘密的，必须依法定程序将其确定为国家秘密。中央企业商业秘密的密级，根据泄露会使企业的经济利益遭受损害的程度，确定为核心商业秘密、普通商业秘密两级，密级标注统一为"核心商密""普通商密"。《规定》特别要求，中央企业应加强重点工程、重要谈判、重大项目的商业秘密保护，建立保密工作先期进入机制，关系国家安全和利益的应当向国家有关部门报告。此外，中央企业应当对侵犯本单位商业秘密的行为，依法主张权利，要求停止侵权，消除影响，赔偿损失。

2. 央企与员工签订的劳动合同中应当含有保密条款

中央企业与涉密人员签订的保密协议中，应当明确保密内容和范围、双方的权利与义务、协议期限、违约责任。中央企业应当根据涉密程度等与核心涉密人员签订竞业限制协议，协议中应当包含经济补偿条款。中央企业因工作需要向各级国家机关，具有行政管理职能的事业单位、社会团体等提供商业秘密资料，应当以适当方式向其明示保密义务。所提供涉密资料，由业务部门拟定，主管领导审批，保密办公室备案。中央企业涉及商业秘密的咨询、谈判、技术评审、成果鉴定、合作开发、技术转让、合资入股、外部审计、尽职调查、清产核资等活动，应当与相关方签订保密协议。中央企业在涉及境内外发行证券、上市及上市公司信息披露的过程中，要建立和完善商业秘密保密审查程序，规定相关部门、机构、人员的保密义务。加强中央企业重点工程、重要谈判、重大项目的商业秘密保护，建立保密工作先期进入机制，关系国家安全和利益的应当向国家有关部门报告。对涉密岗位较多、涉密等级较高的部门（部位）及区域，应当确定为商业秘密保护要害部门（部位）或者涉密区域，加强防范与管理。中央企业应当对商业秘密载体的制作、收发、传递、使用、保存、销毁等过程实施控制，确保秘密载体安全。中央企业应当加强涉及商业秘密的计算机信息系统、通信及办公自动化等信息设施、设备的保密管理，保障商业秘密信息安全。中央企业应当将商业秘密保护工作纳入风险管理，制订泄密事件应急处置预案，增强风险防范能力。

发现商业秘密载体被盗、遗失、失控等事件，要及时采取补救措施，发生泄密事件要及时查处并报告国务院国资委保密委员会。中央企业应当对侵犯本单位商业秘密的行为，依法主张权利，要求停止侵权，消除影响，赔偿损失。中央企业应当保证用于商业秘密保密教育、培训、检查、奖励及保密设施、设备购置等工作的经费。

3. 央企员工泄露或非法使用商业秘密，依法追究相关法律责任

中央企业员工泄露或者非法使用商业秘密，情节较重或者给企业造成较大损失的，应当依法追究相关法律责任。涉嫌犯罪的，依法移送司法机关处理。《规定》公布之前，四位前力拓员工因涉嫌受贿和窃取关于中国钢铁企业铁矿石价格谈判的商业秘密及受贿而出庭受审。根据起诉书，涉案的中国钢铁企业其中也包括一些央企。国资委同时要求，中央企业要高度重视商业秘密保护工作，应当结合企业实际，尽快制定本企业商业秘密保护实施办法或者工作细则，切实保障企业利益不受侵害，促进企业又好又快地发展。

（二）鼓励创新同时更须保护知识产权

必须清醒地认识到基本专利的成长过程是十分漫长而艰难的，基础专利的形成是要经历很长的时间，要耐得寂寞，甘于平淡，急躁反而会误事。基本专利的形成是"冰冻三尺，非一日之寒"，即使是应用型基本专利的成长过程也至少需要 7~8 年，以致从事这些发明的人，不为人们理解，甚至被人讥讽，穷困潦倒。然而，真理往往掌握在少数人手里，这些先知先觉的少数人常常是非常痛苦的，他们像宗教般虔诚地对待其发现，但认同的人却非常少。也许他们的理论发表后就石沉大海，也许 20~30 年后才有人慧眼识珠，甚至过了上百年之后人们才想起来，他们的研究这时才对科学与技术产生作用，才成为无价之宝。

1. 历史上就有过无数这样的例子

（1）由于当时没有认识到它的价值，没有申请专利

1958 年上海邮电一所就提出了蜂窝无线通信，这是现代移动通信基础的基础。20 世纪 50 年代，中国科学家吴仲华发明了叶轮机械三元流动理论，奠定了喷气涡轮风扇发动机的理论基础，这是现代航空的基础。这些理论都是在二三十年后才发生作用的。但当时我们没有认识到它的价值，没有申请专利。种豌豆的传教士孟德尔·摩尔根提出了遗传基因理论，经历 40 多年之后，西方开始认识其理论的意义，喧哗一阵以后，又因为不知其有什么作用而再次沉寂了数十年。因为孟德尔的传教士身份，被我们冷冻了几十年。今天我们才开始积极地进入这个领域。如果克隆也被授予专利权的话，这项英国人的发明对未来遗传学的产业化会有多大的影响！可见，基因是经过了一二百年，人们才认识到它也许有用。

（2）一定要尊重知识产权，无论是自己还是别人的

应该说，前面列举的那些发明家还是十分幸运的，毕竟他们的发明，像梵高的画

一样终于被人们认识到了它的价值。而在这些先驱者的队伍中还有更多的人，他们至死也没有看到自己为之奉献一生的东西产生社会价值。我们总不能在看到价值后才去尊重他们。如果没有一种世人公认的激励措施，就不会有前赴后继的人去探索创造发明。所以，我们一定要尊重知识产权，无论是自己的还是别人的；无论是中国的还是外国的，这对我国将来成为科技大国，是有战略意义的。

（3）虽然有些发明不可能以商业价值来评价，但其对人类意义巨大

如高温消毒，这是一个简单的发明，然而在18世纪这的确是一项伟大的发明，它挽救了无数人的生命。法国科学家巴斯德生长的时代，是欧洲战火纷飞的时代，大量的伤兵受感染而死亡，当时人们并不知道是由于细菌引起的。手术刀具、裹伤布都没有消毒，巴斯德从啤酒变酸的研究过程中，发现了高温可以杀死细菌，从而大量避免了死亡，当时也挽救了大量产褥热产妇的生命。这是在黑暗中摸索了几百年才找到的真理，它是这么简单，但是这项发现避免了当时欧洲几十万、成百万的人死亡。从看门人胡文虎克制成显微镜，到发现细菌，再到巴斯德发现高温可以杀死细菌，弗莱明发现青霉素……人类在征服细菌的道路上付出了多么巨大的代价，科学家们付出了多么艰辛的劳动，当然他们应得到合理的报酬。今天人类又在征服癌症、艾滋病的道路上发起了冲锋。我们要有好的政策，鼓励人们前赴后继。

2. 西方国家在知识产权的策略和政策上都被证明是比较成功的

西方国家在知识产权的策略和政策上都被证明是比较成功的，这些策略和政策促成了他们的经济大发展。我国正在自主知识产权经济上急起猛追。要从根本抓起，卧薪尝胆几十年。当前我们要加大对农村中小学的投入，提高人民的基本素质是国家的责任，提高个人的谋生技能是个人投资的责任。用二三十年时间，使农村孩子能享受到与城市孩子一样的教育，在人才的数量上超过西方。国家要拉动经济唯有投资教育，才会长远造福国家。一定要大幅提高教师的工资待遇，使之成为令人羡慕的职业，要用最优秀的人才，培养更优秀的人才。只要农村中小学的教师待遇由国家支付达到一定标准，每年毕业的大学生就有一大部分会奔赴那里，大学生就业难的问题就解决了，而且也为未来培养了一大批人才，提高了国家的竞争潜力。当中国在人才数量上大大地提高，达到一个较高水平的时候，中国经济一定会出现井喷式发展。

3. 国家对研究的支持要集中到基础研究上

应用研究应由受益人去投资，因为基础研究成果是国家的，每一家企业都能享受到理论的阳光普照。宽容也许会出战斗力，宽容也许会使国家未来的战略地位更高，也许会使社会更加和谐。我们要允许在技术科学上的百花齐放，对他们一视同仁地支持，眼睛要看百年。IPR（专利）是国际市场的入门券，没有它高科技产品就难以卖到国际市场。以华为公司为例，华为虽然每年按销售收入的10%～15%投入研究开发，在研究经费的数量级上缩小了与西方公司的差距，也在IPR上缩小了差距。华为目前

已有 8000 多项专利申请，但相对世界几十年的积累是微不足道的。IPR 投入是一项战略性投入，它不像产品开发那样可以较快地、在一两年时间内就看到其效果，它需要一个长期的、持续不断的积累过程。国际市场是一个法治的环境，也是一个充满官司的环境，华为有了这些宝贵经验，今后就不会惊慌失措了。华为以后主要的销售在海外，没有与西方公司达成的许可协议和由此营造的和平发展环境，这个计划就不能实现。我们是付出了少量专利许可费，但我们也因此获得了更大的产值和更快的成长。

4. 我们在技术上也要韬光养晦

我们还在"文革"的时候，或在"文革"后百废待兴的时候，人家有些专利就已经形成了。通过谈判，付出合理费用，就扩展了市场空间，对我们是有利的，至少可以推动巨大的制造业前进。由于技术标准的开放与透明，未来再难有一家公司，一个国家持有绝对优势的基础专利，这种关键专利的分散化，为交叉许可专利奠定了基础，相互授权使用对方的专利将更加普遍化。由于因特网的发达，使创造发明更加广泛化、更容易。我们要在知识产权方面融入国际市场俱乐部。世界知识产权组织总干事阿帕德·鲍格胥博士在位于日内瓦的知识产权组织总部大楼大厅圆顶上的题词写道："人类的聪明才智是一切艺术成果和发明成果的源泉；这些成果是人们美好生活的保证；国家的职责就是要保证坚持不懈地保护艺术和发明。"我们相信在国家的法制保护下，我们的目的一定会实现，我们的目的一定会达到。当施光南创造歌曲的收入不再是十几元，当原创发明人得到尊重，不再穷困潦倒……我国到那时，将真正屹立在世界的东方。

（三）生物医药产业的知识产权保护

21 世纪是生命科学的世纪，而生物技术又堪称生命科学王座上的皇冠。生物技术是全球发展最快的综合性高技术之一，广泛渗透到医药领域，并已日益显示出其潜在的和现实的巨大价值。而医药生物技术是生物技术这顶皇冠上最灿烂的明珠，生物技术产业中 60% 以上为医药生物技术产业。医药生物技术及其产业的发展和应用，将对整个人类社会的进步起到不可估量的促进作用。世界各发达国家都极为重视生物技术的研究与开发，在国际上展开了全方位激烈竞争和角逐。不少发展中国家也纷纷根据各自的特点制定出符合本国情况的发展战略。然而，知识产权保护是保持生物技术持续发展的根本保证。我国医药生物技术发展态势迅猛，加强其知识产权保护和研究已成为当务之急。浙江星韬律师事务所程祺律师于 2011 年 9 月 21 日撰文，阐述生物医药产业的知识产权保护问题，颇有见解。在此摘录部分内容做一介绍。

1. 我国生物医药产业的知识产权现状

医药行业作为信息技术与生物技术运用最广泛的领域之一，是世界公认的朝阳产业。我国化学原料产量居世界第二位，中成药产量达 33.7 万吨，品种近 8000 种。我国药品知识产权法律体系和保护制度已基本建立起来，但与发达国家相比，我国的医药发展模式还不成熟，具有自主知识产权的产品很少，加入世界贸易组织后医药行业将面临巨大的压力和挑战。药品知识产权的争端，实质上是利益之争。

（1）知识产权制度一直被生物医药科研人员、管理人员所忽视

知识产权制度对作为知识产品"生产基地"的医药企业、科研院所的发展具有强大推动作用，然而这项功能一直被生物医药科研人员、管理人员所忽视，不少人对知识产权和知识产权保护的含义知之甚少。据某高校抽样调查显示，知晓知识产权包括专利权、商标权、著作权的人员占45%，进一步了解其内容的仅占15%；熟知知识产权保护包括立法、司法、执法过程的不足20%，知道如何利用法律手段保护自己的发明创造和合法权益的不足10%。这种对知识产权知之甚少，知识权保护意识淡漠的现象在我国医药生物技术行业中同样存在，多数医药企业由于受到计划经济条件下过分依赖政府行政保护的习惯和思维方式的影响，使许多药品生产企业负责人，担心申请专利泄露其技术秘密而使自己受到损失。

（2）专利等法律保护具有独占权和垄断性，其效力远远高于行政保护

在知识经济的大潮中，知识产权对于经济的贡献率日益凸显，而在所有知识产权保护献现有形式中，专利等法律保护不但对市场具有独占权和垄断性，且属于私人或法人财产的保护范畴，其效力远远高于行政保护，政府的作用是有限的，政府不再为企业包打天下，同时，即使当时企业对某个品种采取了保密措施，随着知情权和透明度原则的加强，药品配方和生产工艺的保密越来越难以保证，靠祖传秘方技术秘密保护和靠政府保护的空间就更小了。一旦秘密泄露或他人研制成功并申请专利保护后，原厂家只能在原有范围内生产和使用，使保密技术和企业的发展受到制约。

2. 从江中制药集团的维权历程来看生物医药产业知识产权保护

（1）失败的教训唤醒了知识产权意识

1985年，江中制药厂凭着自己研究开发的独家新产品"宝宝康""鸡胚宝宝素"和"新星儿宝"等，4年共创产值1亿元，利润2000多万元，实现了第一次经济腾飞。但是，当时江中制药厂知识产权意识比较薄弱，几个新产品都没有申请专利，也不懂得依靠注册商标来保护自己，而食品行业又无行政保护，导致全国有数十家企业生产同名产品，仅江西就有4家。由于各家产品质量良莠不齐，市场价格混乱，使"鸡胚宝宝素""新星儿宝"等产品产销一落千丈，经济效益急剧下滑，江中制药厂也因此跌入发展的低谷。失败的教训唤醒了知识产权意识，为此江中制药厂在研究开发独家中成药"复方草珊瑚含片"的同时即申请行政保护，其后又连续申请了"复方草珊瑚含片"药品包装外观设计专利、国家中药品种保护，全方位地对这一拳头产品实施知识产权保护，从而使"复方草珊瑚含片"独霸咽喉炎药品市场16年，产生了巨大的经济效益和社会效益，不仅实现了企业可持续发展，而且使"江中"品牌誉满全国。从"复方草珊瑚含片"的成功，江中制药厂看到了知识产权在企业科技进步、经济发展方面的巨大推动作用，1998年成立了"江中知识产权研究中心"（以下简称研究中心），

并聘请"北京市颐合律师事务所"为江中制药集团知识产权法律顾问，全方位多层次地保护集团知识产权。

（2）在知识产权保护领域的两大经验

研究中心成立后开展了大量的与知识产权有关的工作，经过不懈的努力，不仅全厂知识产权知识的普及率得到极大提高，而且知识产权保护工作也取得可喜成绩。例如，就江西某制药厂欲将其所谓"专利产品"转让江中制药厂的谈判中，研究中心经过大量地实地调查和查阅大量的中外文献，发现对方制备工艺的专利在20世纪70年代国外就有报道，早就失去了新颖性，其专利不可能获得授权，因此大大降低了成交价格，为企业减少了无谓的损失。又如，武汉某制药厂生产的"健胃消食片"侵犯了江中制药厂的三角形片外观设计专利，江中厂销售人员在市场上发现后，及时反馈至厂内，厂领导在经过仔细调查并咨询律师后，决定向法院提请诉讼，并要求诉讼保全。很快对方便要求和江中制药厂达成庭外和解，答应停止侵权行为，销毁所有侵权的模具，保护了江中厂的合法权益，提高了"健胃消食片"的市场占有率，自1998年以来，"健胃消食片"每年销售收入从6000万元、8000万元到1.2亿元，年年上升。从以上案例中我们不难得出江中制药集团在知识产权保护领域的两大经验：一是对内，从管理层到员工普及相关法律知识，重视知识产权，研究企业知识产权创新及保护的长期规划，投入大量人力、物力打造知识产权中心等平台，成为有效推动企业产品研发和销售的"永动机"。二是对外，与专业机构合作律师事务所、商标事务所、专利事务所、专业调查机构合作，通过法律调查、风险评估、申请专利/商标、维权诉讼等一系列卓有成效的行动，打造知识产权的"防火墙"，保障了企业的合法权益和市场竞争力。

（3）打造生物医药产业的知识产权保护战略

①申报专利策略。将企业的核心技术申请基本专利。基本专利是指将某项技术或某件产品的核心技术申请专利并取得专利权。基本专利是企业实施专利战略的基础，企业拥有的基本专利越多，这个企业在市场的竞争力也就越强。我国的生物医学企业研发能力较弱，拥有生物制药基本专利比较困难，但可以在他人的基本专利周围设置自己的专利网。申请众多的外围专利，利用这些外围专利进一步覆盖该技术领域。企业一方面可以充分运用专利制度的保护功能，主动跟踪和收集竞争对手的专利侵权证据，及时向竞争对手提出侵权警告或向司法机关提起诉讼；另一方面可以按照法定程序，及时向专利复审委员会就可能威胁其生产的专利技术申请宣告无效，打破竞争对手的垄断。

②抢注防御性商标。我国已有相当多的名牌药品在国外被抢注。就连中国老字号的"同仁堂"被日本抢注，后来经过交涉才确保自己的市场地位。抢先注册防御性商标能有效解决这一问题，防御性商标是指企业将已注册的商标覆盖更多商品或服务或把与自己的商标图案、文字形似音近的都作为联合商标注册，原商标为主商标，其余称防御商标。在这方面武汉红桃K作出了表率：红桃K集团在注册商标时将"红桃Q"

"黑桃 K""红桃 A"等 33 个容易使消费者误认的商标进行联合注册,有效地防止了近似商标出现。

③保护药品的外观设计。用著作权、商标、外观设计专利、商品包装或装潢与厂商名称综合保护产品的外部特征、外观设计专利对保护药品的包装或装潢非常重要。尽管外观设计专利的保护期限只有 10 年,但药品的包装盒或其装潢一旦获得了外观设计专利,10 年后即使已过专利有效期,别人也不能任意仿制。因为,此时过了期的外观设计专利已成为该产品知名商品的证据。《反不正当竞争法》中规定擅自使用知名商品特有的名称、包装、装潢或者使用与知名商品近似的名称、包装、装潢,造成和他人的知名商品相混淆,使购买者误认为是该知名商品的,是不正当竞争,可用《反不正当竞争法》来保护自己,净化市场。但是,申请外观设计专利不得侵犯他人的著作权、商标权及知名商品的包装及装潢。

④保护商业秘密。考虑到我国的发明专利保护期只有 20 年,实用新型专利和外观设计专利为 10 年,而且专利一经申请则该技术公开,他人得以在保护期结束后免费使用该技术,因此生物医药领域并不是所有的发明、技术都应当申请专利。比较典型的一个例子是美国的可口可乐公司的可乐产品自 1886 年诞生以来风靡世界,但其配方经历了 100 多年的时间却始终神秘,这得益于该公司在不申请专利情况下的商业保密措施。我国正处于信息高度发达、经济竞争激烈的时代,有些生物制品如新疫苗、新药的发明,还有中医制药的几千年悠久历史,其配方生产工艺的商业秘密是世界上所有同行关注的。但是许多企业对所创新项目以及研制和生产工艺未能加强保密性管理措施,保护范围没有系统化,不少企业仅将商业秘密的保护局限于技术信息类的商业秘密,忽视了对经营信息类的商业秘密保护。与之相对应的是对技术开发人员有保密要求,对非技术开发人员却放任自流;其次是缺乏系统有效的保护。对于商业秘密的保护,我们认为应该有意识地将秘密区域细化,使不同部门、不同级别的人员掌握商业秘密的不同部分,使企业中尽可能少的员工成为掌握商业秘密的整体。同时,企业在制定而向全体员工的保密制度时,还要特别注意强化针对特定人员、特定秘密的保密制度。

⑤法律途径、诉讼维权。民事诉讼方面,目前较为成熟的模式是企业委托律师、专业调查机构对侵权产品的生产、销售情况调查取证并予以公证,然后在侵权产品多个销售者中选择便于诉讼的一家,以侵犯商标、专利、著作权或冒充知名商品的不正当竞争的名义起诉并保全对方财产,要求生产者、销售者承担连带赔偿责任。另在刑事方面,对生产、销售侵权产品是假药且足以严重危害人体健康的行为,构成生产、销售假药罪,企业可以主动向公安机关举报,追究其刑事责任。

⑥与同行企业联合,打造行业维权平台维权。一个典型的例子是"杭州市药品医疗器械企业权益保护协会"。2006 年,杭州市青春宝集团有限公司、杭州民生药业集团有限公司、浙江康恩贝制药有限公司、杭州九洲大药房连锁有限公司等饱受知识产权

侵权困扰的从事医药生产、经营的企业、单位组建了"杭州市药品医疗器械企业权益保护协会"。该协会的宗旨是加强生物医药领域的知识产权保护，充分发挥行业自律和行业协作作用，协作打击假冒伪劣药品，维护药品生产经营企业的合法权益，为会员在维权打假方面提供法律层面、政策层面的支持，以及企业间维权的信息、资源共享，降低了维权成本、提高了效率。

<h2 style="text-align:center">第五节　知识产权证券化及
知识产权交易市场的监管问题</h2>

常言说得好："监管不是万能的，缺失监管的市场万万不能。"在监管体系完善的美国，一样难以避免危机。自律更不是万能的，依靠自律规范的社会，只是一种理想状态。尽管古人为我们树立了清心寡欲、安贫乐道的道德榜样，但却收效甚微。人们追名逐利、如蚊嗜血、如蝇逐臭，从古至今酿成了无数悲剧。要控制人类的贪欲，最直接、最有效的手段还是法律，法律如同笼子，欲望如同猛兽。人类社会千百年来所做的事，也就是法律、宗教、道德、文学与人的贪欲的搏斗。尽管不时有猛兽冲出牢笼伤人的事件发生，但基本上还是保持了一种相对的平衡。人与人之间的友好关系，需要克制欲望才能实现；国与国之间的和平关系，也只有克制欲望才能实现。一个人的欲望失控，可能酿成凶杀；一个国家的欲望失控，就会酿成战争。毫无疑问，贫富与欲望，依然是当今世界的主要矛盾，是人类痛苦或者欢乐的根源。所以，在知识产权证券化的初期，必须认真负责地制定好相关的法律法规，尽可能防止没制定好规制的比赛。然后，监管的核心问题是控制各类风险，关键在于如何遏制人的道德风险。因而，规范发展与市场监管成了中国资本市场一个永恒的主题。

一、完善知识产权证券化的支撑体系

作为证券成功发行的前提条件，是证券本身有足够的信用度。当一个资产的质量和收益性尚不明朗时，以此为担保发行的证券，更需要提升其信用度，才可能被购买者所接受。在知识产权证券化发展初期，更需要借助信用增强机构提升信用等级。

（一）加强信用增强的风险防范

1. 政府扶持担保公司

我国法律明确规定，政府机构不得作为担保人对外担保，这对知识产权证券化发展初期是相当不利的。我国可发展第二条道路，即在政府政策的扶持下发展专业的担保公司。可采用以政府为主导，通过一系列有利的政策进行导向，采取相应的优惠措施，鼓励并支持专业担保公司的发展。在政府的引导下，优化担保公司内部结构，整合市场的担保公司，集中优势资源为担保公司使用，以进一步提高其专业水平和信用度。政府的积极参与与主动引导会为我国的担保公司发展提供强有力的支持。

2. 建立知识产权保险体系

现代社会防范风险的最佳措施莫过于保险制度。保险的优势即将所有的保费集中起来应对可能出现的保险事故。因此，保险有足够的实力来承担知识产权证券化中可能出现的风险。目前，我国并没有专门的知识产权保险。随着科技社会的发展以及知识经济的要求，知识产权也将呈现快速上升式的发展，建立知识产权保险是非常有必要的。

3. 完善超额抵押制度

超额抵押因发起人向 SPV 转移的资产价值大于约定的资产价值，并以超出的部分财产为 SPV 担保，因此多为投资者所接受，且更能获得投资者的信任。对于所超出的部分财产，为防止被认定为违反等价有偿原则，应在转让合同中注明转让的财产以及用于担保的财产，明确区分该部分财产的作用，以避免财产的混淆而导致交易被撤销。若发起人破产，由于超额部分财产只为担保基础资产而设置的，故不应归入 SPV 破产财产中。

4. 内部信用增强与外部信用增强的结合

在只有外部信用增强时，知识产权证券化信用等级的风险因外部增强机构的信用等级变化而变化，这就让知识产权证券化的信用具有了不稳定性。为了维持知识产权信用的稳定性，必须重视内部增强手段的巩固作用，以内部信用增强作为强有力的补充。两种信用增强方式的结合，有助于防止当外部增强机构被降级时，冲击到知识产权证券化的信用等级。因此，知识产权证券化应具有二者共同的担保，以稳定和提升知识产权证券化的信用等级。

（二）完善信用评级的法律监管

1. 信用评级机构的法律监管

为了防止信用评级机构的任意性行为，提高信用评级质量和水平，有必要加强对信用评级机构的监管，可以从以下三方面入手：

（1）信用评级机构的准入与注销制度。知识产权证券化的复杂性、专业性和技术性，决定了信用评级应具有一定的技术水平方可应对。因此，信用评级机构的准入应满足一定的标准。包括：一是评级机构的资本金、评级人员的技术水平和经验应达到最低的准入标准；二是评级机构本身应具有一套系统的、科学的、完备的评价体系，否则将无法独立开展评级活动而将不被许可设立；三是评级机构应不断地加强权威性和信用度。当评级机构的资质已不能达到准入条件或违反了相关规定时，如评级结果的错误率、违约率过高等，监管机构应及时注销信用评级机构的许可证。

（2）统一监管机构，建立行业自律组织。除了评价机构的自我监督，外部监督也会促进评级机构的自律性，目前我国还缺少一个统一的监管机构。虽然《证券市场资信评级业务管理暂行办法》规定了中国证监会对证券评级进行监督，但未在立法上明确中国证监会监管机构的地位由其统一管理。同时，我国的信用评级机构处在早期阶段，应积极发挥行业自律组织的约束作用，建立信用评级的行业自律组织，实现监管机构与行业自律组织的双重约束。

（3）完善信息披露制度。目前，关于信用评价机构的评价方法、过程及依据等，《证券市场资信评级业务管理暂行办法》并没有做出强制性要求必须对外公开，而仅规定需公布评级结果。虽然监管机构可以从评级结果中获得相关的信息和质量，但并不全面。为保证评级结果的权威性，维护公众的知情权，应适当公开评价所采用的方法和评价过程。

2. 信用评级体系的建立

对知识产权证券化的信用评级需要信用评级体系作支撑。我国目前尚未建立科学的、系统的评级体系，但可参照美国等发达国家的评级体系：

（1）强制性信用评级。投资者购买证券时很难从自身的经验与专业角度迅速了解知识产权证券化的投资价值和风险收益率，而需要借助具有公信力的评级机构作出的信用评级。因此，信用评级对于投资者来说是非常重要的参考依据，也是证券得以顺利发行的助推器。但我国的法律并没有强制规定知识产权证券化必须信用评级。尽管在实践中不进行信用评级将很难推销发行证券，但法律没有规定却是一个重大的疏忽。随着我国信用评级经验不断丰富，且评级方法逐步与国际通行做法接轨，我国的信用评级也将走向成熟。因此，在证券专门立法中引入强制性信用评级制度，借助立法可以更好地保护投资者，加强对资产池运营状况的监管。

（2）建立信用评估体系。评估体系的建立既需要专业的、科学的评估技术，以及具有公信力的评级机构，还需要法律作支持和良好的评估市场。在评估技术上，我国现已向国际通行方法靠拢，不断借鉴引进新的评估方法。虽然我国立法尚未对资产的评估形成系统的标准，但行业协会自主的约定形成了一套适合我国的行业评估标准以及指导意见。这都为我国建立统一的法律标准提供了方向和路径，有利于国家评估标准的出台。在评估市场上，随着我国企业融资需求的不断扩大，企业以知识产权作担保或以知识产权支持证券的情形越来越普遍。而我国知识产权的数量和质量也呈上升趋势，以专利为例，据2012年世界知识产权组织（WIPO）公布的报告书显示，各国专利审查机关2011年受理的专利申请数量，中国首次超越美国成为世界第一。知识产权数量的上升，为我国利用知识产权提供了广阔的市场空间。可以预见，在未来的一段时间内，我国对知识产权的利用，包括担保融资、证券化将呈现快速扩张化，对评估的需求也将随之增大，评估市场将呈现一片活跃景象。因此，在已具备相关条件的前提下，我国应加快建立自己的信用评估体系，培养成熟的评估市场，为知识产权证券化的信用评估服务。

（三）规范知识产权交易行为

针对产权交易市场存在的问题，为促进知识产权交易市场规范发展，构建多层次知识产权交易市场体系，国家发展改革委、财政部、科技部、国家工商总局、国家版权局、国家知识产权局在对部分省市产权交易市场调研的基础上，按照国务院要求和《国家中长期科学和技术发展规划纲要（2006—2020 年）》《国务院关于鼓励支持和引导个体私营等非公有制经济发展的若干意见》有关精神，于 2007 年 12 月 6 日，联合制定了《建立和完善知识产权交易市场的指导意见》（发改企业〔2007〕3371 号），要求结合各自实际，贯彻执行。

1. 强调了"规范知识产权交易行为"如下：

（1）严格交易程序，履行必要手续。程序主要涉及知识产权的真实性审查、价值评估、信息披露、竞价和撮合交易、合同鉴证与结算交割等。项目挂牌成交后，由转让双方签订合同并履行鉴证等相关手续。

（2）健全内部管理，建立信息披露制度。知识产权交易市场须建立健全交易规则及登记托管、结算交割、交易监督等规章制度，并报地方监管部门备案，接受管理和监督。项目披露应包括项目财务、经营管理、研发、人才储备、资金使用、价格评估、盈利分析及限制性条件等信息，由项目所有人选择评估、会计、律师事务所等专业机构、经纪会员委托代理。交易机构履行挂牌审核、信息内容认定和披露、交易方案确定和实施、交易主体和结算资金监管等职责，确保市场安全有序运行，保护交易参与者的合法权益。

（3）建立知识产权交易信息沟通反馈机制与运营网络。通过现代信息技术手段逐步建立参与知识产权交易主体的信用信息平台，完善交易市场信用信息数据库，促进企业自主知识产权信息的互联互通。

2. 进一步明确"加强领导和监督管理"的要求

（1）加强对知识产权交易市场的指导。各级政府要根据经济社会发展的需要，进一步改进工作方式，创新服务手段，加大指导与协调力度，及时发布交易信息，促进交易市场的规范发展。各地应结合实际，制定完善地方性知识产权交易市场的法规和配套政策，促进交易市场的制度化法制化。

（2）建立由国家发展改革委牵头，财政部、科技部、国家工商总局、国家版权局、国家知识产权局、国务院国资委、证监会等相关部门及部分省（区、市）级知识产权交易管理部门参加的指导委员会，加强对知识产权市场的指导和协调。依法建立和完善重大知识产权交易活动的审查制度。各业务主管部门要依法建立对知识产权等重大交易活动的特别审查机制，根据各自职能分工履行监管职责，加大知识产权保护力度。

（3）知识产权交易过程中，双方若出现争议应协商解决，必要时依法采取纠纷调解、交易中止、撤销交易凭证、交易终止等措施解决，并及时向监管部门反映。

对非法侵害知识产权、制销假冒产品和技术并造成重大损失的行为，要依法追究法律责任。

（4）国家和地方知识产权交易市场的监管部门，应依法实施管理，加强动态监管。通过年检方式，对交易不规范的机构予以警告并限期整改，对违反相关法律的机构依法予以中止、终止直至追究其法律责任。

（5）积极推进国家和区域性知识产权交易市场行业自律。切实发挥行业自律组织在自律维权、业务交流与合作、技术规范制定、管理咨询、业务培训、理论研究、对外合作等方面的作用，提高交易市场的整体效能与水平。

由此可见，我国制定统一的知识产权证券化交易市场监管条例，必须放到市场监管部门和知识产权局以及有关部门的议事日程上。

二、加强知识产权交易市场的监督管理必须"三管齐下"

知识产权交易市场是市场经济体制下的要素市场，因此，必须遵循市场经济的三大规律，即价值规律、供求规律和竞争规律。

（一）市场机制是市场经济学的核心内容

市场机制（Market Mechanism）是通过市场竞争配置资源的方式，即资源在市场上通过自由竞争与自由交换来实现配置的机制，也是价值规律的实现形式。具体来说，它是指市场机制体内的供求、价格、竞争、风险等要素之间互相联系及作用机理。市场机制有一般和特殊之分。一般市场机制是指在任何市场都存在并发生作用的市场机制，主要包括供求机制、价格机制、竞争机制和风险机制。具体市场机制是指各类市场上特定的并起独特作用的市场机制，主要包括金融市场上的利率机制、外汇市场上的汇率机制、劳动力市场上的工资机制等。市场机制是"市场经济学"的核心内容。

1. 价格机制

价格机制是指在市场竞争过程中，市场上某种商品市场价格的变动与市场上该商品供求关系变动之间的有机联系的运动。它通过市场价格信息来反映供求关系，并通过这种市场价格信息来调节生产和流通，从而达到资源配置。另外，价格机制还可以促进竞争和激励，决定和调节收入分配等。

2. 供求机制

供求机制是指通过商品、劳务和各种社会资源的供给和需求的矛盾运动来影响各种生产要素组合的一种机制。它通过供给与需求之间在不平衡状态时形成的各种商品的市场价格，并通过价格、市场供给量和需求量等市场信号来调节社会生产和需求，最终实现供求之间的基本平衡。供求机制在竞争性市场和垄断性市场中发挥作用的方式是不同的。

3. 竞争机制

竞争机制是指在市场经济中，各个经济行为主体之间为自身的利益而相互展开竞争，由此形成的经济内部的必然的联系和影响。它通过价格竞争或非价格竞争，按照优胜劣汰的法则来调节市场运行。它能够形成企业的活力和发展的动力，促进生产，使消费者获得更大的实惠。

4. 风险机制

风险机制是市场活动同企业盈利、亏损和破产之间相互联系和作用的机制，在产权清晰的条件下，风险机制对经济发展发挥着至关重要的作用。

朴素地讲，市场机制的实质和灵魂就是追求物美价廉。撇开市场的社会属性，一般意义上的"市场机制"作为市场一种特有的自我调节方式，自市场产生以来，它始终存在并发生作用，只是由于市场性质的变更及各种外在制约因素的不同，其作用的范围和程度在不同时期是有区别的。为了准确和全面地理解"市场机制"的实质，必须注意把握以下几点：

1. 市场机制是市场三大基本要素互相结合、互相制约的循环运动过程

（1）马克思曾深刻论述过构成市场的物质内容是供求。供求即商品供应与商品需求。商品供求是互相对立、统一和运动着的。市场机制作为市场特有的调节方式、调节功能和特殊的运动过程，离不开供求这个基本要素，但供求不可能孤立地存在，其运动局势和双方的变化直接受市场价格及市场竞争状况的制约。因此，构成市场机制运动的三大基本要素是价格、供求、竞争，无论市场性质、规模、范围如何，这三大直接要素不会变。这三大要素的组合及交互运动正是商品经济的基本规律即价值规律、供求规律、竞争规律、平均利润率规律、货币流通规律等共同作用于市场的结果。市场价格作为商品价值的转化形态和实现形式处于一种运动状态，它与价值不是机械的等量关系，相反在供求、竞争等直接要素的制约下，价格总是围绕价值上下波动，并在时间、程度、方向上与价值有一定背离。价格直接影响生产者、经营者、消费者的利益。市场价格总是首先摆在市场活动参与者的面前，微观单位的市场经济行为一般先都要考虑价格。正因为如此，有的人仅看到这一点就片面地认为市场机制就是价格机制。

（2）价格牵动着市场活动参与者的行为。但由于供求的变化，价格或一时高于价值，或一时低于价值，商品价值正是这忽高忽低的干劲十足，趋向自我平衡的现实。这种现象就是市场机制要素交互运动的奥妙所在。由于价格受供求的变动，市场活动参与者不断调整自己的市场行为。买者与卖者之间、买者之间、卖者之间又根据市场价格状况的变化，为了自身的经济利益展开了多种形式的竞争，竞争又会引起供求的变化。这样就形成了"价格—竞争—供求—价格"三大要素互相组合、互相制约、互为条件的一种循环过程。即价值规律通过市场竞争强行得到贯彻，并继而调节供求关系；供求关系的变动又反过来引起市场价格的变动，这就是一般意义上市场机制运作

过程。价格是这种循环的标志，价格的变化既是上一次市场机制要素循环运转的结束标志，又是下一次新的循环运转的开始，如此周期循环，实现市场运作的自我调节。这种市场机制要素自发、自动地循环，也可以视为市场的自然机制，在完全的自由市场上，它表现得尤为明显。

2. 市场机制运转循环的原动力只能是市场活动参与者的经济利益

市场是商品交换的关系总和，商品供求的后面是经济关系。微观主体的市场行为之所以在价格、供求、竞争的制约下发生变化，根源来自这种机制组合的原动力——市场经济人的利益。市场机制，根本上是由社会关系决定的，参与市场经济活动的生产者、经营者、消费者正是在商品经济的一系列客观规律作用下所体现的原则或功能的制约和牵动下，通过供求、价格、竞争的变化，在经济利益的诱导下，自动采取不同的市场经济行为，或者进行自我扩张，增大生产或经营规模，或者进行自我收缩，即减少生产或经营规模，有的还会自行中断其市场经济行为。

总之，在经济利益推动和诱导下，市场机制强制性制约着市场活动的参与者及时地调整自己的经济行为，自动实现微观活动的自我平衡。这种一般意义上的市场机制的原动力，并不因为市场规模、性质的变更而改变。当然，在不同性质的市场上，或者在不同的宏观控制机制的作用下，经济利益的性质及作用是不同的。例如，如果国家用直接控制手段把企业变成了行政机关的附属物割断了企业与市场的联系，则经济利益这种原动力对企业的市场行为也就没有多大的诱导力了。这个问题属于市场的宏观控制机制具有的特殊性，不同国家、不同性质、不同时期的市场，宏观控制机制作为主观外在的控制是不同的，但我们这里着重研究一般意义上的市场机制，因此不多论述。

3. 市场机制是一种开放型的受多因素影响和制约的社会经济机制

市场机制绝不是一个纯自然的封闭机制，而是一种开放的社会经济机制。这是因为市场本质就是开放的，它作为社会分工发展和商品生产及商品交换扩大的必然产物，集中反映了社会经济活动中各种复杂的经济关系。市场作为商品流通的总体，反映了商品流通的横向性、伸缩性、变动性、复杂性的特点。市场价格、供求、竞争这三大要素的组合及运动变化，都会受到各种直接因素、间接因素以及社会因素和自然因素的制约及影响，外在的某些因素的变化也会引起市场机制要素的关联和耦合。因此，切不可孤立地看待市场机制的运动。社会经济结构的调整和变动，生产、分配和消费状况的变化，各种宏观经济杠杆的变动（如利率、税率、基建投资、货币流通与发行、汇率等）。国家政治经济形式的变化，甚至自然现象等都会不同程度地对市场机制的三大基本要素及其运行产生影响。

（二）市场经济的三大手段

1. 利用经济手段调控市场

经济调控手段是市场经济国家普遍使用的重要调控手段之一，它是指政府根据价格形成的内在规律和市场供求规律，调节商品的需求和供给，影响价格形成的各种要素，从而达到调控市场价格的目的。在市场经济条件下，政府经济调控手段主要有货币政策、财政政策、投资政策、进出口政策、重要商品储备制度和价格调节基金制度。

2. 使用法律手段监管市场

法律调控手段是用法律规范来调整价格关系，使价格的制定、调整、实现、争议及裁决等行为法制化。用法律手段调控价格，主要是规范价格调控的形式；规范价格调控和干预的权限；规范价格行为主体的权利和义务；规范价格监管机构的设置、职权、责任；规范价格违法行为的检查与处罚方法；规范价格调控手段和措施的运用。

3. 采用行政手段干预市场

在市场经济失灵的情况下，政府可以采取以下三种手段干预市场运行。

（1）立法和行政手段。即制定市场法规，制定发展战略和中长期规划，制定经济政策，引导和调节市场运行。

（2）组织公共生产和提供公共物品。即由政府出资（由预算拨款）兴办所有权归政府的工商企业和单位。

（3）财政手段，建议税收、收费，国债等形式筹集收入，又通过转移性支出，购买性支出以及财政政策等手段调节经济的运行。

对少数重要商品和服务价格实行政府指导价或政府定价、限定差价率或者利润率、规定限价、实行提价申报制度、调价备案制度以及集中定价权限和冻结价格。

（三）知识产权交易市场的监管必须要"三管齐下"

规范经营，稳健发展，不仅是监管机构、经营管理者及全体从业人员必须共同关注的问题，而且是关系整个市场乃至全社会及其所有人的大事。市场稳定、公司稳健、个人稳妥，是每个市场参与者的愿望。要真正做到这3个"稳"，需要有3个层面的积极支持和密切配合，从而建立起三道防线，也就是说必须要"三管齐下"。

1. 严格职业操守加强自律管理是发展知识产权交易市场的前提条件

这个问题不仅是市场健康发展的要求，而且是市场参与者自身生存发展的需要。同其他所有企业一样，都要抓好管人、管钱、管物这3个重点；而这些又与众多权力联系在一起，如投资决策权、资产处置权、资金调拨权、物质使用权、人事调配权、干部任免权和奖金分配权。因此，领导层首先要有良好的思想品质和职业操守，然后加强内部管理，提高广大员工的业务素质和道德修养；同时，再加上知识产权交易中心和知识产权行业协会这两大行业自律组织的指导与监督。这样券商的行业道德和社会形象也就有了夯实的基础，科学管理也就有了可靠的保障。

2. 健全内控体系完善法人治理是发展知识产权交易市场的核心问题

调查发现，我国的企业在股东会、董事会、监事会、高级管理层的组织设置及相互关系的界定上有很大随意性。有些企业"三会"的设置形同虚设，并未起到真正的分权制衡作用，而实际经营决策权主要由公司高级管理人员掌握，造成部分公司信息不透明、内部人控制和运作不规范等弊端；公司的经营决策也不能做到科学化和民主化。同时，公司的激励机制设计由于无法可循，导致激励手段相对落后。为此，管理层在《公司内部控制指引》中明确提出：公司内部控制的目标之一就是"健全符合现代企业制度要求的法人治理结构，形成科学合理的决策机制、执行机制和监督机制"。

3. 强化外部监管依法维护秩序是发展知识产权交易市场的有效保障

除公司的自律管理和内部控制之外，还必须加强社会约束，包括法律约束、道德约束、市场约束、行业约束和媒体约束等多方面的外部制约。作为知识产权交易市场的重要参与主体，有关公司正在规范中快速发展。但是，由于目前普遍存在内控机制不到位、公司治理结构不合理或不完善等诸多问题，造成个别领导人权力膨胀，从而导致了企业各类风险丛生。近年来，管理层在推出一系列市场化发展举措的同时，在市场监管上采取了一整套颇有成效的措施，有利于市场的健康发展，并形成了一定的威慑作用。这一系列措施有利于强化公司内部监管，依法维护市场秩序，是搞好证券公司管理的有效保障。

三、防范道德风险是当务之急

道德风险就是人们违反道德规范，或从事不道德行为而给他人和社会带来危害。道德风险行为就是当签约一方不完全承担风险后果时，所采取的自身效用最大化的自利行为。市场发展到今天，游走在法律和契约边缘的道德风险行为越来越多，越来越超出简单的"是"或"非"标准，违规、违法和违反道德标准的界限变得非常模糊，金融市场的参与者们所竭力解决的一些问题，也越来越难以找到一个简单的方案。从金融机构发生的一切重大问题，都离不开道德风险。所以，防范道德风险是一个核心问题。

（一）道德风险的危害与表现

实践已经证明，中国现行金融体制其弊端是明显的。现行金融体制运行过来的十几二十年，在没有外来市场因素冲击的情况下，运行过程始终是波澜不惊的，但与此同时，其运行结果也累积了数以万亿计的"不良资产"。这一笔笔"不良资产"，就是官僚化行政管理模式的"伟大产物"，虽然几大银行现在已经把这些不良资产"剥离"给资产管理公司处理，但其金融的深层负债、负面影响是无法消除的。

1. 道德风险的概述

道德风险在当今社会已经普及，金融证券领域更是重灾区。无论暴露出来什么金融案件，我们都可以从中找到涉案人员的道德风险的问题。

（1）"道德风险"是什么

①道德风险的存在情况。从事经济活动的人在最大限度地增进自身效用时，作出

不利于他人的行动。道德风险存在于下列情况：由于不确定性和不完全的，或者限制的合同使负有责任的经济行为者不能承担全部损失（或利益），因而他们不承受他们的行动的全部后果，同样地，也不享有行动的所有好处。

②"道德风险"其实就是"不讲道德的风险"。经济活动有几种类型，一种是合法的、道德的、说得清楚的生意；另一种是非法的、不道德的、说不清楚的生意；还有一种生意，介于前面两者之间，形式上合法或者至少不违法，但是本质上不道德；要说也能说清楚，但最好不要说清楚。不讲道德的"道德风险"往往就发生在这个模糊地带。

③没有严格的民主和法制约束，必然会出现道德风险。事实证明，如果没有严格的民主和法制约束，那么，公权、公钱被滥用，出现道德风险几乎是必然的。财政、银行、券商、国企遍地公钱，自然也就成了"道德风险"的多发地带。

（2）到底该不该讲道德

证券市场曾经热炒"以股抵债"。乍一看，好主意啊！大股东欠一屁股债，能拿点股权来抵债，而且以每股净资产作为折价基准，不错啊！但是，看仔细点，问题就来了。

①以股抵债这口子一开，大股东欠账不还就合法化了。大股东拿走的是白花花的现金，还回来的是股权，货不对板，吃亏的是中小股东。

②抵完债之后，大股东地位不变，占款隐患未除。

③净资产值越高，大股东以股抵债越占便宜。如此一来，大股东圈钱积极性自然高涨。最后以股抵债，实际上是便利了大股东套现。难怪有很多投资者不无忧虑地说，以股抵债可能加剧证券市场的道德风险。"以股抵债"的出发点是欠债要还这本身是非常道德的，但是，即便如此仍避免不了道德风险的困扰。

（3）新的隐性操作风险、道德风险所造成的危害性

①社会货币的投放量必须与市场"需求"保持一定程度的均衡。按照市场货币投放规律，社会货币的投放量必须与市场"需求"保持一定程度的均衡。而就银行业来讲，被剥离出去的债务，数字是剥离出去了，可资金的亏空由谁来注入？当然是国家，同样，"汇金""建银投资"对问题券商的注资也是如此。如果对应亏空的资金得不到注入，那这种债务的剥离就毫无实际意义了。

②国家的注入资金有违国民收入再分配的合理性。国家的注入资金只能在国民收入的再分配部分进行，否则，只能是"加快印钞机的印钞速度"，如果用"加快印钞机的印钞速度"来注入亏空资金，币值就会发生贬值，这本身就等于把金融的潜在风险兑现为金融危机。如果以国家财政的再分配方式"注入"亏空资金的填补，这体现在国民收入的再分配上是不合理的，就变成一个企业、一个行业的亏空由全民来补，这有违国民收入再分配的规律和合理性，其本身就潜藏着一种民意上的危机和国家财政，体现在金融行业上的政策风险。

③风险管理是证券公司的生命线。从公司本身而言，一个艰苦创业、苦心经营的现代企业，由于一个人的错误决策或一笔违规交易就会倒闭破产，一家金融机构，无论资本多么雄厚、技术多么高明，如果忽视了安全保障的风险管理，都难免市场的惩罚。事实告诉人们，风险管理是证券公司的生命线。同时，一些人的道德风险将会使一个公司陷入困境，甚至破产、倒闭。

2. "窟窿"从何而来

然后，我们不得不正视机构的巨额亏损问题，这些亏空去哪儿了？

自营业务这种几乎无个人风险的投资越多越好，何乐而不为？从全国各地的实际情况来看，几乎很少经营者个人没从中得到额外利益的。赚了有利益，亏了无所谓。

为了牟取私利，自营或资产管理部门有关人员私下承诺替庄家或机构，高位"接庄""锁仓""倒仓"等，使公司蒙受重大经济损失，而个人却大发横财。

擅自以公司名义对外借委托理财之名，行非法炒股之实，赚了私分，赔了公司"埋单"，最多落个未经公司许可违规操作的错误。

为了完成公司下达的任务指标，不惜违规向客户融资，结果因行情下挫或操作失误而造成巨额经济损失，最后由作为一级法人的总公司承担。

证券承销业务中，为了承揽项目，给企业前期非法融资，而因上不了市成了收不回来的坏账；或因承销人员为了贪图私利，将项目卖给其他券商而中饱私囊。

市场发展初期的"暴利时代"，成了"昨天的故事"，但那种"能挣会花""财大气粗"的陋习仍然"涛声依旧"。长期以来，一些陋习在公司相当一部分的干部、员工中根深蒂固，每年在培训、会议、出差、办公楼装修、信息系统的投资及其改造，真可谓财大气粗。

这样，公司的资产乃至资本耗尽了，留下的却是许多不良资产和一个个大"窟窿"，同时也印证了一些公司"穷庙富和尚"的怪现象。

3. 道德风险主要的表现类型

道德风险的表现各种各样，可以归纳为以下这些主要的类型：

（1）玩忽职守型。普通员工表现为渎职或失职。放弃工作职责，严重失职，对发生的违规违法行为，置之不理，未能尽心尽职工作；领导干部表现为滥用职权，追求业绩。拿原则作交易，谋取个人工作业绩、小集体利益，擅权越权，违反工作程序，诱导或强迫员工进行违规违法的行为。渎职者对公司资产的危害，较之外部不法分子，有过之而无不及。

（2）意志薄弱型。从业人员脆弱的意志自制力，不仅给外部的违法分子提供了攻破防线的条件，还使自己沦为流失、损失公司资产的罪人。当前的形势亟须通过制定"刚性"的制度加以约束，同时辅以职业道德培训，增强信贷员工的责任心、意志力，帮助其树立正确的人生观、是非观和价值观，同时又要积极防范，根据实际情况及时采取相应的对策，因为制度约束、教育辅导有时候不是万能的。对于不可雕之朽木，要从保证公司资产安全的角度考虑，采取断然措施，否则，当断不断，反受其乱。

（3）见利忘义型。这种类型的人惯于"杀人以自生，亡人以自存"，正如培根所比喻的，他们为煮熟自己的鸡蛋而不惜点燃别人的房子。这类人因自私而狭隘，因狭隘而极易招惹是非，属于典型的"易燃易爆品"，如果此类人处于领导岗位或要害部门，公司资产将可能成为他们的"眼中肥肉"，他们占据的岗位越重要，公司资产的安全就越是险象环生。

（4）城狐社鼠型。城狐社鼠，出自《晋书·谢鲲传》："隗诚始祸，然城狐社鼠也。"所谓"城狐社鼠"，就是藏在城墙里的狐狸，躲在神庙里的老鼠。人们要想捕杀城狐社鼠，就不能不有所顾忌。因为捉城狐，恐怕要毁坏城墙，得罪君王；熏社鼠，恐怕要烧坏神庙，对神不敬。正因如此，"狐鼠之辈"就仗着皇城和神庙，可以胡作非为、为非作歹。构成条件为：渎职型领导干部 + 见利忘义型人员 = 城狐社鼠。由于受构成条件的制约，此类"狐鼠之辈"在实际工作中很少见，但其对证券公司的危害性却极大，极易酿成"千里之堤，溃于蚁穴"的大祸。

4. 金融机构的不道德风险

"道德风险"其实就是"不讲道德的风险"。道德风险在当今社会里已经很普及了，金融证券领域更是重灾区。

（1）监管缺失加大基金经理道德风险。一个时期，接二连三的基金经理的"老鼠仓"案例，引起了业内人士、监管部门和广大投资者的密切关注，基金经理的道德风险问题越来越受到人们的重视。

①监管力度薄弱始终是国内证券市场的问题。实践证明，多年的职业化成长经历并不一定能养成相应的职业素养，内幕交易这个职业基金经理的大忌似乎并没有成为专业投资人士心中的禁区。另外，基金经理的"老鼠仓"案例凸显了监管缺失对行业带来的危害。监管力度薄弱始终是国内证券市场的问题，尤其是对内幕交易。这可以从两个角度去理解：一是监管的意愿；二是监管的能力。目前似乎二者都存在问题。国内证券市场内幕交易盛行，出于种种原因，监管层对此很少真正查问，即使查证了，处罚力度也轻到无以构成威慑，这是监管意愿的问题。

②监管能力的欠缺。从监管能力上看，诸多内幕交易十分隐蔽，监管困难，但据对行业的了解，监管能力的欠缺也是由于在相当程度上监管意愿和意识的不足造成的。从目前的情况来看，对于基金经理利用内幕信息获利，既缺乏有效监管的能力，也缺乏严厉处罚的阻吓作用，这就使这种违规违法行为几乎没有成本。

③巨大利益形成巨大的诱惑。在监管缺失的情况下，轻易就能获得的巨大利益很容易对相关人员形成巨大的诱惑。试想，基金公司的投资策略在付诸实施之前已经经过诸道程序，这其中能够了解投资决策的远不止基金经理一人。牛市的疯狂使内幕交易大行其道，也使内幕交易的罪恶感大大减轻。在这种利益的诱惑下，很难期望每一个相关人员都能用职业道德约束自己。因此，类似的情况在国内基金业并不罕见。甚

至说，基金在证券行业各相关机构还算是相对规范的，其他机构问题只会更多。这种"道德风险"在国内证券行业，似乎已经见怪不怪。

④道德风险是制度缺失的结果。从这个意义上来说，道德风险也是制度缺失下培养起来的结果。基金公司危机公关能力欠缺。事实上，类似的问题在国内基金业仍是一个普遍现象。我们不由得会联想起2000年著名的"基金黑幕"论战，当时是多家基金公司联手反击否认存在基金黑幕。而最后事实证明聪明的基金公司只是做了一次掩耳盗铃的愚蠢举动。从当前这一事件看来，"投资者利益至上"要真正贯彻在基金公司的行动中，仍然有待时日。是否打击投资者信心？随着市场的发展，内幕交易终将成为阻碍市场发展的毒瘤，基金经理的"道德风险"问题也不容忽视。

（2）商业银行的信贷操作风险、道德风险。

①信贷操作中的道德风险。中国企业信用观念较差，恶意欠贷时有发生，如果在未完全通过合法、有效的手段对欠贷企业进行强硬态势的清偿，打消欠贷企业拖欠贷款的念头，而只顾各行眼前利益，不计清收、处置过程、后果，盲目地核销贷款，这中间很容易形成操作风险、道德风险，造成更大的信贷资产损失、流失，并间接地向欠贷企业发出一个错误的信号：银行贷款可以不还。拖欠者的利益不但没有因此受到损害，有的还得到了好处，天长日久将会使信贷企业的信用观念进一步淡化、扭曲，甚至颠倒是非，认为遵守信用是笨蛋，不会算计；不遵守信用才算有能耐、会算计。

②谨防内外勾结，骗取银行资金。有句格言：堡垒最易从内部攻破。由剥离不良、呆账核销所引发新的隐性信贷操作风险、道德风险对整个银行业长期发展、经营安全已构成极大的隐患，敲响祸起萧墙的警钟，不是危言耸听，而是基于对严峻形势的密切关注，基于以往付出沉重代价之后的深刻反思。无情的事实曾警示我们，在银行业各项经营发展工作中，外患固应严阵以待，内患更须杜微慎防。实践证明，不良资产处置过程中所面临的道德风险主要类型有两种：一种是积极（作为）的道德风险。这种道德风险主要是由有权处置部门或直接处置人员的"内部人控制"行为造成的；另一种是消极（不作为）的道德风险。不良资产处置中类似的急功近利和"杀鸡取卵"式的短期行为，不仅严重违背了"资产处置回收最大化"原则，还严重损害了委托人（国家）的利益，具有明显的"不作为道德风险"特征。

③警惕银行理财市场的道德风险。由于商业银行迫切需要改变目前的盈利结构，加上对未来利率市场化的预期，银行理财市场将获得发展空间。不过，有些商业银行的理财产品收益率宣传过度，有欺骗嫌疑，因此，需警惕道德风险。近几年银行理财产品市场发展速度非常惊人。有些商业银行的理财产品宣传过度，甚至有欺骗的嫌疑，购买这样的产品还不如将钱存到银行。理财市场面临比较严重的道德挑战。商业银行为了抢客户，大力宣传预计最高收益率，宣传产品设计先进性，但是从系统评估角度来看，预期收益率和预计最高收益率差值比较大的情况比较多，投资者需"擦亮眼睛"谨慎选择。出于长远发展考虑，商业银行也应该珍惜信誉。

（3）严控理赔道德风险，核保核赔走向专业化。保险业的核保核赔业务中，人为主观的意识占有一定的因素，从中也体现了一个保险业务人员的道德风险问题。为此，中国保险行业协会成立了人身保险核保核赔工作部。专业化的核保核赔有利于提高保险公司管理水平，严把风险关口。

①核保是保险公司降低逆选择和道德风险，严把风险入口的第一道关。核赔既是对核保风险控制的监督和检验，也是公司控制业务风险的最后关口。通过树立核保核赔人员的专业性和独立性，能够最大限度地减少人情赔案、滥赔和惜赔的发生，防止风险乘虚而入，降低公司经营成本，维护财务稳定。

②随着保险公司数量的增加，核保核赔的数量也不断增加，但是由于目前保险行业没有统一的标准，造成同一案例在不同公司的尺度和处理结果差距很大。同时，由于保险行业没有建立统一的信息共享平台，也造成了保险欺诈、逆选择和重复投保、理赔等道德风险存在。

③第一批人身保险核保核赔师的资格将通过公司推荐、行业评选、考试的方式产生。

（二）金融从业人员道德风险的防范

道德风险是指人们违反道德规范，或从事不道德行为而给他人和社会带来危害。它是金融从业人员违反行业职业道德和行业内部管理制度，而给金融机构带来的无法预期的损失。从业人员道德风险的表现形式很多，道德风险的发生，尽管有管理体制和风险防范机制存在问题方面的原因，但基本的原因还是金融从业人员的自身道德素质问题。

1. 道德风险对公司带来的危害

从业人员道德风险存在于公司经营活动的全过程。尽管它在不同部门、不同岗位的表现形式和风险率不同，但总体来说，它对公司带来的危害可以归纳为三个方面。

（1）导致金融机构和它的客户的资金损失。近20年来，国内外金融机构因道德风险而导致重大资金损失的案例很多。在很大程度上也都是由道德风险引起的。这些公司有一个共同的特点，就是缺乏健全的法人治理结构和财务、信贷控制，高级管理人员独断专行，将大量资金随意投入明知有较大风险的项目，对造成的损失极力掩盖，导致公司严重亏损，直至破产倒闭。

（2）导致金融机构名誉损失。名誉是公司的生命。金融机构是一个经营虚拟资本的特殊企业。这些过程都是建立在证券公司和客户相互信任基础之上的。一个公司名誉好、服务质量高，就容易赢得客户的信任。而名誉是通过从业人员道德行为来体现的，一旦某个从业人员违反道德规范，给客户带来不便或资金损失，就会失去客户对公司的信任，就会出现存款挤提，导致金融监管当局的严厉查处，严重的还会威胁金融监管的生存。

（3）严重威胁从业人员的健康和安全。金融机构是一个特殊的营业场所，每天都有数以亿计的资金在这里进出，因此，就成了某些不法之徒的首选目标，他们铤而走险对金融机构实施抢劫，并伤害公司工作人员。从历次案件的调查情况来看，这中间有一部分是金融机构内部工作人员与社会不法分子内外勾结，联手作案。有一部分是由于金融机构内部工作人员防范意识差，没有严格按照保卫工作要求采取必要的安全措施。

2. 道德风险产生的原因

（1）管理体制存在缺陷。管理人员违反公司内部的业务管理规范，原因在于管理体制存在缺陷。改革开放进行了三十多年，国有企业经历了较为深入的改革，大面积的国有独资企业现象已经不复存在，股份制企业的建立使企业内部的权力监督制衡机制得以确立，在一定程度上遏制了国有企业腐败的产生。但在中国金融行业内，改革迟迟没有展开，公司业基本由国有资本掌控，在企业最高权力层面即股东会层面难以真正建立权力监督与制衡机制，而缺乏这种权力监督与制衡机制，公司内部的业务操作规范就不能保证有效遵守。

（2）腐败形式上的表现。金融机构腐败形式上表现为管理人员违反规范，其实质表现是权力大于规则，权力大于法。这种现象不仅在公司业存在，在其他方面也普遍存在。为此，消除腐败，不仅需要进行公司管理体制改革，还需要宏观经济体制改革的深入，否则，腐败仍会以一种或另一种方式盛行。

（3）传统人事任免机制存在问题。众所周知，中国的金融高管基本上不是由市场选择，而是由组织任命或董事会及控股股东委派的。因此，这些高管更多的是对上级组织而不是对所在公司负责，这便造成个人权力过大，缺乏市场的有效约束监督。市场经济条件下真正规范和有效的用人机制是在市场上选拔人才，以市场方式对待人才。从这个意义上讲，中国金融业改革必须进行人事任免制度创新，否则，将难以避免类似事件再次发生。

（4）市场环境尚未真正形成。金融高管不能独善其身，固然有中国金融业整体改革滞后的原因，但根本原因在于中国金融业充分竞争的市场环境尚未真正形成。好的总经理产生于竞争的市场，只有竞争的市场，才能孕育出优质的金融家。因此，必须优化公司的法人治理结构，完善激励约束机制，而政府要以第一责任人的身份去积极创建公平竞争的市场环境。

3. 改善我国目前金融业的道德现状

怎样有效地改善我国目前金融业的道德现状，对防范和化解金融风险极为重要。在决定人类行为的诸多力量中，有些是长期起作用的，道德是一种基本的力量，经济的力量也是长期起作用的。在复杂的现代生活中，刚性制度（包括法律、规章、体制等）的力量起着巨大的约束力。防范金融从业人员的道德风险应当把这些力量有机结合起来。具体的可以从以下几个方面入手：

（1）加强思想、法制、职业道德教育。

①按照以"德"治国要求，结合《公民道德建设实施纲要》，大力弘扬为金融事业奉献的精神，正确引导金融从业人员的物质和精神需求。

②经常开展案例分析，以案说法的防范教育，使金融从业人员认识到每个岗位都是"风险口"，都可能出现道德风险。

③开展必要的礼仪、礼节、礼貌活动，搞好金融从业人员行为规范教育。

（2）完善用人制度。

①遵守三大纪律。公司的三大纪律：人员不能乱进；资金不能乱动；业务不能乱做。实践证明，这三大纪律对于公司的规范运作十分必要。

②严把进人关。实行公开招聘制度。在考核中，既要注重学历和个人能力，又要注重道德品质。坚决杜绝把社会上有劣迹的人招进公司。

③在干部选拔任用上坚持"四化"标准。严格执行考试、述职、答辩、公开竞争、民主测评、组织考核的程序，让那些思想觉悟高、业务素质好的金融从业人员走上领导岗位。

（3）完善业务规章制度。

①组织金融从业人员加强规章制度的学习，使金融从业人员明确违反操作规程的后果，增强其自律意识。

②从防范和控制道德风险和案件发生的角度完善各项规章制度，避免各部门之间因业务交叉、职责不清、不规范操作造成的事后扯皮、找不到责任人的现象。

③强化内部控制机制，建立一线岗位双人、双职、双责为基础的第一道防线；建立相关部门、相关岗位之间相互监督制约的第二道防线；建立以内部稽核监督部门对各岗位、各部门、各项业务全面实施监督检查的第三道防线；完善内部授权、授信制度和内部责任、权力的制衡制度。

④对要害岗位实行岗位轮换、强制休假顶岗检查制度，以消除不法分子的侥幸心理，减少其作案时机。

（4）充分利用现代科学技术。

①充分依托计算机技术，研究开发计算机自动控制系统，建立违规行为预警机制。

②建立健全各项电脑管理制度与防范制度，明确操作人金融从业人员工作职责，严格分工，对数据账务文件及重要凭证，定期进行全面检查。

③加强会计主管人员的计算机管理、计算机犯罪防范技术等业务培训。

④加强计算机操作口令、密码的保密管理，增强计算机系统保密与预警防范功能。

（5）加大道德风险案件查处打击力度。

①在我国金融市场中，人治在起着重要作用，其中友情管理正在逐渐取代亲情管理。金融市场及其组织的行为和偏好，确实取决于其操作的主体——人，特别是主要负责人的行为和素质；友情特别是亲情，也确实能给风险增加一层安全网。但是，只

有法治能够克服人治的随意性和不稳定性。法治优于人治，在于法治不讲亲疏，具有普遍的权威和划一的标准，因此能给金融市场及其组织带来长期的稳定和健康的发展。

②对已发生的道德风险案件，在查清案情、分清责任的基础上，对当事人要从严处理，尽快结案。

③在加大处罚力度的基础上，研究制定一套有效的奖励办法，建立激励机制。对那些经营管理好，防范风险或堵截案件有功的单位和个人，给予一定的精神和物质奖励。

4. 新的隐性操作风险、道德风险的对策

道德风险的产生，并由此给企业带来种种不利影响，归根到底是因为企业对人才的激励和约束机制不健全、不完善，缺乏效率。人才的能力要通过对他的激励使其最大限度地发挥出来；同时，为平衡企业在信息博弈中的弱势地位，要通过对人才进行约束来实现。激励和约束相互依存，缺一不可。

（1）树立依法合规经营理念，建立合理的选人、用人机制。

①依法合规经营理念的指导思想。牢固确立依法合规经营理念的指导思想是操作风险、道德风险防范工作的前提。各级领导干部要始终保持高度清醒的头脑，绝不许涉足违规违法禁区。

②保持对道德风险的清醒认识和敏感性。应遵循审慎的办事原则，在工作中要把安全性、效益性放在第一位，保持对操作风险、道德风险的清醒认识和敏感性，发现违规违法的苗头，要坚决予以遏制，勿以小违规违法行为而仅教育或轻处理，这样只会使违规违法者心存侥幸心理，在利益的驱动下变本加厉、铤而走险，小问题最终酿成大祸患。

③打击违规违纪行为必须防微杜渐。打击违规违纪行为不是养猪，绝不能等到肥了再杀，要未雨绸缪，将这些丑恶的东西扼杀在摇篮里，绞杀在萌芽中，不能让它有发育的土壤和空间。

④选人、用人将品德素质列为首位。在选人、用人方面，把德行的考察放在第一位，再考察其学历、个人能力等。企业工作人员，一般智商相差不大，基本的要求都在一定域值范围内，这是所有公司用人的普遍前提。在这个前提下，为了增强个人自律力度和有效规避瞬间风险，选人应将品德素质列为首位。这是因为体能不良可比为"残品"，智力较差可视为"次品"，而品德上有问题则是个"危险品"。

（2）铸雷霆之利剑，斩贪婪之欲念，捍卫公司资产安全。

①严打监守自盗的"家贼"。"硕鼠硕鼠，无食我黍。"这是《诗经》里古老的诗句。如今在我国证券业中已隐现"硕鼠"的身影。究其原因，并非是"看家人"看家能力不行，而是极少数"看家人"把看家本领用在了"监守自盗"上。在那些"家贼"们看来，金融机构的一些业务，是制造暴富的机会，成了不容错过的"最后的晚餐"。

②警惕吞噬和掠夺国有资产的罪人。必须警惕那些把刀子磨得亮亮的，肆无忌惮

地割国有资产的"肉"、放公司资产的"血"，用"冠冕堂皇"的说辞，打着"拓展业务"或"业务创新"的旗号巧取豪夺，吞噬和掠夺国有资产，以牺牲公司资产为代价个人捞取好处。

③让贪婪者付出应有的代价。对此等违规违法行为，若不加以强势制止、警惕预防，大家都以此效仿、任意胡来，国有资产或公司资产岂不成了任人宰割的"唐僧肉"？因此应从加强风险管理，防范操作风险、道德风险出发，逐步建立一整套的规章制度，进一步规范不良资产处置程序，强化监督机制，发现违规违纪行为，按处理事与处理人相结合的原则，严肃查处，特别要注意操作不规范、暗箱操作和弄虚作假等违法违规行为，应按不同情形和性质，严肃追究直接责任人和相关领导责任，从严处罚，违规违法者必须为自己的过失、贪婪付出应有的代价。

④加强内部投诉机制。要通过内部投诉机制，不记名举报各种舞弊行为，使其惶惶不可终日地处于"老鼠过街，人人喊打"的严肃氛围之中，只有如此，才能有效地遏制各类违规违法行为。

（3）全面建立诚信企业文化，加强员工职业道德建设。

①企业文化是决定企业运作的核心模式和信念。健全的道德文化，是各级员工处理日常事务的决策基础。如果各级业务员工都能自发地维持高的道德标准，则证券业无须担心违规违法事件的发生。

②强化对从业人员的诚信管理。要全面建立诚信企业文化，除上述所提及的建立完善的规章制度和系统的监控机制外，最重要的是对从业人员的诚信管理。要经常留意各级业务信贷人员的行为，及早发现问题；要通过不同的人与客户进行联络，防止其对业务人员进行腐蚀；要针对员工的具体情况，安排周密的培训计划，经常开展案例分析，以案说法等防范教育，使从业人员认识到风险，加深其对法律、监管规定、道德标准的认识，提高其对道德风险的警觉性及处理有关问题技巧，使其在遇到道德两难时根据道德指引作出阳光抉择。

③关心爱护、帮助员工，规避事业风险。据统计，我国金融从业人员平均年龄在25岁，多数员工处于婚嫁阶段，平均学历高、社会经验少、周围诱惑大、经受考验少。除了少数业务骨干，从事的均是熟练工种的简单劳动。因此，"吃青春饭""没啥奔头"的思想较为流行，人员高流动成为行业普遍现象，这是公司潜在风险和员工违法犯罪的动因之一。因此，公司各级管理者必须为一般员工谋求长远利益，养老、医疗、意外伤害等社会保险是必需的，同时加强员工轮训，提供发展机会，鼓励高层次、高品位的社会价值取向，创造符合时代精神的企业文化，从而从根本上有效规避事业风险。

（三）道德风险的防范是一个核心问题

市场经济中，金融企业应当有生有死，存在优胜劣汰。差的金融机构能在金融体系中继续残存，就是对金融稳定最大的威胁，就是最大的不稳定因素，也会形成巨大的道德风险。至今，中国关闭和破产的金融机构数量并不多，在这方面的改革进展不算成功，因此需要进一步学习国际上的先进经验。在保持金融稳定与防范道德风险之间，必须注意处理一个微妙的平衡关系，既不能因防范道德风险而影响了社会稳定，又不能因一味强调稳定而不顾道德风险，以至于取代了市场约束的力量。防范道德风险应该提到提高证券公司质量的首位，引起各方足够重视。

1. 在制度建设上防范道德风险

要求加强和完善法人治理机制，防止其成为高管人员的"独立王国"。而现在一些公司"高管落马"恰恰说明这方面不容乐观。所以必须做到以下几点：

（1）严把用人关。虽说公司经营层任用权在股东大会、董事会，但是由于持股多少不同，董事候选人的提名及选举，控股股东起着决定性作用。有必要要求控股股东对其所荐董事人选负责，推荐的人选必须要有良好的品质和较高的管理能力。严防那些有不良任职记录的人"异地做官"。

（2）董事名额不能完全按持股比例分配。由于我国公司股权分置，大股东甚至有持股占 60% ~ 80% 的绝对多数，如完全按持股数分配名额，往往董事会被大股东包揽。应该规定，不论控股股东持股多少，其在董事会中的董事也不得超过半数，并且必须有其他大股东提名之人选，积极参加公司管理活动，发挥更积极的监督作用。

（3）有必要授予监事会更大的权力。监事会的监督职能要贯穿全过程，不仅要事后监督，而且要事先监察、事中监控。如重大决策必须有监事参加，重大投资和担保必须及时告知监事会，甚至一定限额以上的投资和担保要经监事会同意。监事有权随时对公司账目进行检查和质询。发现问题监事会有权单独公告，有权向股东或监管部门举报董事或高管不法行为。

（4）公司任何高管出了问题都不允许以"纯属个人行为"推卸责任。只要是涉及公司的问题，董事、独董及监事都应负连带责任。要建立董事赔偿制度，公司资产受到重大损失，董事不能尽脱干系。除非有正当免责理由，否则应承担一定的赔偿责任。如此可以有效防止董事不"懂"事、不管事的现象，防止挂名董事，"好好先生"长期"领饷"充数。要防止高管人员违法犯罪、侵害公司利益，非以"重拳出击"不可，唯有如此才谈得上加强公司治理，提高公司质量，才有证券市场的稳定健康发展。

2. 让"把公司搞坏的人"付出代价

既然无论是在《公司法》《公司管理办法》还是在公司章程中，都规定了董事、经理应该勤勉尽责，如果董事、经理不勤勉、不尽责，给公司造成了损失，在有证据的前提下，就应该追究其不可推卸的责任。这是因为公司是法人组织，具体操作实施还不都是这些董事及高管人员吗？

事实上，公司遭受经济损失，全体股东的利益受到了损害。应该追究这其中的个人责任。而且，一股独大的情况下，董事会成员主要也由大股东推荐。说得过激一点，把公司搞垮以后，他们就可以拍拍屁股走人。在那么多掏空公司的事例中，难道那些董事竟毫无责任？

必须让那些"把公司搞坏的人"付出代价。法律对股东的保护、对公司的约束落不到实处，等于没有。光谴责、处分、撤职有什么用，公司受损，吃亏的还是股东、其他高管及广大员工。那么，如何才能落到实处？让埋单者变成"人"是一种途径。公司因高管的失职、"乱政"而造成的损失，最终能由具体的人来承担。试问，谁还会甘冒牢狱之灾或者倾家荡产的风险去违法、违规、造假？

3. 477 次谴责不如一次判决——只有动真格

一位著名经济学家说："从来没有一个国家，（股市）监管者放弃股市的基本制度建设于不顾，放任市场的大规模寻租和财务造假，对违法违规者只是进行不痛不痒的'保护性惩罚'进而助纣为虐，使市场黑幕重重垃圾遍地！"由此可见，资本逐利的属性，在巨大利益面前，道德是脆弱的。

（1）谴责对一些人却是无动于衷。据悉，自 2001 年 4 月以来，先后有 61 家沪市上市公司受到上证所 77 次谴责，477 人（次）上市公司董事、监事和高管人员因未能勤勉尽责而遭公开谴责。内地被谴责的高管们（如果加上深交所，这一数字将更加惊人）却基本上依然享受着充满阳光的自由生活。

（2）监管只有动真格。就在 2001 年 11 月初，据媒体报道，因串谋和诈骗罪，曾坐拥市值 70 亿港元的香港某上市公司前主席李某被香港特区法院判定入狱。据悉，李某获罪的原因是旗下某集团在 1990—1992 年的三次配股中，关联公司虽参与配股，但未缴足大部分配股款，而联合集团在 1990 年和 1991 年年度财务报告中均未披露，获投诉后有关部门展开了调查。而尽管相当部分内地高管的违规事实远比李某严重得多，从对董事的处罚效果来看，477 人（次）公开谴责显然远不如一次判决，而违规者命运云泥之别的背后，却是香港和内地市场在监管手段、意识和效果上存在的差距。

（3）追究民事和刑事责任的措施也十分不完善。正因为内地监管层对违规者大多采取温和的公开谴责以及微薄的罚款，才使得公开谴责的威慑力和惩戒性日渐式微，而内地证券市场有关追究民事和刑事责任的措施也十分不完善，种种原因导致内地市场违规和违法行为无法得到及时有力的惩罚，只能止步于简单的公开谴责。而在李某案中，同内地大多采用行政处罚权不同的是，香港证监会是"执法机构"，具备一定的刑事检控权，可以根据调查结果直接向法院起诉，或根据案情移交警方商业犯罪调查科，直至移交香港廉正公署。

（4）采取更多措施发挥主观能动性。在 1 次与 477 次背后，还有两地监管意识的差别，李某事发 10 年以前，面对这位商业界颇有名望的富商，香港证监会等相关机构开始了长达 6 年的调查，1998 年提起公诉，直至李某入狱，这种锲而不舍的精神十分可贵。而在内地监管中，即使是公开谴责往往也要等到违规行为十分严重、违规数量多达几十起。内地监管法制环境的确不如成熟市场，但在法制环境不完善的客观条件下，监管层可以采取更多措施发挥主观能动性，增加事前监管、及时监管，而不仅是注重公开谴责这种方式。

（5）公开谴责失去必要的威慑力。过去 10 年中香港监管机构将至少 8 名上市公司主席送入监狱，尽管不能说香港证券市场尽善尽美，但至少对违规者威慑力始终存在，违规者的成本也十分高昂。至少在香港证券市场，绝不会出现像某董事长李某某私自将 5 亿元巨资投入关联公司和期货业，却仅受一个公开谴责的现象。相对巨大的灰色收益，公开谴责实在无关痛痒，如果失去必要的威慑力，公开谴责只能纵容后来的违规者接二连三。

4. 搞垮华尔街的"罪魁祸首"携巨款全身而退

在金融界违法犯罪的机会成本太低的问题，同样也在美国存在。这次的全球国际金融危机中，美林、雷曼兄弟、AIG、花旗……一个个不可一世的金融"大鳄"轰然倒下，而作为公司的最高层领导，他们是首当其冲的"罪魁祸首"。不过，他们中的大多数不但没有受到应有的"惩罚"，反倒带着巨款"全身而退"。这里让大家来看看这些贪婪的金融"大鳄"们（见表 3 – 1）。

表 3 – 1 　　　　　　　　　　贪婪的美国金融"大鳄"

姓名	所属公司	基本情况	离职带走
斯坦利·奥尼尔	美林银行	2007 年 10 月离职不久后，美林银行就公布了一份高达 79 亿美元的亏损报告，而这正是由于其错误判断造成的——2006 年底，美林银行收购了次贷债权公司 First Financial，此后，美林由于次贷危机而造成的损失高达 450 亿美元	1.6150 亿美元
安吉罗·莫兹罗	Country – wide Financial	69 岁的莫兹罗在次贷风波中所做的错误判断，直接加剧了整场次贷危机的严重程度——当时他发誓 Countrywide Financial 一定能度过这场风波并更加壮大。然而事与愿违，后者在 2008 年的表现逐渐走下坡路。2008 年 9 月 23 日，该公司的市值已经从 250 亿美元贬值到 25 亿美元	1.2150 亿美元（他放弃了其中的 3640 万美元，但现在正为离职时带走的巨款接受调查）
查尔斯·普林斯	花旗银行	2007 年 11 月下台前，作为世界最大的银行公告其季度收益下跌 57% 并损失近 1/4 的市值。他承认："是我错误判断导致这一后果，我所能做的便是引咎辞职。"	6800 万美元
罗伯特·维尔伦斯坦德与马丁·苏利文	美国国际集团（AIG）	在维尔伦斯坦德任期中，AIG 的股价从 27 美元/股下跌到 2 美元/股，AIG 已经接受了美国政府提供的 850 亿美元贷款；苏利文是在公司经历次贷危机后两个季度亏损达 200 亿美元后宣布离职	维尔伦斯坦德 3 个月的工资是 700 万美元，苏利文则有 4700 万美元

续表

姓名	所属公司	基本情况	离职带走
里查·福尔德	雷曼兄弟	2008 年 4 月，福尔德曾向投资者宣称："最坏的时刻已经过去了。"他的话言犹在耳，但最坏的情况却在 9 月 15 日出现了——雷曼兄弟宣布清盘破产	2200 万美元（在 2000—2007 年的 8 年，薪酬累计 4.848 亿美元
丹尼尔·穆德与里查德·塞隆	房利美和房地美	2008 年初，穆德预期房利美将会在贷款市场上减少竞争，但却经历了大萧条时代以来最严重的房市危机。塞隆据说也拒绝了能够保住房地美的内部警告而使得公司最后倒闭。随着美国政府的支援，债务分别达到 8000 亿美元和 7400 亿美元	无
吉米·凯恩	贝尔斯登	出任公司总裁 15 年后，吉米·凯恩在该公司最后几个月的生命中消失了。当贝尔斯登公布其亏损时，凯恩正在参加桥牌比赛。8 个月后贝尔斯登被摩根大通收购，股价由 2007 年的 170 美元下跌到 10 美元	6130 万美元
迈克尔·佩利	Indy Mac 银行	作为美国历史上第二大银行，该银行于 2008 年 7 月倒闭。2007 年，尽管遭受次贷风波影响，但年底时佩利依然坚称 Indy Mac 能在 2008 年下半年获利	《福布斯》称他 5 年从公司所获赔偿金总额为 3749 万美元
托普森	瓦乔维亚	在 2008 年 4 月公告亏损以及股息亏损 41% 后，股东要求托普森下台，此前他曾保证股息不会减少。5 月，托普森辞职	870 万美元

5. 让诚信者笑到最后，使失信者付出代价

曾几何时，金融机构几乎面临"老鼠过街，人人喊打"的尴尬局面。毋庸置疑，诚信正成为关乎金融行业可持续发展的重大问题，必须予以勇敢地正视和深刻的反思。众所周知，金融市场从根本上来说是一个以投资者的信心为基础的市场。坚持诚信原则对于金融公司及金融行业的长期发展极其重要。投资者与券商唇齿相依，生死与共。

国内外金融市场发展的经验已经充分证明，不切实保护投资者利益必将使金融机构陷入生存危机。诚信是金融业的重中之重，是金融机构安身立命之本。诚信缺失的危害是巨大的。它对投资人造成很大损失的同时，金融机构今天也正在为过去的诚信缺失付出沉重的代价。诚信缺失给投资人造成的损失和风险是最现实的教育。

以前市场缺的不是制度，而是有法不依，违规违法不付代价，因此滋长了如此之

多的违法行为，给整个金融行业发出了错误的信号，从而形成了这样一个无序的市场。但随着市场监管体系的完善以及执法力度的加强，"有法可依、有法必依"已经成为必然。

另外，这几年在风险控制方面，不少金融机构也建立了"防火墙"、分账户管理等制度，但这些物理上的隔离并不能成为一种真正的约束，最根本的问题还是人的因素。金融机构的诚信文化建设和防范风险也要以法为先。要让保护投资者利益成为公司治理的目标。管理层的激励机制和问责制也要逐步建立和完善，使他们的经济利益和责任都与公司利益挂钩。

金融机构必须对承诺负责，必须对违约负责。不规范可能会吸引一些客户，但最终会失去客户。因为来得容易的去得也快，并且一个充满风险的公司是对客户的最大不负责任，坚持规范、守法经营，确保客户资金安全应该是金融行业的最高职责。诚信者可能会一时失利或吃亏，但最终，守信守法者才能胜到最后，笑到最后。

6. 规范经营须严字当头

经营的规范首先是选人用人的问题。很多人简单地把规范经营落实到制度等方面，但在实际中完全不是这样。

（1）金融市场的诱惑。金融市场的诱惑确实太多了，可能每天都在面对，作为金融机构高层的经营者时刻都会面临考验，如果没有人看着，没有严厉的惩罚措施等着，谁相信自己在上百万元的诱惑面前能不动心呢？规范经营的必要条件是监管的严格和公司治理的公开到位。

（2）稽核审计必须独立。金融机构的规范经营要落实到制度执行上，稽核审计必须独立，哪一家出事的公司制定的制度不是几尺厚，有什么用？制度是死的，到头来还是人在执行，很多稽核审计部作为公司的职能部门来设，在领导班子领导下，绩效由班子考核，这种模式能审出什么呢？即使有什么问题也处理不了，因此稽核和审计工作直接隶属董事会管理是最实际的设置方式。

（3）不规范经营肯定不能健康发展。经纪业务和自营业务究竟哪个业务对证券公司更重要？有些证券公司是经纪业务养活了公司，倒下去的公司和著名人士不都是倒在自营上的吗？如果证券市场最开始就把自营严管起来，我们的市场也不会出这么多事情，其实又有哪家公司的自营是在为公司赚钱，或者说赚的钱是怎么分的，公司得10%～20%就很不错了，要不怎么会出现动不动自营股票涨200%、300%，公司还亏损呢？规范经营仅是健康发展的必要条件，不规范经营肯定不能健康发展。

四、如何规避知识产权证券化领域的道德风险

前面说了那么多金融行业的道德风险问题，可以给予我们知识产权证券化领域中有益的借鉴。党的十八大以来，习近平总书记十分重视底线思维，凡事不能超越底线。

如法律底线、政策底线、利益底线、道德底线等，一旦突破这些底线，就会出现无法接受的坏结果。表面上看，当今生意越来越难做，其实是各行业越来越专业、越来越精益求精了。看起来是在洗牌，实际上是在洗人，淘汰了欠钱不还的、没有信用的、吹牛浮夸的、不脚踏实地的，留下的是一批坚持品质、真才实干，踏踏实实真正做事的。品牌如此，生意如此，各行各业也是如此。真正的危机不是金融危机，而是道德与信任的危机！如果举国上下均以反腐的决心和力度，狠狠打击金融市场和证券市场中的贪赃枉法、财务造假、欺诈上市和内幕交易的违法犯罪行为和不法分子。中国金融市场和证券市场还是充满阳光，投资者对其还是充满信心的。

（一）道德风险和底线思维

1. 法治永远优于人治

因为人性是最不可靠的，唯一可以凭借的，是制度对违约成本的量化设计。法治永远优于人治，在现有的法律框架之下，尽力降低人治的因素，尽量使用市场定价才是真正的做实事，不能因为参与市场博弈的人多了而投鼠忌器，短期的市场波动始终会过去的，但是一个市场的法制、规范建设才是长久发展的基础。

2. 违法犯罪的机会成本太低

在我国金融市场，违法犯罪的机会成本太低了，所以，客观上纵容了一些违规犯法行为丛生。因此，资本逐利的属性，在巨大的利益面前，道德是脆弱的。针对社会上时有发生的拐卖儿童、短信诈骗、有毒食品、天价药品、金融诈骗等一系列事件，政府相当大的精力用在宣传教育方面，呼吁大家注意不要上当受骗，这是完全必要的。然而，对违法犯罪的打击和处罚力度显得有些不足。

3. 重才轻德的现象普遍存在

道德风险的问题，很大程度上同我们的用人标准密切相关，重才轻德的现象普遍存在。无数教训告诫我们：企业工作人员，智商相差不大，基本的要求都在一定域值范围内，这是所有公司用人的普遍前提。在这个前提下，为了增强个人自律力度和有效规避瞬间风险，选人特别就应将品德素质列为首位。这是因为体能不良可比为"残品"，能力较差可视为"次品"，而能力很强但品德有问题则是个"危险品"。

（二）对于违规没有及时严肃地抓住不放客观上是对违法行为的纵容

1. 对投资者利益造成巨大损失的，罚到其倾家荡产无力翻身

面对近年来上市公司违规事件的频频爆出，原全国人大财经委《证券法》起草工作小组负责人王连洲曾表示："我国证券市场目前存在违规成本低、执法不严、诚信缺失的三大问题。对于一些违规操作没有及时、严肃地抓住不放，致使违规者的违规成本过低，这在客观上就是对违法行为的纵容"，呼吁"对投资者利益造成巨大损失的行

为要加大惩治力度，罚到其倾家荡产无力翻身"。王连洲认为，目前市场的违规成本过低与我国当前证券市场的各项法律法规都没有很好地贯彻有很大关系，其具体表现在法律的可操作性不够。他说，虽然在原则性上规定很明确，但在具体的操作程序上都不具体、不细致，造成了管理层无法对这种行为施以重拳。长期以来，由于我国在惩治大股东及内部控制人恶意掏空上市公司等问题上缺乏相关的法律依据；对欺诈发行上市、操纵市场等法律规定的刑罚过轻；对投资者的赔偿机制也不健全。这些问题显然已经成为投资者对市场望而却步的一大原因。

2. 财务数据的客观真实，是资本市场良性运转的生命线

严打财务造假，成熟的资本市场均是祭奠出利器。归根结底，造假频发是由于造假成本过低，造假带来的收益却很高。所以，要加大违规违法成本的处罚，唯有提高造假成本，降低造假带来的收益，才能有效遏制造假行为，让造假者知难而退。投资者期待的，不是制度本身如何严厉，而是制度本身能否得到真正的实施。长期以来，退市制度之所以让很多股民"心死"，是因为很多重大的违法公司该退市的，总是能通过很多办法逃避鬼门关。

3. 市场整顿必须严刑厉法且在于行

市场熟知的美国安然公司因财务造假丑闻，不仅安然公司宣告破产，与其联合造假的安达信会计师事务所也瞬间倒闭。在中国香港上市的洪良国际，因财务造假上市，被香港高等法院严处。责令洪良国际以 2.06 港元/股的价格，回购其 IPO 之时发行在外的 5 亿股股票，耗资 10.3 亿港元；同时上市保荐人被罚 4200 万港元，一个吊销执照，一个被禁止从业 3 年。最终洪良国际一共付出 10.3 亿港元，并从香港交易所退市。

（三）知识产权证券化领域的最大风险莫不过道德风险

与金融领域同理，知识产权证券化领域中最大风险莫不过道德风险。首先，这是因为知识产权证券化领域是一个新兴行业，许多问题有待于人们不断去学习新事物、发现新情况、研究新问题；其次，知识产权证券化过程中将会与证券、银行、信托、保险、基金等金融机构的从业人员打交道甚至紧密合作，难免会接触一些所谓的"潜规则"；最后，在巨大的利益诱惑下，很难避免一些涉世不足者或意志不强者的从业人员铤而走险，给企业、行业乃至整个社会造成恶劣影响。这是人们不愿见到的但必须面临的现实问题。由于知识产权证券化必须经历立项、申报、尽调、评估、委托、交易、交割、结算等一系列业务流程，只要其中一个环节出了问题，涉嫌造假，结果后果不堪设想，甚至前功尽弃，并留下骂名。

1. 推介宣传：说假话

当今社会风气中，说假话、大话、空话的人和事不胜枚举。同样，在知识产权领域中也不会少。例如，明明是个保健品，却偏要说是万灵药；明明是个民间偏方，却要说成是中华民族的历史瑰宝；明明是个简单的小创意，却偏要说成是重大发明创造。

2. 实验数据：做假证

科研中的实验数据是个严谨的资料，但就是有人为了达到不可告人的私利而篡改数据、弄虚作假，甚至伪造数据。发生在 2003 年 2 月的"汉芯造假案"就是一个例证。某大学微电子学院陈某的"汉芯 1 号"产品造假，事后陈某又申请了数十个科研项目，骗取了高达上亿元的科研基金事件。该事件使原本该给国人带来自豪感的"汉芯 1 号"，变成了我国科研领域的"国耻"。

3. 财务资料：做假账

财务资料是衡量企业经营状况和评估经营业绩的主要数据之一。如实反映财务信息是一个基本守则。但是实际情况并非如此，一些利欲熏心之人为了骗取不义之财，不惜冒天下之大不韪，做假账、造假表，甚至伪造凭证，其目的就是要证明其经营业绩和财务指标相当不错，值得投资者青睐，然而，一旦东窗事发，却又百般抵赖，乃至逃之夭夭。

4. 根在何处：造假一条龙

或许人们还问：要经过那么多的环节，怎么能轻易过关？问题就出在造假一条龙。首先企业内部不法分子集体造假，然后勾结外部中介机构共同作假，最后又收买监管机构管理人员帮助造假。这就是社会现实，也是造假者阴谋得逞的主要原因，并且就是一个个道德风险的实例。在知识产权证券化领域必须正视这一现实问题，从一开始就抓源头、抓苗子、抓现行，绝不姑息养奸。同时一定要抓好内部控制，绝不让害群之马有机可乘。

本章小结

美国的知识产权证券化制度对于中国中小高新技术企业融资困难、知识产权产业化应用资金不足问题的解决无疑具有重要意义，但是想要将这一制度从美国移植过来，必须能够保证中国具有与之相兼容的法制环境。在此从美国知识产权证券化中核心法律问题相同的视角，从证券化交易结构设计和证券发行交易两个方面考察知识产权证券化活动在中国目前的法制环境下实践的可能性。从整个知识产权证券化的操作流程来看，SPV 处于核心地位。合伙形式并不适合成为 SPV 的组建形式，信托与公司形式更加符合 SPV 的要求。此外，在知识产权证券化交易结构设计中存在的法律障碍需要清除，并要研究我国知识产权证券化制度的缺失与完善；要加快社会信用体系建设，保护创新者的合法权益和积极性；必须重视知识产权证券化及知识产权交易市场的监管问题。完善知识产权证券化的支撑体系，加强知识产权交易市场的监督管理必须三管齐下，防范道德风险是当务之急，需要在如何规避知识产权证券化领域的道德风险上加强研究与引导。

附录 知识产权证券化有关法律法规目录

文件名	发布方及文号	发布日	实施日
一、专利法			
《专利代理条例》（2018 修订）	国务院令第 706 号	2018.11.06	2019.03.01
《专利法实施细则》（2010 修订）	国务院令第 569 号	2010.01.09	2010.02.01
《专利法实施细则》	国务院令第 368 号	2002.12.28	2003.02.01
《部门规章 军事法规规章 国防专利条例》	国务院、中央军事委员会令第 418 号	2004.09.17	2004.11.01
中评协关于印发修订《专利资产评估指导意见》的通知（2017 修订）	中评协〔2017〕49 号	2017.09.08	2017.10.01
《专利代理职业道德与执业纪律规范》（2016 修改）	全专协发字〔2017〕002 号	2016.12.28	2016.12.28
中华全国律师协会律师办理专利侵权业务操作指引	中华全国律师协会	2013.06	2013.06
二、商标法			
1. 法律			
《中华人民共和国商标法》（2013 修正）	主席令第 6 号	2013.08.30	2014.05.01
2. 行政法规			
《中华人民共和国商标法实施条例》（2014 修订）	国务院令第 651 号	2014.04.29	2014.04.29
3. 司法解释			
《最高人民法院关于审理商标授权确权行政案件若干问题的规定》	法释〔2017〕2 号	2017.01.10	2017.03.01
《最高人民法院关于商标法修改决定施行后商标案件管辖和法律适用问题的解释》	法释〔2014〕4 号	2014.03.25	2014.05.01
《最高人民法院关于审理涉及驰名商标保护的民事纠纷案件应用法律若干问题的解释》	法释〔2009〕3 号	2009.04.23	2009.05.01
《最高人民法院关于涉及驰名商标认定的民事纠纷案件管辖问题的通知》	法释〔2009〕1 号	2009.01.05	2009.01.05
4. 部门规章			
国家知识产权局、商标局关于开放商标数据库的公告	商标局	2018.12.25	2018.12.26

文件名	发布方及文号	发布日	实施日
国家知识产权局、商标局关于启用尼斯分类第十一版2019文本的通知	国家知识产权局、商标局	2018.12.24	2019.01.01
国家知识产权局、商标局关于改变补发变更/转让/续展证明申请方式的公告	国家知识产权局、商标局	2018.12.11	2018.12.17
5. 行业规定			
中评协关于印发修订《商标资产评估指导意见》的通知（2017）	中评协〔2017〕51号	2017.09.08	2017.10.01
律师代理商标注册申请业务操作指引	中华全国律师协会	2015.10	2015.10
全国律协关于律师事务所开展商标代理业务有关事宜的通知	中华全国律师协会	2013.03.28	2013.03.28
深圳证券交易所关于规范上市公司和关联人收购商标等无形资产信息披露的通知	深圳市府主管委办局	2000.12.05	2000.12.05
三、著作权（版权）			
1. 法律			
全国人民代表大会常务委员会关于修改《中华人民共和国著作权法》的决定（2010）	主席令第26号	2010.02.26	2010.04.01
2. 行政法规			
著作权集体管理条例（2013修订）	国务院令第645号	2013.12.07	2013.12.07
著作权法实施条例（2013修订）	国务院令第633号	2013.01.30	2013.03.01
实施国际著作权条约的规定	国务院令第105号	1992.09.25	1992.09.30
3. 司法解释			
最高人民法院关于做好涉及网吧著作权纠纷案件审判工作的通知	法发〔2010〕50号	2010.11.25	2010.11.25
人民法院、人民检察院关于办理侵犯著作权刑事案件中涉及录音录像制品有关问题的批复	法释〔2005〕12号	2005.10.13	2005.10.18
4. 部门规章			
中国版权保护中心关于规范著作权登记档案查询工作的通告	中版权字〔2018〕119号	2018.10.19	2018.10.19
中国版权保护中心关于停征软件著作权登记缴费有关事项的通告	中版权字〔2017〕33号	2017.03.29	2017.04.01
中国版权保护中心关于规范软件著作权登记缴费的通告	中版权字〔2017〕66号	2015.11.13	2015.11.13
中国版权保护中心关于办理计算机软件著作权登记不再提交非职务开发保证书和证明的通知	中国版权保护中心	2015.11.04	2015.11.04
5. 行业规定			
中评协关于印发修订《著作权资产评估指导意见》的通知（2017）	中评协〔2017〕50号	2017.09.08	2017.10.01

文件名	发布方及文号	发布日	实施日
四、版权（著作权）			
全国人民代表大会常务委员会关于加入《世界知识产权组织版权条约》的决定	常务委员会	2006.12.29	2006.12.29
1. 行政法规			
国务院办公厅转发国家版权局关于不得使用非法复制的计算机软件通知的通知	国办发〔1999〕19 号	1999.02.24	1999.02.24
2. 部门规章			
国家版权局等关于开展打击网络侵权盗版"剑网 2018"专项行动的通知	国家版权局	2018.07.20	2018.07.20
关于印发《新闻出版广播影视企业版权资产管理工作指引（试行）》的通知	国家新闻出版广电总局改革办公室	2018.02.13	2018.02.13
3. 行业规定			
互联网影视版权合作及保护规则	中国互联网协会	2010.04.26	2010.04.26
中国互联网网络版权自律公约	中国互联网协会	2005.09.03	2005.09.03
五、集成电路			
1. 行政法规			
国家集成电路产业发展推进纲要	国务院	2014.06.24	2014.06.24
国务院关于印发进一步鼓励软件产业和集成电路产业发展若干政策的通知	国发〔2011〕4 号	2011.01.28	2011.01.28
集成电路布图设计保护条例	国务院令第 300 号	2001.04.02	2001.10.01
国务院办公厅关于加强集成电路卡管理有关问题的通知	国办发〔1997〕22 号	1997.07.02	1997.07.02
2. 司法解释			
最高人民法院关于开展涉及集成电路布图设计案件审判工作的通知	法发〔2001〕24 号	2001.11.16	2001.11.16
六、植物新品种			
1. 法律			
全国人民代表大会常务委员会关于加入《国际植物新品种保护公约（1978 年文本）》的决定	全国人大常委会	1998.08.29	1998.08.29
2. 行政法规			
中华人民共和国植物新品种保护条例（2014 修订）	国务院令第 653 号	2014.07.29	2014.07.29
3. 部门规章			
国家林业和草原局 2018 年第一批授予植物新品种权名单	国家林业和草原局公告 2018 年第 11 号	2018.07.05	2018.07.05
国家林业和草原局 2018 年第二批授予植物新品种权名单	国家林业和草原局公告 2018 第 17 号	2018.12.18	2018.12.18

文件名	发布方及文号	发布日	实施日
国家林业局 2016 年第二批授予植物新品种权名单	国家林业局公告 2016 年第 21 号	2016.12.23	2016.12.23
七、商业秘密			
1. 部门规章			
关于印发《中央企业商业秘密保护暂行规定》的通知	国资发〔2010〕41 号	2010.03.25	2010.03.25
劳动和社会保障部办公厅关于劳动争议案中涉及商业秘密侵权问题的函	劳社厅函〔1999〕69 号	1999.07.07	1999.07.07
国家工商行政管理局关于禁止侵犯商业秘密行为的若干规定（98 修订）	国家工商行政管理局令第 86 号	1998.12.03	1998.12.03
国家工商行政管理局关于商业秘密构成要件问题的答复	工商公字〔1998〕第 109 号	1998.06.12	1998.06.12
国家经贸委办公厅关于加强国有企业商业秘密保护工作的通知	国经贸法〔1997〕419 号	1997.07.02	1997.07.02
2. 行业规定			
中华全国律师协会律师办理商业秘密法律业务操作指引（2015 修订）	全国律师协会	2015.10	2015.10
八、不正当竞争			
1. 法律			
反不正当竞争法（2017 修订）	主席令第 77 号	2017.11.04	2018.01.01
2. 司法解释			
最高人民法院关于银行业虚假宣传的不正当竞争行为的处罚权由银监部门还是工商部门行使问题的答复	〔2009〕行他字第 17 号	2009.12.02	2009.12.02
最高人民法院关于审理不正当竞争民事案件应用法律若干问题的解释	法释〔2007〕2 号	2007.01.12	2007.02.01
最高人民法院关于工商部门对农村信用合作社的不正当竞争行为是否有权查处问题的答复	〔2005〕行他字第 10 号	2006.08.18	2006.08.18
最高人民法院关于学校向学生推销保险收取保险公司佣金入账的行为是否构成不正当竞争行为的答复	〔2003〕行他字第 21 号	2004.01.08	2004.01.08
最高人民法院关于审理涉及保险公司不正当竞争行为的行政处罚案件时如何确定行政主体问题的复函	法函〔2003〕65 号	2003.12.08	2003.12.08
3. 部门规章			
市场监管总局关于开展反不正当竞争执法重点行动的公告	市场监管总局公告 2018 年第 4 号	2018.05.14	2018.05.14
工商总局关于积极开展宣传贯彻新《反不正当竞争法》工作的通知	工商竞争字〔2017〕202 号	2017.11.07	2017.11.07
国家工商总局关于落实党的群众路线教育实践活动要求开展不正当竞争专项治理工作的通知	工商竞争字〔2013〕127 号	2013.08.13	2013.08.13

文件名	发布方及文号	发布日	实施日
国家工商总局公平交易局关于商业银行等金融企业不正当竞争管辖权问题的请示的答复	工商公字〔2008〕7号	2008.01.08	2008.01.08
国家工商行政管理总局关于对《反不正当竞争法》第五条第（四）项所列举的行为之外的虚假表示行为如何定性处理问题的答复	工商公字〔2007〕220号	2007.10.17	2007.10.17
国家工商行政管理总局关于开展打击"傍名牌"不正当竞争行为专项执法行动通知	工商公字〔2007〕172号	2007.08.21	2007.08.21
4. 行业规定			
国际电力市场投（议）标中制止不正当竞争行为的暂行办法	中国机电产品进出口商会	2001.08.05	2001.08.05
中国银行业反不正当竞争公约	中国银行业协会	2006.07.11	2006.07.11
九、商号			
十、网络域名			
司法解释			
最高人民法院关于审理涉及计算机网络域名民事纠纷案件适用法律若干问题的解释	法释〔2001〕24号	2001.07.17	2001.07.24
信息产业部关于调整中国互联网络域名体系的公告（2008）	信部电〔2008〕172号	2008.03.19	2008.03.19
信息产业部关于加强我国互联网络域名管理工作的公告	信息产业部	2003.07.31	2003.07.31
十一、特殊标志			
1. 行政法规			
特殊标志管理条例	国务院令〔第202号〕	1996.07.13	1996.07.13
2. 部门规章			
中华人民共和国第十届运动会名称、会徽、吉祥物等特殊标志保护及使用管理规定	第十届运动会筹备委员会	2004.04.24	2004.04.24
中华人民共和国第十届运动会名称、会徽等特殊标志使用公告	第十届运动会筹备委员会	2004.04.24	2004.04.24
国家工商行政管理局关于特殊标志核准登记有关问题的通知	工商标字〔1997〕第71号	1997.03.13	1997.03.13
十二、特许经营			
1. 行政法规			
商业特许经营管理条例	国务院令第485号	2007.02.06	2007.05.01
2. 部门规章			
商务部办公厅关于做好商业特许经营宣传工作的通知	商办流通函〔2017〕95号	2017.02.27	2017.02.27

文件名	发布方及文号	发布日	实施日
国家发展改革委关于切实做好《基础设施和公用事业特许经营管理办法》贯彻实施工作的通知	发改法规〔2015〕1508号	2015.07.02	2015.07.02
市政公用事业特许经营管理办法	（2015修正）	2015.05.04	2015.05.04
基础设施和公用事业特许经营管理办法	国家发改会、财政部、住房和城乡建设部、交通运输部、水利部、中国人民银行令第25号	2015.04.25	2015.06.01
3. 行业规定			
中华全国律师协会律师办理基础设施特许经营法律业务操作指引	全国律师协会	2009.08	2009.08
特许经营企业备案管理办法（试行）	中国建筑业协会	2000.01.26	2000.01.26
十三、垄断			
1. 法律			
中华人民共和国反垄断法	主席令第68号	2007.08.30	2008.08.01
2. 司法解释			
最高人民法院关于审理因垄断行为引发的民事纠纷案件应用法律若干问题的规定	法释〔2012〕5号	2012.05.03	2012.06.01
最高人民法院关于认真学习和贯彻《中华人民共和国反垄断法》的通知	法发〔2008〕23号	2008.07.28	2008.07.28
3. 部门规章			
市场监管总局关于反垄断执法授权的通知	国市监反垄断〔2018〕265号	2018.12.28	2018.12.28
国家市场监督管理总局反垄断局关于经营者集中申报的指导意见（2018修订）	市场监管总局	2018.09.29	2018.09.29
国家市场监督管理总局反垄断局关于施行《经营者集中反垄断审查申报表》的说明	市场监管总局（2018修订）	2018.09.29	2018.09.29
国家市场监督管理总局反垄断局关于经营者集中申报文件资料的指导意见	市场监管总局（2018修订）	2018.09.29	2018.09.29
经营者集中反垄断审查办事指南	商务部反垄断局（2018修订）	2018.09.29	2018.09.29
国家市场监督管理总局反垄断局关于经营者集中简易案件申报的指导意见	市场监管总局（2018修订）	2018.09.29	2018.09.29
4. 行业规定			
律师办理反垄断调查业务操作指引	全国律协	2015.10	2015.10
十四、名称权			

文件名	发布方及文号	发布日	实施日
十五、技术合同			
1. 司法解释			
最高人民法院关于审理技术合同纠纷案件适用法律若干问题的解释	法释〔2004〕20 号	2004.12.16	2005.01.01
最高人民法院关于印发全国法院知识产权审判工作会议关于审理技术合同纠纷案件若干问题的纪要的通知	法〔2001〕84 号	2001.06.19	2001.06.19
2. 部门规章			
科学技术部关于印发《技术合同认定规则》的通知	国科发政字〔2001〕253 号	2001.07.18	2001.07.18
科学技术部、财政部、国家税务总局关于印发《技术合同认定登记管理办法》的通知（2000）	国科发政字〔2000〕063 号	2000.02.16	2000.02.16
国家科委关于加强技术合同仲裁工作的若干意见	国科通〔1994〕24 号	1994.03.07	1994.03.07
中国专利局关于转发国家科委《关于加强技术合同认定登记工作的通知》的通知	国专发管字〔1991〕第 149 号	1991.08.19	1991.08.19
技术合同仲裁机构仲裁规则（试行）	国家科委令 13 号	1991.06.25	1991.11.01
3. 行业规定			
律师办理技术合同非诉讼法律业务操作指引	全国律协	2015.10	2015.10
十六、知识产权			
1. 法律			
全国人民代表大会常务委员会关于专利等知识产权案件诉讼程序若干问题的决定	全国人民代表大会常务委员会	2018.10.26	2019.01.01
全国人民代表大会常务委员会关于在北京、上海、广州设立知识产权法院的决定	全国人民代表大会常务委员会	2014.08.31	2014.08.31
全国人民代表大会常务委员会关于批准《修改〈与贸易有关的知识产权协定〉议定书》的决定	全国人民代表大会常务委员会	2007.10.28	2007.10.28
全国人民代表大会常务委员会关于加入《世界知识产权组织版权条约》的决定	全国人民代表大会常务委员会	2006.12.29	2006.12.29
全国人民代表大会常务委员会关于加入《世界知识产权组织表演和录音制品条约》的决定	全国人民代表大会常务委员会	2006.12.29	2006.12.29
2. 行政法规			
中华人民共和国知识产权海关保护条例	国务院（2018 修正）	2018.03.19	2018.03.19
国务院办公厅关于印发《知识产权对外转让有关工作办法（试行）》的通知	国办发〔2018〕19 号	2018.03.18	2018.03.18
国务院办公厅《关于印发 2017 年全国打击侵犯知识产权和制售假冒伪劣商品工作要点的通知》	国办发〔2017〕46 号	2017.05.16	2017.05.16
国务院关于新形势下加强打击侵犯知识产权和制售假冒伪劣商品工作的意见	国发〔2017〕14 号	2017.03.09	2017.03.09

文件名	发布方及文号	发布日	实施日
国务院关于印发"十三五"国家知识产权保护和运用规划的通知	国发〔2016〕86号	2016.12.30	2016.12.30
国务院办公厅关于印发知识产权综合管理改革试点总体方案的通知	国办发〔2016〕106号	2016.12.30	2016.12.30
3. 司法解释			
中华人民共和国最高人民法院公告——关于设立知识产权法庭有关事项的公告	最高人民法院	2019.01.01	2019.01.01
最高人民法院知识产权案件年度报告（2017）摘要	最高人民法院	2018	2018
最高人民法院关于知识产权法庭若干问题的规定	法释〔2018〕22号	2018.12.27	2019.01.01
最高人民法院面向社会公开选拔知识产权法庭高级法官公告	最高人民法院政治部	2018.12.19	2018.12.19
最高人民法院发布5起知识产权纠纷行为保全典型案例	最高人民法院	2018.12.13	2018.12.13
最高人民法院关于审查知识产权纠纷行为保全案件适用法律若干问题的规定	法释〔2018〕21号	2018.12.12	2019.01.01
最高人民法院办公厅《关于印发2017年中国法院10大知识产权案件和50件典型知识产权案例的通知》	法办〔2018〕66号	2018.04.16	2018.04.16
最高人民检察院发布2017年度全国检察机关保护知识产权十大典型案例	最高人民检察院	2018.04	2018.04
4. 部门规章			
国家知识产权局、商标局关于开放商标数据库的公告	商标局	2018.12.25	2018.12.26
5. 党内法规			
中共中央办公厅、国务院办公厅印发《关于加强知识产权审判领域改革创新若干问题的意见》	中央办公厅、国务院办公厅	2018.02	2018.02
知识产权局、中央外宣办、公安部等关于加强2010年广州亚运会知识产权保护工作通知	国知发协字〔2010〕113号	2010.09.13	2010.09.13
知识产权局、宣传部、科学技术协会等关于开展2010年全国知识产权宣传周活动的通知	国家知识产权局、中共中央宣传部、中国科学技术协会	2010.02.22	2010.02.22
6. 团体规定			
海峡两岸知识产权保护合作协议	海峡两岸关系协会	2010.06.29	2010.06.29
中国知识产权研究会章程	中国知识产权研究会	1990.12.09	1991.05.01
7. 行业规定			
中评协关于印发修订《知识产权资产评估指南》的通知（2017）	中评协〔2017〕44号	2017.09.08	2017.10.01
十七、计算机软件			
1. 行政法规			

续表

文件名	发布方及文号	发布日	实施日
国务院关于修改《计算机软件保护条例》的决定	国务院令第 632 号	2013.01.30	2013.03.01
国务院办公厅转发国家版权局《关于不得使用非法复制的计算机软件通知》的通知	国办发〔1999〕19 号	1999.02.24	1999.02.24
2. 司法解释			
最高人民法院《关于计算机软件著作权纠纷中外籍当事人应否委托中国律师代理诉讼问题的答复》	〔1994〕民他字第 29 号	1995.01.02	1995.01.02
3. 部门规章			
中国版权保护中心关于办理计算机软件著作权登记不再提交非职务开发保证书和证明的通知	中国版权保护中心	2015.11.04	2015.11.04
4. 党内法规			
全国"扫黄打非"工作小组办公室、中央宣传部、中央政法委等关于开展集中打击盗版音像和计算机软件制品行动的通知	扫黄打非办联〔2006〕26 号	2006.07.12	2006.07.12
十八、资产证券化			
1. 部门规章			
证监会、住房和城乡建设部《关于推进住房租赁资产证券化相关工作的通知》	证监发〔2018〕30 号	2018.04.24	2018.04.24
财政部、中国人民银行、中国证监会《关于规范开展政府和社会资本合作项目资产证券化有关事宜的通知》	财金〔2017〕55 号	2017.06.07	2017.06.07
国家发展改革委、中国证监会《关于推进传统基础设施领域政府和社会资本合作（PPP）项目资产证券化相关工作的通知》	发改投资〔2016〕2698 号	2016.12.21	2016.12.21
中国银行业监督管理委员会办公厅《关于信贷资产证券化备案登记工作流程的通知》	银监办便函〔2014〕1092 号	2014.11.20	2014.11.20
2. 行业规定			
上海证券交易所《关于进一步推进政府和社会资本合作（PPP）项目资产证券化业务的通知》	上证函〔2017〕783 号	2017.07.21	2017.07.21
深圳证券交易所《关于进一步推进政府和社会资本合作（PPP）项目资产证券化业务的通知》	深证会〔2017〕215 号	2017.07.21	2017.07.21
十九、知识产权证券化			
关于支持自由贸易试验区深化改革创新若干措施的通知	国务院国发〔2018〕38 号	2018.11.23	2018.11.23
关于印发国家技术转移体系建设方案的通知	国务院国发〔2017〕44 号	2017.09.26	2017.09.26
关于印发"十三五"国家知识产权保护和运用规划的通知	国务院国发〔2016〕86 号	2017.01.13	2017.01.13
关于印发"十三五"国家科技创新规划的通知	国务院国发〔2016〕43 号	2016.08.08	2016.08.08

文件名	发布方及文号	发布日	实施日
关于印发《国务院关于新形势下加快知识产权强国建设的若干意见》重点任务分工方案的通知	国务院办公厅国办函〔2016〕66 号	2016.07.18	2016.07.18
关于印发上海系统推进全面创新改革试验加快建设具有全球影响力科技创新中心方案的通知	国务院国发〔2016〕23 号	2016.04.15	2016.04.15
关于新形势下加快知识产权强国建设的若干意见	国务院国办函〔2016〕66 号	2016.07.18	2016.07.18
关于印发 2017 年全国打击侵犯知识产权和制售假冒伪劣商品工作要点的通知	国务院办公厅国办发〔2017〕46 号	2017.05.31	2017.05.31
关于新形势下加强打击侵犯知识产权和制售假冒伪劣商品工作的意见	国发〔2017〕14 号	2017.03.22	2017.03.22
关于印发知识产权综合管理改革试点总体方案的通知	国务院办公厅国办发〔2016〕106 号	2017.01.12	2017.01.12
转发科技部、国家计委、国家经贸委、卫生部、药品监管局、知识产权局、中医药局、中科院《关于中药现代化发展纲要的通知》	国务院办公厅国办发〔2002〕61 号	2002.11.01	2002.11.01
关于印发 2016 年全国打击侵犯知识产权和制售假冒伪劣商品工作要点的通知	国务院办公厅国办发〔2016〕25 号	2016.05.04	2016.05.04
关于同意建立国务院知识产权战略实施工作部际联席会议制度的批复	国函〔2016〕52 号	2016.03.30	2016.03.30
国家知识产权局规范性文件制定和管理办法	国家知识产权局令第 73 号	2016.12.14	2017.02.17
关于印发 2015 年全国打击侵犯知识产权和制售假冒伪劣商品工作要点的通知	国务院办公厅国办发〔2015〕17 号	2015.04.09	2015.04.09
关于转发知识产权局等单位深入实施国家知识产权战略行动计划（2014—2020 年）的通知	国务院办公厅国办发〔2014〕64 号	2015.01.04	2015.01.04
关于印发 2014 年全国打击侵犯知识产权和制售假冒伪劣商品工作要点的通知	国务院办公厅国办发〔2014〕13 号	2014.04.14	2014.04.14
批转全国打击侵犯知识产权和制售假冒伪劣商品工作领导小组《关于依法公开制售假冒伪劣商品和侵犯知识产权行政处罚案件信息的意见（试行）》的通知	国务院国发〔2014〕6 号	2014.02.04	2014.02.04
关于印发 2013 年全国打击侵犯知识产权和制售假冒伪劣商品工作要点的通知	国务院办公厅国办发〔2013〕36 号	2013.05.24	2013.05.24
关于印发 2012 年全国打击侵犯知识产权和制售假冒伪劣商品工作要点的通知	国务院办公厅国办发〔2012〕30 号	2012.05.15	2012.05.15
转发知识产权局等部门《关于加强战略性新兴产业知识产权工作若干意见的通知》	国务院办公厅国办发〔2012〕28 号	2012.05.02	2012.05.02
关于进一步做好打击侵犯知识产权和制售假冒伪劣商品工作的意见	国发〔2011〕37 号	2012.01.20	2012.01.20

文件名	发布方及文号	发布日	实施日
关于印发打击侵犯知识产权和制售假冒伪劣商品专项行动方案的通知	国办发〔2010〕50 号	2010.11.07	2010.11.07
关于印发国家知识产权战略纲要的通知	国务院国发〔2008〕18 号	2008.06.11	2008.06.11
中华人民共和国知识产权海关保护条例	国务院	2018.03.19	2018.03.19
关于印发保护知识产权行动纲要（2006—2007 年）的通知	国办发〔2006〕22 号	2008.03.28	2008.03.28
关于印发保护知识产权专项行动方案的通知	国务院办公厅国税发〔2004〕129 号	2004.09.27	2004.09.27
关于开展保护知识产权专项行动督查工作的通知	国务院办公厅国办函〔2005〕93 号	2005.11.03	2005.11.03
关于成立国家知识产权战略制定工作领导小组的通知	国务院办公厅国办发〔2005〕1 号	2005.08.15	2005.08.15
中华人民共和国著作权法	主席令第 26 号	2010.02.26	2010.04.01
关于修改《中华人民共和国著作权法实施条例》的决定	国务院第 633 号	2013.02.08	2013.02.08
著作权集体管理条例	国务院第 429 号	2008.03.28	2008.03.28
批转国家发展改革委《关于 2017 年深化经济体制改革重点工作意见的通知》	国务院国发〔2017〕27 号	2017.04.18	2017.04.18
关于印发中国（湖北）自由贸易试验区总体方案的通知	国务院国发〔2017〕18 号	2017.03.31	2017.03.31
关于印发《全面深化中国（上海）自由贸易试验区改革开放方案的通知》	国务院国发〔2017〕23 号	2017.03.31	2017.03.31
关于印发"十三五"国家战略性新兴产业发展规划的通知	国务院国发〔2016〕67 号	2016.12.19	2016.12.19
关于印发北京加强全国科技创新中心建设总体方案的通知	国务院国发〔2016〕52 号	2016.09.18	2016.09.18
关于印发促进科技成果转移转化行动方案的通知	国务院办公厅国办发〔2016〕28 号	2016.05.09	2016.05.09
关于印发《中国制造 2025》的通知	国务院国发〔2015〕28 号	2015.05.19	2015.05.19
关于推进国际产能和装备制造合作的指导意见	国务院国发〔2015〕30 号	2015.05.16	2015.05.16
3. 政策文件			
关于印发中国（福建）自由贸易试验区总体方案的通知	国务院国发〔2015〕20 号	2015.04.20	2015.04.20
关于推进文化创意和设计服务与相关产业融合发展的若干意见	国务院国发〔2014〕10 号	2014.03.14	2014.03.14
关于金融支持小微企业发展的实施意见	国务院办公厅国办发〔2013〕87 号	2013.08.12	2013.08.12
关于第二批清理规范 192 项国务院部门行政审批中介服务事项的决定	国务院国发〔2016〕11 号	2016.02.28	2016.02.28

续表

文件名	发布方及文号	发布日	实施日
关于全面加强基础科学研究的若干意见	国务院国发〔2018〕4 号	2018.01.31	2018.01.31
关于推动国防科技工业军民融合深度发展的意见	国务院办公厅国办发〔2017〕91 号	2017.12.04	2017.12.04
关于深化"互联网＋先进制造业"发展工业互联网的指导意见	国务院	2017.11.27	2017.11.27
关于推广支持创新相关改革举措的通知	国务院办公厅国办发〔2017〕80 号	2017.09.14	2017.09.14
关于强化实施创新驱动发展战略进一步推进大众创业万众创新深入发展的意见	国务院国发〔2017〕37 号	2017.07.27	2017.07.27
关于印发新一代人工智能发展规划的通知	国务院国发〔2017〕35 号	2017.07.20	2017.07.20
关于印发自由贸易试验区外商投资准入特别管理措施（负面清单）（2017 年版）的通知	国务院办公厅国办发〔2017〕51 号	2017.06.16	2017.06.16
关于县域创新驱动发展的若干意见	国务院办公厅国办发〔2017〕43 号	2017.05.24	2017.05.24
关于支持社会力量提供多层次多样化医疗服务的意见	国务院国办发〔2017〕44 号	2017.05.23	2017.05.23
关于印发中国（辽宁）自由贸易试验区总体方案的通知	国务院国发〔2017〕15 号	2017.03.31	2017.03.31
关于印发中国（浙江）自由贸易试验区总体方案的通知	国务院国发〔2017〕16 号	2017.03.31	2017.03.31
关于印发中国（四川）自由贸易试验区总体方案的通知	国务院国发〔2017〕20 号	2017.03.31	2017.03.31
关于印发中国（陕西）自由贸易试验区总体方案的通知	国务院国发〔2017〕21 号	2017.03.31	2017.03.31
关于印发中国（重庆）自由贸易试验区总体方案的通知	国务院国发〔2017〕19 号	2017.03.31	2017.03.31
关于印发中国（河南）自由贸易试验区总体方案的通知	国务院国发〔2017〕17 号	2017.03.31	2017.03.31
关于转发文化部等部门中国传统工艺振兴计划的通知	国务院办公厅国办发〔2017〕25 号	2017.03.24	2017.03.24
关于印发"十三五"国家食品安全规划和"十三五"国家药品安全规划的通知	国务院国发〔2017〕12 号	2017.02.21	2017.02.21
关于促进开发区改革和创新发展的若干意见	国务院办公厅国办发〔2017〕7 号	2017.02.06	2017.02.06
关于创新管理优化服务培育壮大经济发展新动能加快新旧动能接续转换的意见	国务院办公厅国办发〔2017〕4 号	2017.01.20	2017.01.20
关于印发全国农业现代化规划（2016—2020 年）的通知	国务院国发〔2016〕58 号	2016.10.20	2016.10.20
转发科技部等部门关于国家科研计划实施课题制管理规定的通知	国务院办公厅国办发〔2002〕2 号	2002.01.04	2002.01.04
关于印发《农业科技发展纲要（2001—2010 年）》的通知	国务院国发〔2001〕12 号	2016.09.23	2016.09.23
关于同意重庆高新技术产业开发区建设国家自主创新示范区的批复	国务院国函〔2016〕130 号	2016.07.19	2016.07.19

续表

文件名	发布方及文号	发布日	实施日
关于在自由贸易试验区暂时调整有关行政法规、国务院文件和经国务院批准的部门规章规定的决定	国务院国发〔2017〕57号	2018.01.09	2018.01.09
关于同意福厦泉国家高新区建设国家自主创新示范区的批复	国务院国函〔2016〕106号	2016.06.20	2016.06.20
关于支持沿边重点地区开发开放若干政策措施的意见	国务院国发〔2015〕72号	2016.01.07	2016.01.07
关于促进农村电子商务加快发展的指导意见	国务院办公厅国办发〔2015〕78号	2015.11.09	2015.11.09
关于加强互联网领域侵权假冒行为治理的意见	国务院办公厅国办发〔2015〕77号	2015.10.26	2015.10.26
关于实行市场准入负面清单制度的意见	国务院国发〔2015〕55号	2015.10.19	2015.10.19
关于苏州工业园区开放创新综合试验总体方案的批复	国务院国函〔2015〕151号	2015.10.13	2015.10.13
关于大力发展电子商务加快培育经济新动力的意见	国务院国发〔2015〕24号	2015.05.07	2015.05.07
关于印发进一步深化中国（上海）自由贸易试验区改革开放方案的通知	国务院国发〔2015〕21号	2015.04.20	2015.04.20
关于印发中国（天津）自由贸易试验区总体方案的通知	国务院国发〔2015〕19号	2015.04.20	2015.04.20
关于印发中国（广东）自由贸易试验区总体方案的通知	国务院国发〔2015〕18号	2015.04.20	2015.04.20
关于发展众创空间推进大众创新创业的指导意见	国务院办公厅国办发〔2015〕9号	2015.03.11	2015.03.11
关于同意建立国务院自由贸易试验区工作部际联席会议制度的批复	国务院国函〔2015〕18号	2015.02.16	2015.02.16
关于促进云计算创新发展培育信息产业新业态的意见	国务院国发〔2015〕5号	2015.01.30	2015.01.30
关于国家重大科研基础设施和大型科研仪器向社会开放的意见	国务院国发〔2014〕70号	2015.01.26	2015.01.26
关于促进国家级经济技术开发区转型升级创新发展的若干意见	国务院办公厅国办发〔2014〕54号	2014.11.21	2014.11.21
关于促进市场公平竞争维护市场正常秩序的若干意见	国务院国发〔2014〕20号	2014.07.08	2014.07.08
中华人民共和国商标法实施条例	国务院国务院令第651号	2014.04.30	2014.05.01
关于印发国家卫星导航产业中长期发展规划的通知	国务院办公厅国办发〔2013〕97号	2013.10.09	2013.10.09
关于印发中国（上海）自由贸易试验区总体方案的通知	国务院国发〔2013〕38号	2013.09.27	2013.09.27
关于印发政府机关使用正版软件管理办法的通知	国务院办公厅国办发〔2013〕88号	2013.08.28	2013.08.28
关于印发"十二五"国家自主创新能力建设规划的通知	国务院国发〔2013〕4号	2013.05.30	2013.05.30
关于印发国家重大科技基础设施建设中长期规划（2012—2030年）的通知	国务院国发〔2013〕8号	2013.03.04	2013.03.04

文件名	发布方及文号	发布日	实施日
关于强化企业技术创新主体地位全面提升企业创新能力的意见	国务院办公厅国办发〔2013〕8 号	2013. 02. 04	2013. 02. 04
关于印发生物产业发展规划的通知	国务院国发〔2012〕65 号	2013. 01. 06	2013. 01. 06
关于印发全国现代农作物种业发展规划（2012—2020 年）的通知	国务院办公厅国办发〔2012〕59 号	2012. 12. 31	2012. 12. 31
关于征求对《中长期科学技术发展纲领（讨论稿）》意见的通知	国务院办公厅国办发〔1990〕6 号	2012. 11. 23	2012. 11. 23
关于促进企业技术改造的指导意见	国务院国发〔2012〕44 号	2012. 09. 10	2012. 09. 10
关于清理整顿各类交易场所的实施意见	国务院办公厅国办发〔2012〕37 号	2012. 07. 20	2012. 07. 20
关于印发"十二五"国家战略性新兴产业发展规划的通知	国务院国发〔2012〕28 号	2012. 07. 20	2012. 07. 20
关于大力推进信息化发展和切实保障信息安全的若干意见	国务院国发〔2012〕23 号	2012. 07. 17	2012. 07. 17
关于印发节能与新能源汽车产业发展规划（2012 —2020 年）的通知	国务院国发〔2012〕22 号	2012. 06. 28	2012. 06. 28
转发发展改革委等部门关于加快培育国际合作和竞争新优势指导意见的通知	国务院办公厅国办发〔2012〕32 号	2012. 06. 01	2012. 06. 01
关于印发全国现代农业发展规划（2011—2015 年）的通知	国务院国发〔2012〕4 号	2012. 02. 13	2012. 02. 13
关于同意建立清理整顿各类交易场所部际联席会议制度的批复	国务院国函〔2012〕3 号	2012. 01. 12	2012. 01. 12
关于转发发展改革委等部门疫苗供应体系建设规划的通知	国务院办公厅国办发〔2011〕62 号	2011. 12. 31	2011. 12. 31
关于加快发展高技术服务业的指导意见	国务院办公厅国办发〔2011〕58 号	2011. 12. 16	2011. 12. 16
关于加快推进现代农作物种业发展的意见	国务院国发〔2011〕8 号	2011. 04. 18	2011. 04. 18
关于印发进一步鼓励软件产业和集成电路产业发展若干政策的通知	国务院国发〔2011〕4 号	2011. 02. 09	2011. 02. 09
转发信息产业部国家计委关于加快移动通信产业发展若干意见的通知	国务院办公厅国办发〔1999〕5 号	1999. 01. 21	1999. 01. 21
关于坚决取缔非法出版活动的通知	国务院办公厅国办发〔1996〕3 号	1996. 01. 25	1996. 01. 25
关于进一步做好政府机关使用正版软件工作的通知	国务院办公厅国办发〔2010〕47 号	2010. 10. 28	2010. 10. 28

续表

文件名	发布方及文号	发布日	实施日
关于加快培育和发展战略性新兴产业的决定	国务院国发〔2010〕32 号	2010.10.18	2010.10.18
关于促进电影产业繁荣发展的指导意见	国务院办公厅国办发〔2010〕9 号	2010.01.25	2010.01.25
关于修改《中华人民共和国专利法实施细则》的决定	国务院令第 569 号	2010.01.18	2010.01.18
关于推进海南国际旅游岛建设发展的若干意见	国务院国发〔2009〕44 号	2009.12.31	2009.12.31
关于加快发展旅游业的意见	国务院国发〔2009〕41 号	2009.12.03	2009.12.03
关于进一步促进中小企业发展的若干意见	国务院国发〔2009〕36 号	2009.09.22	2009.09.22
关于印发促进生物产业加快发展若干政策的通知	国务院办公厅国办发〔2009〕45 号	2009.06.05	2009.06.05
关于支持福建省加快建设海峡西岸经济区的若干意见	国务院国发〔2009〕24 号	2009.05.14	2009.05.14
关于扶持和促进中医药事业发展的若干意见	国务院国发〔2009〕22 号	2009.05.07	2009.05.07
纺织工业调整和振兴规划	国务院	2009.04.24	2009.04.24
电子信息产业调整和振兴规划	国务院	2009.04.15	2009.04.15
关于推进重庆市统筹城乡改革和发展的若干意见	国务院国发〔2009〕3 号	2009.02.05	2009.02.05
转发发展改革委等部门关于促进自主创新成果产业化若干政策的通知	国务院办公厅国办发〔2008〕128 号	2008.12.18	2008.12.18
关于当前金融促进经济发展的若干意见	国务院办公厅国办发〔2008〕126 号	2008.12.13	2008.12.13
关于进一步推进长江三角洲地区改革开放和经济社会发展的指导意见	国务院国发〔2008〕30 号	2008.09.16	2008.09.16
中华人民共和国畜禽遗传资源进出境和对外合作研究利用审批办法	国务院令第 533 号	2008.08.28	2008.10.01
关于成立国务院中医药工作部际协调小组的通知	国务院办公厅国办发〔2007〕16 号	2007.03.20	2007.03.20
诉讼费用缴纳办法	国务院令第 481 号	2006.12.19	2007.04.01
中华人民共和国海关行政处罚实施条例	国务院令第 420 号	2004.9.19	2004.11.01
关于加快发展服务业若干政策措施的实施意见	国务院办公厅国办发〔2008〕11 号	2008.03.28	2008.03.28
关于加快发展服务业的若干意见	国务院国发〔2007〕7 号	2007.03.19	2007.03.19
关于加快电子商务发展的若干意见	国务院办公厅国办发〔2005〕2 号	2005.01.8	2005.01.8
关于修改《中华人民共和国公司登记管理条例》的决定	国务院令第 451 号	2005.12.18	2006.01.01
关于印发 2005 年全国整顿和规范市场经济秩序工作要点的通知	国务院办公厅	2008.03.28	2008.03.28
世界博览会标志保护条例	国务院令第 422 号	2004.10.20	2004.12.01

续表

文件名	发布方及文号	发布日	实施日
关于印发 2007 年全国整顿和规范市场经济秩序工作要点的通知	国务院办公厅国办发〔2007〕27 号	2007.04.23	2007.04.23
关于同意制订《实施〈国家中长期科学和技术发展规划纲要〉的若干配套政策》实施细则的复函	国务院办公厅国办函〔2006〕30 号	2006.04.11	2006.04.11
关于转发发展改革委等部门国家自主创新基础能力建设"十一五"规划的通知	国务院办公厅国办发〔2007〕7 号	2007.01.23	2007.01.23
关于印发实施《国家中长期科学和技术发展规划纲要（2006—2020 年）》若干配套政策的通知	国务院国发〔2006〕6 号	2008.03.28	2008.03.28
转发国务院体改办等部门关于深化转制科研机构产权制度改革若干意见的通知	国务院办公厅国办发〔2003〕9 号	2003.02.24	2003.02.24
关于印发全民科学素质行动计划纲要（2006—2020 年）的通知	国务院国发〔2005〕44 号	2006.02.06	2006.02.06
关于加强生物物种资源保护和管理的通知	国务院办公厅国办发〔2004〕25 号	2004.03.31	2004.03.31
转发商务部等部门关于进一步实施科技兴贸战略若干意见的通知	国务院办公厅国办发〔2003〕92 号	2003.11.12	2003.11.12
关于落实科学发展观加强环境保护的决定	国务院国发〔2005〕39 号	2008.03.28	2008.03.28
关于加强文化遗产保护的通知	国务院国发〔2005〕42 号	2005.12.22	2005.12.22
关于加强我国非物质文化遗产保护工作的意见	国务院办公厅国办发〔2005〕18 号	2005.03.26	2005.03.26
转发财政部等部门关于推动我国动漫产业发展若干意见的通知	国务院办公厅国办发〔2006〕32 号	2006.04.25	2006.04.25
关于发布实施《促进产业结构调整暂行规定》的决定	国务院国发〔2005〕40 号	2005.12.02	2005.12.02
关于开展整顿和规范市场经济秩序督查工作的通知	国务院办公厅	2008.03.28	2008.03.28
关于印发 2004 年振兴东北地区等老工业基地工作要点的通知	国务院办公厅国办发〔2004〕39 号	2008.03.28	2008.03.28
关于进一步推进西部大开发的若干意见	国务院国发〔2004〕6 号	2004.03.11	2004.03.11
关于印发全国海洋经济发展规划纲要的通知	国务院国发〔2003〕13 号	2003.05.09	2003.05.09
关于经济特区和上海浦东新区新设立高新技术企业实行过渡性税收优惠的通知	国务院国发〔2007〕40 号	2007.12.26	2007.12.26
关于进一步推进墙体材料革新和推广节能建筑的通知	国务院办公厅国办发〔2005〕33 号	2005.06.06	2005.06.06
关于促进流通业发展的若干意见	国务院国发〔2005〕19 号	2005.06.09	2005.06.09
关于成立国家生物技术研究开发与促进产业化领导小组的通知	国务院办公厅国办发〔2004〕88 号	2004.12.10	2004.12.10

续表

文件名	发布方及文号	发布日	实施日
地图管理条例	国务院令第 664 号	2015.11.11	2016.01.01
关于修改《信息网络传播权保护条例》的决定	国务院令第 634 号	2013.01.16	2013.03.01
关于修改《计算机软件保护条例》的决定	国务院国令第 632 号	2013.02.08	2013.02.08
关于修改《音像制品管理条例》的决定	国务院令第 595 号	2011.03.19	2011.03.19
关于修改《出版管理条例》的决定	国务院令第 594 号	2011.03.20	2011.03.20
广播电台电视台播放录音制品支付报酬暂行办法	国务院令第 566 号	2009.05.06	2010.01.01
关于修改《营业性演出管理条例》的决定	国务院令第 528 号	2008.07.22	2008.07.22
信息网络传播权保护条例	国务院令第 634 号	2013.01.30	2006.07.01

二十、知识产权证券化最新规制

1. 2017《国家技术转移体系建设方案》。

2017 年 9 月 15 日，国务院印发《国家技术转移体系建设方案的通知》。

2. 融资租赁债权资产支持证券挂牌条件确认指南。

3. 中共中央、国务院关于支持海南全面深化改革开放的指导意见。

4. 国务院 2016 年 2 月印发的《实施〈中华人民共和国促进科技成果转化法〉若干规定》。

5. 国务院办公厅 2016 年 4 月印发《促进科技成果转移转化行动方案》。

6. 广交会上就施行《涉嫌侵犯知识产权的投诉及处理办法》。因此，参展企业对自己研发的新产品。

7. 《财政部、国家知识产权局关于加强知识产权资产评估管理工作若干问题的通知》《中华人民共和国专利法》《中华人民共和国商标法》《中华人民共和国著作权法》《中华人民共和国担保法》《国有资产评估管理办法》等有关规定，知识产权占有单位符合下列情形之一的，应当进行知识产权的资产评估：

（1）根据《公司法》第二十七条的规定，以知识产权资产作价出资成立有限责任公司或股份有限公司的；

（2）以知识产权质押，市场没有参照价格，质权人要求评估的；

（3）行政单位拍卖、转让、置换知识产权的；

（4）国有事业单位改制、合并、分立、清算、投资、转让、置换、拍卖涉及知识产权的；

（5）国有企业改制、上市、合并、分立、清算、投资、转让、置换、拍卖、偿还债务涉及知识产权的；

（6）国有企业收购或通过置换取得非国有单位的知识产权，或接受非国有单位以知识产权出资的；

（7）国有企业以知识产权许可外国公司、企业、其他经济组织或个人使用，市场没有参照价格的；

（8）确定涉及知识产权诉讼价值，人民法院、仲裁机关或当事人要求评估的；

（9）法律、行政法规规定的其他需要进行资产评估的事项。

8. 非国有单位发生合并、分立、清算、投资、转让、置换、偿还债务等经济行为涉及知识产权的，可以参照国有企业进行资产评估。

为了规范无形资产评估特别是知识产权评估，国家相关部门陆续出台了很多的评估准则、指导意见等政策法规。正是因为这些政策法规的出台，为我国知识产权评估业务的开展提供了法规依据。

（1）国务院 1991 年 91 号令《国有资产评估管理办法》；

（2）原国家国有资产管理局（〔1992〕36 号文）《国有资产管理办法施行细则》；

（3）原国家国有资产管理局（国资办发〔1996〕23 号文）《资产评估操作规范意见（试行）》；

（4）财政部（财评字〔1999〕91 号）"关于印发《资产评估报告基本内容与格式的暂行规定》的通知"；

（5）2008 年发布的《资产评估准则——无形资产》；

（6）中评协自 2011 年 7 月 1 日起施行的《著作权资产评估指导意见》；

（7）中评协自 2012 年 7 月 1 日起施行的《商标资产评估指导意见》；

（8）中评协自 2009 年 7 月 1 日起施行的《专利资产评估指导意见》；

（9）中国资产评估协会 2007 年发布的《资产评估准则基本准则》；

（10）国家有关部门颁布的其他相关法律、法规及规章等。

后 记

　　心头这根绷紧的弦松开了，笔者总算可以松口气了，这本编撰的关于知识产权证券化的专著——《知识产权证券化的理论与实践》，经过23个昼夜终问世了。在本书的写作过程中，笔者得到了国浩律师集团（深圳）事务所张震西律师、中证互联股份有限公司张大威董事长、我国证券市场著名证券分析师丁昌先生、中财资本荃兴投资基金马立强总经理、北京龙飞凤翔科技有限公司王念庆总经理及其同仁鼎力相助。值得一提的是，中国社会科学院金融研究所前任所长、中国人民大学财政金融学院博士生导师王国刚教授专为本书作序，在此表示衷心感谢。

　　国务院《关于印发中国（海南）自由贸易试验区总体方案的通知》中明确提到，完善知识产权保护和运用体系。……支持建立知识产权交易中心，推动知识产权运营服务体系建设。此讯令人振奋。28年前笔者曾有幸参加上海证券交易所的筹建和运行，在六七个部门任主管。从筹建上海证券交易所如何绕过波折的经历可以得到启示，在海南创建知识产权交易中心完全必要，非常及时。当即笔者下了决心，一定要参与知识产权交易中心的创建。这一想法也得到了周围同人的全力支持，虽说对创建交易所有成功的经验，但对知识产权交易中心还是需要补上这一课。于是笔者边学边干，终于完成了《知识产权证券化的理论与实践》一书的编撰。

　　本人从事金融业已有55年，至今著书19本，共有792万字，但绝大部分是金融证券专业知识和外语工具书，说实在的，知识产权证券化这样"短、平、快"的写作还是第一回。唯一的办法就是不懂就问，不会就学。好在这一领域的研究人员大有人才，浏览了他们的一些研究成果，受益匪浅。这样一来，写作的信心倍增。令人遗憾的是此时身体出现大碍，右腿膝盖患有带状疱疹，左手臂不幸骨折，无奈只能用单手写作，然而，并没有耽误按时向出版社交稿，力争早日出版，以飨广大读者。

　　由于笔者专业水平有限，加上时间仓促，难免挂一漏万，甚至错误百出，希望广大读者多多指正。而此书仅作抛砖引玉之用，还望诸位读者海涵！

徐士敏

2019年1月于北京